KELLER

Fälle und Lösungen zum Eingriffsrecht in Nordrhein-Westfalen

Band 1

Fälle und Lösungen zum Eingriffsrecht in Nordrhein-Westfalen

Band 1:
Aufbauschemata, Standardmaßnahmen

Christoph Keller,
Polizeidirektor,
Hochschule für Polizei und öffentliche Verwaltung
(HSPV NRW)

4. völlig überarbeitete und erweiterte Auflage, 2021

Bibliografische Information der Deutschen Nationalbibliothek | Die Deutsche Nationalbibliothek verzeichnet diese Publikation in der Deutschen Nationalbibliografie; detaillierte bibliografische Daten sind im Internet über www.dnb.de abrufbar.

4. Auflage, 2021

ISBN 978-3-415-06612-0

© 1997 Richard Boorberg Verlag

Das Werk einschließlich aller seiner Teile ist urheberrechtlich geschützt. Jede Verwertung, die nicht ausdrücklich vom Urheberrechtsgesetz zugelassen ist, bedarf der vorherigen Zustimmung des Verlages. Dies gilt insbesondere für Vervielfältigungen, Bearbeitungen, Übersetzungen, Mikroverfilmungen und die Einspeicherung und Verarbeitung in elektronischen Systemen.

Titelfoto: © Dietmar Schäfer - stock.adobe.com | Satz: abavo GmbH, Nebelhornstraße 8, 86807 Buchloe | Druck und Bindung: Laupp & Göbel GmbH, Robert-Bosch-Straße 42, 72810 Gomaringen

Richard Boorberg Verlag GmbH & Co KG | Scharrstraße 2 | 70563 Stuttgart
Stuttgart | München | Hannover | Berlin | Weimar | Dresden

www.boorberg.de

Vorwort

Das Studium bei der Polizei ist stark durch Klausuren geprägt. Die meisten Prüfungen werden in Form schriftlicher Arbeiten abgehalten. Daneben treten zwar Haus- oder Seminararbeiten, mündliche Prüfungen (Fachgespräche) auf den Plan. Für den Kern des Studiums steht aber das Klausurenschreiben im Mittelpunkt.

Gerade die ersten Klausuren im Rahmen des Studiums stellen eine besondere Herausforderung für Studierende dar, da sie zu Beginn des Studiums noch keinerlei Erfahrung mit der Anfertigung einer juristischen Klausur haben. So verwundert es nicht, dass auf der Beliebtheitsskala Klausuren keinen Spitzenplatz einnehmen. Mehrere, nicht repräsentative Umfragen in Veranstaltungen an der HSPV NRW mit jungen Studierenden ergaben, dass man vor Klausuren am liebsten davonliefe bzw. sie zu umgehen versucht, wo immer dies möglich ist.[1] Klausuren erzeugen regelmäßig mehr Stress und Angst als mündliche Prüfungsformen. Um Studierenden Hilfestellung zu geben, wurde 1997 die Fallsammlung Eingriffsrecht konzipiert, die nun in der 4. Auflage vorliegt.

Seit der 3. Auflage 2010 haben sich Neuerungen ergeben, die eine Aktualisierung erforderten. Eine vollständige Überarbeitung und zahlreiche Ergänzungen waren notwendig, um die Aktualität zu gewährleisten. Die 4. Auflage behält das Grundkonzept prinzipiell bei. Aufgrund der Fülle des Stoffs erfolgt die Fallsammlung nunmehr in zwei Bänden mit jeweils 15 Fällen.

Band 1: Aufbauschemata, Tipps und Hinweise zur Klausurbearbeitung, Standardmaßnahmen

Band 2: Zwang, Besonderes Polizei- und Ordnungsrecht, Verdeckte Eingriffsmaßnahmen.

In Band 1 erfolgt einführend zunächst ein Kapitel „Aufbauschemata mit Erläuterungen" sowie daran anschließend einige Tipps und Hinweise zur Klausurbearbeitung. Sodann folgen 15 Sachverhalte (Fälle) mit entsprechend ausformulierten Lösungen zum Polizei- bzw. Strafprozessrecht. Inhaltlich geht es vor allem um Grundwissen, welches den Studierenden in Nordrhein-Westfalen im Grundstudium vermittelt wird. Eine Vertiefung (Zwang, Einsatz technischer Mittel, Maßnahmen im Hinblick auf terroristische Gefährder) sowie Bereiche des besonderen Polizei- und Ordnungsrechts (Versammlungs-, Waffen-, Gewerberecht) enthält Band 2, der ebenfalls 15 Falllösungen enthält.

---

1 *Glenewinkel/Heiermannn*, DVP 2011, 102.

Vorwort

Die Lösungen der Sachverhalte orientieren sich im Grundsatz an den dargestellten Schemata. Insbesondere die ersten Falllösungen orientieren sich gar streng an diesen „Aufbauten". Dies vor allem deshalb, um dem „Direkteinsteiger" die „Orientierung" zu erleichtern. Im weiteren „Verlauf" der Falllösungen wird indes an diesen „Aufbauschemata" – schon aus Platzgründen – nicht durchgehend („sklavisch") festgehalten. Die Lösungen erfolgen vielmehr problemorientiert. Ein Abweichen von den Schemata verfolgt überdies den Zweck, um zu verdeutlichen, dass es starre Aufbauregeln im Eingriffsrecht nicht gibt, sondern dass Variationen entsprechend den jeweiligen Besonderheiten des Falles völlig legitim und manchmal sogar unvermeidlich sind.

Die vorliegenden Bände der „Fallsammlung Eingriffsrecht" sollen nicht nur die Vor- und Nachbereitung der Unterrichtseinheiten erleichtern, sondern vor allem eine effektive Hilfe für die Klausurvorbereitung und -nachbereitung darstellen. Durch Beifügung zahlreicher Anmerkungen (Fußnoten) in den Sachverhaltslösungen soll ein vertiefendes (Selbst-)Studium ermöglicht werden. Die Literatur wurde primär unter dem Gesichtspunkt ausgewählt, ob sie dem Leser vertiefende oder weiterführende Hinweise bietet. Hierbei wurden – soweit ersichtlich – die am meisten verbreiteten Lehrbücher berücksichtigt.

In die Lösungen „eingebaut" sind ergänzende, vertiefende Hinweise, die mittels Symbol (📖) eingeleitet und mit einem grauen Balken hervorgehoben sind. Ebenso werden hervorgehoben besonders relevante Rechtsprechung sowie zusätzliche (prüfungs-)relevante Beipiele.

Inhaltlich erfolgt eine Orientierung an den curricularen Inhalten der Studiengänge für den Polizeivollzugsdienst.

Den Lösungen liegt – soweit es um präventiv-polizeirechtliche Maßnahmen geht – nordrhein-westfälisches (Landes-)Recht zugrunde, wobei die Fälle grundsätzlich keine Landesspezifika behandeln, so dass die Ergebnisse in anderen Bundesländern identisch sein dürften. Auf die Parallelvorschriften der Länder wird aber jeweils hingewiesen, so dass die Bände auch in anderen Bundesländern genutzt werden können.

Mettingen, im August 2020

Christoph Keller

Inhaltsverzeichnis

Literaturverzeichnis 9

1. Teil: Aufbauschemata mit Erläuterungen. 19
Vorbemerkungen 19
I.   Prüfung einer Eingriffsmaßnahme ohne Zwang 22
        Erläuterungen zur Prüfung einer Eingriffsmaßnahme
        ohne Zwang 23
II.   Prüfung einer gefahrenabwehrenden Zwangsmaßnahme
      im gestreckten Verfahren 34
        Allgemeine Erläuterungen zum polizeilichen Zwang ... 35
        Erläuterungen zur Prüfung einer gefahrenabwehrenden
        Zwangsmaßnahme im gestreckten Verfahren 37
III. Prüfung einer gefahrenabwehrenden Zwangsmaßnahme
      im Sofortvollzug 43
        Erläuterungen zur Prüfung einer (gefahrenabwehrenden)
        Zwangsmaßnahme im Sofortvollzug 44
IV. Prüfung einer strafprozessualen Zwangsmaßnahme
      („gestrecktes Verfahren") 46
V.   Prüfung einer strafprozessualen Zwangsmaßnahme
      („Sofortvollzug") 47
        Erläuterungen zur Prüfung einer strafprozessualen
        Zwangsmaßnahme 47
Anhang: Klausurbearbeitung: Tipps und Hinweise 51
    1.   Allgemeines zur Klausurtechnik. 51
    2.   Auswertung von Bearbeitervermerken 53
    3.   Sachverhaltsanalyse 53
    4.   Schwerpunktsetzung 55
    5.   Gliederungskonzept (Konzeptpapier) 56
    6.   Zeiteinteilung 56
    7.   Äußere Form, Gliederungssystem 57
    8.   Typische Fehler in der Fallbearbeitung 59

2. Teil: Fälle mit Lösungen ... 61

I. Schwerpunkt: Polizeirecht ... 61
    Fall 1: Brand im Altenheim ... 61
    Fall 2: Champions-League: Fans vor dem Spiel ... 76
    Fall 3: Champions-League: Der Schalker „Flaggenfall" ... 99
    Fall 4: Verdächtige Person im Industriegebiet ... 114
    Fall 5: Der uneinsichtige Randalierer ... 129
    Fall 6: Häusliche Gewalt ... 156
    Fall 7: Der kriminogene Weihnachtsmarkt ... 179
    Fall 8: Hilflose Person ... 189

II. Schwerpunkt: Strafprozessrecht ... 201
    Fall 9: Trunkenheitsfahrt mit Folgen ... 201
    Fall 10: Der arbeitslose Einbrecher ... 223
    Fall 11: Maßnahmen nach Banküberfall ... 231
    Fall 12: Einbruch mit Folgen ... 253
    Fall 13: Gras in der Wohnung ... 272
    Fall 14: Dirty Harry ... 295
    Fall 15: Kindlicher Ladendieb ... 305

Stichwortverzeichnis ... 315

Literaturverzeichnis

Artkämper/Schilling	Vernehmungen, 5. Aufl. 2018 (zit. Artkämper/Schilling Vernehmungen)
Baldarelli/ von Prondzinski	Polizeigesetz Nordrhein-Westfalen – Kommentar in Kurzform, 2019 (zit. Baldarelli/von Prondzinski PolG NRW)
Basten	Privatrecht in der polizeilichen Praxis, 2014 (zit. Basten Privatrecht)
Basten	Recht der Polizei, 2016 (zit. Basten Recht der Polizei)
Beck/Hötzel	Fälle und Lösungen zum Polizeigesetz Baden-Württemberg für die Ausbildung in der Polizei, 2015 (zit. Beck/Hötzel PolG BW)
Becker/Heckmann/ Kempen/Manssen	Klausurenbuch Öffentliches Recht in Bayern, 6. Aufl. 2015 (zit. B/H/K/M ÖR)
Bernau	Die Aufsichtshaftung der Eltern nach § 832 BGB – im Wandel, 2005 (zit. Bernau Aufsichtshaftung)
Beulke/Swoboda	Strafprozessrecht, 14. Aufl. 2018 (zit. Beulke/Swoboda StrafProzR)
Bittmann/Köhler/ Seeger/Tschakert	Handbuch der strafrechtlichen Vermögensabschöpfung, 2019 (zit. BKST Vermögensabschöpfung)
von Blohn/Schucht	Standardfälle Polizei- und Ordnungsrecht, 8. Aufl. 2019 (zit. von Blohn/Schucht POR)
Blum/Mokros/Vahle	Polizeigesetz Nordrhein-Westfalen, 2019 (zit. BMV PolG NRW)
Blum/Hofmann/Kohler	Fälle zum Strafrecht für Polizeibeamte, 2. Aufl. 2019 (zit. BHK StrafR)
Borsdorff/Kastner	Musterklausuren Einsatzrecht für die Bundespolizei, 4. Aufl. 2010 (zit. Borsdorff/Kastner Einsatzrecht)
Braun	Staatsrecht für Polizeibeamte, 2019 (zit. Braun StaatsR)
Brendel/Hauer/Kische	Polizeiliche Ermittlungen im Strafprozess, 2. Aufl. 2019 (zit. BHK Strafprozess)
Burhoff	Handbuch für das strafrechtliche Ermittlungsverfahren, 8. Aufl. 2019 (zit. Burhoff Hdb Ermittlungsverfahren)
Burmann/Heß/ Hühnermann/Jahnke	Straßenverkehrsrecht, 25. Aufl. 2018 (zit. Bearbeiter, in: BHHJ StraßenverkehrsR)

Literaturverzeichnis

Chemnitz	Polizeirecht Nordrhein-Westfalen, 5. Aufl. 1996 (zit. Chemnitz PolR)
Detterbeck	Allgemeines Verwaltungsrecht, 16. Aufl. 2018 (zit. Detterbeck AVR)
Derks	Häusliche Gewalt, 2018 (zit. Derks HG)
Dietel/Gintzel/Kniesel	Versammlungsgesetze, 18. Aufl. 2019 (zit. Bearbeiter, in: DGK VersG)
Dietlein/Burgi/ Hellermann	Öffentliches Recht in Nordrhein-Westfalen, 6. Aufl. 2016 (zit. Bearbeiter, in: DBH ÖR NRW)
Dölling/Duttge/König/ Rössner	Gesamtes Strafrecht, 4. Aufl. 2017 (zit. Bearbeiter, in: DDKR)
Dreier/Schulze	Urheberrechtsgesetz, 6. Aufl. 2018 (zit. Dreier/Schulze UrhG)
Drews/Wacke/Vogel/ Martens	Gefahrenabwehr, Allgemeines Polizeirecht des Bundes und der Länder, 9. Aufl. 1986 (zit. DWVM Gefahrenabwehr)
Eisenberg	Beweisrecht der StPO, 10. Aufl. 2017 (zit. Eisenberg BeweisR)
Eisenberg/Kölbel	JGG, 21. Aufl. 2020 (zit. Eisenberg/Kölbel JGG)
Engländer	Examens-Repetitorium Strafprozessrecht, 8. Aufl. 2017 (zit. Engländer StrafProzR)
Floren, Thorsten	Schutzwürdige Interessen von Beschuldigten im Rahmen der audiovisuellen Vernehmung, 2019 (zit. Floren Videovernehmung)
Gabor	Strafprozessordnung, 9. Aufl. 2018 (Gabor StPO)
Geis	Fälle zum Polizei- und Ordnungsrecht, 2. Aufl. 2015 (zit. Geis POR)
Gercke/Julius/Temming/ Zöller	Strafprozessordnung – Heidelberger Kommentar, 6. Aufl. 2019 (zit. Bearbeiter, in: HK-StPO)
Gertler/Kunkel/Putzke	BeckOK JGG, 17. Edition, Stand: 1.8.2019 (zit. Bearbeiter, in: BeckOK JGG)
Götz/Geis	Allgemeines Polizei- und Ordnungsrecht, 16. Aufl. 2017 (zit. Götz/Geis POR)
Gola/Heckmann	Bundesdatenschutzgesetz, 13. Aufl. 2019 (zit. Bearbeiter, in: Gola/Heckmann BDSG)
Gornig/Jahn	Fälle zum Sicherheits- und Polizeirecht, 4. Aufl. 2014 (zit. Gornig/Jahn PolR)

Graf	BeckOK StPO mit RiStBV und MiStra, 31. Edition, Stand: 1.1.2020 (zit. Bearbeiter, in: BeckOK StPO)
Gusy	Polizeirecht, 10. Aufl. 2017 (zit. Gusy PolR)
Hannich	Karlsruher Kommentar zur Strafprozessordnung, 8. Aufl. 2019 (zit. Bearbeiter, in: KK-StPO)
Hartmann-Wergen	Grundlagen zum Strafprozessrecht, 9. Aufl. 2018 (zit. Hartmann/Wergen StrafProzR)
Hartmann/Schmidt	Strafprozessrecht, 2. Aufl. 2008 (zit. Hartmann/Schmidt StrafProzR)
Hasselbach	Die Novellierung der forensischen DNA-Analyse, 2008 (zit. Hasselbach DNA)
Haurand	Allgemeines Polizei- und Ordnungsrecht in NRW, 7. Aufl. 2017 (zit. Haurand POR)
Heckmann	Die Zwischenprüfung im öffentlichen Recht, 2006 (zit. Heckmann ÖR)
Heger	Strafprozessrecht, 2013 (zit. Heger StrafProzR)
Heinrich/Reinbacher	Examinatorium Strafprozessrecht, 2. Auflage 2017 (zit. Heinrich/Reinbacher StrafProzR)
Henrichs	Eingriffsrecht Rheinland-Pfalz – Eine Lern- und Entscheidungshilfe für den polizeilichen Alltag in Ausbildung und Praxis, 2. Aufl. 2008 (zit.Henrichs ER RP)
Herrmann/Lang/ Schneider	Polizeirelevante Grundrechte – Anleitung für Studium und Ausbildung, 2. Aufl. 2004 (zit. Herrmann/Lang/Schneider Grundrechte)
Horn	Biometrische Sicherungen von Smartphones und Tablets als Herausforderung für Gefahrenabwehr und Strafverfolgung, 2020 (zit. Horn Biometrie)
Hufen/Siegel	Fehler im Verwaltungsverfahren, 6. Aufl. 2018 (zit. Hufen/Siegel Verwaltungsverfahren)
Huppertz	Fahrerlaubnisrecht, 4. Aufl. 2013 (zit. Huppertz FahrerlaubnisR)
Jauernig	BGB, 17. Aufl. 2018 (zit. Bearbeiter, in: Jauernig BGB)
Jäckel/Mundinger	Jugendschutzgesetz, 3. Aufl. 2015 (zit. Jäckel/Mundinger JugendschutzR)
Jäger	Beweisverwertung und Beweisverwertungsverbote im Strafprozess, 2013 (zit. Jäger Beweisverwertung)

Kay/Böcking	Polizeirecht Nordrhein-Westfalen, 1. Aufl. 1992 (zit. Kay/Böcking PolR NRW)
Kay/Keller	Bußgeldverfahren, 2016 (zit. Kay/Keller Bußgeldverfahren)
Keller	Der genetische Fingerandruck – Die DNA-Analyse in der polizeilichen Praxis, 3. Aufl. 2006 (zit. Keller DNA)
Keller	Basislehrbuch Kriminalistik, 2019 (zit. Keller KR)
Keller	Persönlichkeitsrechte des Polizeibeamten, 2019 (zit. Keller APR)
Keller	Häusliche Gewalt, Stalking und Gewaltschutzgesetz, 2. Aufl. 2016 (zit. Keller HG)
Keller/Braun	Telekommunikationsüberwachung und andere verdeckte Maßnahmen, 3. Aufl. 2019 (zit. Keller/Braun TKÜ)
Kingreen/Poscher	Polizei- und Ordnungsrecht, 10. Aufl. 2018 (zit. Kingreen/Poscher POR)
Kingreen/Poscher	Grundrechte – Staatsrecht II., 34. Aufl. 2018 (zit. Kingreen/Poscher StaatsR)
Kindhäuser/Schumann	Strafprozessrecht, 5. Aufl. 2019 (zit. Kindhäuser/Schumann StrafProzR)
Kudlich/Schneider (Hrsg.)	Münchener Kommentar zur Strafprozessordnung, Bd. 3–1, 2019 (zit. Bearbeiter, in: MüKo StPO)
Knemeyer	Polizei- und Ordnungsrecht, 10. Aufl. 2004 (zit. Knemeyer POR)
Knemeyer/Schmidt	Polizei- und Ordnungsrecht – Rechtsfälle in Frage und Antwort, 4. Aufl. 2016 (zit. Knemeyer/Schmidt POR)
König/Roggenkamp	Grund- und Eingriffsrecht Niedersachsen – Band 1: Grundrechte, Standardmaßnahmen und Zwang, 2018 (zit. König/Roggenkamp ER)
König/Trurnit	Eingriffsrecht, 4. Aufl. 2017 (zit. König/Trurnit ER)
Kramer	Grundbegriffe des Strafverfahrensrechts, 8. Aufl. 2014 (zit. Kramer StrafVerfR)
Kugelmann	Polizei- und Ordnungsrecht, 2. Aufl. 2012 (zit. Kugelmann POR)
Lehmann	Professionelles Handeln gegen häusliche Gewalt – Der Platzverweis aus der Sicht von Polizei, Beratung und schutzsuchender Frauen, 2016 (zit. Lehmann HG)

Lerm/Lamblase	Einsatzrecht kompakt – Fälle zum Recht des unmittelbaren Zwanges, 2020 (zit. Lerm/Lamblase Zwang)
Lisken/Denninger	Handbuch des Polizeirechts, 6. Aufl. 2018 (zit. Bearbeiter, in: Lisken/Denninger HdbPolR)
von Mangoldt/Klein/ Starck	Grundgesetz: Kommentar, 6. Aufl. 2010 (zit. Bearbeiter, in: MKS GG)
Meier/Bannenberg/ Höffler	Jugendstrafrecht, 4. Aufl. 2019 (zit. MBH JugendstrafR)
Meyer-Goßner/Schmitt	Strafprozessordnung, 63. Aufl. 2020 (zit. Meyer-Goßner/Schmitt StPO)
Möller/Warg	Polizei- und Ordnungsrecht, 6. Aufl. 2011 (zit. Möller/Warg POR)
Möllers, M.	Wörterbuch der Polizei, 2. Aufl. 2018 (zit. Bearbeiter, in: WB-Polizei)
Möstl/Kugelmann	Beck'scher Online-Kommentar Polizei- und Ordnungsrecht Nordrhein-Westfalen, 13. Edition, Stand: 1.1.2020 (zit. Bearbeiter, in: BeckOK POR NRW)
Möstl/Weiner	BeckOK Polizei- und Ordnungsrecht Niedersachsen, 14. Edition, Stand: 1.5.2019 (zit. Bearbeiter, in: BeckOK POR Nds.)
Neuwirth	Polizeilicher Schusswaffengebrauch gegen Personen, 2. Aufl. 2006 (zitiert Neuwirth SWG)
Nimtz/Thiel	Eingriffsrecht, 2017 (zit. Nimtz/Thiel ER)
Nowrousian	Ordnungswidrigkeitenrecht, 2019 (zit. Nowrousian OwiR)
Ostendorf	Strafprozessrecht, 3. Aufl. 2018 (zit. Ostendorf StrafProzR)
Park	Durchsuchung und Beschlagnahme, 4. Aufl. 2018 (zit. Park Durchsuchung)
Pieper	Grundrechte, 15. Aufl. 2012 (zit. Pieper GR)
Putzke/Scheinfeld	Strafprozessrecht, 6. Aufl. 2015 (zit. Putzke/Scheinfeld StrafProzR)
Rössner/Safferling	30 Probleme aus dem Strafprozessrecht, 3. Aufl. 2017 (zit. Rössner/Safferling StrafProzR)
Reitemeier	Vermögensabschöpfung, 2018 (zit. Reitemeier Vermögensabschöpfung)

Reitemeier/Koujouie	Vermögensabschöpfung, 2017 (zit. Reitemeier/Koujouie Vermögensabschöpfung)
Roxin/Schünemann	Strafverfahrensrecht, Ein Studienbuch, 29. Aufl. 2017 (zit. Roxin/Schünemann StrafVerfR)
Satzger/Schuckebier/ Widmaier	Strafprozessordnung, 4. Aufl. 2020 (zit. Bearbeiter, in: SSW-StPO)
Savini	Handbuch zur Vermögensabschöpfung, 5. Aufl. 2017 (zit. Savini Vermögensabschöpfung)
Schenke	Polizei- und Ordnungsrecht, 10. Aufl. 2018 (zit. Schenke POR)
Schmidbauer/Holzner	Bayerisches Polizei- und Sicherheitsrecht, 2019 (zit. Schmidbauer/Holzner BaySicherheitsR)
Schmidt	Besonderes Verwaltungsrecht II, 12. Aufl. 2008 (zit. Schmidt BesPOR)
Schoch	Besonderes Verwaltungsrecht, 14. Aufl. 2013 (zit. Schoch BesPOR)
Schroeder	Polizei- und Ordnungsrecht Nordrhein-Westfalen, 3. Aufl. 2017 (zit. Schroeder POR)
Stelkens/Bonk/Sachs	Verwaltungsverfahrensgesetz, 9. Aufl. 2018 (zit. Bearbeiter, in: SBS VwVfG)
Schlacke/Wittreck	Landesrecht Nordrhein-Westfalen – Studienbuch, 2017 (zit. Bearbeiter, in: Schlacke/Wittreck NRW)
Schnur	Polizeilicher Zwang zur Gefahrenabwehr, 2000 (zit. Schnur Zwang)
Schönke/Schröder	Strafgesetzbuch, 30. Aufl. 2019 (zit. Bearbeiter, in: Schönke/Schröder StGB)
Schütte/Braun/Keller	Polizeigesetz Nordrhein-Westfalen, 2012 (zit. Bearbeiter, in: SBK PolG NRW)
Schütte/Braun/Keller	Eingriffsrecht, 2016 (zit. SBK ER)
Soine	Ermittlungsverfahren und Polizeipraxis, 2. Aufl. 2019 (zit. Soine Ermittlungsverfahren)
Soyka	StPO-Grundzüge des Strafverfahrensrechts, 18. Aufl. 2015 (zit. Soyka StPO)
Stein/Paintner	Fälle und Erläuterungen zum Polizei- und Ordnungsrecht (JA-Repetitorium), 2000 (zit. Stein/Paintner POR)
Tegtmeyer/Vahle	Polizeigesetz Nordrhein-Westfalen, 12. Aufl. 2018 (zit. Tegtmeyer/Vahle PolG NRW)

Tetsch	Eingriffsrecht, Band 1: Grundlagen der Datenverarbeitung, 4. Aufl. 2008 (zit. Tetsch ER Bd. 1)
Tetsch	Eingriffsrecht, Band 2: Eingriffsmaßnahmen, Zwang, Rechtsschutz und Haftung, 4. Aufl. 2010 (zit. Tetsch ER Bd. 2)
Tetsch/Baldarelli	Polizeigesetz des Landes Nordrhein-Westfalen, 2011 (zit. Tetsch/Baldarelli PolG NRW)
Thiel	Polizei- und Ordnungsrecht, 4. Aufl. 2020 (zit. Thiel POR)
Wagner	Bundespolizeirecht, 3. Aufl. 2016 (zit. Wagner Bundespolizeirecht)
Webel	Prüfungswissen Staats- und Verfassungsrecht, 2. Aufl. 2018 (zit. Webel StaatsR)
Wehr	Examens-Repetitorium Polizeirecht, 3. Aufl. 2015 (zit. Wehr PolR)
Wiacek	Bild- und Tonaufnahmen von Polizeieinsätzen, 2018 (zit. Wiacek Bild-/Tonaufnahmen)
Wolffgang/Hendricks/ Merz	Polizei- und Ordnungsrecht in Nordrhein-Westfalen: Polizeirecht NRW, 3. Aufl. 2011 (zit. WHM POR)
Würtenberger/ Heckmann/Tanneberger	Polizeirecht in Baden-Württemberg, 7. Aufl. 2017 (zit. WHT PolR BW)
Wüstenbecker	Polizei- und Ordnungsrecht, 2. Aufl. 2018 (zit. Wüstenbecker POR)
Zink	Autonomie und Strafverteidigung zwischen Rechts- und Sozialstaatlichkeit, 2019 (zit. Zink Strafverteidigung)

Literatur (Juristische Methodik)

Adomeit/Hähnchen	Rechtstheorie mit Juristischer Methodenlehre, 7. Aufl. 2018 (zit. Adomeit/Hähnchen Rechtstheorie)
Braun, J.	Einführung in die Rechtsphilosophie, 2006 (zit. Braun Rechtsphilosophie)
Degenhart	Klausurenkurs im Staatsrecht, 3. Aufl. 2013 (zit. Degenhart Klausurenkurs)
Engisch	Einführung in das juristische Denken, 1977 (zit. Engisch Juristisches Denken)

Literaturverzeichnis

Gast	Juristische Methodik, 5. Aufl. 2015 (zit. Gast Juristische Methodik)
Hildebrand	Juristischer Gutachtenstil, 3. Aufl. 2017 (zit. Hildebrand Juristischer Gutachtenstil)
Hinterhofer/Lagodny	Höchstrichterliche Rechtsprechung zum materiellen Strafrecht, 2001 (zit. Hinterhofer/Lagodny Rechtsprechung)
Joerden	Logik im Recht, 3. Aufl. 2018 (zit. Joerden Logik)
König	Juristische Methoden für „Dummies", 2016 (zit. König Juristische Methoden)
Lagodny	Gesetzestexte suchen und in der Klausur anwenden, 2. Aufl. 2012 (zit. Lagodny Klausuren)
Michel	Die audiovisuelle Aufzeichnung von Beschuldigtenvernehmungen im Ermittlungsverfahren, 2019 (zit. Michel Audiovisuelle Vernehmung)
Möllers, T.M.J.	Juristische Arbeitstechnik und wissenschaftliches Arbeiten, 5. Aufl. 2010 (zit. Möllers T.M.J. Juristische Arbeitstechnik)
von Münchhausen/ Püschel	Lernprofil Jura, 2002 (zit. von Münchhausen/Püschel Jura)
Putzke	Juristische Arbeiten erfolgreich schreiben, 6. Aufl. 2018 (zit. Putzke Juristische Arbeiten)
Raabe/Wacker/Oberle/ Baumann/Funk	Recht ex machina, 2012 (zit. RWOBF Recht)
Schimmel	Juristische Klausuren und Hausarbeiten richtig formulieren, 9. Aufl. 2011 (zit. Schimmel Juristische Klausuren)
Schwacke	Juristische Methodik – mit Technik der Fallbearbeitung, 5. Aufl. 2011 (zit. Schwacke Juristische Methodik)
Schwerdtfeger/ Schwerdtfeger	Öffentliches Recht in der Fallbearbeitung, 15. Aufl. 2018 (zit. Schwerdtfeger/Schwerdtfeger ÖR)
Stein	Die rechtswissenschaftliche Arbeit, 2000 (zit. Stein Rechtswissenschaft)
Ulrici	Fallsammlung zur Rechtsgestaltung, 2010 (zit. Ulrici Rechtsgestaltung)
Valerius	Einführung in den Gutachtenstil, 4. Aufl. 2017 (zit. Valerius Gutachtenstil)

Walter	Kleine Stilkunde für Juristen, 2002 (zit. Walter Stilkunde)
Zippelius	Das Wesen des Rechts, 6. Aufl. 2012 (zit. Zippelius Recht)

1. Teil: Aufbauschemata mit Erläuterungen

Vorbemerkungen

Am Anfang steht die Frage nach einer Arbeitsdefinition für das Eingriffsrecht. Dieses wird (vereinfacht) beschrieben als die Summe der polizei- und strafverfahrensrechtlichen Normen, die die Polizei zu Eingriffen in die Grundrechte ermächtigen.[1] In eingriffsrechtlichen Klausuren haben die Studierenden im Regelfall im Sachverhalt geschilderte, von Polizeibeamtinnen und -beamten getätigte Maßnahmen sozusagen „nachträglich" auf ihre Rechtmäßigkeit hin zu „prüfen". Dabei sollten sie sich an einem konsistenten Prüfungsschema orientieren, denn eine nachvollziehbare, konsequente und überzeugende Reihenfolge der Darstellung gehört zu den wesentlichen Bewertungskriterien für Klausurbearbeitungen.[2] Eine gewisse „Systematik" gewährleistet, dass alle relevanten Fragen, die ein Sachverhalt aufwirft, benannt und eingeordnet werden. Mithin wird auch der Gnade der menschlichen Vergesslichkeit so entgegengetreten. Für die Prüfung einer Eingriffsmaßnahme aus dem Polizei- oder Strafprozessrecht werden daher Aufbauschemata zugrunde gelegt. Es handelt sich bei diesen Schemata allerdings nicht um eine zwingend zu beachtende Form, in die die Lösung hineingepresst werden muss. In der Klausur müssen zwar bestimmte Prüfungspunkte durchgegangen werden. Der konkret zu bearbeitende Fall darf aber nicht von dem Schema „verschluckt" werden. Aufbauschemata bieten keineswegs die Gewähr für das Gelingen einer guten Fallbearbeitung, sie sind eher als Aufbauhilfen zu verstehen, die für die rechtliche Prüfung erforderliche Merkposten enthalten, ohne dass deswegen auch immer jeder Merkposten überhaupt oder in der gleichen Ausführlichkeit geprüft werden muss. Wer das Schema „im Kopf hat", weiß zudem, welche Gesichtspunkte formeller und materieller Natur bei der Lösung eines Falles zu beachten sind. Zu beachten ist vor allem, dass nur solche „Schemapunkte" näher auszuführen sind, die problematisch sind. Unproblematische Punkte sind dagegen mit bündiger Kürze im sog. Urteilsstil abzuhandeln. Es verbietet sich ein sklavisches Festhalten an Aufbauschemata („Schema-Manie").[3]

---

1 *Hoheisel-Gruler* Kriminalistik 2019, 766: Durch den Dschungel des Eingriffsrechts.
2 *Thiel*, PSP 1/2017, 24.
3 Zu „Nutzen und Schaden" der Schemata *Schwerdtfeger/Schwerdtfeger*, Rn. 11 ff.

1. Teil: Aufbauschemata mit Erläuterungen

> 📖 „Schemata sind wie Laternen: Wenn es dunkel ist, können sie den Weg weisen, aber nur Betrunkene halten sich an ihnen fest"[4]

Prüfungsschemata sind Lern- und Verständnishilfen. Sie ermöglichen, einen thematischen Abschnitt und seine Vorschriften auf einen Blick zu erschließen. Viel wesentlicher ist noch die anwendungsorientierte Perspektive auf das geltende Recht. Schemata ermöglichen den Lernenden, die Prüfungsreihenfolge entsprechend der Systematik und Dogmatik zu erfassen.[5]

> 📖 Prüfungsschemata ersetzen nicht das Verstehen rechtlicher Zusammenhänge und nicht die Lektüre des Gesetzes.

Gleichwohl kann die gutachtliche Prüfung einer polizeilichen Maßnahme durch eine Aufbauhilfe wesentlich erleichtert werden.[6] Methodisches Vorgehen im Rahmen der Fallbearbeitung soll gewährleisten, dass alle rechtlich relevanten Fragen, die ein Sachverhalt aufwirft – und nur diese –, benannt und in ihren Konsequenzen zutreffend eingeordnet werden. Diesem Ziel dienen Aufbauschemata, die allerdings nur werthaltig verwendet werden können, wenn die den einzelnen Prüfungsstationen zu Grunde liegenden Sachfragen bekannt sind.[7]

> 📖 Die richtige Schwerpunktsetzung in der Fallbearbeitung ist für das gesamte Studium wichtig.

Im Eingriffsrecht werden für die Überprüfung polizeilicher Maßnahmen (allgemein) verschiedene Lösungsschemata zugrunde gelegt[8], die im Detail voneinander abweichen. Welches Schema im Einzelfall „benutzt" wird, erscheint zweitrangig. Eine „Grundstruktur" wird (abgestimmt) an der Hochschule für Polizei und öffentliche Verwaltung (HSPV NRW) im Rahmen des Bachelor-Studiums verwandt.[9] Ansonsten folgt ein „allgemeiner" Prüfungsaufbau einem „Dreierschritt" und besitzt folgende „Grundstruktur"[10]:

---

[4] *Rosenkranz* JuS 2016, 294, 297: Sinn und Unsinn des Erlernens von Prüfungsschemata.
[5] *Rosenkranz* JuS 2016, 294 (295): Sinn und Unsinn des Erlernens von Prüfungsschemata.
[6] Zu typischen Fehlern in juristischen Klausuren *Vahle* Kriminalistik 2008, 69 (70); *Vahle* Kriminalistik 2002, 485 (486).
[7] *Wehr* JuS 2006, 582.
[8] Ähnlich auch *Neuwirth* Kriminalistik 1994, 436: Anleitung zur Lösung von Polizeirechtsfällen – Lösungsschemata für die Prüfung der Rechtmäßigkeit einer polizeilichen Maßnahme.
[9] *Thiel*, PSP 1/2017, 24 ff.; *Wagner* Bundespolizeirecht, S. 46 ff. Zur Rechtmäßigkeitsprüfung polizeilicher Eingriffsmaßnahmen auch *Pieper*, Kriminalistik 2009, 253 ff.; Kriminalistik 2007, 134 ff.
[10] *Wüstenbecker* POR, S. 11; *BHKM* ÖR, S. 4; *Heckmann* ÖR, S. 6; *Wehr* JuS 2006, 582. Die Überprüfung polizeilicher Maßnahmen – Anmerkungen zum „bayerischen Prüfungsaufbau".

I. **Ermächtigung**
  − Grundrechtseingriff
  − Zielrichtung
  − Ermächtigungsgrundlage
II. **Formelle Rechtmäßigkeit**
  − Zuständigkeit (örtliche, sachliche)
  − Verfahren, Form
III. **Materielle Rechtmäßigkeit**
  − Tatbestandliche Voraussetzungen der Ermächtigungsgrundlage
  − Besondere Verfahrensvorschriften
  − Adressatenregelung
  − Rechtsfolge, Bestimmtheit, Ermessen und Verhältnismäßigkeit
IV. Ergebnis

Erst die Grundrechtsbetroffenheit erzeugt ein Legitimationsbedürfnis. Liegt ein **Grundrechtseingriff** nicht vor, handelt es sich um sog. „**schlicht-hoheitliches Handeln**". Es bedarf dann keiner gesetzlichen Eingriffsgrundlage. In diesem Fall reicht eine Aufgabenzuweisung aus. Zu prüfen ist dann (nur) die Zuständigkeit (formelle Rechtmäßigkeit). Es ist also zwingend zu klären, ob ein Eingriff vorliegt oder ob (nur) schlicht-hoheitliches Handeln vorliegt.[11] Unter **formeller Rechtmäßigkeit** werden mithin alle rechtlichen Vorgaben hinsichtlich des Zustandekommens, unter **materieller Rechtmäßigkeit** die Anforderungen an den Inhalt staatlicher Maßnahmen geprüft. Die Unterscheidung zwischen formellen und materiellen Rechtmäßigkeitsanforderungen ermöglicht dabei einerseits eine übersichtlichere Darstellung und trägt andererseits der Tatsache Rechnung, dass Verstöße gegen formelle Vorgaben (Zuständigkeit, Verfahren, Form) im Vergleich zu Verletzungen materiellen, also inhaltlichen Rechts häufig von geringerem Gewicht sind.[12]

> Die Prüfung der materiellen Rechtmäßigkeit einer polizeilichen Eingriffsmaßnahme bildet regelmäßig den Schwerpunkt in einer Fallbearbeitung.

---

11 Zu den Eingriffsschwellen für polizeiliche Maßnahmen *Turnit* JURA 2019, 258 ff.
12 *Thiel* PSP 1/2017, 24.

1. Teil: Aufbauschemata mit Erläuterungen

I. Prüfung einer Eingriffsmaßnahme ohne Zwang

I. **Ermächtigungsgrundlage**
Nach dem Grundsatz des Vorbehalts des Gesetzes bedarf es bei einem Grundrechtseingriff einer Ermächtigungsgrundlage, welche auf ein verfassungsmäßiges Gesetz zurückzuführen ist.
1. Grundrechtseingriff
2. Zielrichtung (präventiv/repressiv)[13]
3. Ermächtigungsgrundlage

II. **Formelle Rechtmäßigkeit**
1. Zuständigkeit
   a) Örtliche Zuständigkeit
   b) Sachliche Zuständigkeit
2. Verfahren   § 28 Abs. 1 VwVfG NRW: Anhörung Beteiligter
3. Form   § 37 Abs. 2 VwVfG NRW: Grundsatz: Formfreiheit
4. Begründung   § 39 VwVfG NRW: Begründung des VA
5. Ordnungsgemäße
   Bekanntgabe   § 41 VwVfG :   Bekanntgabe des VA

III. **Materielle Rechtmäßigkeit**
1. Tatbestandliche Voraussetzungen der Ermächtigungsgrundlage
2. Besondere Verfahrensvorschriften
   a) Vorschriften, die bei einzelnen Maßnahmen zu beachten sind[14]
   b) Anordnungsbefugnis
3. Adressatenregelung
4. Rechtsfolge der konkret herangezogenen Ermächtigungsgrundlage
   a) Rechtsfolge entspricht der Ermächtigungsgrundlage
   b) Bestimmtheit (§ 37 Abs. 1 VwVfG NRW)

---

13 Die Zielrichtung der Maßnahme kann der formellen und materiellen Rechtmäßigkeitsprüfung vorangestellt werden („Vorüberlegung"), vgl. *Henrichs* ER RP, S. 46; Die Prüfung der Zielrichtung kann aber auch im Rahmen der formellen *Rechtmäßigkeitsprüfung* (sachliche Zuständigkeit) erfolgen, vgl. *Gornig/Jahn* PolR, S. 98 ff.; *Stein/Paintner* POR, S. 149.

14 Alternativ können die (besonderen) Verfahrens-/Formvorschriften auch im Rahmen der formellen Rechtmäßigkeit geprüft werden, vgl. *Pieper* Kriminalistik 2009, 253.

    c) Ermessen (§ 3 PolG NRW)
        aa) Entschließungsermessen, ggf. Ermessensreduzierung auf Null
        bb) Auswahlermessen (§ 3 Abs. 2 PolG NRW)
    d) Übermaßverbot; Verhältnismäßigkeit i. w. S. (§ 2 PolG NRW)
        aa) Geeignetheit
        bb) Erforderlichkeit
        cc) Verhältnismäßigkeit i. e. S. (Angemessenheit)

IV. Ergebnis

Erläuterungen zur Prüfung einer Eingriffsmaßnahme ohne Zwang

zu I.:   Ermächtigungsgrundlage

Eingriffsbegriff

Nach einem Einleitungssatz beginnt die Prüfung mit der Feststellung der **Grundrechte**, in die durch die polizeiliche Maßnahme eingegriffen wird. Häufig greift die Polizei mit ihren Maßnahmen in die Schutzbereiche von Grundrechten ein. Hierfür benötigt sie aufgrund des Vorbehalts des Gesetzes (Art. 20 Abs. 3 GG) eine gesetzliche Ermächtigungsgrundlage.[15] Der Begriff „Schutzbereich" drückt nicht aus, dass ein bestimmtes, darunter fallendes Verhalten einen absoluten Schutz genießt, sondern dass der Staat zwar in das Grundrecht eingreifen kann, aber hierfür eine Rechtfertigungslast hat.[16] Die Schutzbereiche der entsprechenden Grundrechte sind mit (kurzer) Begründung zu benennen. Es ist darauf zu achten, dass alle in Betracht kommenden Grundrechte Erwähnung finden. Nach herkömmlichem Verständnis gehören zum **klassischen Eingriffsbegriff** die Merkmale der Finalität, der Unmittelbarkeit, der Qualität als Rechtsakt sowie der Durchsetzung mit Befehl oder Zwang. Diese Voraussetzungen müssen kumulativ gegeben sein und zu einer Verkürzung des Schutzbereichs führen.[17] Allerdings greift dieser (klassische) Eingriffsbegriff in der heutigen Grundrechtsdogmatik zu kurz, z. B. im Falle einer polizeirechtlichen Observation, die sich als Realakt darstellt. Es bedarf der Erweiterung dieses Eingriffsbegriffs.[18] Mithin ver-

---

15   Grundlegend *Trurnit* JURA 2019, 258 ff. Eingriffsschwellen für polizeiliche Maßnahmen.
16   Zum Begriff des Schutzbereichs *Klein* DVP 2020, 186 ff.; grundlegend *Braun* StaatsR, passim.
17   *Hobusch* JA 2019, 278; *Sommer* RÜ 2019, 122 (124).
18   Zur Entwicklung des Eingriffsverständnisses *Schwabenbauer*, in: Hdb PolR, Kap. G Rn. 4 ff.

steht man unter einem Eingriff jedes staatliche Handeln, das dem Einzelnen ein Verhalten, das in den Schutzbereich eines Grundrechts fällt, ganz oder teilweise unmöglich macht (sog. **Moderner Eingriffsbegriff**).[19] Mit diesem weiten Begriffsverständnis sollen vor allem mittelbare und auch faktische Eingriffe abgedeckt werden. Diese Begriffe sind aber nicht synonym zu verwenden. Mittelbar ist zunächst nur der Gegensatz zur Unmittelbarkeit, faktisch bedeutet „tatsächlich" und ist als Gegensatzpaar zur Rechtsförmlichkeit zu verstehen.

📖 **Prüfungsreihenfolge: Eingriff**[20]

1. Klassischer Eingriff	a) Verkürzung des Schutzbereichs b) durch staatliches Handeln Kumulativ: Final, unmittelbar, rechtsförmlich, imperativ
2. Moderner Eingriff	a) Verkürzung des Schutzbereichs b) durch staatliches Handeln Kausalität: Äquivalenz und Adäquanz Alternativ: Final, unmittelbar, rechtsförmlich, imperativ

Ein Eingriff ist dann zu verneinen, wenn der Betroffene wirksam auf das Grundrecht verzichtet (**Grundrechtsverzicht**).[21] So ist eine Anordnung gem. § 105 Abs. 1 StPO dann entbehrlich, wenn der von der Durchsuchung Betroffene in die Durchführung der Maßnahme eingewilligt hat. Zu berücksichtigen ist generell, dass es immer nur um eine individuelle Verfügung gehen kann; ein allgemeiner (Grundrechts-)Verzicht würde die Wesensgehaltsgarantie missachten (Kollektivtheorie). Grundsätzlich gilt: Dem Einwilligenden geschieht kein Unrecht (**volenti non fit iniuria**). Ein Verzicht auf die Menschenwürde ist mithin nicht möglich.[22] Dagegen kann auf die Ausübung des Rechts auf informationelle Selbstbestimmung verzichtet werden.

Zielrichtung

Als nächstes ist die sog. **Zielrichtung** der polizeilichen Maßnahme zu bestimmen. Sofern nicht ein Fall der Wahrnehmung einer besonderen polizeilichen Aufgabe vorliegt, geht es allein um die Abgrenzung von „präventi-

---

19 *Sommer* RÜ 2019, 122 (124 f.).
20 *Hobusch* JA 2019, 278 (281); *Hoheisel-Gruler* Kriminalistik 2019, 766 (768); *Klein* DVP 2020, 191 f.
21 Vertiefend: *Seifert* JURA 2007, 99 ff. Problemkreise des Grundrechtsverzichts.
22 *Herrmann/Lang/Schneider* Grundrechte, S. 37.

vem" und „repressivem" Handeln.[23] Es ist zu bewerten, ob die konkret zu prüfende Maßnahme der Gefahrenabwehr (präventives Tätigkeitsfeld) oder der Erforschung und Verfolgung von Straftaten bzw. Ordnungswidrigkeiten (repressives Tätigkeitsfeld) zuzuordnen ist. Es kann sich allerdings die Notwendigkeit ergeben, mit eingehender Begründung eine Zuordnung vornehmen zu müssen. Dies ist etwa dann erforderlich, wenn es sich um eine Maßnahme handelt, die sowohl präventive als auch repressive Ziele verfolgt (sog. **doppelfunktionale Maßnahme**). Ein mögliches Abgrenzungskriterium ist die Zuordnung nach dem Schwerpunkt der konkreten Maßnahme, wobei dies nach objektiven Maßstäben oder aber aus Sicht der handelnden Beamten bewertet werden kann.

Ermächtigungsgrundlage

Steht die Zielrichtung fest, ist die gesetzliche **Ermächtigungsgrundlage** für die Maßnahme möglichst präzise zu benennen;[24] gedankliche „Checkliste":

(1) Ermächtigungsgrundlage aus speziellem Gesetz
(2) Standardmaßnahme aus dem PolG NRW oder der StPO
(3) Generalklausel (§ 8 Abs. 1 PolG NRW oder § 163 Abs. 1 Satz 2 StPO)

Enthält die entsprechende Vorschrift mehrere unterschiedliche Ermächtigungsgrundlagen, sind Absatz, Satz, Nummer, Buchstabe genau zu bezeichnen.

> 📖 Die Prüfung von Grundrechtseingriff, Zielrichtung und Ermächtigungsgrundlage sowie der Zuständigkeit weisen in Klausuren regelmäßig keine besonderen Schwierigkeiten auf und sollen in diesen Fällen in der gebotenen Kürze dargestellt werden. Auf eine Darstellung im Gutachtenstil kann verzichtet werden.

zu II.:   **Formelle Rechtmäßigkeit**

Die formelle Rechtmäßigkeit ist anhand der Trias Zuständigkeit – Verfahren – Form zu überprüfen.[25]

Zuständigkeit

Zuständigkeit ist neben Verfahren und Form eine Voraussetzung der formellen Rechtmäßigkeit des polizei- und ordnungsbehördlichen Handelns. Es muss die im konkreten Fall zuständige Behörde handeln. Unter Zuständigkeit versteht man die Zuordnung einer Kompetenz zu einer Behörde,

---

23 Weitergehend *Thiel* PSP 4/2016, 32 ff.
24 Weitergehend *Thiel* PSP 2/2016, 38 ff.; *Thiel* PSP 1/2017, 24 (26).
25 Grundlegend *Poscher/Rusteberg* JuS 2011, 888 ff.

unter Kompetenz die Zuordnung von Aufgaben und Befugnissen. Die Zuständigkeit bestimmt also, welche Behörde welche Aufgaben zu erfüllen hat und welche Befugnisse sie dafür besitzt.[26] Es gilt der Grundsatz, dass speziellere Regelungen den allgemeinen vorgehen. Grundsätzlich richtet sich die Frage der Zuständigkeit nach den Regelungen des jeweiligen Gesetzes, aus dem die Ermächtigungsgrundlage stammt. Soweit das jeweilige Gesetz dort einfach auf die zuständige Behörde verweist, richtet sich die Zuständigkeit nach den allgemeinen Regelungen des jeweiligen Landesrechts. Wenn es sich um eine Ermächtigung aus einem Bundesgesetz handelt, ist zusätzlich darauf zu achten, ob auf der Landesebene spezielle Durchführungsgesetze oder Verordnungen bestehen.[27]

Bei der Zuständigkeit unterscheidet man die sachliche, die instanzielle, die funktionelle und die örtliche Zuständigkeit; es handelt sich um feste Größen bei der rechtlichen Beurteilung polizeilichen Handelns.[28]

Die **funktionelle Zuständigkeit** betrifft die Unterscheidung zwischen eigenständiger Aufgabenwahrnehmung und deren Beaufsichtigung durch Fach- und Rechtsaufsichtsbehörden. Die **instanzielle Zuständigkeit** bedeutet die Aufteilung derselben sachlichen Zuständigkeit auf die unterschiedlichen hierarchischen Ebenen. Die **sachliche Zuständigkeit** bezieht sich auf den Inhalt der wahrzunehmenden Aufgaben und Befugnisse. Die **örtliche Zuständigkeit** betrifft den räumlichen Bereich, innerhalb dessen eine sachlich zuständige Behörde handeln darf. Da sich im Regelfall eine Aufgabenzuweisung an die Kreispolizeibehörden ergibt und dort keine verschiedenen Ebenen bestehen, können die sachliche und die instanzielle Zuständigkeit zusammengefasst werden.[29] Die **örtliche Zuständigkeit** wird Klausuren oftmals unterstellt. Ist dies nicht der Fall, genügt im Regelfall ein Hinweis auf § 7 Abs. 1 Satz 1 POG NRW (Regelzuständigkeit). Sonderfälle eines Tätigwerdens der Polizei außerhalb ihres Polizeibezirks, außerhalb von Nordrhein-Westfalen oder im benachbarten Ausland regeln §§ 8 und 9 POG NRW.[30]

Die **sachliche Zuständigkeit** für die Gefahrenabwehr ergibt sich aus § 1 Abs. 1 Sätze 1, 2 (bzw. Satz 3) PolG NRW, §§ 10, 11 Abs. 1 Nr. 1 POG NRW.

---

26 *Kingreen/Poscher* POR, § 6 Rn. 1.
27 *Poscher/Rusteberg* JuS 2011, 888 (893).
28 Bei der Diskussion um den Aufgabenzuschnitt der Polizei wird zuweilen eine weitere Dimension diskutiert: Die zeitliche Zuständigkeit – als besondere Ausprägung des Subsidiaritätsgrundsatzes; vgl. *Ebert* Die Polizei 2019, 69 ff.
29 *Thiel* PSP 1/2017, 25 (26).
30 Instruktiv *Keller*, in: BeckOK POR NRW, zu § 8 und § 9 POG NRW.

Für die Erforschung von Straftaten ist die Polizei gem. § 1 Abs. 4 PolG[31] NRW i.V.m. § 163 Abs. 1 Satz 1 StPO zuständig. Für die Verfolgung von Ordnungswidrigkeiten ist die Polizei zuständig gem. § 1 Abs. 4 PolG NRW i.V.m. § 11 Abs. 1 Nr. 2 POG NRW i.V.m. § 53 Abs. 1 OWiG.[32]

Überdies ist die Polizei sachlich zuständig aufgrund **spezialgesetzlicher Regelungen**, z.B. nach dem BVersG oder dem WaffG. Aus den genannten Bestimmungen ergibt sich eine sachliche Zuständigkeit der Kreispolizeibehörden (§ 2 Abs. 1 POG NRW). Für diese handeln die tätig werdenden Polizeibeamtinnen und -beamten („Amtswalter").

> Unausrottbar scheint die in Polizeirechtsklausuren ausgelebte Neigung zu sein, innerhalb der – zumeist unproblematischen – Zuständigkeitsprüfung – eingehend darzulegen, dass eine konkrete oder gar qualifizierte (z.B. gegenwärtige) Gefahr vorliegt. Eine solche Erörterung wirkt besonders befremdlich, wenn die spätere Eingriffsnorm überhaupt keine konkrete Gefahr voraussetzt (z.B. § 12 Abs. 1 Nr. 2 PolG NRW).[33]

Verfahren

Bei der Frage des Verfahrens ist danach zu differenzieren, ob die Maßnahme als Verwaltungsakt zu qualifizieren ist oder nicht, denn die allgemeinen Regelungen der Verwaltungsverfahrensgesetze gelten (vgl. § 9 VwVfG NRW) – nur bei Verfahren, die auf den Erlass eines Verwaltungsaktes (oder den Abschluss eines öffentlich-rechtlichen Vertrages) gerichtet sind.[34] Die Relevanz der Unterscheidung zwischen Verwaltungs- und Realakt ist an dieser Stelle allerdings gering. Da weder das VwVfG NRW noch das PolG

---

31 Gem. § 1 Abs. 4 PolG NRW hat die Polizei ferner die Aufgaben zu erfüllen, die ihr durch andere Rechtsvorschriften übertragen sind. Inwieweit § 1 Abs. 4 PolG NRW noch genannt werden muss, ist strittig. Die Norm stellt letztlich nur deklaratorisch klar, dass die Polizei auch die Aufgaben wahrnimmt, die ihr in anderen Gesetzen übertragen wurden. Die originäre Zuständigkeit zur Verfolgung von Straftaten ergibt sich bereits unmittelbar aus § 163 StPO. Für die Anwendbarkeit von § 1 Abs. 4 PolG NRW z.B. *Kay* PSP 4/2012, 3 ff.; *Tetsch/Baldarelli* PolG NRW, § 1 Ziff. 4 („Da das Polizeigesetz nicht nur das Recht der polizeilichen Gefahrenabwehr, sondern auch das Handeln der Polizei selbst erfasst, ist § 1 Abs. 4 PolG NRW auch im Sinne einer vollständigen Darstellung der Polizeiaufgaben zu verstehen"). Die Nennung von § 1 Abs. 4 PolG NRW ist letztlich umstritten; gelegentlich wird vorgebracht, im repressiven Bereich sei das PolG NRW nicht anwendbar, sodass auch § 1 Abs. 4 PolG NRW bereits nicht zur Anwendung kommen könne. Beide Zitiervarianten sind jedoch gut vertretbar; *Thiel* PSP 4/2015, 37.
32 Zur sachlichen Zuständigkeit im Ordnungswidrigkeitenrecht ausführlich *Kay/Keller* Bußgeldverfahren, S. 27 ff.
33 *Vahle* Kriminalistik 2004, 353 (354); *Baumann* Kriminalistik 1991, 637 (642).
34 Instruktiv *Wienbracke* VR 2019, 217 ff.: Kurzfälle zum Begriff des Verwaltungsakts.

NRW für Realakte Verfahrensanforderungen normieren [35], wird für Realakte auch eine Regelungslücke angenommen. Insoweit wird teilweise vertreten, die Regelungen des VwVfG NRW für Verwaltungsakte analog auch auf Realakte anzuwenden.[36] Im Falle des Erlasses eines Verwaltungsaktes ist das **Anhörungsgebot** aus § 28 Abs. 1 VwVfG NRW zu beachten. Die Norm ist auch dort anzuwenden, wo es keine inhaltsgleiche gesetzliche Regelung gibt.[37] Verlangt wird, dass dem Adressaten eines ihn belastenden Verwaltungsakts vor dessen Erlass Gelegenheit dazu gegeben werden muss, sich zum Sachverhalt zu äußern (Anhörung). Ist eine Anhörung erfolgt (bzw. hat der Adressat die Gelegenheit zur Äußerung erhalten, sie aber nicht genutzt), kann dies schlicht festgestellt werden.[38] Nur wenn Verfahrensvorschriften verletzt wurden, sind die Rechtsfolgen dazulegen. Fehlt eine vorherige Anhörung, ist zu erörtern, ob von ihr nach § 28 Abs. 2 VwVfG NRW abgesehen werden konnte.[39]

Form

Im dritten Schritt ist der Frage nachzugehen, ob die Maßnahme unter Einhaltung bestehender Formvorschriften getroffen wurde. Gem. § 37 Abs. 2 Satz 1 VwVfG kann ein Verwaltungsakt schriftlich, elektronisch, mündlich oder in anderer Weise erlassen werden. Realakte sind (mit Ausnahme schriftlicher Hinweise u. ä. ohne Regelungscharakter) regelmäßig faktische Handlungen, die nicht in einer bestimmten „Form" erfolgen können (z. B. der Einsatz von unmittelbarem Zwang).[40]

Von Bedeutung ist zudem, dass gem. § 41 VwVfG jeder Verwaltungsakt bekannt gegeben werden muss. Ansonsten kommt allenfalls ein Vorgehen der Polizei im Rahmen des Sofortvollzugs in Betracht.[41] Gem. § 43 Abs. 1 VwVfG NRW wird ein Verwaltungsakt gegenüber demjenigen, für den er bestimmt ist oder der von ihm betroffen wird, in dem Zeitpunkt wirksam, in dem er bekannt gegeben wird. Der Verwaltungsakt wird mit dem Inhalt wirksam, mit dem er bekannt gegeben wird.

Sind entsprechende (Form-)Vorschriften verletzt worden, sind die Rechtsfolgen anhand der §§ 44–46 VwVfG NRW zu untersuchen.

---

35 Insofern stellen die „allgemeinen Regeln der Datenerhebung" eine Ausnahme dar, vgl. § 9 Abs. 4 bis 7 PolG NRW.
36 *Kingreen/Poscher* POR, § 6 Rn. 17; *Poscher/Rusteberg* JuS 2011, 888 (893).
37 *Hufen/Siegel* Verwaltungsverfahren, Rn. 287.
38 *Schroeder* POR, Rn. 101.
39 Grundlegend *Sasse* VR 2019, 197 ff.
40 *Thiel* PSP 1/2017, 24 (27).
41 *Poscher/Rusteberg* JuS 2011, 888 (893).

Begründung

Im vierten Schritt ist darzulegen, ob die entsprechende Verfügung begründet wurde. Ein schriftlicher oder elektronischer sowie ein schriftlich oder elektronisch bestätigter Verwaltungsakt ist mit einer Begründung zu versehen (§ 39 Abs. 1 Satz 1 VwVfG NRW; Ausnahmen in Absatz 2).

Ordnungsgemäße Bekanntgabe

Für die Zugang mündlicher Verwaltungsakte ist eine tatsächliche Kenntnisnahme erforderlich. Für den Zugang schriftlicher Verwaltungsakte ist eine tatsächliche Kenntnisnahme nicht vonnöten. Der schriftliche Verwaltungsakt muss in den Machtbereich des Empfängers gelangt sein (§ 41 Abs. 2 VwVfG NRW und subsidiär § 130 BGB analog).[42]

> 📖 Wenn der Sachverhalt zu Zuständigkeit, Verfahren oder Form keine Angaben enthält, dürfen die entsprechenden Punkte nicht etwa in der Weise im Gutachtenstil behandelt werden, dass erst umständlich ein Obersatz und eine Definition gebildet werden, um dann lapidar festzustellen, dass der Sachverhalt zu diesen Punkten schweigt. Stattdessen gilt der Grundsatz, dass mangels entgegenstehender Anhaltspunkte davon auszugehen ist, dass die Behörden richtig gehandelt haben.[43]

zu III. Materielle Rechtmäßigkeit

Die materielle Rechtmäßigkeitsprüfung setzt sich aus der Untersuchung des Vorliegens der tatbestandlichen Voraussetzungen der Ermächtigungsgrundlage („Vorbehalt des Gesetzes"), der Behandlung der besonderen (maßnahmenspezifischen) Verfahrensanforderungen (Anordnungsbefugnis und Durchführungsbestimmungen), Überlegungen zum zulässigen Adressaten, zur Rechtsfolge, zum Ermessen und zur Verhältnismäßigkeit zusammen.

Tatbestandliche Voraussetzungen der Ermächtigungsgrundlage

Viele Ermächtigungen enthalten lediglich eine Ermächtigungsgrundlage, andere gliedern sich dagegen in mehrere solcher Grundlagen. Zudem kann es erforderlich sein, weitere gesetzliche Vorschriften heranzuziehen, die z. B. Definitionen tatbestandlicher Voraussetzungen enthalten oder diese wiederum an weitere Voraussetzungen knüpfen.[44]

---

42 *Wagner*, Bundespolizeirecht, S. 46.
43 *Linke* JuS 2018, 259 (262).
44 *Thiel* PSP 1/2017, 24 (27).

Besondere Verfahrensvorschriften

Während die Prüfung der tatbestandlichen Voraussetzungen die Frage behandelt, „ob" die Polizei eine bestimmte Maßnahme treffen darf, regeln die maßnahmenspezifischen Verfahrensanforderungen das „Wie". Aufgrund des Grundsatzes des „Vorrangs des Gesetzes" haben die handelnden Polizeibeamtinnen und -beamten auch diese Anforderungen zu beachten. Nicht jeder Verstoß führt allerdings zur Rechtswidrigkeit der Eingriffsmaßnahme.[45] Auch ist zu klären, wer die konkrete Maßnahme anordnen (bzw. durchführen) darf. Bestimmte Ermächtigungsgrundlagen verlangen zudem die Beachtung besonderer Durchführungsbestimmungen. So ordnet § 39 Abs. 3 Satz 1 PolG NRW als Durchführungsbestimmung für die Durchsuchung von Personen an, dass Personen nur von Personen gleichen Geschlechts oder Ärzten durchsucht werden dürfen.

Adressat

Zu klären ist, ob derjenige, gegen den sich die konkrete Maßnahme richtet, aufgrund der gesetzlichen Vorgaben auch in rechtlich zulässiger Weise mit dieser belegt werden darf. Soweit sich nicht eindeutig aus der Ermächtigungsgrundlage ergibt, wer Adressat der Maßnahme ist, muss auf allgemeine Bestimmungen zurückgegriffen werden. Bei Maßnahmen der Gefahrenabwehr sind – soweit keine spezielleren Vorschriften einschlägig sind – die §§ 4–6 PolG NRW zu prüfen. Bei strafprozessualen Maßnahmen ergibt sich der Adressat aus der Ermächtigung (Beschuldigte, Verdächtiger, Zeuge).[46]

Rechtsfolge

Unter dem Punkt „Rechtsfolge" ist zu erörtern, ob die tatsächlich getroffene Maßnahme von der Ermächtigungsgrundlage erfasst ist, also „gedeckt" ist. Es bietet sich an, an dieser Stelle zu definieren, zu welchen Maßnahmen die Norm konkret ermächtigt.[47] Prüfungsmaßstab ist damit die Frage, ob sich die Maßnahme innerhalb des durch die Ermächtigungsgrundlage eröffneten Rechtsfolgerahmens bewegt. Dies ist keinesfalls nur eine Frage des Ermessens, vielmehr sind der Maßnahme auch zahlreiche, von der Willensbildung der Behörde unabhängige, objektive Grenzen gesetzt. Die wichtigste dieser Fragen, nämlich ob die Maßnahme abstrakt der von der Ermächtigungsgrundlage vorgesehenen Rechtsfolge entspricht, wurde allerdings bei der Suche nach der richtigen Ermächtigungsgrundlage vorweggenommen.[48]

---

45 *Thiel* PSP 1/2017, 24 (27).
46 Allgemein zu den Verantwortlichkeitsnormen *Beckermann* DÖV 2020, 144 ff.
47 *Thiel* PSP 1/2017, 24 (29).
48 *Poscher/Rusteberg* JuS 2011, 1082 (1085).

Bestimmtheit (§ 37 Abs. 1 VwVfG NRW)

Der Bestimmtheitsgrundsatz verlangt, dass auch die im Einzelfall polizeilich getroffene Maßnahme hinreichend bestimmt sein muss. Der Adressat muss erkennen können, wie er sich zu verhalten hat, um dem ihm auferlegten Ge- oder Verbot zu entsprechen. Polizeiliche Maßnahmen genügen diesen Anforderungen, wenn sie so bestimmt sind, dass sie aus sich selbst heraus verständlich sind und ohne weitere Konkretisierung Grundlage einer nachfolgenden Vollstreckungsmaßnahme sein können.[49] Ist ein polizeilicher Verwaltungsakt nicht inhaltlich hinreichend bestimmt, ist er materiell rechtswidrig und im schlimmsten Fall sogar nichtig.[50]

Ermessen (Entschließungs- und Auswahlermessen)

„Ermessen" bedeutet, dass den handelnden Polizeibeamten durch die Ermächtigungsgrundlage Entscheidungsspielräume hinsichtlich der Rechtsfolge, also der zu treffenden Maßnahme eingeräumt sind.[51] Zwei Stufen der Ermessenausübung sind zu unterscheiden:[52]

– **Entschließungsermessen**: Infrage steht das Handeln überhaupt.
– **Auswahlermessen**: Infragesteht die Art der Maßnahme selbst.

Bei präventivem Handeln, insbesondere zur Gefahrenabwehr, kommt der Polizei ein Entschließungsermessen zu. Sie kann also entscheiden, ob sie überhaupt tätig wird. Gem. § 3 Abs. 1 PolG NRW hat die Polizei ihre Maßnahmen nach „pflichtgemäßem Ermessen" zu treffen (§ 3 Abs. 1 PolG NRW). Bei der Rechtmäßigkeitsprüfung einer bereits getroffenen Maßnahme ist allein zu prüfen, ob der Polizei Ermessensfehler unterlaufen sind. Die Frage der Ermessensreduzierung spielt dabei hauptsächlich in Verpflichtungskonstellationen eine Rolle, in denen ein Anspruch auf das Ergreifen einer bestimmten Maßnahme geltend gemacht wird. Mitunter besteht eine „Ermessensreduktion auf Null", insbesondere wenn es um die Abwehr von Lebensgefahren geht.[53] Ob eine Ermessensreduktion auf Null vorliegt, ist im Rahmen einer Güterabwägung zu ermitteln. Ermessensreduzierende Gründe sind dabei:[54]

– Schwere und Ausmaß der Gefahr,

---

49 OVG Greifswald NVwZ-RR 2007, 143; *König/Trurnit*, Rn. 14.
50 *SBK* ER, Rn. 11.
51 Zur juristischen Begriffsgeschichte des Ermessens *Rottenwallner* VR 2019, 397 ff.
52 Grundlegend *Braun* PSP 1/2017, 3 ff.; *Kalmbach* DVP 2018, 386 ff.; im Überblick *Kese* apf 2011, 299 ff.
53 *Keller* APR, S. 428 ff. Handlungspflichten von Polizeibeamten.
54 *Braun* PSP 1/2017, 3 (4).

- die hohe Bedeutung des gefährdeten Rechtsguts und
- die Möglichkeit der Polizei zum Handeln und das Fehlen anderer vorrangiger Aufgaben.

Die Schutzpflicht des Staates ist umso stringenter, je höher der Rang des jeweiligen Grundrechts bzw. Rechtsguts innerhalb der Wertordnung anzusetzen ist.

Liegt der Anfangsverdacht einer Straftat vor, greift das sog. **Legalitätsprinzip** (§ 152 Abs. 2, § 163 Abs. 1 Satz 1 StPO).[55] Ein „Entschließungsermessen" der Polizei, ob sie überhaupt zur Erforschung der Straftat tätig wird, besteht in diesem Fall nicht. Unzutreffend ist es allerdings, bei repressiven Maßnahmen im Zusammenhang mit Straftaten ein Ermessen generell abzulehnen. Denn die handelnden Polizeibeamten können auch im repressiven Tätigkeitsfeld entscheiden, an wen sie ihre Maßnahmen richten, z.B. welchen Zeugen sie zuerst vernehmen bzw. welche repressiven Maßnahmen zunächst getroffen werden sollen.

> 📖 **Formulierungsvorschlag:**[56]
> „Bei repressiven Maßnahmen im Zusammenhang mit Straftaten ist das Entschließungsermessen wegen des Legalitätsgrundsatzes auf Null reduziert. Ermessensfehler sind im Übrigen nicht ersichtlich."

Verhältnismäßigkeit i. w. S./Übermaßverbot

Die Prüfung des Verhältnismäßigkeitsgrundsatzes spielt eine entscheidende Rolle und wird in vier Schritten vollzogen

(1) Legitimität des Zwecks der Maßnahme; dieser Zweck der Maßnahme ist dann legitim, wenn er sich im Rahmen der Staatsaufgaben bewegt

(2) Geeignetheit der Maßnahme; die Maßnahme ist geeignet, wenn sie zur Erreichung des angestrebten Ziels objektiv zwecktauglich ist

(3) Erforderlichkeit der Maßnahme; die Maßnahme ist erforderlich, wenn kein anderes milderes Mittel zur Verfügung steht

(4) Verhältnismäßigkeit i. e. S.; die Maßnahme ist angemessen, wenn sie den Betroffenen nicht übermäßig belastet und nicht unzumutbar ist. „Zweck" und „Mittel" müssen in einem angemessenen Verhältnis zueinanderstehen (sog. „Mittel-Zweck-Relation").[57]

---

55 Instruktiv *Keller* PSP 4/2014, 6 ff.
56 *Thiel* PSP 1/2017, 24 (30).
57 Instruktiv *Daiber* JA 2020, 37 ff.

Der **legitime** Zweck ist zu bestimmen, um im Rahmen der Geeignetheit feststellen zu können, ob die Maßnahme diesen Zweck jedenfalls fördern kann. Bei präventiven Maßnahmen kann als Zweck allgemeiner die Gefahrenabwehr, konkreter das jeweils geschützte Rechtsgut (bzw. die geschützten Rechtsgüter) benannt werden.[58] Bei repressiven Maßnahmen ist der Zweck die Sicherung einer ordnungsgemäßen Strafverfolgung bzw. einer Ahndung von Ordnungswidrigkeiten.[59]

Eine Maßnahme ist **geeignet**, wenn sie objektiv zwecktauglich ist, das polizeiliche Ziel zu erreichen, wenn sie den Zweck jedenfalls fördern kann („Schritt in die richtige Richtung"). Nur wenn sie unter allen denkbaren Gesichtspunkten nichts zur Erreichung des Zwecks beitragen kann, ist sie als ungeeignet und damit als unverhältnismäßig (und rechtswidrig) zu bewerten.

Erforderlich ist eine Maßnahme, wenn es kein milderes, mindestens gleich geeignetes Mittel gibt. An dieser Stelle ist zu erörtern, welche Handlungsalternativen in Betracht gekommen wären. Von mehreren möglichen und geeigneten Maßnahmen hat die Polizei gem. § 3 Abs. 1 PolG NRW diejenige zu treffen, die den Einzelnen und die Allgemeinheit voraussichtlich am wenigsten beeinträchtigt.

Bei der Verhältnismäßigkeit i.e.S. muss festgestellt werden, ob die Maßnahme auch **angemessen** gewesen ist. Hierbei ist die Zweck-Mittel-Relation zu erörtern. Der Eingriff in die Grundrechte des Adressaten darf nicht außer Verhältnis zu dem zu erreichenden Zweck stehen. Bei präventiven Maßnahmen sind die Grundrechte des Adressaten gegen die geschützten Rechtsgüter gefährdeter Dritter abzuwägen.

> 📖 Einen gravierenden Fehler stellt es dar, wenn auch bei repressiven Maßnahmen die Grundrechte des Adressaten gegen die Grundrechte des „Opfers" einer Straftat abgewogen werden. Denn der Zweck solcher Maßnahmen ist nicht – wie bei Gefahrenabwehrmaßnahmen – der Rechtsgüterschutz, sondern die Gewährleistung einer ordnungsgemäßen Strafverfolgung.[60] Daher sind die Grundrechte des Adressaten gegen das staatliche Strafverfolgungsinteresse abzuwägen.[61]

---

58 *Braun* PSP 1/2017, 3 (6).
59 *Thiel* PSP 1/2017, 24 (30 f.).
60 *Thiel* PSP 1/2017, 24 (31).
61 Mitunter ist von einem Strafverfolgungsanspruch die Rede. Die Rede vom "Strafanspruch des Staates" ist eine lyrische Annäherung an den Zivilprozess, die in die Irre führt. Gäbe es nämlich einen solchen "Strafanspruch", so müsste es auch eine "Strafschuld" des Schuldigen geben, also eine Art Pflicht, sich bestrafen zu lassen. Eine solche Pflicht existiert hingegen nicht. Daher ist das Entfliehen aus der Strafhaft auch nicht strafbar, sofern dabei nicht andere Taten (wie Sachbeschädigungen, Bestechung, Körperverletzung) begangen werden.

II. Prüfung einer gefahrenabwehrenden Zwangsmaßnahme im gestreckten Verfahren[62]

Prüfung der Grundmaßnahme ist erfolgt

I. **Ermächtigungsgrundlage**
Nach dem Grundsatz des Vorbehalts des Gesetzes bedarf es bei einem Grundrechtseingriff einer Ermächtigungsgrundlage, welche auf ein verfassungsmäßiges Gesetz zurückzuführen ist.
1. Grundrechtseingriff
2. Zielrichtung
3. Ermächtigungsgrundlage

II. **Formelle Rechtmäßigkeit der Vollstreckungsmaßnahme**
1. Zuständigkeit
   - Verweis auf vorgängige Prüfung der Grundmaßnahme
   - § 56 VwVG NRW analog
2. Verfahren
   - Anhörung entfällt (Ersatzvornahme/Unmittelbarer Zwang sind Realakte[63])
   - bei a. A. Anhörung entbehrlich, § 28 Abs. 2 Nr. 5 VwVfG[64]
   - bei Anlass: § 56 Abs. 4 PolG NRW, § 55 Abs. 3 PolG NRW

III. **Materielle Rechtmäßigkeit der Vollstreckungsmaßnahme**
1. Zulässigkeit des Zwangs (§ 50 Abs. 1 PolG NRW)
   a) Vollstreckbare Grundverfügung
      aa) Wirksamkeit
         - ordnungsgemäße Bekanntgabe, § 43 VwVfG NRW
         - keine Nichtigkeit nach § 44 VwVfG NRW
      bb) Inhaltliche Vollstreckbarkeit
         - Befehlender Verwaltungsakt (Handeln/Dulden/Unterlassen)

---

62 *SBK ER*, Rn. 378 f.; *Braun* PSP 4/2013, 9 ff. Grundlegend *Wälter*, Prüfungsschema: Rechtmäßigkeit der zwangsweisen Durchsetzung einer polizeilichen Maßnahme, Beilage PSP 4/2019.

63 Die Festsetzung eines Zwangsgeldes ist dagegen stets als Verwaltungsakt zu qualifizieren.

64 Mitunter wird eine sinngemäße Anwendung verfahrensrechtlicher Vorkehrungen gefordert, *Hufen/Siegel*, Verwaltungsverfahren, Rn. 769, m. w. N.

II. Prüfung einer gefahrenabwehrenden Zwangsmaßnahme im gestreckten Verfahren

      cc) Formelle Vollstreckbarkeit
- Bestandskraft oder
- sofortige Vollziehbarkeit gem. § 80 Abs. 2 Nr. 2 VwGO

      dd) Nichterfüllung der durch die Grundverfügung auferlegten Pflicht

  b) Konnexitätsgrundsatz

2. Zulässigkeit des Zwangsmittels (§ 51 PolG NRW)
   a) Ersatzvornahme (§ 52 PolG NRW)
   b) Zwangsgeld (§ 53 PolG NRW)
   c) Unmittelbarer Zwang (§§ 55, 58 PolG NRW)
3. Art und Weise der Zwangsanwendung
   a) Ersatzvornahme, § 56 PolG NRW, unter Hinweis auf Kostenmitteilung
   b) Zwangsgeld, § 56 PolG NRW, Androhung in bestimmter Höhe; Festsetzung, § 53 Abs. 1 und 2 PolG NRW
   c) Unmittelbarer Zwang, § 61 PolG NRW
4. Bei Anlass: Besondere Rechtmäßigkeitsvoraussetzungen
   a) Fesselung (§ 62 PolG NRW)
   b) Schusswaffengebrauch (§§ 63–65 PolG NRW)
5. Ermessen
6. Übermaßverbot
   a) Geeignetheit
   b) Erforderlichkeit
   c) Verhältnismäßigkeit

IV. **Ergebnis**

Allgemeine Erläuterungen zum polizeilichen Zwang

Polizeilicher Zwang bringt das Recht zur Wirkung. Die Zwangsanwendung sorgt dafür, dass das Recht gegenüber demjenigen durchgesetzt wird, der es nicht beachtet. Insoweit haben polizeiliche Zwangsmaßnahmen zwei Funktionen: zum einen Beugefunktion; angesichts von angedrohtem oder angewendetem Zwang gibt der Rechtsbrecher sein rechtswidriges Verhalten auf. Durch den Bruch des Widerstandes wird zum anderen ein rechtmäßiger

Zustand hergestellt (Realisierungsfunktion).[65] Eine Straffunktion (d. h.: Sühne für begangenes Unrecht) hat die Zwangsanwendung nicht (wenn sie auch von den Betroffenen häufig „als Strafe" empfunden wird). Durch Zwang sollen ausschließlich rechtskonforme Zustände hergestellt werden. Deswegen sind Zwangsmaßnahmen sofort einzustellen, wenn dieses Ziel erreicht wird.[66] Aus der Befugnis, einen Verwaltungsakt zu erlassen, folgt noch nicht das Recht, diesen auch zu vollstrecken. Vollstreckungshandlungen bedürfen, ebenso wie die zu vollstreckende Verfügung selbst (z. B. „Öffnen Sie die Tür!" = Begleitverfügung nach § 41 Abs. 1 Satz 1 Nr. 4 PolG NRW), einer gesetzlichen Ermächtigungsgrundlage (Vorbehalt des Gesetzes), die in den §§ 50 ff. PolG NRW zu finden ist. In Betracht kommen § 50 Abs. 1 PolG NRW oder § 50 Abs. 2 PolG NRW, also das gestreckte Verfahren oder der Sofortvollzug.

§ 50 Abs. 1 PolG NRW beschreibt die polizeiliche Grundkonstellation von „Befehl und Zwang". Das bedeutet, dass die Polizei nach Erkenntnis einer Gefahrenlage einen Verwaltungsakt (§ 35 Satz 1 VwVfG) erlässt, durch den der Adressat aufgefordert wird, durch zwecktaugliches Verhalten (= Tun, Dulden oder Unterlassen) die Gefahr abzuwehren.

Rechtsgrundlage der Verfügung ist regelmäßig eine Standardbefugnis oder die Generalklausel.[67] Der sofortige Vollzug, § 50 Abs. 2 PolG NRW, enthält eine Ausnahme vom Grundsatz „Befehl und Zwang". Die Vorschrift ermächtigt zur Anwendung von Zwangsmaßnahmen, ohne dass zunächst ein Verwaltungsakt („Befehl") erlassen werden muss, der nicht befolgt wird. Dies ist aber nur gestattet, wenn der sofortige Vollzug „notwendig" ist, um z. B. eine gegenwärtige Gefahr abzuwehren (§ 50 Abs. 2 PolG NRW). Das heißt, nur wenn das gestreckte Verfahren nicht in Betracht kommt, etwa weil die Polizei im konkreten Fall besonders schnell handeln muss, um eine Gefahr abzuwehren, ist der sofortige Vollzug nach § 50 Abs. 2 PolG NRW zulässig. Das gestreckte Verfahren ist also der Regelfall, der sofortige Vollzug die Ausnahme.[68] Die Zwangsmittel, die der Polizei zur Verfügung stehen, sind in § 51 Abs. 1 PolG NRW genannt. Das sind Ersatzvornahme, Zwangsgeld und unmittelbarer Zwang. Die Aufzählung ist abschließend. Die Ersatzzwangshaft (§ 54 PolG NRW) ist kein eigenes Zwangsmittel, sondern nur Verstärkung des Beugemittels Zwangsgeld.

---

65 Ausführlich *Braun*, PSP 3/2013, 8 ff.
66 Zum polizeilichen Zwang im Überblick *Tröster*, PSP 2/2012, 3 ff.; tiefergehend mit Falllösungen *Braun/Wohlfahrt*, Kriminalistik 2011, 653 ff. und *Keller*, PSP 2/2012, 32 ff.
67 *Braun*, PSP 3/2013, 8 (11).
68 *Braun*, PSP 3/2013, 8 (12).

II. Prüfung einer gefahrenabwehrenden Zwangsmaßnahme im gestreckten Verfahren

Durch polizeiliche Zwangsmaßnahmen wird – je nach Fallgestaltung und Zwangsmittel neben dem (subsidiären) Grundrecht auf allgemeine Handlungsfreiheit (Art. 2 Abs. 1 GG) – häufig in unterschiedliche besondere Freiheitsrechte eingegriffen, zu nennen sind vor allem

- Art. 2 Abs. 1 GG (Allgemeine Handlungsfreiheit, z. B. durch Festsetzung von Zwangsgeld)
- Art. 2 Abs. 2 Satz 1 GG (Körperliche Unversehrtheit, z. B. Anwendung unmittelbaren Zwangs)
- Art. 2 Abs. 2 Satz 1 GG (Recht auf Leben, z. B. durch „Finalen Rettungsschuss")
- Art. 13 Abs. 1 GG (Unverletzlichkeit der Wohnung, z. B. durch Eindringen in Wohnung)
- Art. 14 GG (Ersatzvornahme, z. B. durch Abschleppen eines Fahrzeugs, Schusswaffengebrauch gegen Sachen).

Erläuterungen zur Prüfung einer gefahrenabwehrenden Zwangsmaßnahme im gestreckten Verfahren

zu I.   Ermächtigungsgrundlage

Nach Darlegung des Grundrechtseingriffs und der Zielrichtung (Verweis auf Grundmaßnahme) ist die Ermächtigungsgrundlage festzulegen. In Betracht kommt § 50 Abs. 1 PolG NRW. Ob im konkreten Fall das eingesetzte Zwangsmittel als Ersatzvornahme (§ 52 PolG NRW), Zwangsgeld (§ 53 PolG NRW) oder unmittelbarer Zwang (§§ 55, 57 ff. PolG NRW) zu bewerten ist, muss an dieser Stelle noch nicht entschieden werden.

zu II.   Formelle Rechtmäßigkeit
Zuständigkeit

Es gilt der Grundsatz, dass diejenige Behörde für die Anwendung von Zwangsmitteln zuständig ist, die die zu vollstreckende Grundverfügung erlassen hat (Prinzip der Selbstvollstreckung). Für die Vollstreckung nach dem VwVG NRW, das für die Polizei nicht einschlägig ist, ist dieser Grundsatz in § 56 VwVG NRW geregelt: Ein Verwaltungsakt wird von der Behörde vollzogen, die ihn erlassen hat.

> 📖 In der Klausur ist es vertretbar, zur Begründung der sachlichen Zuständigkeit „nach oben" auf die vorgängige Prüfung der Grundverfügung zu verweisen.

Wenn die Polizei zum Erlass der Grundverfügung sachlich zuständig war, dann ist sie nach dem Grundsatz der Selbstvollstreckung auch für die zwangsweise Durchsetzung der Maßnahme zuständig. Es reicht also aus, wenn kurz und bündig festgestellt wird, dass die Polizei sachlich zuständig ist, da sie den Grundverwaltungsakt erlassen hat, der vollstreckt wird. Ob man dies mit § 50 Abs. 1 PolG NRW belegt, mit § 56 VwVG NRW analog[69] oder durch die allgemeinen Zuständigkeitsregelungen zum Grundverwaltungsakt („Verweis auf oben"), spielt letztlich keine Rolle.[70]

Verfahren

Zu erörtern ist, ob eine Anhörung nach § 28 Abs. 1 VwVfG NRW zu erfolgen hat. Dies ist dann der Fall, wenn die Anwendung des Zwangsmittels einen Verwaltungsakt i.S. des § 35 Satz 1 VwVfG NRW darstellt. Nach mittlerweile überwiegender Auffassung haben Maßnahmen des unmittelbaren Zwanges und die Ersatzvornahme regelmäßig (mangels Regelungswirkung) keine Verwaltungsaktsqualität. Es wird kein Gebot ausgesprochen, welches der Betroffene zu befolgen hätte. Vielmehr wird die Behörde ohne Weiteres zu einem selbstständigen Tätigwerden befugt. Unmittelbarer Zwang und Ersatzvornahme sind Realakte, so dass § 28 VwVfG NRW nicht anwendbar ist (§§ 9, 28 Abs. 1 VwVfG NRW) und nicht angehört werden muss. Demgegenüber wurde früher die Verwaltungsaktsqualität von Ersatzvornahme bzw. unmittelbarem Zwang bejaht, da der Zwangsmaßnahme stets eine unausgesprochene „konkludente Duldungsverfügung" innewohne.[71] Dann wäre grundsätzlich eine Anhörung des Betroffenen nach § 28 Abs. 1 VwVfG NRW erforderlich, kann aber wiederum wegen § 28 Abs. 2 Nr. 5 VwVfG NRW unterbleiben. Auch diese Ansicht ist vertretbar (wenn auch überflüssig und reichlich absurd): „Denn dann müsste man z.B. behaupten, dass der Schlag des Polizisten mit dem Gummiknüppel den unausgesprochenen Befehl enthielte, diesen Schlag zu erdulden ..."[72].

▪ 📖 Bei der Anwendung von Zwangsmitteln entfällt die Anhörung.

---

69 *Dietlein*, in: DBH ÖR NRW, Teil 3 Rn. 253.
70 *Braun*, PSP 4/2013, 9 (10). Problematisch ist aber der Fall, wenn die Polizei zum Erlass der Grundverfügung sachlich unzuständig war. Denn hier ist es möglich, dass die Vollstreckung dieser Grundverfügung trotzdem rechtmäßig und die Polizei sachlich zuständig ist. Diese Konstellation kann in Betracht kommen, wenn die Polizei ein Fahrzeug abschleppen lässt (= Ersatzvornahme), das auf einem durch Verkehrszeichen ausgewiesenem Parkverbot steht. In diesem Fall würde die Polizei eigentlich keinen eigenen Verwaltungsakt, sondern einen „fremden" Verwaltungsakt vollstrecken. Denn zuständig zum „Erlass" eines Verkehrszeichens ist ausschließlich die Verkehrsbehörde. Und nur diese kann ihre eigenen Verwaltungsakte vollstrecken (vgl. § 56 VwVG NRW), zu diesem „Dilemma" *Braun*, PSP 4/2013, 9 (10 f.).
71 BVerwG DVBl. 67, 379: Schwabinger Krawalle; Anm. *Pfeiffer/Buchinger*, JA 2006, 102 ff.
72 *Braun*, PSP 4/2013, 9 (10).

zu III. Materielle Rechtmäßigkeit
Zulässigkeit des Zwangs (§ 50 Abs. 1 PolG NRW)

Es können nur (befehlende) Verwaltungsakte (sog. Grundverfügungen) vollstreckt werden. Die entsprechende Polizeiverfügung muss einen vollstreckbaren Inhalt haben („ ... auf ein Tun, Dulden oder Unterlassen gerichtet").

> 📖 Im Rahmen des gestreckten Verfahrens sind alle Schritte des Verwaltungszwanges einzuhalten. Grundlegend hierfür ist das Vorliegen einer wirksamen und vollstreckbaren Grundverfügung. Dabei muss der VA auf ein Handeln, Dulden oder Unterlassen des Polizeipflichtigen gerichtet sein:[73]
>
> **Handlung:** „Halt Polizei! Legen Sie das Messer auf den Boden."
>
> **Duldung:** „Wir werden Sie jetzt durchsuchen."
>
> **Unterlassung:** „Unterlassen Sie den Angriff."

Voraussetzung ist, dass die Grundverfügung wirksam erlassen wurde. Unwirksame Verwaltungsakte sind nicht-existent und können deshalb auch nicht mit Zwang durchgesetzt werden. Ein Verwaltungsakt ist wirksam, wenn er bekannt gegeben wurde (§ 43 VwVfG NRW) und nicht an einem besonders schwerwiegenden Fehler leidet, also nicht nichtig i.S. des § 44 VwVfG NRW ist. Allein aus der Rechtswidrigkeit eines Verwaltungsaktes darf nicht auf seine Nichtigkeit geschlossen werden. Nichtigkeit darf nicht mit Rechtswidrigkeit verwechselt werden. Rechtswidrige Grundverfügungen sind wirksam und können vollstreckt werden. Nur bei besonders schweren Fehlern i.S. des § 44 VwVfG NRW ist eine Verfügung nichtig und damit unwirksam.[74]

> 📖 Hierauf ist in einer Klausur nur dann einzugehen, wenn diesbezüglich Probleme bestehen sollten, was kaum jemals der Fall sein wird.

Die Grundverfügung muss formell vollstreckbar sein. Entsprechend § 50 Abs. 1 PolG NRW kann ein Verwaltungsakt vollstreckt werden, wenn er „unanfechtbar ist oder wenn ein Rechtsmittel keine aufschiebende Wirkung hat". Unanfechtbar ist ein Verwaltungsakt erst nach Ablauf der Rechtsbehelfsfristen (Bestandskraft des Verwaltungsaktes) bzw. mit der letztinstanzlichen gerichtlichen Entscheidung (Rechtskraft). Dieser Fall hat in der vollzugspolizeilichen Praxis wegen der meist besonderen Eilbedürftigkeit der Gefahrenabwehr regelmäßig wenig Relevanz und kommt etwa in Betracht im Falle von sog. Aufenthaltsverboten (§ 34 Abs. 2 PolG NRW).[75]

---

73 *Lerm/Lambiase*, Zwang, S. 44.
74 *Detterbeck*, AVR, Rn. 613 ff.
75 *Braun*, PSP 4/2013, 9 (12).

Praxis- und klausurrelevant ist das Entfallen der aufschiebenden Wirkung eines Rechtsmittels. Zwar haben nach § 80 Abs. 1 VwGO Widerspruch und Anfechtungsklage grundsätzlich aufschiebende Wirkung (Suspensiveffekt).[76] Die aufschiebende Wirkung von Rechtsbehelfen entfällt in den Fällen des § 80 Abs. 2 VwGO.

§ 80 Abs. 2 Satz 1 Nr. 2 VwGO enthält für die typischen Maßnahmen des Polizeivollzugsdienstes eine maßgebliche Regelung: Bei unaufschiebbaren Anordnungen und Maßnahmen von Polizeivollzugsbeamten haben Widerspruch und Anfechtungsklage keine aufschiebende Wirkung. „Unaufschiebbar" im Sinne der Vorschrift sind stets eilbedürftige Gefahrenabwehrmaßnahmen. Ein Abwarten würde den Erfolg der Maßnahme gefährden bzw. vereiteln.[77] Dies ist beim Handeln der Vollzugspolizei regelmäßig der Fall. Weiterhin kann die sofortige Vollziehung eines Verwaltungsaktes durch die erlassende Behörde (§ 80 Abs. 2 Satz 1 Nr. 4 VwGO: bei überwiegendem öffentlichen Interesse) angeordnet werden. Diese Alternative ist grundsätzlich dann einschlägig, wenn die Polizei einen schriftlichen Verwaltungsakt erlässt, der vollstreckt werden soll. Denn hier ist § 80 Abs. 2 Satz 1 Nr. 2 VwGO („unaufschiebbare Maßnahmen von Polizeivollzugsbeamten) regelmäßig nicht einschlägig.[78]

Konnexitätsgrundsatz

Zum Teil wird die Auffassung vertreten, dass die Vollstreckung nur dann rechtmäßig sei, wenn auch die Grundverfügung selbst rechtmäßig ist (Grundsatz der Konnexität von Grundverfügung und Zwangsanwendung).[79] Andererseits wird eine strikte Trennung zwischen Primärebene (Grundverfügung zur Gefahrenabwehr) und Sekundärebene (zwangsweise Durchsetzung) vorgenommen. Dieser Auffassung folgend ist eine Vollstreckungsmaßnahme auch dann rechtmäßig, wenn sich die sofort vollziehbare Grundverfügung (nachträglich) als rechtswidrig erweist.[80] Hierfür spricht einerseits der Wortlaut von § 50 Abs. 1 PolG NRW. Der Gesetzgeber hat eine solche Vorausset-

---

76 In Nordrhein-Westfalen ist seit dem 01.11.2007 das **Widerspruchsverfahren** grundsätzlich abgeschafft. Vor Erhebung einer Anfechtungs- oder Verpflichtungsklage ist die Einlegung eines Widerspruchs in den meisten Fällen nicht mehr notwendig bzw. möglich; dazu *Johlen*, NWVBl 2013, 91 ff.; *Wienbracke*, NWVBl. 2015, 248 ff.
77 *Schnur*, Zwang, S. 23.
78 Zur gerichtlichen Aufhebung der Sofortvollziehungsanordnung eines Verwaltungsaktes ausführlich *Kiehne*, VerwArch 2020, 270 ff.
79 *Knemeyer*, POR, Rn. 279; dazu auch *Wagner* Bundespolizeirecht, S. 54 f.
80 *Schenke*, POR, Rn. 540 ff.; *Geis*, POR, Rn. 621; *Schnur*, Zwang, S. 22 und 24 ff.; vgl. auch OVG Bautzen DÖV 2020, 843: Auf die Frage der Rechtmäßigkeit der Grundverfügung kommt es bei der Beurteilung der Rechtmäßigkeit einer Vollstreckungsmaßnahmen nicht an; s. a. *Weber* NVWZ 2020, 1330 (1315).

zung in Abs. 1 im Gegensatz zu § 50 Abs. 2 PolG NRW nicht normiert. Dort wird als Vollstreckungsvoraussetzung (im Gegensatz zum Sofortvollzug nach § 50 Abs. 2 PolG NRW) nur gefordert, dass „ein Rechtsmittel keine aufschiebende Wirkung hat", die Grundverfügung also sofort vollziehbar ist.

 Wenn in einer Klausur die Rechtmäßigkeit der Grundmaßnahme vorab geprüft wurde und als rechtmäßig begutachtet wurde, ist auf die Frage der Konnexität bei der nachfolgenden Prüfung der Zwangsmaßnahme nicht einzugehen. Kommt man dagegen zu dem Ergebnis, dass die Grundmaßnahme rechtswidrig war, ist bei der Zwangsprüfung auf den Konnexitätsgrundsatz einzugehen. Gleichwohl kann (trotz rechtswidriger Grundmaßnahme) die Zwangsmaßnahme rechtmäßig sein. Wird in einer Klausur ausschließlich nach der Rechtmäßigkeit der Zwangsmaßnahme gefragt (ohne dass die Rechtmäßigkeit der Grundverfügung vorab zu prüfen ist), ist auf die Frage der Konnexität einzugehen.

Zulässigkeit des Zwangsmittels (§ 51 PolG NRW)

Zwangsmittel sind in § 51 Abs. 1 PolG NRW genannt. Falls unmittelbarer Zwang angewendet wird, ist die genaue Form des unmittelbaren Zwanges darzulegen (gegen Sachen oder Personen; mit Hilfsmitteln, Waffen usw.). Probleme kann die Abgrenzung zwischen Ersatzvornahme und unmittelbarem Zwang gegen Sachen bereiten, etwa im Falle des Aufbrechens einer Tür. Die Abgrenzung bereitet Schwierigkeiten, weil sich die Ersatzvornahme bei Einwirkung auf eine Sache ihrem äußeren Erscheinungsbild nach häufig nicht vom unmittelbaren Zwang unterscheidet. Bei der Abgrenzung zwischen Ersatzvornahme und unmittelbarem Zwang gegen Sachen ist nach hier vertretener Ansicht danach abzustellen, ob der Gefahrenabwehrzweck durch die Zwangsmaßnahme unmittelbar erreicht wird (dann Ersatzvornahme) oder die Einwirkung auf eine Sache den Erfolg nur mittelbar (im Sinne einer Beugefunktion) herbeiführen soll (dann unmittelbarer Zwang gegen Sachen).[81] Danach liegt im Falle des Eintretens einer Tür unmittelbarer Zwang gegen Sachen vor. Denn Gefahrenabwehrzweck ist hier die Abwehr einer Gefahr in der Wohnung. Dieser Zweck wird durch das Einschlagen der Tür nicht erreicht. Das Einschlagen der Tür ermöglicht erst die eigentlich intendierten Gefahrenabwehrmaßnahmen. Zudem kann von einer Ersatzvornahme nur dann ausgegangen werden, wenn das polizeiliche Tätigwerden mit der vom Pflichtigen vorzunehmenden Handlung identisch ist. Ist dies nicht der Fall, sind die Vorschriften über den unmittelbaren Zwang einschlägig.[82] Im Falle des Eintretens einer Tür sind diese Hand-

---

81 *Tegtmeyer/Vahle*, PolG NRW, § 52 Rn. 9.
82 *Kingreen/Poscher*, POR, § 24 Rn. 14.

lungen nicht identisch, wenn dem Pflichtigen zuvor aufgegeben wurde, die Tür zu öffnen. Zwar ließe sich argumentieren, dass eine polizeiliche Gebotsverfügung, die einen Wohnungsinhaber zum Öffnen der Tür verpflichtet, die Art und Weise des Türöffnens regelmäßig nicht vorgibt. Gegen eine solche Sichtweise spricht jedoch, dass vom Pflichtigen grundsätzlich nicht das Aufbrechen seiner eigenen Tür verlangt werden darf, weil eine solche Verfügung unverhältnismäßig wäre. Die Polizei nimmt mithin keine dem Wohnungsinhaber obliegende Handlung vor. Insofern ist im Fall des Eintretens einer Wohnungstür von unmittelbarem Zwang auszugehen.[83]

Art und Weise der Zwangsanwendung

Jede Art von Zwang ist vor Anwendung grundsätzlich anzudrohen (§ 56 PolG NRW). Zwangsgeld und Ersatzvornahme sind möglichst schriftlich anzudrohen (§ 56 Abs. 1 Satz 1 PolG NRW). Die Androhung beim unmittelbaren Zwang (§ 61 Abs. 1 Satz 1 PolG NRW ist lex specialis zu § 56 PolG NRW) kann hingegen in jeder geeigneten Form erfolgen, z. B. auch mittels „Warnschuss"). Wann von der Androhung abgesehen werden kann, regeln § 56 Abs. 1 Satz 3 PolG NRW und § 61 Abs. 1 Satz 2 PolG NRW. Danach ist eine Androhung entbehrlich, wenn „die Umstände sie nicht zulassen, insbesondere wenn die sofortige Anwendung des Zwangsmittels zur Abwehr einer gegenwärtigen Gefahr notwendig ist".

Bei Anlass: Besondere Rechtmäßigkeitsvoraussetzungen

In Betracht kommen Fesselung nach § 62 PolG NRW (unmittelbarer Zwang durch Hilfsmittel körperlicher Gewalt) und Schusswaffengebrauch gem. §§ 63 ff. PolG NRW (unmittelbarer Zwang durch Waffeneinsatz).

Die Anwendung unmittelbaren Zwanges ist in ganz besonderem Maße vom verfassungsrechtlichen Grundsatz der Verhältnismäßigkeit geprägt; der **Schusswaffengebrauch** ist dabei das letzte und äußerste Mittel des unmittelbaren Zwanges. Für den Schusswaffengebrauch gelten gegenüber sonstigen Maßnahmen des unmittelbaren Zwangs erhöhte Anforderungen (§§ 63 ff. PolG NRW).[84]

Ermessen und Übermaßverbot

Ermessen und Verhältnismäßigkeit sind nach den allgemeinen Vorschriften zu prüfen. Während die Prüfung des Ermessens in Klausuren regelmäßig sehr knapp erfolgen kann („Ermessensfehler sind nicht ersichtlich."), muss die Verhältnismäßigkeit von polizeilichen Zwangsmaßnahmen meist aus-

---

83 *Braun*, PSP 4/2013, 9 (14).
84 Ausführlich *Braun* PSP 3/2017, 3 ff.; *Albrecht* PSP 4/2018, 13 ff.

führlicher geprüft werden, insbesondere bei der grundrechtsintensiven Anwendung unmittelbaren Zwanges. Es ist zu klären, ob das Zwangsmittel das mildeste zur Verfügung stehende wirksame Mittel war. Dabei gilt grundsätzlich, dass das Zwangsgeld das mildeste Zwangsmittel ist, gefolgt von der Ersatzvornahme und dem unmittelbaren Zwang. Wurde unmittelbarer Zwang angewandt, muss bei der Erforderlichkeit nicht mehr geprüft werden, ob andere mildere Zwangsmittel hätten angewandt werden können. Denn das wurde vorab schon mit § 55 Abs. 1 PolG NRW geprüft. Somit ist nur bei der Ersatzvornahme zu prüfen, ob alternativ ein Zwangsgeld in Betracht gekommen wäre. Überdies ist zu prüfen, ob innerhalb des konkreten Zwangsmitteleinsatzes eine mildere Maßnahme in Betracht gekommen wäre. Ausführungen hierzu sind regelmäßig bei der Anwendung von unmittelbarem Zwang erforderlich.

III. Prüfung einer gefahrenabwehrenden Zwangsmaßnahme im Sofortvollzug[85]

I. **Ermächtigungsgrundlage**
Nach dem Grundsatz des Vorbehalts des Gesetzes bedarf es bei einem Grundrechtseingriff einer Ermächtigungsgrundlage, welche auf ein verfassungsmäßiges Gesetz zurückzuführen ist.
  1. Grundrechtseingriff
  2. Zielrichtung
  3. Ermächtigungsgrundlage

II. **Formelle Rechtmäßigkeit der Vollstreckungsmaßnahmen**
  1. Zuständigkeit
  2. Verfahren
     – Anhörung entfällt (Ersatzvornahme/unmittelbarer Zwang sind Realakte)
     – bei a. A. Anhörung entbehrlich, § 28 Abs. 2 Nr. 5 VwVfG

III. **Materielle Rechtmäßigkeit der Vollstreckungsmaßnahme**
  1. Zulässigkeit des Zwangs (§ 50 Abs. 2 PolG NRW)
     a) gegenwärtige Gefahr
     b) Notwendigkeit des Sofortvollzugs

---

85 SBK ER, Rn. 379 f.; *Braun* PSP 2/2014, 3 ff.

c) Handeln innerhalb der Befugnisse
      – Inzidentprüfung der fiktiven Grundverfügung (hypothetischer VA)
         aa) Rechtsgrundlage
         bb) Materielle Rechtmäßigkeit
2. Zulässigkeit des Zwangsmittels (§ 51 PolG NRW)
   a) Ersatzvornahme (§ 52 PolG NRW)
   b) Unmittelbarer Zwang (§§ 55, 58 PolG NRW)
3. Art und Weise der Zwangsanwendung
   a) Androhung (§§ 51 Abs. 2, 56, 61 PolG NRW)
   b) Bei Zwangsgeld: Festsetzung, § 53 Abs. 1 und 2 PolG NRW
4. Bei Anlass: Besondere Rechtmäßigkeitsvoraussetzungen
   a) Fesselung (§ 62 PolG NRW)
   b) Schusswaffengebrauch (§§ 63–65 PolG NRW)
5. Ermessen
6. Übermaßverbot
   a) Geeignetheit
   b) Erforderlichkeit
   c) Verhältnismäßigkeit
IV. Ergebnis

Erläuterungen zur Prüfung einer (gefahrenabwehrenden) Zwangsmaßnahme im Sofortvollzug

zu I. Ermächtigungsgrundlage

In Betracht kommt § 50 Abs. 2 PolG NRW (Sofortvollzug).

zu II. Formelle Rechtmäßigkeit

Bei Prüfung der sachlichen Zuständigkeit gilt der Grundsatz, dass diejenige Behörde für die Anwendung von Zwangsmitteln zuständig ist, die die zu vollstreckende Grundverfügung erlassen hat (§ 50 Abs. 2 PolG NRW, § 56 VwVG analog). Nachdem im Sofortvollzug eine solche fehlt, ist auf die hypothetische Grundverfügung abzustellen und die sachliche Zuständigkeit der Polizei zu deren Erlass kurz festzustellen.

Dabei sollte die hypothetische Grundverfügung stets exakt benannt werden (z. B. „Unterlassen Sie den Angriff").

zu III.   Materielle Rechtmäßigkeit

Neben dem Fehlen einer Grundverfügung setzt ein Vorgehen im Wege des Sofortvollzugs nach § 50 Abs. 2 PolG NRW voraus, dass dieses zur Abwehr einer gegenwärtigen Gefahr notwendig ist und die Polizei hierbei innerhalb ihrer Befugnisse handelt.

Zur Abwendung einer gegenwärtigen Gefahr (womit die besondere Eilbedürftigkeit beim Handeln mittels Sofortvollzugs beschrieben wird) muss der Sofortvollzug – also die Zwangsanwendung ohne vorausgehenden Verwaltungsakt – notwendig sein. Eine solche Notwendigkeit liegt vor, wenn der Zeitraum zwischen der Feststellung der gegenwärtigen Gefahr und dem voraussichtlichen Schadenseintritt so gering ist, dass die Durchführung des gestreckten Verfahrens den Erfolg des Zwangsmittels unmöglich machen oder wesentlich beeinträchtigen würde.[86] Die Notwendigkeit ergibt sich somit regelmäßig daraus, dass bis zur möglichen Ausführung der Abwehrmaßnahme ein gestrecktes Verfahren nicht abgewartet werden kann, da der Schaden kurzfristig einzutreten droht.[87]

Die Polizei muss „innerhalb ihrer Befugnisse" handeln. Im Gegensatz zum gestreckten Verfahren ist der Konnexitätsgrundsatz hier also gesetzlich angeordnet. Eine Vollstreckung im Wege des sofortigen Vollzugs ist deshalb nur dann rechtmäßig, wenn eine entsprechende Grundverfügung – würde sie tatsächlich ergehen – auch rechtmäßig wäre. Es müssen also stets die Voraussetzungen für eine mittels Sofortvollzugs durchgesetzte „fiktive Grundverfügung" (hypothetischer Verwaltungsakt) vorliegen.

Anders als teilweise vorgeschlagen[88] ist dabei ausschließlich zur materiellen Rechtmäßigkeit der gedachten Grundverfügung Stellung zu nehmen. Auf deren formelle Rechtmäßigkeit ist nicht einzugehen.

Denn die Zuständigkeit der Polizei zum Erlass der fiktiven Grundverfügung wurde bereits bei der Zuständigkeit zur Zwangsanwendung bejaht. Ausführungen zu etwaigen allgemeinen Form- und Verfahrensvorschriften (z. B. Anhörung oder ein etwaiges Schriftformerfordernis) sind indes bei der Prüfung einer Verfügung, die nicht ergangen ist, überflüssig und ergeben keinen Sinn.[89]

---

86   *Braun* PSP 2/2014, 3 (4), unter Hinweis auf OVG Münster DVBl. 1964, 684 (685).
87   *Haurand* POR, S. 161.
88   *Bialon/Springer* ER, Rn. 746; differenziert *Schnur* Zwang, S. 28.
89   *Braun* PSP 2/2014, 3 (5).

1. Teil: Aufbauschemata mit Erläuterungen

📖 Da die Grundverfügung tatsächlich nicht ausgesprochen wurde, also nur „gedacht" ist, ist bei der Prüfung in der Klausur der Konjunktiv zu verwenden. Eine häufige Fehlerquelle liegt darin, dass bei der Inzidentprüfung der fiktiven Grundmaßnahme „der Überblick verloren geht" und im Rahmen der Verhältnismäßigkeit nicht mehr allein auf die Grundmaßnahme abgestellt wird, sondern auch auf die Zwangsmaßnahme. Anzuraten ist daher eine klare, detaillierte Klausurgliederung unter Verwendung eindeutiger Überschriften.

IV. Prüfung einer strafprozessualen Zwangsmaßnahme („gestrecktes Verfahren")[90]

Prüfung der Grundmaßnahme ist erfolgt

I. **Ermächtigungsgrundlage**

Nach dem Grundsatz des Vorbehalts des Gesetzes bedarf es bei einem Grundrechtseingriff einer Ermächtigungsgrundlage, welche auf ein verfassungsmäßiges Gesetz zurückzuführen ist.

1. Grundrechtseingriff
2. Zielrichtung
3. Ermächtigungsgrundlage (aus Grundmaßnahme, z. B. § 81a StPO i. V. m. §§ 57 ff. PolG NRW

II. **Formelle Rechtmäßigkeit**

Zuständigkeit (Verweis zur Grundmaßnahme)

III. **Materielle Rechtmäßigkeit**

1. Zulässigkeit des Zwangs
   a) Die Eingriffsermächtigung der Grundmaßnahme enthält auch die Befugnis zum Zwang und der Anwendung des unmittelbaren Zwanges, wenn die durchzusetzende StPO-Maßnahme rechtmäßig ist
   b) Rechtmäßigkeit der Grundmaßnahme
   c) Grundmaßnahmen – Maßnahme wird nicht befolgt, da Adressat sich weigert
2. Zulässigkeit des Zwangsmittels
   – Es kommt nur die Anwendung unmittelbaren Zwanges in Betracht

---

90 SBK ER, Rn. 409 f.; *Braun* PSP 2/2014, 3 (5 f.).

3. Art und Weise der Zwangsanwendung, §§ 57 ff. PolG NRW
   – Androhung (§§ 57 Abs. 1 i. V. m. 61 PolG NRW)
4. Bei Anlass: Besondere Rechtmäßigkeitsvoraussetzungen
   a) Fesselung (§§ 57 Abs. 1 i. V. m. 62 PolG NRW)
   b) Schusswaffengebrauch (§§ 57 Abs. 1 i. V. m. 63 ff. PolG NRW)
5. Ermessen
6. Übermaßverbot
   a) Geeignetheit
   b) Erforderlichkeit
   c) Verhältnismäßigkeit

IV. **Ergebnis**

V. Prüfung einer strafprozessualen Zwangsmaßnahme („Sofortvollzug")

Die Prüfung der Rechtmäßigkeit einer strafprozessualen Zwangsmaßnahme im Sofortvollzug ist vorzunehmen wie Prüfung im gestreckten Verfahren, indes mit dem Unterschied, dass hier eine fiktive strafprozessuale Grundmaßnahme zu prüfen ist.

Erläuterungen zur Prüfung einer strafprozessualen Zwangsmaßnahme

zu I.   Ermächtigungsgrundlage

Im Strafprozessrecht ergibt sich nach h. M. das Recht zur Vollstreckung der Eingriffsmaßnahme aus der jeweiligen StPO-Befugnisnorm selbst.[91] Dass z. B. bei Maßnahmen nach der StPO überhaupt auch Zwang zur Durchsetzung in Betracht kommt, ergibt sich vor allem aus praktischen Erwägungen. Nach überwiegender Auffassung schließen die Ermächtigungsnormen der StPO daher auch die Befugnis ein, (unmittelbaren) Zwang zur Durchsetzung bzw. Ermöglichung der Maßnahme einzusetzen (z. B. bei der Entnahme von Blutproben, §§ 81a StPO).[92] Diese „großzügige" Interpretation der

---
91 *Beck/Hötzel* PolG BW, S. 79 (80); a. A. *Benfer* NJW 2002, 2688.
92 *Thiel*, in: BeckOK POR NRW, § 57 PolG Rn. 5; *Tegtmeyer/Vahle* PolG NRW, § 57 Rn. 3.

StPO hat vor allem historische Gründe. Die StPO ist ein vorkonstitutionelles Gesetz aus dem Jahr 1877 und kann folglich nicht den Stand heutiger Vollstreckungsgesetze aufweisen.[93] Bei repressiven Befugnissen gilt noch heute sinngemäß der Rechtszustand, wie er bereits in § 89 der Einleitung zum Preußischen Allgemeinen Landrecht formuliert war: Wem die Gesetze ein Recht geben, dem bewilligen sie auch die Mittel, ohne welche dasselbe nicht ausgeübt werden kann".[94]

zu II.   Formelle Rechtmäßigkeit

Die sachliche Zuständigkeit der Polizei für die Zwangsmaßnahme ergibt sich aus deren Zuständigkeit für die (ggf. fiktive) StPO-Grundmaßnahme nach § 163 Abs. 1 Satz 1 StPO (i. V. m. § 1 Abs. 4 PolG NRW[95]). Die instanzielle Zuständigkeit folgt aus § 11 Abs. 1 Nr. 2 POG NRW, die örtliche aus § 7 POG NRW.

zu III.   Materielle Rechtmäßigkeit
Zulässigkeit des Zwangs

Die StPO enthält keine expliziten Befugnisse zur Zulässigkeit der Zwangsanwendung. Aus einer Interpretation der jeweils durchzusetzenden strafprozessualen Grundmaßnahme ergibt sich aber der Grundsatz, dass dieser die ungeschriebene Ermächtigung immanent ist, die aus ihr folgenden Duldungspflichten mittels unmittelbaren Zwangs durchzusetzen; vorausgesetzt, die StPO-Grundverfügung war rechtmäßig.[96] Die Zulässigkeit der Zwangsanwendung wird auch aus einem Umkehrschluss aus § 81c Abs. 6 StPO hergeleitet: Wenn eine Zwangsanwendung im Einzelfall schon gegen Zeugen möglich ist, so muss diese auch bei einem Tatverdächtigen oder Beschuldigten möglich sein.[97]

Zulässigkeit des Zwangsmittels

Polizeiliche Strafverfolgungsmaßnahmen erlegen dem Betroffenen ausschließlich Duldungspflichten auf. Handlungspflichten begründen polizeiliche Strafverfolgungsmaßnahmen nicht, da niemand an seiner eigenen Strafverfolgung mitzuwirken braucht. Somit kommt als Zwangsmittel aus-

---

93   *Neuwirth* SWG, S. 27.
94   *Lerm/Lamblase* Zwang, S. 69; zur Durchsetzung strafprozessualer Maßnahmen durch die Polizei instruktiv *Brenneisen/Busch-Nielsen* Kriminalistik 2015, 444 ff.; *Brenneisen/Blauhut* Die Polizei 2015, 185 ff.
95   Im Hinblick auf die Reichweite von § 1 Abs. 4 PolG NRW vgl. *Kay* PSP 4/2012, 3; *Thiel* PSP 4/2015, 37.
96   *Braun* PSP 2/2014, 3 (6).
97   *Lerm/Lamblase* Zwang, S. 69.

schließlich unmittelbarer Zwang in Betracht. Auch aus gesetzessystematischen Gründen kommt eine Ersatzvornahme (§ 52 PolG NRW) respektive Zwangsgeld (§ 53 PolG NRW) nicht in Betracht, wie sich (indirekt) aus § 57 Abs. 1 PolG NRW ergibt („… gelten für die Art und Weise der Anwendung die §§ 58–66 …").

Art und Weise der Zwangsanwendung, §§ 57 ff. PolG NRW

Über die Art und Weise der Anwendung von unmittelbarem Zwang enthält die StPO (mit Ausnahme von § 119 Abs. 5 StPO: Fesselung in der Untersuchungshaft) keine Regelungen. Über die Brückennorm des § 57 Abs. 1 PolG NRW gelten die §§ 58–66 PolG NRW.

Anhang: Klausurbearbeitung: Tipps und Hinweise

1. Allgemeines zur Klausurtechnik

Die Mühen, die das Erlernen des umfangreichen Prüfungsstoffs machen, zahlen sich nicht aus, wenn das Handwerkszeug, das Erlernte in überzeugender Form zu Papier zu bringen, fehlt.[98] Insofern werden nachfolgend einige Hinweise gegeben, deren Beachtung für das Gelingen einer Klausur von Bedeutung ist. Grundsätzlich gilt, dass lösungstechnische Empfehlungen zur Anfertigung von Klausuren nur allgemeine Hinweise sein können. Sie gelten für eine Vielzahl sehr unterschiedlicher Fälle, keineswegs für alle. Entscheidend sind stets die fallspezifische Problematik bzw. die exakte fallgerechte Bearbeitung des jeweils konkret gegebenen Einzelsachverhalts.[99] Insoweit sind die hier dargelegten „Tipps" keineswegs als abschließend zu verstehen und bilden auch kein „Patentrezept". Die hier dargelegten Hinweise sind aber weitgehend anerkannt, stellen also im Großen und Ganzen den („kleinsten") gemeinsamen Nenner dar.[100]

> 📖 **Verstanden als Stil juristischer Texte hat der Stil des Juristen drei Grundsätze:**[101]
>
> (1) Inhalt vor Schönheit
>
> (2) Klarheit vor Schönheit
>
> (3) Schönheit vor Schund.

Denken Sie an den Leser (Korrektor):[102] Man muss also nicht nur selbst wissen, was man meint, sondern sich auch immer fragen, ob ein anderer weiß, was gemeint ist. Die Lesbarkeit der Klausur wird durch eine klare und übersichtliche Diktion erhöht (keine Schachtelsätze);[103] allgemein gilt:

– Die Regeln der Grammatik und der Rechtschreibung sind sorgfältig zu beachten[104]

---

98 *Schneider* JURA 2018, 165 ff.: Ratschläge für eine gelungene Klausurbearbeitung.
99 *Schwacke* Juristische Methodik, S. 153.
100 Speziell zu methodischen Grundlagen der Klausurbearbeitung im Öffentlichen Recht *Heckmann* ÖR, S. 1 ff.
101 Ausführlich: *Walter* JURA 2006, 344 ff.: „Über den juristischen Stil"; auch *Wieduwilt* JuS 2010, 288 ff.
102 Zwischen dem Prüfling, der eine Klausur vor sich hat, und dem Klausursteller hinter der Klausur steht ein Dritter: der Korrektor. Dass dessen Leistung gewürdigt und mit Blick auf zukünftige Aufgabenstellungen sinnvoll verwertet wird, ist Anliegen eines Beitrags von *Frenzel* ZJS 2011, 327 ff.
103 Hierzu auch *Putzke* Juristische Arbeiten, Rn. 86 ff.
104 Dieser Hinweis wäre überflüssig, ließen die sprachlichen Fähigkeiten nicht oft zu wünschen übrig. Nicht nur in den Klausuren der Studienanfänger fällt auf, dass es an vielen

- Keine Erörterungen im Ich-Stil
- Formulieren Sie kurz und prägnant; überflüssig sind etwa folgende Wendungen: „Nun ist zu prüfen, ob ...", „laut Sachverhalt". Das gilt auch für Füllwörter, wie „zunächst einmal", „schlussendlich", „im Endeffekt" usw.
- Vermeiden Sie Bekräftigungen bzw. inhaltsleere Verstärkungen („zweifelsohne", „eindeutig" usw.), sie können den Anschein erwecken, man wolle sich den Aufwand einer schlüssigen Argumentation ersparen. Ist der Punkt tatsächlich unproblematisch, sind Verstärkungen überflüssig. Ist er dies nicht, wird diese Bekräftigung nicht über das Fehlen einer Argumentation hinwegtäuschen. Schlimmstenfalls wirken sie unsachlich.
- Verwenden Sie nur allgemein übliche Abkürzungen. Ein vermehrter Gebrauch „untypischer Abkürzungen" beeinträchtigt den Lesefluss und damit die Lesbarkeit ihrer Klausur
- Sie dürfen den Sachverhalt auslegen, aber nicht ausweiten („Tatbestandsquetsche")
- Vermeiden Sie jegliche Emotionalisierungen („Das kann ja wohl nicht richtig sein...")
- Hinweise auf Rechtsprechung sind regelmäßig entbehrlich. Bewertet werden Systematik und eigenständige Begründungsarbeit
- Vermeiden Sie anmaßenden Stil („der Ton macht die Musik"), etwa „Die Meinung des BGH ist unhaltbar ... „
- Fremdwörter können das Textverständnis erschweren und sind zu vermeiden. Die Gerichts- bzw. Amtssprache ist deutsch (§ 184 GVG, § 23 Abs. 1 VwVfG NRW), es sei denn sie sind treffender oder eleganter
- Streichungen sollten so eindeutig sein, dass der Leser sofort erkennen kann, ob ein Satz oder Absatz nun noch zur Bearbeitung gehört oder nicht
- für Definitionen gilt: Haben Sie einen Begriff schon einmal definiert, bedarf es bei der erneuten Erwähnung des Begriffs in der Regel keiner nochmaligen Definition. Ein Verweis nach oben genügt.

Insgesamt ist auf schlüssige Gedankenfolge und einen logischen Aufbau zu achten. Nutzen Sie den strukturierten Rahmen des Öffentlichen Rechts (Lösungsschemata). Behandeln Sie Probleme erst dann, wenn ihre Lösung zur

---

Stellen enorme grammatikalische Schwachstellen gibt. Dies reicht von der Nichtbeherrschung des richtigen Setzens eines Kommas über schwere Rechtschreibfehler bis hin zu teilweise katastrophalen grammatikalischen Konstruktionen, in denen viele Haupt- und Nebensätze künstlich zu einem undurchsichtigen und dadurch jeglicher Sinnhaftigkeit entbehrenden langen Satz verbunden werden. Rechtschreibung und Grammatik sind nicht zu unterschätzen; dazu *Er/Erler/Kreutz* JA 2014, 749 (751).

Bearbeitung ansteht. So fordert der Platzverweis gem. § 34 Abs. 1 Satz 1 PolG NRW das Vorliegen einer konkreten Gefahr für die öffentliche Sicherheit oder Ordnung. Nur diese ist zu prüfen, nicht auch gesteigerte Gefahrengrade (z. B. gegenwärtige Gefahr), auch wenn diese vorliegen. **Keine Lösung von Rechtsproblemen auf Vorrat.**

 Die erfolgreiche Klausurbearbeitung folgt ebenso wie die Lösung einer Hausarbeit, Seminararbeit, Bachelorarbeit usw. bestimmten Gesetzmäßigkeiten. Die Beherrschung lässt sich durch permanente Übung erlernen. Letztlich gilt natürlich, dass das Klausurschreiben nur der Studierende selbst üben kann. Dass dabei der Grundsatz „Je öfter, desto besser" gilt, dürfte kaum überraschen.[105]

2. Auswertung von Bearbeitervermerken

Für den Bearbeiter am wichtigsten ist der (Bearbeiter-)Vermerk am Ende der Klausur. Dieser teilt mit, welche Aufgabe zu bearbeiten ist. Das klingt erst einmal völlig banal, sollte aber deswegen in dieser Reihenfolge erfolgen, da der Sachverhalt gerade in Bezug auf die zu prüfende Strafbarkeit zu lesen und analysieren ist. Zudem gibt der Vermerk oftmals dezidierte Hinweise auf die rechtlichen Schwerpunkte eines Falles und enthält teils Argumentationshilfen, die in der Klausurlösung verwertet werden können („A hält die polizeiliche Maßnahme für rechtswidrig, weil ...").

 Es sollten daher stets zuerst Bearbeitervermerk und Aufgabenstellung gelesen werden, da dann der Sachverhalt bereits unter diesem Gesichtspunkt studiert werden kann.

3. Sachverhaltsanalyse

Hat man die Fragestellung (und den Bearbeitervermerk) ohne Restzweifel verstanden und so eine zielgerichtete Filtrierung vorgenommen, ist nun den Sachverhalt unter dieser voreingenommenen Optik lesen. Voraussetzung für das vollständige Erfassen des Sachverhaltes ist es, ihn wiederholt und konzentriert zu lesen.[106] Es darf nichts übersehen werden. Gehen Sie möglichst unbelastet an den Sachverhalt heran und nehmen Sie sich aus-

---

[105] Studierende müssen nicht nur Klausuren, sondern auch Hausarbeiten, Seminararbeiten o. ä. erstellen. Empfehlenswert dazu *Jaroschek* JA 1997, 313 ff. (Praktische Hinweise zur Erstellung von Juristischen Hausarbeiten); *Noltensmeier/Schuhr* JA 2008, 576 ff. (Hinweise zum Abfassen von Pro-Seminararbeiten).
[106] *Schwerdtfeger/Schwerdtfeger* ÖR, Rn. 774 ff.; *BHKM*, S. 1 f.

reichend Zeit, um ihn voll zu erfassen. Nehmen Sie den Sachverhalt so, wie er ist. Lassen Sie nichts weg. Fügen Sie nichts hinzu.[107]

Wenig sinnvoll, weil häufig verwirrend und fehlerursächlich, ist es, bereits beim ersten Lesen (womöglich mehrfarbig) Kennzeichnungen vorzunehmen, da oftmals erst die wiederholte und dadurch noch genauere Beschäftigung mit Sachverhalt und Aufgabenstellung ergibt, welche Details tatsächlich von Bedeutung sind.[108]

Im zweiten Anlauf lesen Sie den Sachverhalt gründlich (Textmarker sparsam verwenden). Nicht wenige neigen dazu, den Sachverhalt durch Markierungen in den unterschiedlichsten schillernden Farben zu einem Graffiti mutieren zu lassen oder so viele Unterstreichungen vorzunehmen, dass letztlich der gesamte Sachverhalt gekennzeichnet ist. Erfahrungsgemäß ist hier weniger oft mehr. Ein in dieser Beziehung relativ unberührter Sachverhalt birgt nicht das Risiko, dass man hinter all den Farben und geometrischen Ausbrüchen die Fakten nicht mehr wahrnimmt und belässt damit dem Bearbeiter bis zum Schluss eine (auch optisch) unverfängliche Perspektive auf den Fall, die ein jederzeitiges unvoreingenommenes Erfassen und Überprüfen der Sachverhaltsangaben ermöglicht.[109]

> 📖 Lesen Sie den Sachverhalt zweimal. Beim ersten Lesen „nur querlesen" (Überblick verschaffen).

Grundsätzlich ist jede Information, die der Sachverhalt enthält, insbesondere auch Zahlen und Daten, erheblich; selten finden sich lediglich ausschmückende Anmerkungen. Echte Sachverhaltsfehler oder -lücken bilden ebenfalls eine absolute Ausnahme. Sachverhaltsangaben dürfen auf keinen Fall geändert werden. Unterstellen Sie keinen unzutreffenden Sachverhalt („Tatbestandsquetsche").

> 📖 Der Sachverhalt ist, wie er ist!

---

107 Bei der Sachverhaltsanalyse wirkt indes schnell der hermeneutische Charakter des juristischen Denkens: Vom Sachverhalt schließen wir schon während des ersten Lesens auf juristische Probleme und mit Rücksicht auf die erkannten Probleme lesen wir den Sachverhalt. Zwar ist gegen diesen Prozess nichts einzuwenden, gleichwohl ist er gefährlich, wenn man bedenkt, dass Menschen dazu neigen, neue Informationen als Beweis für ihre Erwartungen zu interpretieren (confirmation bias). Es kommt gar vor, dass wir von vornherein nach bestätigender Information suchen und von der Suche nach gegenteiliger Information absehen. In einer Klausur kann dies zur sog. „Sachverhaltsquetsche" führen, also zu dem Fehler, den Sachverhalt der Lösung anzupassen, obwohl es eigentlich genau andersherum sein sollte, vgl. aus psychologischer Sicht: *Klöhn* JURA 2007, 104 (106).
108 *Schwacke* Juristische Methodik, S. 154.
109 *Sademach* DVP 2012, 501 (502).

Gerade das mutmaßliche Wiedererkennen von bekannten Sachverhalten mit ihren Problematiken verleitet zu sachverhalts-losgelöster Fallbearbeitung.[110] Ist der Sachverhalt unklar oder mehrdeutig, gehen Sie von einem lebensnahen Normalfall aus. Die Gefahr, die Klarheit eines gegebenen Sachverhalts zu verkennen, scheint gerade bei Anfängern groß. Es ist davon auszugehen, dass der Ersteller der Klausur genaue Überlegungen bei Fertigung des Sachverhaltes angestellt hat. Der Klausurbearbeiter sollte den Klausurfall nicht allzu misstrauisch betrachten. Entsprechende Angaben dienen in aller Regel der Klärung, nicht der Verunsicherung („Der Bearbeiter hat in der Regel nicht mit üblen Fallstricken zu rechnen"[111]). Der Bearbeiter muss sich davor hüten, einen Sachverhaltstext korrigierend zu bearbeiten. Keinesfalls sind Angaben „hinzuzudichten" oder wegzulassen. Unterstellungen sind ausnahmsweise dann erlaubt, wenn es (nur) um formale Fragen geht (z.B. zu Zuständigkeiten, Formen).[112] Macht der der Sachverhalt tatsächlich keine Angaben z.B. über das Erfordernis des Anfertigens eines Durchsuchungs- und Sicherstellungsprotokolls (§ 107 StPO), ist es zulässig davon auszugehen, dass die Verfahrensvorschrift beachtet wurde.[113] („Der Sachverhalt macht keine Angaben, ob ... ich gehe von einer Beachtung der Vorschrift aus ...").

📖 Unablässig für jede zufriedenstellende Klausur ist das korrekte Verständnis des Sachverhaltes

4. Schwerpunktsetzung

In Klausursituationen ist es elementar, die Probleme des Falls zu (er)kennen. Nur wem dies in der Kürze der Zeit gelingt, der kann eine vollständige Lösung abliefern und damit gute Bewertungen erreichen.[114] Die gute Klausurbearbeitung verlangt Problembewusstsein, das bei der schriftlichen Ausarbeitung in der richtigen Proportionierung der Ausführungen zum Ausdruck kommt. Im Sachverhalt besonders angesprochene Probleme müssen indes stets behandelt werden. Der Schwerpunkt der Fallproblematik muss also erkannt werden. Das Fehlen von Schwerpunkten ist ein gravierender Fehler. Es sollten nur solche Punkte problematisiert werden, die ernstlich zweifelhaft sind. Weniger wichtige und unproblematische Aspekte sind

---

110 *Schwacke* Juristische Methodik, S. 156.
111 *Schwacke* Juristische Methodik, S. 156.
112 *Schwacke* Juristische Methodik, S. 157.
113 *Möllers*, T.M.J. Juristische Arbeitstechnik, Rn. 101.
114 Grundlegend *Konertz* JuS 2020, 297 ff.: Probleme erkennen in juristischen Prüfungsaufgaben.

nicht im Gutachtenstil, sondern im Urteilsstil abzuhandeln. Man sollte sich dann der Auffassung anschließen, die einen selbst am meisten überzeugt. Häufig wird dabei auch die sogenannte herrschende Meinung gefunden. Man muss also nicht zu den unzähligen Problemen die hierzu vertretenen Auffassungen auswendig lernen.[115]

5. Gliederungskonzept (Konzeptpapier)

Eine erfolgreiche juristische Fallbearbeitung hängt im Wesentlichen davon ab, ob es dem Bearbeiter gelingt, in kurzer Zeit den Sachverhalt zu strukturieren und dabei die juristischen Probleme zu erfassen.[116] Dabei hilft eine Lösungsskizze den meisten Menschen beim Schreiben. Eine gute Gliederung zeichnet sich dadurch aus, dass die Niederschrift relativ zügig erfolgen kann, weil erneute Blicke in den Sachverhalt und in das Gesetz kaum mehr erforderlich sind. Hat der Bearbeiter eine solche Gliederung vor sich liegen, kann er die Klausur praktisch ohne große Unterbrechung herunterschreiben und die Qualität der Arbeit dadurch heben, dass sie sich durch einen flüssigen Schreibstil auszeichnet. Erstellen Sie also auf separatem Blatt eine Gliederung (Konzeptpapier);[117] eine Lösungsskizze ist zwar nicht Bestandteil der Klausur. Die Skizze sollte aber mit abgegeben werden, insbesondere dann, wenn die Niederschrift unvollständig geblieben ist. Unnötige Ausformulierungen einzelner Lösungsgedanken auf einem „Schmierblatt" sollten möglichst vermieden werden, da die zur Verfügung stehende Arbeitszeit bei der Reinschrift benötigt wird.[118]

6. Zeiteinteilung

Die Zeit, die für Klausuren gegeben wird, ist in der Regel recht knapp bemessen. Die Zeitknappheit gehört zu den besonderen Herausforderungen jeder juristischen Klausur. Eine gute Zeiteinteilung ist daher entscheidend, denn die Klausur sollte unbedingt zu Ende gebracht werden. Die Gesamtarbeitszeit muss richtig eingeteilt werden.

---

115 *Gornig/Jahn*, PolR, Einführung, XVIII.
116 Mit Hinweisen zur Sachverhaltsstrukturierung *Wolf*, JuS 2016, 309 ff.
117 Grundlegend zu Vorteilen und Form einer Gliederung *Möllers*, T.M.J. Juristische Arbeitstechnik, Rn. 103 ff.
118 Eine für die juristische Disziplin interessante Methode ist das „Clustering". Es handelt sich dabei um eine Methode wissenschaftlicher Strukturierungshilfe und Problemanalyse. Diese Technik dient dazu, kurzfristig Einfälle und Assoziationen zu entwickeln, und kann damit zur Grundlage der Falllösung gemacht werden, weitergehend *Hans* JuS 2004, 18 ff.

📖 Mindestens zwei Drittel der Arbeitszeit sollten für die Reinschrift der Arbeit aufgespart werden.[119]

Man sollte also nicht zu viel Zeit bei der Sachverhaltsanalyse und der Gliederung der Lösung aufbrauchen. Wenn die Lösungsskizze gut ist (also ihre Anfertigung ein Drittel der Bearbeitungszeit für konzentriertes Nachdenken gebraucht hat), kann man sich schreibend an ihr entlangarbeiten, ohne noch inhaltlich viel zu überlegen. Die Konzentration beim Schreiben kann dann ganz auf saubere Formulierungen gerichtet sein.[120]

Wer mehr Zeit für die Reinschrift der Arbeit und weniger Zeit fürs Denken aufwendet, unterschätzt mitunter die Schwierigkeiten, die in dem harmlos aussehenden Sachverhalt stecken. Es ist zu berücksichtigen, dass häufig zunächst ins Auge gefasste Lösungsansätze bei der Niederschrift, bei der in der Regel am konzentriertesten gearbeitet wird, wieder verworfen werden. Eine teilweise oberflächliche Klausur, die aber bis zu einem abschließenden Ergebnis gebracht wird, hinterlässt beim Korrektor einen positiveren Eindruck als eine kleinteilige, aber mittendrin abgebrochene Bearbeitung. Somit hat immer die Gesamtklausur im Vordergrund zu stehen und nicht die Bearbeitung einzelner Probleme. Es nützt nichts, das erste Problem bis ins kleinste Detail zu beleuchten, wenn infolgedessen die Zeit für die weiteren Fragestellungen fehlt. Sollte also zum Ende der Bearbeitungszeit absehbar sein, dass die Klausur nicht in der nötigen Ausführlichkeit fertig geschrieben werden kann, empfiehlt es sich, zu einer verkürzten Darstellung überzugehen, die aber dennoch alle rechtlich relevanten Gedanken enthält.[121]

7. Äußere Form, Gliederungssystem

Ihre Klausur sollte auch äußerlich einen guten Eindruck machen und eine saubere und übersichtliche Darstellung der Falllösung präsentieren. Legen Sie Wert auf die äußere Form Ihrer Arbeit (Numerierung, Korrekturrand, usw.).[122]

📖 Wer bereits auf die äußere Form Mühe verwendet, wird im Zweifel erst den Inhalt nicht vernachlässigen *(„first impressions go a long way")*.

---

119 *Degenhart* Klausurenkurs, Rn. 8; *Gornig/Jahn* PolR, Einführung, XVIII; *Schimmel* Juristische Klausuren, Rn. 530.
120 *Schimmel*, Juristische Klausuren, Rn. 530.
121 *Sademach* DVP 2012, 501 (506).
122 *Becker/Pordzik* JURA 2019, 617 ff. Die äußere Form Ihrer Arbeit prägt den ersten Eindruck des Lesers. Eine gelungene Gestaltung ist eine einfache Möglichkeit, zu einer positiven Grundstimmung des Korrektors beizutragen.

Von der Form schließt man leicht auf den Inhalt. Es handelt sich um einen psychologischen Effekt. Versetzen Sie sich in einen Korrektor! Er korrigiert Ihre Arbeit in der Regel nicht aus purer Lust, sondern weil es seine Pflicht ist. Seine Grundeinstellung ist deshalb meist „leidenschaftslos"[123]. Die äußere Form bei juristischen Arbeiten und damit auch bei der Klausur ist ein Faktor, der sich unmittelbar oder mittelbar auf die Bewertung Ihrer Leistung auswirken kann. Eine deutliche und übersichtliche Gliederung der Klausur durch (Zwischen-)Überschriften und Absätze erleichtert dem Bearbeiter die Übersicht und dem Leser das gedankliche Folgen. Verwenden Sie ein Gliederungssystem Dies dient nicht nur der Übersichtlichkeit, es wirkt auch professionell, erleichtert das Verweisen und hilft dabei, einen logischen Aufbau einzuhalten. Ob Sie ein Gliederungsschema mit großen und kleinen Buchstaben sowie römischen und arabischen Ziffern oder eine Gliederung im Dezimalsystem verwenden, erscheint bei Klausurlösungen zweitrangig. In Betracht kommen regelmäßig die sog. Wittgensteingliederung und die traditionelle Gliederungsmethode. Bei der Wittgensteingliederung folgt der Aufbau einem rein numerischen System mathematischer Logik (1., 1.1, 1.1.1, 1.1.2 usw.). Bei der traditionellen Gliederungsmethode werden alphabetische und numerische Kennzeichnungen kombiniert. In juristischen Klausuren und Hausarbeiten überwiegt das Gliederungsschema mit folgender Struktur: A. I. 1. a) aa) (1). Um Übersichtlichkeit zu bewahren, ist darauf zu achten, dass die Untergliederung nicht zu fein erfolgt; weitere Gliederungsebenen ([a]…, [aa]…) sind daher zu vermeiden. Wichtig ist, dass jede eröffnete Gliederungsebene aus mindestens zwei Punkten besteht, dass also etwa auf ein a) auch ein b) folgt.[124]

Die einzelnen Gliederungspunkte sollte man im Text durch Absätze auch optisch hervorheben. Darüber hinaus empfehlen sich auch innerhalb des Textes der Niederschrift Absätze, wenn ein neuer Prüfungspunkt oder Gedanke dargelegt wird.[125]

---

123 *Putzke* Juristische Arbeiten, Rn. 113 ff.
124 *Krüger* JuS 2014, 790.
125 *Sademach* DVP 2012, 501 (505).

8. Typische Fehler in der Fallbearbeitung[126]

Bestimmte Fehler(quellen) dürfen getrost als charakteristisch bezeichnet werden; sie sollen daher zusammenfassend im Überblick nachfolgend skizziert werden:

- **Planloses Arbeiten:** Relevante Aspekte müssen an der Stelle erörtert, an der sie auftauchen. In Eingriffsrechtsklausuren „unausrottbar" erscheint etwa die ausgelebte Neigung, innerhalb der formellen Rechtmäßigkeit bei der Prüfung der sachlichen Zuständigkeit eingehend darzulegen, dass eine konkrete oder gar gegenwärtige Gefahr vorliegt. Setzt aber die dann zu prüfende Norm z. B. eine gegenwärtige Gefahr gar nicht voraus, so wirkt die zuvor getroffene Feststellung respektive Erörterung befremdlich.[127] Auf das Vorliegen einer (bestimmten) Gefahr kommt es bei der Prüfung der sachlichen Zuständigkeit nicht an – dies ist vielmehr eine Frage der materiellen Rechtmäßigkeit; es genügt im Rahmen der formellen Rechtmäßigkeit, dass die Polizei zur Gefahrenabwehr einschreiten will (Zielrichtung)

- **Fehler beim Erfassen der Aufgabe:** Oftmals wird in Eingriffsrechtsklausuren die Prüfung der örtlichen Zuständigkeit unterstellt. Gleichwohl wird dann im Verlaufe der Klausurlösung dieses formelle Erfordernis erörtert. Kurioserweise dann mit dem abschließenden Hinweis, dass die örtliche Zuständigkeit ja an sich nicht zu prüfen war

- **„Schema-Manie":** Es verbietet sich ein sklavisches Festhalten an Aufbauschemata. Schemata sind eine Aufbauhilfe und eine „Gedankenstütze". Es soll indes nicht verschwiegen werden, dass sie besonders für den „Anfänger" eine wertvolle Hilfe sind („Checkliste"). Schemata sind Hilfsmittel zur Ergänzung der juristischen Struktur

- **„Tatbestandsquetsche":** Es wird nicht der vorgelegte Sachverhalt gelöst, sondern ein anderer Fall. Dies geschieht, indem der eigentliche Sachverhalt schlicht verändert wird.

- **Übertriebener Gutachtenstil:** Ein Problem v. a. für Studienanfänger. Für völlig unproblematische Aspekte ist der Urteilsstil zu verwenden

---

126 *Vahle* DVP 2017, 223 ff.; *Vahle* Kriminalistik 2008, 69 ff.; *Haurand* DVP 2009, 255 ff. Aus Fehlern lernen – Anmerkungen zur Klausur im AVR. Tiefergehend *Weidemann* JA 2007, 126 ff.
127 *Vahle* Kriminalistik 2004, 353 (354); *Baumann/Vahle* Kriminalistik 1991, 637 (642). Methodik der Fallbearbeitung – dargestellt an einer Prüfungsklausur im Fach Polizei- und Ordnungsrecht.

- **„Bluff":** Es wird mit Scheinwissen „geglänzt". Subsumtionen werden mit scheinbaren „Argumenten" untermalt, oftmals wird Bezug genommen auf die sog. „herrschende Meinung" (h. M.)[128]. Der Hinweis auf „herrschende Meinung" ersetzt keine Begründung. In der (Ihrer) Argumentation liegt ein für die Bewertung der Arbeit maßgebliches Kriterium
- **Vortäuschen von Selbstbewusstsein:** Sprachliche Formulierungen, die Selbstbewusstsein vortäuschen und Unsicherheiten übertünchen („fraglos", „allemal" usw.) können Argumente nicht ersetzen[129]
- **Bloße Gesetzesnacherzählungen:** Vermeiden Sie bloße Sachverhalts- oder Gesetzesnacherzählungen, es ist überflüssig investierte Zeit
- **Atomisierung:** Sachverhalte werden zuweilen „zerstückelt" in Einzelmaßnahmen, die als „eigenständige" Maßnahme keiner eigenen Prüfung unterliegen. Wenn dann für jede Maßnahme das komplette Schema „abgespult" wird, führt dies zu unnötiger und v. a. inhaltlich meist wertloser Schreibarbeit[130]

Im Übrigen gilt überdies, dass aus Fehlern gelernt werden kann (muss). Gerade am Anfang des Studiums sind Fehler unvermeidbar, weil sowohl ein tiefergehendes Verständnis als auch das entsprechende Fachwissen erst noch vermittelt werden muss. Eine misslungene Klausur bedarf mithin der „Aufbereitung".

---

[128] Vertiefend: *Pilniok* JuS 2009, 394 ff. „h. M." ist kein Argument – Überlegungen zum rechtswissenschaftlichen Argumentieren für Studierende in den Anfangssemestern; dazu *Djeffal* ZJS 2013, 463 ff.: Die herrschende Meinung als Argument Ein didaktischer Beitrag in historischer und theoretischer Perspektive.

[129] Vertiefend: *Schnapp* JURA 2006, 583 ff. Das Gebot der Sachlichkeit.

[130] Speziell dazu *Baumann/Vahle* Kriminalistik 1992, 689 (695). Prüfungsklausur mit Lösung.

2. Teil: Fälle mit Lösungen

I. Schwerpunkt: Polizeirecht

Fall 1: Brand im Altenheim

> **Schwerpunkte:** Aufgabenzuweisung, sachliche (subsidiäre) Zuständigkeit, Generalklausel, Adressatenregelungen, Inanspruchnahme nicht verantwortlicher Personen

Sachverhalt:[1]

Während einer Streifenfahrt bemerkt die Streifenwagenbesatzung (POK A und PK B) nachts gegen 02.30 Uhr einen Feuerschein in einem Zimmertrakt eines Alten- und Pflegeheimes. Das Feuer war in der dunklen Nacht von der Straße aus gut zu sehen und offenbar bisher von den Bewohnern oder von Außenstehenden noch nicht bemerkt worden. Die Beamten verständigen die Leitstelle. Feuerwehr und Rettungsfahrzeuge werden angefordert. Sofort nach Eintreffen verpflichten sie den Pförtner, das Pflegepersonal und die Heimleitung zu verständigen und erste Evakuierungsmaßnahmen einzuleiten. Ein Pfleger wird „beauftragt", eine „Eimerkette" zu organisieren und auf diesem Wege Löschwasser herbeizuschaffen. Danach versuchen die Beamten, zum Brandherd vorzudringen und nach möglichen Heimbewohnern in den Nebenzimmern Ausschau zu halten bzw. diese aus den Zimmern zu befreien. Durch die große Hitzeentwicklung jedoch kann dieses Vorhaben nicht verwirklicht werden. Der Flurbereich ist wegen des sich ausbreitenden Feuers nicht zugänglich. Um die Zimmer von außen erreichen zu können, wird ein Grundstücksnachbar verpflichtet, eine Leiter zur Verfügung zu stellen. Insgesamt können so 30 Heimbewohner aus dem Hause in Sicherheit verbracht werden. Die Feuerwehr kann den Brand letztlich unter Kontrolle bringen.

---

[1] Nach *Roos/Krause*, Kriminalistik 1993, 319 ff.

Aufgabe:

Beurteilen Sie rechtsgutachtlich die Verpflichtung an den Nachbarn, die Leiter zur Verfügung zu stellen.

Lösung:

I. Ermächtigungsrundlage

Nach dem Grundsatz des Vorbehalts des Gesetzes bedarf es bei einem Grundrechtseingriff einer Ermächtigungsgrundlage, welche auf ein verfassungsmäßiges Gesetz zurückzuführen ist. Mit der Forderung nach der Herausgabe der Leiter greift die Polizei in das Recht des Nachbarn ein, zumindest zeitweise auf die Verfügung über sein Eigentum zu verzichten bzw. den Umgang mit seinem Eigentum durch andere zumindest zeitweise zu billigen (Grundrechtseingriff, Art. 14 GG: Recht auf freie Entscheidung der Nutzung des Eigentums). Eingriffsobjekt ist Art. 14 Abs. 1 Satz 1 GG, da dieses Grundrecht nicht nur vor Eigentumsbeeinträchtigungen im engeren Sinnen, sondern auch vor Besitzentziehungen schützt. Ein Eingriff in die Eigentumsgarantie liegt dann vor, wenn eine schutzfähige Position entzogen oder ihre Nutzung, Verfügung oder Verwertung beschränkt wird. Ein Eingriff kann auch dann vorliegen, wenn faktisch oder mittelbar auf das Eigentum eingewirkt wird.[2] Dieser Eingriff darf nur vorgenommen werden, wenn ein Gesetz der Polizei dieses erlaubt. Die von den Beamten getroffene Maßnahme ist dem Gefahrenabwehrrecht zuzurechnen, da die Maßnahmen nicht darauf abzielen, eine Straftat zu erforschen bzw. zu verfolgen. Hier geht es einzig und allein um die Abwehr von drohenden Lebens- und Gesundheitsgefahren. Insofern sind Ermächtigungsgrundlagen aus dem Polizeigesetz zu entnehmen. Die nach dem Vorbehalt des Gesetzes erforderliche Ermächtigungsgrundlage könnte sich aus § 8 Abs. 1 PolG NRW ergeben. Maßnahmen der Polizei, die von dem Pflichtigen ein bestimmtes Handeln, Dulden oder Unterlassen verlangen, sind Verwaltungsakte i.S. des § 35 Satz 1 VwVfG NRW.[3]

---

2 Grundlegend *Braun* StaatsR, S. 131 f.
3 Zu den Voraussetzungen eines Verwaltungsaktes *Braun* PSP 4/2019, 37 (39 f.).

II. Formelle Rechtmäßigkeit
1. Zuständigkeit
a) Örtliche Zuständigkeit

Die örtliche Zuständigkeit könnte sich aus § 7 Abs. 1 POG NRW ergeben. Hiernach sind örtlich zuständig die Polizeibehörden, in deren Polizeibezirk die polizeilich zu schützenden Interessen verletzt oder gefährdet werden. Hier bestehen Lebens- bzw. Gesundheitsgefahren für die Heimbewohner. Es sind polizeilich zu schützende Interessen gefährdet. Die örtliche Zuständigkeit regelt als Territorialzuständigkeit den räumlichen Bereich („Wirkungskreis"), innerhalb dessen eine sachlich und instanziell zuständige Behörde zu handeln befugt ist.[4] Festgelegt wird der räumliche Tätigkeitsbereich der behördlichen Aufgabenwahrnehmung. Dabei handelt es sich bei den §§ 7 ff. POG NRW um verwaltungsorganisationsrechtliche Regeln, die den staatsrechtlichen Begriff der Gebietshoheit konkretisieren. Die örtliche Zuständigkeit setzt somit immer eine sachliche Zuständigkeit voraus. Dadurch wird verhindert, dass sich Behörden mit gleicher sachlicher Zuständigkeit ins Gehege kommen und sich dadurch unter Umständen gegenseitig behindern.[5] Die örtliche Zuständigkeit folgte hier aus der Regelzuständigkeit § 7 Abs. 1 POG NRW; denn die Beamten haben ihre Aufgabe im eigenen Polizeibezirk wahrgenommen.

b) Sachliche Zuständigkeit

Die sachliche Zuständigkeit könnte sich aus § 1 Abs. 1 Satz 1 und 3 PolG NRW i. V. m. § 11 Abs. 1 Nr. 1 POG NRW ergeben. § 1 PolG NRW ist die Generalklausel des Polizeiaufgabenrechts. Sie statuiert den allgemeinen Grundsatz der polizeilichen Aufgabenzuweisung, gilt als solche jedoch nicht abschließend.[6]

 Die aufgabenrechtliche Generalklausel ist in mehrfacher Hinsicht eine subsidiäre Regelung:
- Sie ist subsidiär gegenüber einem Anwendungsvorrang beanspruchenden höherrangigen Recht von Bund (Art. 31 GG) und EU
- Sie ist subsidiär gegenüber gesetzlichen Spezialregelungen des Landesrechts[7]

---

[4] *Schenke* POR, Rn. 458.
[5] *Keller*, in: BeckOK POR NRW, § 7 POG Rn. 6.1.
[6] Diese Generalklausel des Polizeiaufgabenrechts schließt indes die Zuweisung weiterer Aufgaben durch Bundes- oder Landesrecht nicht aus, ist also Aufgabenerweiterungen zugänglich.
[7] Soweit dieses einzelne Polizeiaufgaben begründet, begrenzt oder anders zuweist, gehen die spezielleren Bestimmungen der Generalklausel vor. Nicht hierzu zählt allerdings § 1 OBG NRW, welcher gleichfalls eine Generalklausel darstellt und daher gegenüber § 1 PolG NRW keinen Vorrang kraft Spezialität beanspruchen kann, *Gusy/Worms*, in: BeckOK POR NRW, § 1 PolG Rn. 33.

2. Teil: Fälle mit Lösungen

– Sie ist subsidiär gegenüber aufgabenbezogenen Spezialregelungen im PolG NRW selbst.[8]

§ 11 Abs. 1 Nr. 1 POG NRW weist die Aufgabe der Gefahrenabwehr den Kreispolizeibehörden zu.[9] Die eingreifenden Polizeibeamten mussten demnach Beamte einer Kreispolizeibehörde (§ 2 POG NRW) sein. Mangels gegenteiliger Angaben im Sachverhalt ist hiervon auszugehen. Die Voraussetzungen des § 11 Abs. 1 Nr. 1 POG NRW lagen demnach vor. Gem. § 1 Abs. 1 Satz 1 PolG NRW hat die Polizei die Aufgabe, Gefahren für die öffentliche Sicherheit oder Ordnung abzuwehren (Gefahrenabwehr).

BVerwG, Urt. v. 26.2.1974 – I C 31/72, NJW 1974, 807
Eine Gefahr liegt vor, wenn eine Sachlage oder ein Verhalten bei ungehindertem Ablauf des objektiv zu erwartenden Geschehens mit Wahrscheinlichkeit ein polizeilich geschütztes Rechtsgut schädigen wird.

Gem. § 1 Abs. 1 Satz 1 PolG NRW hat die Polizei die Aufgabe, Gefahren für die öffentliche Sicherheit oder Ordnung abzuwehren (Gefahrenabwehr). Gefahr ist eine Sachlage, die einen Schaden für die öffentliche Sicherheit erwarten lässt. Das Rechtsgut der öffentlichen Sicherheit umfasst den Schutz zentraler Rechtsgüter wie Leben, Ehre, Freiheit und Vermögen der Bürger, die Unverletzlichkeit des Staates, seiner Einrichtungen und Veranstaltungen sowie die Unversehrtheit der Rechtsordnung. Die öffentliche Ordnung wird als Gesamtheit der ungeschriebenen Regeln angesehen, deren Befolgung nach den jeweils herrschenden und mit dem Wertgehalt des Grundgesetzes zu vereinbarenden sozialen und ethischen Anschauungen als unerlässliche Voraussetzung eines geordneten Zusammenlebens innerhalb eines Gebiets angesehen wird.[10]

---

8   Hierzu zählt die Einräumung des Zuständigkeitsvorrangs für die allgemeinen und besonderen Ordnungsbehörden (§ 1 Abs. 1 Satz 3 PolG NRW) und die Aufgabenbeschränkung zugunsten der Gerichte beim Schutz privater Rechte (§ 1 Abs. 2 PolG NRW), *Gusy/Worms*, in: BeckOK POR NRW, § 1 PolG Rn. 34. Grundlegend zum Privatrecht in der polizeilichen Praxis Basten Privatrecht, passim.
9   Instruktiv *Keller*, in: BeckOK POR NRW, § 11 POG Rn. 2 ff.
10 Vertiefend: Thiel PSP 3/2015, 38 ff.; ausführlich *Voßkuhle*, JuS 2007, 908; *Schoch*, JURA 2003, 472.

I. Schwerpunkt: Polizeirecht

Klausurhinweis: Nicht einheitlich beantwortet wird die Frage, ob das Vorliegen einer Gefahr schon bei der Feststellung der Zuständigkeit nach § 1 Abs. 1 Satz 1 PolG NRW zu prüfen ist. Ohne eine Gefahr handelt die Polizei nicht zur Gefahrenabwehr, auf der anderen Seite würde eine Erörterung der vielschichtigen Anforderungen einer Gefahrenlage unter dem Prüfungspunkt „Zuständigkeit" Aspekte, die erst in der materiellen Rechtmäßigkeitsprüfung unter dem Punkt „tatbestandliche Voraussetzungen der Ermächtigungsgrundlage" zu behandeln sind, vorziehen. Überdies gibt es Ermächtigungen, die keine Gefahrenlage voraussetzen, gleichwohl aber zu Maßnahmen ermächtigen (z. B. § 12 Abs. 1 Nr. 2a PolG NRW). Entgegen der hier favorisierten Lösung ist es somit vertretbar, bei der sachlichen Zuständigkeit lediglich auf den präventiven Charakter des Handlungswillens der Polizeibeamten abzustellen.[11] Verfehlt wäre es indes, innerhalb der – zumeist unproblematischen – Zuständigkeitsprüfung – eingehend darzulegen, dass eine konkrete oder gar qualifizierte (z. B. gegenwärtige) Gefahr vorliegt. Eine solche Erörterung wirkt besonders befremdlich, wenn die spätere Eingriffsnorm überhaupt keine konkrete Gefahr voraussetzt (z. B. § 12 Abs.1 Nr. 2a PolG NRW).[12]

Im vorliegenden Sachverhalt stand schon ein Zimmer des Altenheimes in Flammen. Die Gefahr für zumindest die Einrichtung, also die Sachwerte, war schon realisiert. Im Heim befand sich eine unbekannte Zahl von Bewohnern, denen der Fluchtweg durch den Mittelgang versperrt war. Die Gefahr, dass die eingeschlossenen Heimbewohner körperlichen Schaden erleiden könnten, war gerade angesichts des körperlichen Zustandes der meist älteren Leute unmittelbar bevorstehend. Somit lag eine Gefahr sowohl für das Eigentum als auch für die körperliche Unversehrtheit der Heimbewohner vor.

Klausurhinweis: In der eingriffsrechtlichen Fallbearbeitung sind alle in Betracht kommenden Aspekte zu erörtern. Häufig verstößt ein Verhalten gegen (mehrere, vollständig zu nennende) Normen der objektiven Rechtsordnung und beeinträchtigt zugleich Individualrechtsgüter. Zwar würde ein mit hinreichender Wahrscheinlichkeit drohender Schaden (bzw. eine bestehende Störung) für ein geschütztes Gut ausreichen, eine Gefahr zu begründen. Es kann jedoch für die Verhältnismäßigkeitserwägungen relevant sein, ob etwa neben eine Normverletzung zusätzlich die Gefährdung eines hochrangigen Rechtsgutes tritt (zum Verhältnis der öffentlichen Sicherheit zur öffentlichen Ordnung). Vorrangig sollten allerdings Verstöße gegen die objektive Rechtsordnung untersucht werden, zumal dies aus prüfungstaktischen Gründen eine Subsumtion unter die Voraussetzungen der möglicherweise verletzten Rechtsnorm ermöglicht.[13]

---

11 *Thiel* PSP 3/2015, 38 (40).
12 *Vahle*, Kriminalistik 2004, 353 (354); *Baumann*, Kriminalistik 1991, 637 (642).
13 *Thiel* POR, § 8 Rn. 7.

Unstreitig ist bei einer hinzutretenden Fremdgefährdung das Interesse des Staates an gefahrenabwehrendem Handeln gegeben. Die Ursache für die Fremdgefährdung ist dann zweitrangig (durch andere Personen oder durch sonstige Gefahrenquellen, z. B. Brandgefahr). Es besteht eine Gefahr für die öffentliche Sicherheit. Öffentliches Interesse ist vorliegend gegeben. Die Beamten wurden zur Abwehr dieser Gefahren tätig. Sie waren somit nach § 1 Abs. 1 Satz 1, 3 PolG NRW sachlich subsidiär zuständig. Der in § 1 Abs. 1 Satz 4 PolG NRW auferlegten Pflicht zur Benachrichtigung der originär zuständigen Behörden kamen die Beamten durch den Anruf bei der Feuerwehr nach.

> Das PolG NRW folgt dem Grundsatz, dass Gefahrenabwehr primär den dafür zuständigen Behörden der allgemeinen Sicherheits- und Ordnungsverwaltung obliegt. Das Gefahrenabwehrrecht von Nordrhein-Westfalen zeichnet sich durch eine formelle und materielle Trennung von Polizei und Ordnungsbehörden aus.[14] Die Regelungen der jeweiligen Aufgaben und Befugnisse finden sich in unterschiedlichen Gesetzen: einerseits im Polizeigesetz des Landes Nordrhein-Westfalen (PolG NRW) sowie andererseits im Gesetz über Aufbau und Befugnisse der Ordnungsbehörden (OBG NRW). Dabei ist von einem grundsätzlichen Vorrang des ordnungsbehördlichen Handelns auszugehen. Die Polizei wird in der Regel erst dann tätig, wenn ein Handeln der anderen Gefahrenabwehrbehörden nicht oder nicht rechtzeitig möglich erscheint (§ 1 Abs. 1 Satz 3 PolG NRW: **Grundsatz der Subsidiarität**). Dieses Prinzip der Eilzuständigkeit wird auch als **„Recht zum ersten Zugriff"** bezeichnet, obwohl sich hieraus keine formelle Berechtigung gegenüber der an sich zuständigen Behörde ergibt.[15] Allerdings wird der häufig zu lesende Hinweis, die Polizei sei hier nur in „Eil- und Notfällen" zum Handeln berufen, der Realität polizeilicher Einsätze nicht gerecht: Meist ergibt sich die Zuständigkeit schon allein daraus, dass die Polizei als erste Gefahrenabwehrbehörde vor Ort ist. Nur wenn das Eintreffen der Ordnungsbehörden abgewartet werden kann, hat die Polizei in diesem „subsidiären" Handlungsfeld die Ordnungsbehörden gem. § 1 Abs. 1 Satz 4 PolG NRW unverzüglich von allen Vorgängen zu unterrichten, die deren Eingreifen erfordern.[16] Diese Unterrichtungspflicht ergänzt die Regeln über das Verhältnis der Polizei zu den anderen Behörden der Gefahrenabwehr, um einen möglichst lückenlosen Schutz der öffentlichen Sicherheit zu gewährleisten, der unter Zuständigkeitsabgrenzungen mehrerer Behörden nicht leiden soll. Die Unterrichtungspflicht besteht nur bei solchen Vorgängen, die ein weiteres Tätigwerden der in erster Linie zuständigen Behörde erfordern.

---

14 *Worms/Gusy*, in: BeckOK POR NRW, § 14 OBG NRW Rn. 3; *Albrecht*, PSP 3/2018, 15.
15 *Haurand*, POR S. 5.
16 *Thiel* PSP 3/2015, 38 (39).

Auf der Grundlage des § 1 Abs. 1 Satz 4 PolG NRW ist die Unterrichtung aber nur insoweit zulässig, als sachbezogene Daten mitgeteilt werden. Zur Übermittlung personenbezogener Daten bedarf es einer speziellen Ermächtigungsnorm (§ 27 PolG NRW).[17]

2. Verfahren

Polizeiliche Verfügungen als Eingriffsverwaltungsakte lösen grundsätzlich eine Pflicht zur Anhörung aus (§ 28 Abs. 1 VwVfG NRW). Von der Anhörung kann gem. § 28 Abs. 2 VwVfG NRW unter den dort genannten Voraussetzungen abgesehen werden.[18] Der Verwaltungsakt ist entsprechend § 41 Abs. 1 VwVfG NRW bekannt zu geben.

3. Form

Gem. § 37 Abs. 2 VwVfG NRW kann ein Verwaltungsakt schriftlich, elektronisch, mündlich oder in anderer Weise erlassen werden.[19] Bei den mündlich erlassenen Verwaltungsakten nach § 37 Abs. 2 VwVfG NRW handelt es sich typischerweise um Verwaltungsakte der (Vollzugs-)Polizei nach § 80 Abs. 2 Nr. 2 VwGO.

III. Materielle Rechtmäßigkeit
1. Tatbestandliche Voraussetzungen der Ermächtigungsgrundlage

Fraglich könnte sein, ob dieses Herausgabeverlangen durch die Polizei eine Sicherstellung gem. § 43 PolG NRW sein könnte. Aus dem Sinn der Norm, insbesondere aus der gesetzlichen Vorgabe, wie mit der sichergestellten Sache umzugehen ist („sichergestellte Sachen sind in Verwahrung zu nehmen" – § 44 Abs. 1 PolG NRW), ist zu entnehmen, dass die Sicherstellung der Abwehr der Gefahr dienen soll, die von der Sache selbst ausgeht oder zumindest durch sie verursacht wird. Hier aber geht von der Leiter keinerlei Gefahr aus, vielmehr wird sie selbst zur Gefahrenabwehr benötigt. Es liegt mithin kein Anwendungsfall des § 43 PolG NRW vor. Soll eine Sache, der weder eine Gefahr droht noch von der eine Gefahr an sich ausgeht, vorübergehend zur Gefahrenabwehr genutzt werden, so ist das aufgrund der Generalklausel

---

17 *Tegtmeyer/Vahle* PolG NRW, § 1 Rn. 20.
18 Im Gefahrenabwehrrecht ist insbesondere § 28 Abs. 2 Nr. 1 VwVfG NRW von Bedeutung, da eine vorherige Anhörung des Polizeipflichtigen dem eigentlichen Zweck der Gefahrenabwehr – raschen Handelns zur effektiven Abwehr einer Gefahr – oft zuwiderlaufen würde; grundlegend *Sasse* VR 2019, 197 ff.
19 Der Grundsatz der Formfreiheit von Verwaltungsakten ergibt sich aus § 37 Abs. 2 Satz 1 VwVfG NRW und nicht aus § 10 VwVfG NRW (Grundsatz des nicht-förmlichen Verfahrens). Unzutreffend deshalb Tetsch ER Bd. 1, S. 108; vgl. auch *Pieper*, Kriminalistik 2007, 134 (135).

2. Teil: Fälle mit Lösungen

möglich.[20] Die Generalklausel des PolG NRW ist jedoch nur dann anzuwenden, wenn eine Spezialnorm diesen Bereich nicht erfasst. Auf § 8 Abs. 1 PolG NRW können nur sog. atypische Maßnahmen gestützt werden, d. h. solche, die nicht in den §§ 9 ff. PolG NRW oder in anderen Rechtsvorschriften i. S. des § 8 Abs. 2 speziell geregelt sind. Eine solche Spezialnorm könnte § 323c StGB (unterlassene Hilfeleistung) sein. Zwar dient diese Vorschrift der Abwendung von Gefahren für Individualrechtsgüter in Not geratener Personen. Hier ist aber Ziel der Norm, ein bestimmtes, nicht hinzunehmendes Verhalten unter Strafe zu stellen, nicht jedoch eine Basis zu schaffen für Verfügungen öffentlich-rechtlicher Art. Insofern scheidet § 323c StGB hier aus. Da eine andere Norm diesen Sachverhalt nicht speziell regelt, bleibt nur der Rückgriff auf die Generalklausel des § 8 Abs. 1 PolG NRW.[21]

> 📖 Generalklauseln sind gesetzliche Ermächtigungen, mit denen die Gesetzgeber durch allgemein gehaltene Voraussetzungen (Prämissen) den Gefahrenabwehr- oder Strafverfolgungsbehörden die notwendige Befugnis einräumen, besondere Anordnungen und geeignete Rechtsfolgen zu treffen (§ 8 PolG NRW; § 163 Abs. 1 Satz 2 StPO).[22] Im Verhältnis zur Generalklausel besteht zugunsten der Standardermächtigungen ein **Anwendungsvorrang (Sperrwirkung der Standardmaßnahmen)**. Ein Rückgriff auf die Generalklausel ist im Regelungsbereich der Standardmaßnahmen ausgeschlossen. Die Standardmaßnahmen (§§ 9–46 PolG NRW) gehen der Generalklausel nach dem Grundsatz leges speciales derogant legibus generalibus vor. Der den Rückgriff ausschließende Regelungsbereich bestimmt sich dabei nicht nach einzelnen Zulässigkeitsvoraussetzungen einer Standardbefugnisnorm, sondern nach der in der Rechtsfolge normierten behördlichen Maßnahme.[23] Der Anwendungsbereich der Generalklausel ist in mehrfacher Hinsicht subsidiär:[24]
>
> – Die Generalklausel des § 8 PolG NRW gilt nur im Anwendungsbereich des Polizeirechts
>
> – Die Generalklausel des § 8 PolG NRW ist subsidiär anzuwenden, soweit das PolG NRW nur subsidiär Anwendung findet (§ 8 Abs. 2 PolG NRW)
>
> – Die Generalklausel des § 8 PolG NRW gilt nicht im Anwendungsbereich der polizeilichen Standardmaßnahmen.
>
> Auf die Generalklausel des § 8 Abs. 1 darf nicht zurückgegriffen werden, wenn es sich um Maßnahmen zur Gefahrenabwehr nach den §§ 9 bis 46 handelt. Die Voraussetzungen für diese Maßnahmen sowie deren Art und Umfang sind in den genannten Vorschriften abschließend geregelt (VV 8.0 zu § 8 PolG NRW).

---

20 *Tegtmeyer/Vahle* PolG NRW, § 43 Rn. 5;
21 Vertiefend: *von Mutius* JURA 1986, 649; *Butzer* VerwArch 2002, 506 ff.
22 *Kay* Kriminalistik 2002, 559.
23 *WHM* POR, Rn. 111.
24 *Gusy* PolR, Rn. 313.

> **Beispiel:**[25] Der Polizeibeamte P möchte die Wohnung des X durchsuchen, um dort die Zündschlüssel des falsch geparkten Pkw des X zu finden. Die Voraussetzungen des § 41 PolG NRW liegen aber offensichtlich nicht vor. Die Maßnahme kann dann nicht („ersatzweise") auf die Generalklausel gestützt werden, um die durch den Verkehrsverstoß entstandene konkrete Gefahr abzuwehren.
>
> Die gefahrenabwehrrechtliche Generalklausel des § 8 Abs. 1 PolG NRW ist eine vollständige Rechtsnorm mit Tatbestand und Rechtsfolge.[26] Sie besitzt auf Tatbestandsseite neben der konkreten Gefahr mit den Merkmalen öffentliche Sicherheit und Ordnung unbestimmte Rechtsbegriffe (ohne Beurteilungsspielraum) und auf Rechtsfolgenseite Ermessen, was durch den Begriff „kann" ausgedrückt wird.[27] Mit ihren **unbestimmten Rechtsbegriffen** ist die polizeirechtliche Generalklausel zwar in besonderem Maße der Auslegung und Konkretisierung bedürftig. Aber sie ist in jahrzehntelanger Entwicklung durch Rechtsprechung[28] und Lehre nach Inhalt, Zweck und Ausmaß hinreichend präzisiert, in ihrer Bedeutung geklärt und im juristischen Sprachgebrauch verfestigt.[29] Typische Maßnahmen auf der Grundlage der polizeirechtlichen Generalklausel sind z. B. die Gefährderansprache[30], Meldeauflagen[31] Blutprobenentnahmen aus präventiv-polizeilichen Gründen[32] sowie insbesondere Nichtstörungsgebote („Unterlassen Sie nächtliche Telefonanrufe, Ruhestörungen", Verbot, vor Geschwindigkeitsmessungen zu warnen usw.[33]).

Gem. § 8 Abs. 1 PolG NRW kann die Polizei notwendige Maßnahmen treffen, um eine im Einzelfall bestehende (mindestens konkrete) Gefahr für die öffentliche Sicherheit oder Ordnung abzuwehren[34]. Gefahr ist die objektive Möglichkeit eines Schadeneintritts durch regelwidrige äußere Einflüsse. Schaden ist jede Minderung des Bestandes an Lebensgütern, also nicht nur

---

25 *Heckmann*, in: BHKM ÖR, Teil 3 Rn. 72.
26 Die erste polizeirechtliche Generalklausel des § 10 II 17 ALR normierte zugleich die Aufgaben und die Befugnisse der Polizei.
27 *Rachor/Graulich*, in: Lisken/Denninger HdbPolR, Kap. E. Rn. 183; *Knemeyer/Schmidt* POR, S. 55; instruktiv auch *Vahle*, DVP 2015, 311 ff.
28 BVerwGE 115, 189/195 – NJW 2002, 2487: Polizeiliche Betriebsuntersagung für Laserdrome
29 Dazu auch *Schoch*, JURA 2003, 177 (178).
30 Grundlegend *Reuter* Die Polizei 2019, 237 ff.
31 *Nimtz/Thiel* ER, Rn. 249; *Haurand* POR, S. 117 f.; ausführlich *Graulich* DVBl 2013, 1210 ff.; *Schönrock/Knape* Die Polizei 2012, 280 ff.; *Breucker* NJW 2004, 1631 ff.; *Schucht* NVwZ 2011, 709 ff.
32 *Reuter* Die Polizei 2017, 91 ff.; *Bosse* PIR 5/2017, 39 ff.; *Helmrich* NVwZ 2008, 162 ff.; *Czarnecki/Neuwirth* DNP 1994, 409.
33 OVG Münster NJW 1997, 1596; VG Saarland DAR 2004, 668.
34 Die Eingriffsbefugnis nach dem Polizeirecht lag bis Anfang der 60Jahre bei einer konkreten Gefahr; § 14 pr. PVG war eine Generalklausel, wonach die Polizei zur Abwehr einer konkreten Gefahr für die öffentliche Sicherheit die notwendigen Maßnahmen treffen konnte, vgl. *Baldarelli* Kriminalistik 2007, 654 (656). Diese alte Regelung findet sich in der Generalklausel des § 8 Abs. 1 PolG nahezu unverändert wieder.

ein Vermögensschaden. Ziel der Verfügung ist es, die Leiter zum Zweck der Befreiung und Evakuierung der Heimbewohner aus ihren Zimmern verwenden zu können. Es sollen also Gefahren für Leben und Gesundheit der Zimmerbewohner abgewendet werden. § 8 Abs. 1 PolG NRW erlaubt, die Verfügung an den Nachbarn zu richten. Insbesondere war diese polizeiliche Verfügung auch notwendig. Andere, mildere Maßnahmen standen nicht zur Verfügung.

2. Besondere Verfahrensvorschriften

Über die (allgemeinen) Form- bzw. Verfahrensvorschriften aus dem VwVfG NRW hinaus sind keine besonderen Formvorschriften zu beachten. Für notwendige Maßnahmen nach § 8 Abs. 1 PolG NRW hat das Gesetz keine speziellen Form- und/oder Verfahrensvorschriften vorgesehen.

3. Adressatenregelung

Grundsätzlich hat die Polizei ihre Maßnahmen gegen den Störer zu richten. Das ergibt sich aus dem Prinzip, dass der auch für die Beseitigung herangezogen werden soll, dem dieser Gefahrenzustand zuzurechnen ist. Die Gefahr kann durch sein vorausgegangenes Handeln hervorgerufen worden sein (Handlungsstörer, § 4 Abs. 1 PolG NRW). Es kann auch „nur" sein, dass allein seine Verantwortlichkeit für den Zustand einer Sache den Bezug bringt (§ 5 PolG NRW). Auf ein Verschulden des Betreffenden kommt es nicht an. Nur im Ausnahmefall darf die Polizei auch andere Personen zur Beseitigung einer Gefahr heranziehen. Sind Maßnahmen gegen den Verhaltens- oder Zustandsstörer nicht oder nicht rechtzeitig möglich, z.B. weil dieser nicht mehr vor Ort ist, kann die Polizei unter den Voraussetzungen des § 6 Abs. 1 PolG NRW auch nicht verantwortliche Personen (Nichtstörer/Dritte) in Anspruch nehmen (sog. **Polizeilicher Notstand**):

– Nr. 1: Abwehr einer gegenwärtigen erheblichen Gefahr

– Nr. 2: Maßnahmen gegen die nach den §§ 4 oder 5 Verantwortlichen sind nicht oder nicht rechtzeitig möglich oder versprechen keinen Erfolg

– Nr. 3: die Polizei kann die Gefahr nicht oder nicht rechtzeitig selbst oder durch die Beauftragung Dritter im Rahmen des Abschlusses eines Vertrages abwehren und

– Nr. 4: die nicht verantwortliche Person kann ohne erhebliche Eigengefährdung und ohne Verletzung höherwertiger Pflichten in Anspruch genommen werden.

Die Voraussetzungen des § 6 Abs. 1 PolG NRW müssen kumulativ erfüllt sein. Erforderlich ist insbesondere, dass die Gefahr durch die Polizei auf andere Weise – insbesondere durch Inanspruchnahme von Störern – nicht hätte abgewehrt werden können. Dieses Tatbestandsmerkmal ist die entscheidende Sperre gegen die durchaus verständliche Versuchung, den Weg des geringsten Widerstandes zu beschreiten. Grundsätzlich ist die Polizei verpflichtet, alle ihr tatsächlich zur Verfügung stehenden eigenen und alle ihrer Verfügung zu unterstellenden fremden Kräfte einzusetzen, ehe sie sich für das Einschreiten gegen Nichtstörer entscheiden darf. Vorliegend ist bei dem Brand der Nachbar weder für den Zustand der Sache verantwortlich, noch war sein vorausgehendes Handeln die Ursache für den Brand. Wenn ihm aber dennoch ein Mitwirken an der Brandbekämpfung abverlangt wird (Leiter zur Verfügung stellen), dann wird er als „nichtverantwortlicher Dritter" (§ 6 PolG NRW) in Anspruch genommen. Auch eine gegenwärtige, erhebliche Gefahr (Lebensgefahr) liegt vor. Bei der gegenwärtigen Gefahr steht das schädigende Ereignis unmittelbar bevor oder hat bereits begonnen. Soweit ein Schaden schon eingetreten ist (realisierte Gefahr, Störung der öffentlichen Sicherheit) und durch den eingetretenen Zustand weiterhin Schäden drohen (Schadensausweitung), besteht die Gefahr weiterhin. Bei der gegenwärtigen erheblichen Gefahr wird dem Zeitfaktor ein qualitatives Element hinzugefügt. Gefahr droht einem bedeutsamen Rechtsgut, insbesondere Leben, Gesundheit oder wichtigem Gemeinschaftsgut. Der Nachbar ist, da er weder durch sein Handeln noch für den Zustand der Sache verantwortlich zeichnet, unbeteiligter Dritter im Sinne des § 6 PolG NRW.

> Auch wenn die drei erstgenannten Voraussetzungen im konkreten Fall gegeben sind, scheidet die Inanspruchnahme des Nichtverantwortlichen aus, wenn bei ihm eine erhebliche eigene Gefährdung oder eine Verletzung höherwertiger Pflichten zu besorgen ist. Diese **Opfergrenze** ist Ausdruck des Übermaßverbots und gilt deshalb auch dort, wo sie das positive Recht nicht ausdrücklich normiert. Eine erhebliche Selbstgefährdung bei Hilfeleistungen darf nicht gefordert werden.

Die wesentlichste Voraussetzung ist der Ausschluss seiner eigenen Gefährdung. Polizeiliche Maßnahmen dürfen nicht die durch § 6 Abs. 1 Nr. 4 PolG NRW markierte **Zumutbarkeitsgrenze** überschreiten. Durch die Verfügung, die Leiter herauszugeben, wird der Nachbar weder in seiner Gesundheit noch in einem anderen wesentlichen Rechtsgut gefährdet. Überdies dürfen die Maßnahmen nach Absatz 1 nur aufrechterhalten werden, solange die Abwehr der Gefahr nicht auf andere Weise möglich ist. Daher durfte die Verfügung gem. § 6 PolG NRW rechtmäßig sein.

4. Rechtsfolge der konkret herangezogenen Ermächtigungsgrundlage
a) Rechtsfolge entspricht der Ermächtigungsgrundlage

Die Rechtsfolgen der Generalklausel sind auf den Erlass der „notwendigen Maßnahmen" gerichtet. Die „notwendigen Maßnahmen" sind die Maßnahmen, die auch i. S. des Verhältnismäßigkeitsgrundsatzes erforderlich sind. An dieser Notwendigkeit bestehen vorliegend keine Zweifel.

b) Bestimmtheit (§ 37 Abs. 1 VwVfG NRW)

§ 37 VwVfG NRW enthält mit dem Bestimmtheitserfordernis in Abs. 1 ein materiell-rechtliches Erfordernis.[35] Mit dem rechtsstaatlichen Bestimmtheitsgebot in § 37 Abs. 1 VwVfG NRW erfährt der Grundsatz der Gesetzmäßigkeit der Verwaltung eine einfachgesetzliche Konkretisierung. Die Bestimmung trägt damit insbesondere der Individualisierungs- und Klarstellungsfunktion des Verwaltungsaktes Rechnung. Die Behörde wird gezwungen, sich eindeutig und unmissverständlich gegenüber dem Adressaten zu äußern. Darüber hinaus wird durch die Forderung nach der Bestimmtheit auch deren Akzeptanz durch den Adressaten erhöht.[36] Verstöße sind hier nicht ersichtlich.

c) Ermessen (§ 3 PolG NRW)

Gem. § 3 Abs. 1 PolG NRW trifft die Polizei ihre Maßnahmen nach pflichtgemäßem Ermessen. Das Ermessen ist also nicht frei, sondern an Recht und Gesetz gebunden und in die Systematik des Polizeirechts integriert. Im Rahmen des Opportunitätsprinzips kann die Polizei die ihr rechtmäßig zur Verfügung stehenden Maßnahmen ergreifen. Das Ermessen kommt auf der Rechtsfolgenseite zur Anwendung und ist im Polizeirecht in Entschließungs- und Auswahlermessen zu unterscheiden. Grundsätzlich entscheidet die Polizei, ob die Störung überhaupt ein Einschreiten des Staates abverlangt (**Entschließungsermessen**). Denkbar sind dabei Situationen, wo jede andere Entscheidung als einzuschreiten falsch ist (Ermessensreduzierung auf Null).[37]

> Ob eine **Ermessensreduktion auf Null** vorliegt, ist im Rahmen einer Güterabwägung zu ermitteln. Ermessensreduzierende Gründe sind dabei:[38]
> – Schwere und Ausmaß der Gefahr,

---

35 Die Bestimmtheit des Verwaltungsaktes ist Voraussetzung für die materielle Rechtmäßigkeit, also allgemeines Rechtmäßigkeitserfordernis; vgl. *Tegtmeyer/Vahle* PolG NRW, Einführung, S. 20; *Schenke* POR, Rn. 500.
36 Vertiefend: *Weber* VR 2008, 181.
37 *Schmidbauer/Holzner* BaySicherheitsR, Rn. 742.
38 Instruktiv *Braun* PSP 3/2019, 41 (44).

- die hohe Bedeutung des gefährdeten Rechtsguts und
- die Möglichkeit der Polizei zum Handeln und das Fehlen anderer vorrangiger Aufgaben.

Überwiegt das Integritätsinteresse des gefährdeten Rechts, ist die Polizei verpflichtet, Schutzmaßnahmen zu treffen. Der schutzsuchende Bürger hat dann einen Anspruch auf polizeiliches Einschreiten. Eine Ermessensreduktion auf Null liegt stets vor bei „erheblichen Gefahren für wesentliche Rechtsgüter".

Hat sich die Polizei jedoch zum Handeln entschieden, dann hat sie unter mehreren möglichen Maßnahmen, die alle zum Ziel führen, diejenige auszuwählen, die den Betroffenen und die Allgemeinheit am wenigsten beeinträchtigen (**Auswahlermessen**).[39] Rechtsfehler hinsichtlich der pflichtgemäßen Ermessensausübung, insbesondere eine Missachtung der Grundsätze aus § 40 VwVfG NRW[40] sowie des Differenzierungsge- und -verbotes sind dem Sachverhalt nicht zu entnehmen. Hier konnten die Beamten angesichts der Gefährdung der Heimbewohner nicht warten. Jede Form des Wartens hätte die Gefahr für das Leben der Bewohner erhöht. Die Entscheidung, mit Löschmaßnahmen sofort zu beginnen, war danach die einzig mögliche und richtige (Entschließungsermessen).

d) Übermaßverbot, Verhältnismäßigkeit i.w.S. (§ 2 PolG NRW)

Damit sowohl präventive als auch die repressive Rechtsanwendung nicht rechtswidrig erfolgen, muss die Polizei darauf achten, dass neben den Voraussetzungen der Rechtsgrundlagen auch die allgemeinen Anforderungen an die Rechtsanwendung und hier insbesondere die Verhältnismäßigkeit gewahrt sind. Das alleinige Vorliegen der Voraussetzungen einer Rechtsgrundlage bedingt noch nicht die Rechtmäßigkeit der angewandten Rechtsfolgen, die Beachtung der Verhältnismäßigkeit hat Verfassungsrang und ist eine elementare Bedingung für die rechtmäßige Rechtsanwendung. Zu prüfen ist mithin, ob die Maßnahme geeignet, erforderlich und angemessen war.

aa) Geeignetheit

Geeignet ist eine Maßnahme, die rechtlich und tatsächlich möglich ist und den erstrebten Erfolg, die Abwehr der Gefahr für die öffentliche Sicherheit herbeiführt oder zumindest fördert. Zu beantworten ist die Frage der **objek-**

---

[39] Instruktiv *Kugelmann*, in: BeckOK POR NRW, § 3 PolG Rn. 26 ff.
[40] Die Grenzen der Ermessensausübung werden durch § 40 VwVfG festgelegt: Ist die Behörde ermächtigt, nach ihrem Ermessen zu handeln, hat sie ihr Ermessen entsprechend dem Zweck der Ermächtigung auszuüben und die gesetzlichen Grenzen des Ermessens einzuhalten; ausführlich *Sachs*, in: SBS VwVfG, § 40 Rn. 1 ff.

tiven Zwecktauglichkeit. Mit dem Grundsatz der Geeignetheit wird ein allgemeines Sachlichkeitsgebot postuliert, das in seinen praktischen Auswirkungen mit dem Willkürverbot zu vergleichen ist. Die Maßnahme muss zur Verwirklichung des angestrebten Zwecks geeignet sein. Ob dieser Zweck tatsächlich erreicht wird, lässt sich erst im Nachhinein feststellen. Eine derartige Forderung zum entscheidungserheblichen Zeitpunkt zu erheben, ist dem Gefahrenabwehrrecht fremd. Eine voraussichtlich vollständige Zweckerreichung ist mithin nicht erforderlich. Vielmehr kommt es darauf an, dass die Maßnahme ein „Schritt in der richtigen Richtung" ist.[41] Die Inanspruchnahme des Nachbarn war sinnvoll und am ehesten erfolgversprechend.

bb) Erforderlichkeit

Das Gebot der Wahl des milderen Mittels verlangt, dass von mehreren möglichen und geeigneten Maßnahmen diejenigen zu wählen sind, die den einzelnen und die Allgemeinheit voraussichtlich am wenigsten beeinträchtigen (**Gebot der Wahl des milderen Mittels**). Die Polizei ist verpflichtet, von mehreren voraussichtlich gleich wirksamen Maßnahmen die am wenigsten belastende zu wählen. Eine mildere Maßnahme war nicht ersichtlich.

cc) Verhältnismäßigkeit i. e. S. (Angemessenheit)

Generell gilt, dass die Polizei ihre Aufgabe nicht mit allen erforderlichen Mitteln, also nicht um jeden Preis ausüben darf. Der Preis eines im Verhältnis zum Schutzzweck außerverhältnismäßigen Schadens beim Adressaten soll nicht gezahlt werden müssen. Wird festgestellt, dass das gewählte Mittel/die Maßnahme zur Verwirklichung des Zwecks geeignet und unter mehreren möglichen auch das mildeste Mittel ist, so ist schließlich auf einer dritten Stufe eine **Abwägung** vorzunehmen. Zu prüfen ist, ob die durchgeführte Maßnahme nicht außer Verhältnis zum angestrebten Zweck steht, d. h. die polizeiliche Maßnahme darf nicht zu einem Schaden führen, der zu dem beabsichtigten Erfolg erkennbar außer Verhältnis steht (**Maßnahmezweck vs. Maßnahmefolge**). Eine Abwägung der kollidierenden Interessen bzw. Rechtsgüter führt nicht (erkennbar) zu einem Missverhältnis, d. h. die polizeilich zu schützenden Güter überwiegen in ihrer Bedeutung die Beeinträchtigungen, die der Nachbar hinnehmen musste. Die Verfügung an den Nachbarn litt nicht am Übermaß, da hier eine Maßnahme abverlangt wurde, die zu dem angestrebten Erfolg des Löschens in keinem unzumutbaren Widerspruch stand. Sie war daher auch verhältnismäßig.

---

41 *Rachor/Graulich*, in: BeckOK POR NRW, Kap. E Rn. 159.

Parallelnormen zu § 8 Abs. 1 PolG NRW (Generalklausel): § 14 Abs. 1 BPolG; § 3 BWPolG; Art. 11 Abs. 1 BayPAG; § 17 Abs. 1 ASOG Bln; § 10 Abs. 1 BbgPolG; § 10 Abs. 1 BremPolG; § 3 Abs. 1 HambSOG; § 11 HSOG; § 13 MVSOG; § 11 NdsSOG; § 8 Abs. 1 NRWPolG; § 9 Abs. 1 RhPfPOG; § 8 Abs. 1 SPolG; § 3 Abs. 1 SächsPolG; § 13 LSASOG; § 174 SchlHVwG; § 12 ThürPOG

Fall 2: Champions-League: Fans vor dem Spiel

Schwerpunkte: Durchsuchung, Identitätsfeststellung, Racial Profiling, Sicherstellung

Sachverhalt:

Am 20.02.2019 findet in Gelsenkirchen ein Europapokalspiel statt. Im Halbfinale der Champion-Leaque trifft der FC Schalke 04 auf den griechischen Verein PAOK Saloniki. Die Polizei Gelsenkirchen hat sich gemeinsam mit dem Verein und den weiteren Netzwerkpartnern intensiv auf das Spiel im Parkstadion Gelsenkirchen vorbereitet. Die Union des Associations Européennes de Football (UEFA) hat als Veranstalter des Champions League Wettbewerbs das Spiel nicht als Risikospiel eingestuft. Die Zentrale Informationsstelle Sporteinsätze (ZIS) stand im Vorfeld der Begegnung im Kontakt mit dem griechischen National Football Information Point (NFIP). Darüber hinaus gab es direkte Kontakte des Polizeipräsidiums Gelsenkirchen mit der Polizei in Saloniki. Im Rahmen dieses Informationsaustausches erhielt die Polizei Gelsenkirchen auch die Information, dass von einer Anreise von ca. 800 PAOK-Fans auszugehen ist, unter denen sich bis zu 220 als Risikofans bezeichnete Personen befinden sollen. Des Weiteren muss damit gerechnet werden, dass die PAOK-Fans pyrotechnische Gegenstände mit sich führen und diese anlassbezogen abbrennen.

Am späten Nachmittag sind mit der Bundesbahn aus Münster der 18jährige Ingo S sowie sein Sportfreund Toby T aus dem Fanclub („Blau und Weiß Osnabrück") angereist. Sie sind durch entsprechende Kleidung als Schalker Fußballfans erkennbar und bereits bei ihrer Ankunft am Hauptbahnhof Gelsenkirchen erheblich alkoholisiert.

S und T fahren gleich mit der Straßenbahn Richtung Parkstadion. An einer Haltestelle wenige Kilometer vor dem Stadion werden sie von POK A und PK B bemerkt. Als die beiden Fans die Beamten erblicken, geben sie lautstark Prognosen über den Ausgang des Spiels ab, lassen eine von S mitgeführte Fahrradkette in der Luft kreisen und kündigen an, den griechischen Fans „es mal richtig zu zeigen". Die Beamten entschließen sich, S und T einer Identitätskontrolle zu unterziehen. Wegen der Erfahrungen der Vergangenheit, ihrer aggressiven Stimmung und offensichtlichen Alkoholisierung sollen S und T zuvor durchsucht werden. POK A fordert beide Fans auf, sich mit gespreizten Armen und Beinen an eine Hauswand zu stellen, um sich durchsuchen zu lassen. Die Identität von S und T wird anhand mitgeführter Ausweise festgestellt. Trotz des von S lautstark erhobenen Protestes wird die von ihm mitgeführte Fahrradkette sowie bei ihm aufgefundene Pyrotechnik von POK A und PK B in Verwahrung genommen. Anschließend ziehen S und T zu Fuß weiter in Richtung Stadion.

Aufgabe:

1. Beurteilen Sie rechtsgutachtlich folgende von der Polizei getroffenen Maßnahmen.
   - Durchsuchung (Ingo S und Toby T)
   - Identitätskontrolle (Ingo S und Toby T)
   - Sicherstellung der Fahrradkette und der Pyrotechnik (Ingo S)
2. Im Bereich des Bahnhofs von A-Stadt haben seit geraumer Zeit Taschendiebstähle zugenommen. Die Polizei vermutet, dass auch nordafrikanische junge Männer als Täter in Frage kommen. Der Leiter des zuständigen Kriminalkommissariats möchte an einem Samstagabend alle jungen nordafrikanisch aussehenden Männer kontrollieren. Nehmen Sie Stellung zu dieser (beabsichtigten) Maßnahme.

Hinweis: Die örtliche Zuständigkeit als formelles Erfordernis wird unterstellt.

Es handelt sich bei Aufgabe 1 um den Inhalt einer Originalklausur „Eingriffsrecht/Staatsrecht" aus dem Grundstudium der HSPV NRW.

Lösung zu Aufgabe 1

A.   Durchsuchung (Ingo S und Toby T)
I.   Ermächtigungsgrundlage

Nach dem Grundsatz des Vorbehalts des Gesetzes bedarf es bei einem Grundrechtseingriff einer Ermächtigungsgrundlage, welche auf ein verfassungsmäßiges Gesetz zurückzuführen ist. In Betracht kommt hier ein Eingriff in das allgemeine Persönlichkeitsrecht, Art. 2 Abs. 1 i. V. m. Art. 1 Abs. 1 GG. Das allgemeine Persönlichkeitsrecht sichert jedem Einzelnen einen autonomen Bereich privater Lebensgestaltung, in dem er seine Individualität entwickeln und wahren kann. Geschützt sind insbesondere die Bereiche der Privat- und Intimsphäre. Mit der Durchsuchung müssen S und F gegen ihren Willen persönliche Lebenssachverhalte offenbaren, die sie von sich aus nicht preisgeben wollen und die ggf. weitreichende Rückschlüsse auf ihre Persönlichkeit und private Angelegenheiten zulassen. Dadurch wird ihre Privatsphäre beeinträchtigt, sodass ein Eingriff in das allgemeine Persönlichkeitsrecht, Art. 2 Abs. 1 i. V. m. Art. 1 Abs. 1 GG vorliegt.[42] Weil die Person für die Dauer der Durchsuchung am Ort bleiben muss, liegt außerdem ein Eingriff in die Bewegungsfreiheit als Freiheitsbeschränkung vor (Art. 2 Abs. 2 Satz 2 i. V. m. Art. 104 Abs. 1 GG).[43] Zudem könnte ein Eingriff in die Allgemeine Handlungsfreiheit vorliegen, Art. 2 Abs. 1 GG (Einnahme einer bestimmten Position).[44] Das Einschreiten erfolgt hier ersichtlich zur Gefahrenabwehr (Eigensicherung). Zudem liegt ein strafrechtlicher Anfangsverdacht (§ 152 Abs. 2 StPO) nicht vor. Die Anordnung einer Durchsuchung, mit welcher der Betroffene zur Duldung der Durchführungshandlung verpflichtet wird, ist ein Verwaltungsakt (§ 35 Satz 1 VwVfG NRW), die Durchführung der Durchsuchung dagegen Realakt. Diese stellt das tatsächliche Element der Standardmaßnahme dar, die nicht mit einer Maßnahme der Verwaltungsvollstreckung gleichgesetzt werden darf. Begleitverfügungen indes (z. B. die Aufforderung, eine bestimmte Haltung einzunehmen) können als Verwaltungsakte zwangsweise durchgesetzt werden. Der Betroffene kann auch aufgefordert werden, sich zu entkleiden. Weitere Mitwirkungspflichten hat er indes nicht.

II. Formelle Rechtmäßigkeit
1. Sachliche Zuständigkeit

Die sachliche Zuständigkeit ergibt sich aus § 1 Abs. 1 Satz 1, 2 PolG NRW i. V. m. § 11 Abs. 1 Nr. 1 POG NRW (originäre Zuständigkeit). Gem. § 1 Abs. 1 Satz 1 PolG NRW hat die Polizei die Aufgabe, Gefahren für die öffentliche Sicherheit oder Ordnung abzuwehren (Gefahrenabwehr). Relevant sind nur solche Gefahren, die der öffentlichen Sicherheit drohen. Die Sicherheitsgüter lassen sich in kollektive (Integrität der Rechtsordnung und Funktionsfähigkeit des Staates) und in die individuellen Sicherheitsgüter (Leben, Gesundheit, Freiheit, Ehre, Eigentum, Vermögen) einteilen.[45] Gefahr ist eine Sachlage, die einen Schaden für die öffentliche Sicherheit erwarten lässt. Das ist insbesondere gegeben, wenn ein tatsächliches Geschehen den Schluss rechtfertigt, dass möglicherweise individuelle Rechte wie Leib, Leben, Gesundheit usw. einer Person oder das Sicherheitsgut „Rechtsordnung" zu Schaden kommen könnten. Hier lag zumindest eine (abstrakte) Gefahr für die Funktionsfähigkeit der Polizei vor. Unter Hinweis auf die Funktionsfähigkeit war eine Gefahr für die öffentliche Sicherheit abzuweh-

---

42 *Braun*, PIR 3/2019, 21.
43 *Braun* StaatsR, S. 89; *Tetsch* ER Bd. 2, S. 91; OVG Münster NVwZ 1982, 46.
44 Grundlegend zur Allgemeinen Handlungsfreiheit *Braun* StaatsR, S. 76 ff.
45 Vertiefend: *Beaucamp*, JA 2009, 279 ff.

ren (Kollektivrechtsgut). Daneben lag auch eine Gefahr zumindest für das Individualrechtsgut Gesundheit der Beamten vor. Die Abwehr von Gefahren, die die Funktionsfähigkeit des Staates betreffen, liegt immer im öffentlichen Interesse. Für die Abwehr von Gefahren, die die eigene Funktionsfähigkeit betreffen, ist die Polizei originär zuständig. § 11 Abs. 1 Nr. 1 POG NRW weist die Aufgabe der Gefahrenabwehr den Kreispolizeibehörden zu. Die eingreifenden Polizeibeamten müssen demnach Beamte einer Kreispolizeibehörde (§ 2 POG NRW) sein. Davon ist auszugehen. Die Voraussetzungen des § 11 Abs. 1 Nr. 1 POG NRW liegen somit vor.

2. Verfahren, Form

Soweit Polizeibeamte Verwaltungsakte erlassen, sind die allgemeinen Regeln des VwVfG NRW zu berücksichtigen, insbesondere die §§ 28, 37 Abs. 2 VwVfG NRW. Wenn ein Verwaltungsakt erlassen wird, bedarf es grundsätzlich einer Anhörung (§ 28 Abs. 1 VwVfG NRW). POK A und PK haben den Verwaltungsakt nach § 37 Abs. 2 VwVfG NRW mündlich erlassen. Gem. § 37 Abs. 2 Satz 1 VwVfG NRW kann ein Verwaltungsakt u. a. mündlich erlassen werden.[46] Ein mündlicher Verwaltungsakt ist an keine Form gebunden. Eine schriftliche Bestätigung wurde nicht verlangt.

III. Materielle Rechtmäßigkeit

1. Tatbestandliche Voraussetzungen der Ermächtigungsgrundlage

Nach § 39 Abs. 2 PolG NRW darf die Polizei unter anderem eine Person nach Waffen, anderen gefährlichen Gegenständen und Explosivmitteln durchsuchen (Rechtsfolge), wenn deren Identität nach anderen Rechtsvorschriften festgestellt werden soll und wenn das nach den Umständen u. a. zum Schutz von Polizeivollzugsbeamten erforderlich ist. S und T sind alkoholisiert und vermitteln aufgrund ihres Verhaltens einen aggressiven Eindruck. Ihre Identität soll zur Abwehr einer Gefahr gem. § 12 Abs. 1 Nr. 1 PolG NRW festgestellt werden. Ob sie zu diesem Zwecke festgehalten werden müssen, steht nicht fest. Daher kommt § 39 Abs. 1 Nr. 1 PolG NRW als Ermächtigungsgrundlage nicht in Betracht. Die Durchsuchung muss nach den Umständen zum Schutz der Polizeibeamten erforderlich sein. Die Norm fordert keine konkrete Gefahr (a. A. vertretbar).[47] Es muss (nur) eine bestimmte Gefahrenlage nach den Umständen des Einzelfalls vorliegen. Die der Regelung zu Grunde liegenden Lebenssachverhalte sind dadurch gekennzeichnet, dass die hinreichende Wahrscheinlichkeit eines Schadens

---

46 Der Grundsatz der Formfreiheit von Verwaltungsakten ergibt sich aus § 37 Abs. 2 Satz 1 VwVfG NRW, nicht aus § 10 VwVfG NRW (Grundsatz des nicht-förmlichen Verfahrens); vgl. *Pieper*, Kriminalistik 2007, 134 (135).
47 *Keller*, in: SBK PolG NRW, § 39 Rn. 17.

regelmäßig noch nicht feststeht. Der Gesetzgeber hat deshalb von seiner Einschätzungsprärogative Gebrauch gemacht und derlei Sachverhalte als grundsätzlich „einschreitens- bzw. kontrollwürdig" angesehen und deshalb in den Tatbestand aufgenommen. Aus den Umständen muss sich eine tragbare Gefahrenprognose ergeben. Durch ihr Verhalten haben S und T gezeigt, dass sie Gewalt geneigt sind. Die Erfahrungen bei Einsätzen rund um Fußballspiele haben gezeigt, dass es zu Widerstandshandlungen kommen kann. Es ist nicht auszuschließen, dass S und T gegenüber den Beamten gewalttätig werden könnten und andere Waffen oder gefährliche Werkzeuge mitführen, die den einschreitenden Beamtinnen gefährlich werden könnten. Als weitere Tatbestandsvoraussetzung ist die Erforderlichkeit der Durchsuchung zu prüfen. Das bedeutet, dass die Maßnahme zunächst geeignet sein muss und es darüber hinaus kein milderes Mittel geben darf, mit dem das polizeiliche Ziel erreicht werden kann. Zwar kann allein durch eine Durchsuchung die Gefahr nicht abgewehrt werden, da die unmittelbare Gefahrenabwehr erst durch anschließende Maßnahmen erfolgt (Sicherstellung von möglicherweise aufgefundenen Gegenständen), jedoch ist es nicht erforderlich, dass die Maßnahme den gewünschten Erfolg sicher herbeiführt, es genügt vielmehr, dass sie zur Zweckerreichung förderlich ist. Die Gefahr wird demnach durch die Durchsuchung (mittelbar) abgewehrt. Die Durchsuchung ist auch objektiv zwecktauglich, Waffen oder gefährliche Gegenstände aufzufinden. Es muss zwar dem Betroffenen freigestellt werden, dass er z.B. selbst seine Taschen vor den Augen des Durchsuchenden leert.[48] Eine schlichte Aufforderung, „gefährliche Gegenstände" abzulegen, ist nicht geeignet. Eine entsprechende polizeiliche Verfügung („Aushändigung von entsprechenden „gefährlichen" Gegenständen) kann schwerlich als geeignet betrachtet werden. Andere mildere Maßnahmen sind nicht ersichtlich. Ein milderes Mittel, das das Erreichen des polizeilichen Ziels ermöglicht, ist nicht erkennbar. Die Durchsuchung war somit erforderlich. Die Tatbestandsvoraussetzungen des § 39 Abs. 2 PolG NRW sind somit erfüllt.

2. Besondere Verfahrensvorschriften

Personen dürfen nur von Personen gleichen Geschlechts (oder Ärzten) durchsucht werden (§ 39 Abs. 3 PolG NRW); dies gilt nicht, wenn die sofortige Durchsuchung zum Schutz gegen eine Gefahr für Leib oder Leben erforderlich ist.[49]

---

48 *Möller/Warg* POR, Rn. 374.
49 Liegt ein Ausnahmefall nicht vor, führt ein Verstoß zur (formellen) Rechtswidrigkeit der Maßnahme. Eine Heilung gem. § 45 VwVfG NRW oder eine Unbeachtlichkeit gem. § 46 VwVfG NRW kommen nicht in Betracht. Ließe man dies zu, missachtet man die ratio der (Verfahrens-)Vorschrift, die dem Schutz der Intimsphäre dient.

📖 Umstritten ist, ob diese Vorschrift als Verfahrensvorschrift ausschließlich die formelle Rechtmäßigkeit von Durchsuchungsmaßnahmen betrifft oder ob sie Konkretisierung der objektiven Schutzpflicht des Staates für die Menschenwürde gem. Art. 1 Abs. 1 Satz 2 GG ist (dann sind Verstöße immer beachtlich und führen wegen Verletzung von Art. 1 Abs. 1 GG zur materiellen Rechtswidrigkeit der behördlichen Maßnahme). Gegen die zweite Auffassung und für die erste Meinung spricht wohl der Ausnahmetatbestand (z. B. in § 39 Abs. 3, Hs. 2 PolG NRW); als Eingriff in die Menschenwürde wäre eine Durchsuchung durch eine Person anderen Geschlechts dem Staat ausnahmslos verboten.[50] Die im Schrifttum[51] häufige Erwähnung des (Menschen-)Würdebezugs ist dort jedoch wohl auch nicht im Sinne einer Bewertung der § 39 Abs. 3 PolG NRW zuwiderlaufenden Durchsuchung als Eingriff zu verstehen; vielmehr trägt die Norm der „Menschenwürdeaufladung" des 2 Abs. 1 i. V. m. 1 Abs. 1 GG Rechnung. Ein Verstoß gegen die Norm hat – sofern nicht die Ausnahme nach Hs. 2 greift – gleichwohl die Rechtswidrigkeit der Durchsuchung zur Folge.[52]

Diese Vorschrift dient dem Schutz der Menschenwürde (Art. 1 Abs. 1 GG).[53] Es ist davon auszugehen, dass diese Formvorschrift beachtet wurde.

3. Adressatenregelung

Die Zielrichtung der Maßnahme ergibt sich aus § 39 Abs. 2 PolG NRW. Adressat ist derjenige, dessen Identität festgestellt werden soll. Ein Rückgriff auf §§ 4 bis 6 PolG NRW ist – mangels konkreter Störereigenschaft – nicht erforderlich.

4. Rechtsfolge der konkret herangezogenen Ermächtigungsgrundlage
a) Rechtsfolge entspricht der Ermächtigungsgrundlage

Unter der Durchsuchung von Personen ist die Suche nach Gegenständen am Körper oder in den Kleidern des Betroffenen zu verstehen. Sie umfasst die Suche an der Körperoberfläche, aber auch in den Körperhöhlen wie Mund, Nase, Ohren, soweit sie ohne weiteres zugänglich sind.[54] Die Durchsuchung der Person(en) selbst ist Realakt, der allerdings regelmäßig begleitet wird von einem anordnenden Verwaltungsakt, der dem Betroffenen, so-

---

50 *Kingreen/Poscher* POR, § 18 Rn. 5
51 *Tegtmeyer/Vahle* PolG NRW, § 39 Rn. 17.
52 *Thiel*, in: BeckOK POR NRW, § 39 PolG Rn. 61; *Knemeyer* POR, Rn. 238.
53 *Tegtmeyer/Vahle* PolG NRW, § 39, Rn. 17. Nach **a. A.** ist diese Vorschrift keine zwingende Konsequenz des Gebots in Art. 1 Abs. 1 GG, vgl. *Kingreen/Poscher*, POR, § 18 Rn. 5: Das zeigt sich auch daran, dass eine Ausnahme für den Fall gemacht wird, dass eine sofortige Durchsuchung zum Schutz gegen eine Gefahr für Leib oder Leben erforderlich ist; als Eingriff in die Menschenwürde wäre eine Durchsuchung durch eine Person anderen Geschlechts dem Staat ausnahmslos verboten.
54 *Tegtmeyer/Vahle* PolG NRW, § 39 Rn. 1.

fern er anwesend, nicht bewusst- und nicht hilflos ist, die Mitwirkung an der Ausführung, mindestens aber deren Duldung aufgibt (sog. Begleitverfügung). Die Polizeibeamten fordern S und T auf, sich mit gespreizten Beinen und Armen an eine Hauswand zu stellen. Die geforderten Verhaltensweisen sollen die Durchsuchung ermöglichen bzw. erleichtern. Die Aufforderung, sich entsprechend zu verhalten, ist als Rechtsfolge von § 39 Abs. 2 PolG NRW umfasst. Es ist davon auszugehen, dass eine gezielte Inaugenscheinnahme und Suche in der Kleidung und am Körper des S bzw. T nach Waffen und gefährlichen Gegenständen erfolgte und insofern die durch § 39 Abs. 2 PolG NRW vorgesehene Rechtsfolge gesetzt wurde. Eine Durchsuchung i. S. des § 39 PolG NRW ist die zielgerichtete und planmäßige Suche am äußeren menschlichen Körper sowie in Kleidung und anderen Sachen, die unmittelbar am Körper getragen werden. Ziel der Maßnahme ist das Auffinden körperfremder Gegenstände.[55] Die Durchsuchung erfasst mithin die Suche in den am Körper befindlichen Kleidungsstücken, das Abtasten des bekleideten Körpers und auch die Nachschau am unbekleideten Körper bzw. an Teilen desselben und in den ohne weiteres zugänglichen Körperöffnungen (Mund, Nase, Ohren). Die Durchsuchung des Genitalbereichs fällt nicht darunter.[56]

> 📖 Die Durchsuchung ist mithin zu unterscheiden von der **Untersuchung**, die darauf gerichtet ist, den Zustand und die Beschaffenheit des Körpers selbst festzustellen, z. B. körperliche Merkmale (Narben) oder Krankheitserscheinungen.[57] Das Suchen nach Gegenständen im Innern des Körpers, z. B. nach verschluckten Gegenständen, ist wegen des damit verbundenen Eingriffs stets als Untersuchung zu werten. Diese ist im PolG NRW nicht geregelt. Eine körperliche Untersuchung – gestützt auf die Generalklausel (§ 8 PolG NRW) – ist grundsätzlich als systemfremd abzulehnen, kann aber unter strikter Beachtung des Grundsatzes des Verhältnismäßigkeitsgrundsatzes angeordnet werden.[58] Eine körperliche Untersuchung kann mithin nicht auf § 39 PolG NRW gestützt werden.

Zwecks Wahrung des Grundsatzes der Verhältnismäßigkeit kann ein Entkleiden (nur) dann verlangt werden, wenn und soweit ein Abtasten kein eindeutiges Ergebnis erwarten lässt. Ein Freilegen des Intimbereichs ist nur ausnahmsweise unter besonderen Umständen und dann unter größtmöglicher Schonung der Intimsphäre durchzuführen.[59]

---

55 *Nimtz/Thiel* ER, Rn. 850.
56 VGH München NVwZ-RR 1999, 310, Anm. *Vahle* Kriminalistik 1999, 545: Polizeiliche Untersuchung zur Gefahrenabwehr)
57 Näher dazu *Haurand* POR, S. 101.
58 *SBK* ER, Rn. 74; *Tegtmeyer/Vahle* PolG NRW, § 8 Rn. 23.
59 OVG Saarlouis LKRZ 2008, 102 ff., Anm. *Durner* JA 2008, 667 ff.

b) Bestimmtheit (§ 37 Abs. 1 VwVfG)

§ 37 Abs. 1 VwVfG enthält mit dem Bestimmtheitserfordernis ein materiell-rechtliches Erfordernis. Mit dem rechtsstaatlichen Bestimmtheitsgebot erfährt der Grundsatz der Gesetzmäßigkeit der Verwaltung eine einfachgesetzliche Konkretisierung. Die Bestimmung trägt damit insbesondere der Individualisierungs- und Klarstellungsfunktion des VA Rechnung. Es ist von einer Beachtung des § 37 Abs. 1 VwVfG. NRW auszugehen. Verstöße sind hier nicht ersichtlich.

c) Ermessen (§ 3 PolG NRW)

Gem. § 3 Abs. 1 PolG NRW trifft die Polizei ihre Maßnahmen nach pflichtgemäßem Ermessen. Rechtsfehler hinsichtlich der pflichtgemäßen Ermessensausübung, insbesondere eine Missachtung der Grundsätze aus § 40 VwVfG sowie des Differenzierungsge- und -verbotes sind dem Sachverhalt nicht zu entnehmen.

d) Übermaßverbot (§ 2 PolG NRW)

Zu prüfen ist, ob die Identitätsfeststellung geeignet, erforderlich und angemessen war. Die Geeignetheit und Erforderlichkeit der Durchsuchung ist bereits im Zusammenhang mit der Prüfung der Tatbestandsvoraussetzung festgestellt worden. Die Durchsuchung wäre angemessen, wenn die Einschränkung der Grundrechte der Fans nicht erkennbar außer Verhältnis zum angestrebten Erfolg steht. Die Eingriffsintensität, insbesondere in die Privat- und Intimsphäre, ist zwar durchaus erheblich. Jedoch ist das angestrebte polizeiliche Ziel zu berücksichtigen, nämlich die Erhaltung der Funktionsfähigkeit der Polizei und nicht zuletzt der Schutz der Gesundheit der einschreitenden Polizeibeamten. Im Ergebnis der Abwägung ist festzustellen, dass der Schutz der öffentlichen Sicherheit Vorrang hat vor der nur vorübergehenden Belastung des S bzw. des T. Die Maßnahme war damit angemessen und entspricht insgesamt dem Grundsatz der Verhältnismäßigkeit.

IV. Ergebnis

Die Durchsuchung von Ingo S und Toby T ist nach alledem rechtmäßig.

Parallelnormen zu § 39 Abs. 2 PolG NRW (Durchsuchung zur Eigensicherung):
§ 43 Abs. 3 BPolG; § 29 Abs. 2 BWPolG; Art. 21 Abs. 2 BayPAG; § 34 Abs. 3 ASOG Bln; § 21 Abs. 2 BbgPolG; § 19 Abs. 3 BremPolG; § 15 Abs. 2 HambSOG; § 36 Abs. 3 HSOG; § 22 Abs. 2 NdsSOG; § 18 Abs. 2 RhPfPOG; § 17 Abs. 2 SPolG; § 23 Abs. 2 SächsPolG; § 41 Abs. 3 LSASOG

> **Beispiel:**[60] Durchsuchungsmaßnahmen vor Fußballspielen können sich auf Objekte beziehen, wie nachfolgender Fall illustriert: Am 21.2.2019 fand in der Commerzbank-Arena das Rückspiel der Gruppenphase der UEFA Europa League zwischen Eintracht und Schachtjor Donezk statt. Während der vorangegangenen UEFA Europa League-Heimspiele der Eintracht in der Commerzbank-Arena war es jeweils in erheblichem Umfang zum Einsatz verbotener Pyrotechnik durch Eintracht-Fans gekommen. Am Vorabend des 21.2.2019 gab der Präsident der Eintracht dem Internet-Streaming-Dienst DAZN ein Interview. In diesem sagte er im Hinblick auf das bevorstehende Fußballspiel unter anderem: „Das Stadion muss brennen!" Am Morgen des 21.2.2019 formulierte er gegenüber hr-Sport, seine Aussagen vom Vorabend hätten nichts mit Pyrotechnik zu tun. Das Polizeipräsidium Frankfurt am Main beantragte am 21.2.2019 kurz vor 15:00 Uhr telefonisch einen Durchsuchungsbeschluss bezüglich eines Lagerraums, den die Eintracht der Fangruppe der Ultras auf dem Gelände der Commerzbank-Arena zur Lagerung von Fanutensilien zur Verfügung stellt. Es bestehe die Gefahr, dass sich in diesem Raum pyrotechnische Gegenstände befänden, die vor oder während des Fußballspiels am Abend entzündet werden sollten. Die amtsgerichtliche Durchsuchungsanordnung vom 21.2.2019 hinsichtlich des der Fangruppe der Ultras zur Verfügung gestellten Lagerraums von Eintracht Frankfurt auf dem Gelände der Commerzbank-Arena war rechtmäßig. Das Schutzinteresse der Eintracht an der Unverletzlichkeit des betroffenen Lagerraums sei nachrangig gegenüber dem Interesse an der Verhinderung von schwerwiegenden Verletzungen einer nicht eingrenzbaren Anzahl von Menschen in einem vollbesetzten Fußballstadion.

B. Identitätskontrolle (Ingo S und Toby T)

I. Ermächtigungsgrundlage

Nach dem Grundsatz des Vorbehalts des Gesetzes bedarf es bei einem Grundrechtseingriff einer Ermächtigungsgrundlage, welche auf ein verfassungsmäßiges Gesetz zurückzuführen ist. Mit der Personalienfeststellung ist wiederum ein Eingriff in das Recht auf informationelle Selbstbestimmung, Art. 2 Abs. 1 i.V.m. Art. 1 Abs. 1 GG (Recht auf Anonymität) verbunden.[61] Das Anhalten für die kurze Dauer der Befragung ist als Freiheitsbeschränkung (Art. 2 Abs. 2 Satz 2 i.V.m. 104 Abs. 1 GG) zu qualifizieren.[62] Zielrichtung ist die Gefahrenabwehr. Eine polizeiliche Verfügung an eine Person, sich auszuweisen, stellt sich als (belastender) Verwaltungsakt (s. § 35 Satz 1 VwVfG NRW) dar.

---

60 OLG Frankfurt a. M., Beschl. v. 14.11.2019–20 W 93/19.
61 *Braun* StaatsR, S. 125.
62 Mitunter wird auch (nur) ein Eingriff in die allgemeine Handlungsfreiheit angenommen, *Geis* POR, Rn. 249.

II. Formelle Rechtmäßigkeit

Der präventiv-polizeiliche Handlungsraum ist eröffnet. Die sachliche Zuständigkeit ergibt sich aus § 1 Abs. 1, Satz 1, 2 PolG NRW i. V. m. § 11 Abs. 1 Nr. 1 POG NRW.

2. Verfahren

Personalienfeststellungen als Eingriffsverwaltungsakte lösen grundsätzlich eine Pflicht zur Anhörung aus (§ 28 Abs. 1 VwVfG NRW), weil sich niemand ohne Angabe von Gründen vor einer staatlichen Stelle ausweisen muss.[63] Diese Verpflichtung lässt sich mithin aus § 28 Abs. 1 VwVfG NRW ableiten.[64] Der Verwaltungsakt ist entsprechend § 41 Abs. 1 VwVfG NRW bekannt zu geben. Mangels entsprechender (entgegenstehender) Anhaltspunkte im Sachverhalt ist davon auszugehen, dass POK A und PK B die allgemeinen Regeln der Datenerhebung beachtet haben (§ 9 Abs. 4 bis Abs. 6 PolG NRW. Ebenso wird unterstellt, dass die in Frage kommenden Vorschriften aus dem VwVfG NRW beachtet wurden.

3. Form

Gem. § 37 Abs. 2 VwVfG NRW kann ein Verwaltungsakt schriftlich, elektronisch, mündlich oder in anderer Weise erlassen werden.

III. Materielle Rechtmäßigkeit

1. Tatbestandliche Voraussetzungen der Ermächtigungsgrundlage

Als Ermächtigungsgrundlage könnte § 12 Abs. 1 Nr. 1 PolG NRW in Betracht kommen. Die Vorschrift setzt eine konkrete Gefahr für die öffentliche Sicherheit oder Ordnung voraus. Es handelt sich um die im einzelnen Falle bestehende, d.h. von einer in der Lebenswirklichkeit vorhandenen konkreten Sachlage ausgehende Gefahr.[65] Eine konkrete Gefahr könnte hier von Ingo S und Toby T als alkoholisierten Fußballfans ausgehen, da von diesen u.U. die Begehung von Straftaten, z.B. Sachbeschädigungen, Körperverletzungen usw. drohen. Personalien werden erfragt, um S und T als potenzielle Täter abzuhalten, Straftaten zu begehen. Es besteht eine konkrete Gefahr für öffentliche Sicherheit (Rechtsordnung). Geht man angesichts der Hinweise im Sachverhalt vom Vorliegen einer konkreten Gefahr (§ 8 Abs. 1 PolG NRW) aus, so ist die Identitätsfeststellung auf Grundlage von § 12 Abs. 1 Nr. 1 PolG NRW rechtmäßig.

---

63 OLG Hamm NVwZ 1982, 156 (157): Bei einer polizeilichen Personalienfeststellung muss dem Betroffenen der Anlass für die Überprüfung mitgeteilt werden, wenn sich dieser nicht aus den auch dem Betroffenen erkennbaren Umständen ergibt.
64 *Vahle* Kriminalistik 1987, 455 (456).
65 Ausführlich zu Gefahrenbegriffen *Thiel* PSP 4/2018, 33 ff.

2. Besondere Verfahrensvorschriften

Besondere Verfahrensvorschriften sind vorliegend nicht zu beachten.

3. Adressatenregelung

S und T haben durch ihr Verhalten die Gefahr (unmittelbar) verursacht (§ 4 Abs. 1 PolG NRW).

4. Rechtsfolge

a) Rechtsfolge entspricht der Ermächtigungsgrundlage

§ 12 Abs. 2 Satz 1 PolG NRW enthält eine generalklauselartige Ermächtigung, denn es werden die zur Identitätsfeststellung erforderlichen Maßnahmen zugelassen. Diese auf den ersten Blick sehr allgemein gehaltene Befugnisnorm wird durch die nachfolgenden Sätze eingeschränkt, da das Wort „insbesondere" in § 12 Abs. 2 Satz 2 PolG NRW die möglichen Maßnahmen begrenzt. Nach § 12 Abs. 2 Satz 2 kann der Betroffene angehalten werden, und zwar für die Dauer der normalen Identitätsfeststellung am Ort des Geschehens. Hierbei handelt es sich um eine kurzfristige Freiheitsbeschränkung.

b) Bestimmtheit (§ 37 Abs. 1 VwVfG NRW)

§ 37 Abs. 1 VwVfG NRW enthält mit dem Bestimmtheitserfordernis in Abs. 1 ein materiellrechtliches Erfordernis. Probleme sind nicht ersichtlich.

c) Ermessen (§ 3 PolG NRW)

Rechtsfehler hinsichtlich der pflichtgemäßen Ermessensausübung, insbesondere eine Missachtung der Grundsätze aus § 40 VwVfG NRW sowie des Differenzierungsge- und -verbotes sind dem Sachverhalt nicht zu entnehmen.

d) Übermaßverbot (§ 2 PolG NRW)

Zu prüfen ist, ob die Identitätsfeststellung geeignet, erforderlich und angemessen war.

aa) Geeignetheit

Geeignet ist eine Maßnahme, die rechtlich und tatsächlich möglich ist und den erstrebten Erfolg, die Abwehr der Gefahr für die öffentliche Sicherheit herbeiführt oder zumindest fördert. Zu beantworten ist die Frage der objektiven Zwecktauglichkeit. Mit dem Grundsatz der Geeignetheit wird ein allgemeines Sachlichkeitsgebot postuliert, das in seinen praktischen Auswirkungen mit dem Willkürverbot zu vergleichen ist. Die Maßnahme muss zur Verwirklichung des angestrebten Zwecks geeignet sein. Ob dieser Zweck tatsächlich erreicht wird, lässt sich erst im Nachhinein feststellen. Eine derartige Forderung zum entscheidungserheblichen Zeitpunkt zu erheben, ist dem Gefahrenabwehrrecht fremd. Eine voraussichtlich vollständige Zweckerreichung ist mithin nicht erforderlich. Vielmehr kommt es darauf an, dass die Maßnahme ein „**Schritt in die richtige Richtung**" ist.

Hier kann fraglich sein, ob eine Identitätsfeststellung überhaupt ein taugliches Mittel zur Abwehr der Gefahr sein kann. Zu berücksichtigen ist, dass allein durch eine Identitätsfeststellung i.d.R. die Gefahr nicht abgewehrt werden kann. Durch Aufhebung der Anonymität wird jedoch ein gewisser **Abschreckungseffekt** ausgelöst, d.h. ein potenzieller Straftäter wird dadurch von einer (möglichen) Tatbegehung abgehalten („Hemmschwellentheorie"). Eine Personenfeststellung kann ein geeignetes Mittel zur Gefahrenabwehr sein, weil sie potenzielle Störer aus ihrer Anonymität reißen und so von der Begehung (weiterer) Störungen abhalten kann.

bb) Erforderlichkeit

Das Gebot der Wahl des milderen Mittels verlangt, dass von mehreren möglichen und geeigneten Maßnahmen diejenigen zu wählen sind, die den einzelnen und die Allgemeinheit voraussichtlich am wenigsten beeinträchtigen (Gebot der Wahl des milderen Mittels). Die Polizei ist verpflichtet, von mehreren voraussichtlich gleich wirksamen Maßnahmen die am wenigsten belastende zu wählen. Als weniger beeinträchtigende Maßnahme wäre an eine (einfache) Befragung gem. § 9 Abs. 2 PolG NRW zu denken. S macht indes keine Angaben. Die Identitätsfeststellung ist demnach zur Gefahrenabwehr erforderlich. Auch ein Platzverweis wäre weder ein zur Erreichung der oben genannten Ziele geeignetes noch ein gegenüber der Personenfeststellung milderes Mittel gewesen.

cc) Verhältnismäßigkeit i.e.S.

Zu prüfen ist, ob die durchgeführte Maßnahme nicht außer Verhältnis zum angestrebten Zweck steht, d.h. die Identitätsfeststellung darf nicht zu einem Schaden führen, der zu dem beabsichtigten Erfolg erkennbar außer Verhältnis steht. Eingeschränkt wird das Recht auf informationelle Selbstbestimmung (Recht auf Anonymität) i.S.v. Art 2 Abs. 1 i.V.m. Art. 1 Abs. 1 GG sowie die Bewegungsfreiheit. Andererseits geht es um die Abwehr von Gefahren für Sicherheitsgüter der Polizeibeamten und um den Schutz der Rechtsordnung (insbesondere Körperverletzungsdelikte), die einen erheblichen Stellenwert hat.[66] Eine Abwägung der kollidierenden Interessen bzw. Rechtsgüter führt nicht (erkennbar) zu einem Missverhältnis, d.h. die polizeilich zu schützenden Güter überwiegen in ihrer Bedeutung die Beeinträchtigungen, die S und T hinnehmen mussten.

---

66 DWVM Gefahrenabwehr, S. 392.

IV. Ergebnis
Die Feststellung der Identität bei Ingo S und Toby T ist rechtmäßig.

> **Parallelnormen zu § 12 PolG NRW (Identitätsfeststellung);** § 23 BPolG; § 42 BKAG; 26 BWPolG; Art. 13 BayPAG; § 21 ASOG Bln; § 12 BbgPolG; § 11 BremPolG; § 4 HambPolEDVG; § 18 HSOG; § 29 MVSOG; § 13 NdsSOG; § 10 RhPfPOG; § 9 SPolG; § 19 SächsPolG; § 20 LSASOG; § 181 SchlHLVwG; § 14 ThürPAG

C. Sicherstellung der Fahrradkette und der Pyrotechnik (Ingo S)
I. Ermächtigungsgrundlage

Nach dem Grundsatz des Vorbehalts des Gesetzes bedarf es bei einem Grundrechtseingriff einer Ermächtigungsgrundlage, welche auf ein verfassungsmäßiges Gesetz zurückzuführen ist. Die Sicherstellung zielt darauf ab, eine Sache in ein öffentlich-rechtliches Verwahrungsverhältnis zu nehmen. Durch die Maßnahme wird die Verfügungsbefugnis des S über Revolver und Pyrotechnik eingeschränkt. Die Sicherstellung greift in das Grundrecht auf Eigentum (Art. 14 Abs. 1)[67] ein und bedarf wegen des Grundsatzes vom Vorbehalt des Gesetzes (Art. 20 Abs. 3 GG) einer Rechtsgrundlage. Die Sicherstellung erfolgt durch Verwaltungsakt, der die Sicherstellung anordnet, und die Entgegennahme (Inbesitznahme) der Sache. Die Sicherstellung entzieht dem bisherigen Inhaber (zumeist vorübergehend) die Sachherrschaft. Sie begründet in der Regel ein öffentlich-rechtliches Verwahrungsverhältnis.[68] Die polizeirechtliche Sicherstellung beinhaltet das Gebot, die Sache herauszugeben.[69] Die Zielrichtung der Sicherstellung dürfte präventiv-polizeilicher Natur sein. Es geht um die Abwehr von Gefahren für andere Stadionbesucher. Im Bereich des Stadions ist es in der Vergangenheit oftmals zu Ausschreitungen gekommen. Auch sollen sich am heutigen Tag unter den gegnerischen Fans gewaltbereite Gruppen befinden. Die Sicherstellung dient daher auch der Vorbeugung gewalttätiger Ausschreitungen, so dass auch von einer gefahrenabwehrenden Zielsetzung ausgegangen werden kann.

---

67 WHM POR, Rn. 181; auch *Berning* Kriminalistik 2003, 125 (127), instruktiv *Braun* PSP 3/2018, 45 ff.
68 *Götz/Geis* POR, § 8 Rn. 55. Instruktiv zur Sicherstellung *Weber* NZV 2020, 351 ff.
69 VGH Kassel NJW 1999, 3793.

📖 Beim Einsatz von Pyrotechnik auf den Rängen stellt sich zwar auch die Frage nach der Strafbarkeit des Verhaltens. Die Verwendung von Pyrotechnik kann in vielerlei Hinsicht gegen geltendes Recht verstoßen. Pyrotechnik gehört zu den konventionell gefertigten explosionsgefährlichen Stoffen und Gegenständen In Deutschland sind gem. § 40 SprengG Feuerwerkskörper erlaubt (Umgang, Erwerb, Verkauf), die durch die Bundesanstalt für Materialforschung und -prüfung (BAM) zugelassen wurden. Diese verfügen über ein entsprechendes Zulassungszeichen (z. B. BAM – P li – 1912 oder CE-Zeichen) und Gebrauchshinweise in deutscher Sprache. Bei Missbrauch von Pyrotechnik kommt etwa eine Straftat wegen unerlaubten Umgangs mit explosionsgefährlichen Stoffen gem. §§ 3, 27 Abs.1, § 40 Abs.1 Nr. 3 SprengG in Betracht, bei Zünden eines Sprengkörpers in einer Fankurve auch das Herbeiführen einer Sprengstoffexplosion in Tateinheit mit Beihilfe zur gefährlichen Körperverletzung (§§ 308 Abs.1, 2, 224 Abs.1 Nr. 2, 223, 27, 52 StGB)[70]. Auch wenn keine Person Verletzungen erleidet, kommt wegen der Gefährlichkeit durch Hitze- und/oder Rauchentwicklung eine versuchte gefährliche Körperverletzung in Betracht. Bengalische Lichter erreichen eine Temperatur von 1.600 bis 2.500 Grad Celsius. Verbrennungen können selbst dann hervorgerufen werden, wenn ein direkter Kontakt mit dem Feuer nicht zustande gekommen ist. Sogar die Reste eines ausgebrannten Behälters eines solchen Feuers sind noch lange Zeit, nachdem die Flammen erloschen sind, derart heiß, dass sie auch bei nur kurzer Berührung erhebliche Verbrennungen verursachen können. Rauch (= feste Partikel in der Luft) kann ebenfalls einen gesundheitsschädlichen Stoff darstellen.[71]

Es handelt sich bei der Sicherstellung um eine Standardmaßnahme mit Vollzugselement. Die Standardbefugnis ermächtigt auch die zur Durchführung der mit der Ausführung der Maßnahme notwendigen und typischerweise verbundenen physischen Einwirkungen auf Personen und Sachen. Soweit sich die Maßnahme im Rahmen solchermaßen notwendiger und typischer Einwirkung hält, muss nicht auf die Regeln zur Polizeivollstreckung zurückgegriffen werden. Aufgrund des Wortlautes des § 43 PolG NRW – „kann eine Sache sicherstellen" – bedarf es eines Rückgriffs auf die Zwangsermächtigungen nicht, da § 43 PolG NRW unmittelbar zur Ansichnahme der Sache ermächtigt.

II. Formelle Rechtmäßigkeit

Die sachliche Zuständigkeit ergibt sich aus § 1 Abs. 1 Satz 1, 2 PolG NRW i. V. m. § 11 Abs. 1 Nr. 1 POG NRW (Vorbeugende Bekämpfung von Straftaten). Gem. § 1 Abs. 1 Satz 1 PolG NRW hat die Polizei die Aufgabe, Gefahren für die öffentliche Sicherheit oder Ordnung abzuwehren (Gefahrenab-

---
70 LG Münster, Urt. v. 23.4.2013–1 KLs 540 Js 200/12 (22/12).
71 *Keller* DPolBl. 1/2018, 15 (16).

wehr). Gefahr ist eine Sachlage, die einen Schaden für die öffentliche Sicherheit erwarten lässt. Das ist insbesondere gegeben, wenn ein tatsächliches Geschehen den Schluss rechtfertigt, dass möglicherweise individuelle Rechte wie Leib, Leben, Gesundheit usw. einer Person oder das Sicherheitsgut „Rechtsordnung" zu Schaden kommen könnte. Vorliegend geht es um Abwehr von Gefahren für die körperliche Integrität anderer Stadionsbesucher und die Rechtsordnung (Körperverletzungsdelikte). Soweit Polizeibeamte Verwaltungsakte erlassen, sind die allgemeinen Regeln des VwVfG NRW zu berücksichtigen, insbesondere die §§ 28, 37 Abs. 2 VwVfG NRW. Gem. § 37 Abs. 2 Satz 1 VwVfG NRW kann ein Verwaltungsakt u. a. mündlich erlassen werden. Die Beachtung der §§ 28 Abs. 1, 37 Abs. 2 VwVfG NRW wird unterstellt.

III. Materielle Rechtmäßigkeit

1. Tatbestandliche Voraussetzungen der Ermächtigungsgrundlage

Als Ermächtigungsgrundlage kommt § 43 Nr. 1 PolG NRW in Betracht. Voraussetzung ist das Vorliegen einer gegenwärtigen Gefahr, also einer konkreten Gefahr mit zeitlicher Steigerung. Die Gegenstände sind im Hinblick auf die Person der Benutzer „gefährlich". Vorliegend besteht die gegenwärtige Gefahr für Individualrechtsgüter anderer Stadionbesucher sowie für die Rechtsordnung, da Fahrradkette und Pyrotechnik in der Hand einer gewaltbereiten Person im Stadion eine konkrete Gefahr für Personen bedeuten kann. Insbesondere im Hinblick auf die Person des Besitzers (S) sind die Gegenstände als „gefährlich" einzustufen. In diesem Zusammenhang dürften an die Gegenwärtigkeit der Gefahr angesichts der erheblichen (Verletzungs-)Gefahren überdies keine allzu großen Anforderungen zu stellen sein; sie richtet sich nach dem Ausmaß der konkret abzuwehrenden Gefahr. Diesbezüglich kann der Verdacht einer gegenwärtigen Gefahr ausreichend sein.[72]

2. Besondere Verfahrensvorschriften

Die Gegenstände sind gem. § 44 Abs. 1 Satz 1 PolG NRW in Verwahrung zu nehmen. Dem Sachverhalt ist nicht zu entnehmen, ob die Polizei die Formvorschriften der Abs. 2 bis 4 des § 44 PolG NRW beachtet hat (Ausstellung einer Bescheinigung, Verzeichnis usw.). Allerdings macht die Verletzung dieser Pflicht die Maßnahme nicht rechtswidrig, weil es sich um eine bloße Ordnungsvorschrift handelt.[73] Verstöße gegen die Pflicht zur Ausstellung einer

---

[72] Im Polizeirecht gilt sog. **Variabilitätsformel** bzw. der **Grundsatz der umgekehrten Proportionalität (Je-desto-Formel)**, d. h. je größer der zu erwartende Schaden, umso eher ist ein polizeiliches Eingreifen möglich; vgl. BVerwG NJW 1974, 807 "Dutschke-Urteil".
[73] *Tegtmeyer/Vahle* PolG NRW, § 44 Rn. 9.

Bescheinigung oder Aufnahme einer Niederschrift können geheilt werden (§ 45 Abs. 1 Nr. 2 VwVfG NRW).[74] Gleiches gilt für weitere zu beachtende Förmlichkeiten. Die Sicherstellung nach § 43 PolG NRW erfolgt grundsätzlich nur auf Zeit. Bestehen keine Sicherstellungsgründe mehr, ist die sichergestellte Sache herauszugeben. Dieses Verfahren zur Beendigung der Sicherstellung regelt § 46 PolG NRW. § 46 Abs. 1 PolG NRW enthält als spezielle Ausprägung des allgemeinen Folgenbeseitigungsanspruchs die Amtspflicht zur Herausgabe der Sache an den von der Sicherstellung Betroffenen, hilfsweise an eine andere berechtigte Person. Würden durch die Herausgabe die Sicherstellungsgründe erneut eintreten, ist die Herausgabe ausgeschlossen.[75]

3. Adressatenregelung

S ist als Verhaltensstörer richtiger Adressat der Maßnahme, da er die Gefahr (unmittelbar) verursacht hat (§ 4 Abs. 1 PolG NRW); Unmittelbarkeitstheorie.

4. Rechtsfolge der konkret herangezogenen Ermächtigungsgrundlage
a) Rechtsfolge entspricht der Ermächtigungsgrundlage

Unter Sicherstellung versteht man die Beendigung des Gewahrsams des Eigentümers oder sonstigen Berechtigten einer Sache unter Begründung neuen Gewahrsams durch die Polizei oder von ihr beauftragten Personen zum Zwecke der Gefahrenabwehr. Die Sicherstellung zur Gefahrenabwehr muss dabei notwendig den Zweck verfolgen, die Sache in Verwahrung zu haben und andere von jeder Einwirkungsmöglichkeit auszuschließen.[76] Genau darum ging es den Beamten vorliegend. Unter Sicherstellung ist das Gebot zu verstehen, die Sache zum Zwecke der Beendigung des bisherigen Gewahrsams und zur Begründung neuen Gewahrsams durch die Verwaltung herauszugeben.[77] Hiervon ist die Durchführung der Sicherstellung zu unterscheiden, die bei freiwilliger Übergabe in der Entgegennahme des Gegenstandes durch die Behörde oder – im Falle der nicht freiwilligen Herausgabe – in der Wegnahme durch Vollstreckung (Zwang) besteht.

b) Bestimmtheit (§ 37 Abs. 1 VwVfG)

Im Hinblick auf den Bestimmtheitsgrundsatz bestehen vorliegend keine Bedenken. § 37 Abs. 1 VwVfG enthält mit dem Bestimmtheitserfordernis ein materiell-rechtliches Erfordernis. Es ist von einer Beachtung des § 37 Abs. 1 VwVfG NRW auszugehen. Verstöße sind hier nicht ersichtlich.

---

74 *Keller*, in: SBK, § 44 Rn. 4; *Kingreen/Poscher* POR, § 19 Rn. 6.
75 *Braun*, in: BeckOK POR NRW, § 46 PolG Rn. 3.
76 *SBK* ER, Rn. 255.
77 OVG Münster NVwZ-RR 1991, 556 (557).

c) Ermessen (§ 3 PolG NRW)

Gem. § 3 Abs. 1 PolG NRW trifft die Polizei ihre Maßnahmen nach pflichtgemäßem Ermessen. Rechtsfehler hinsichtlich der pflichtgemäßen Ermessensausübung, insbesondere eine Missachtung der Grundsätze aus § 40 VwVfG sowie des Differenzierungsge- und -verbotes sind dem Sachverhalt nicht zu entnehmen.

d) Übermaßverbot (§ 2 PolG NRW)

Die Maßnahme ist geeignet, da sie objektiv zwecktauglich ist, das polizeiliche Ziel – Abwehr von Gefahren für andere Personen (Stadionbesucher) – zu erreichen. Auch sind mildere Maßnahmen nicht denkbar. Etwaige polizeiliche Verfügungen können schwerlich als geeignet betrachtet werden. Auch im Rahmen der Prüfung der Verhältnismäßigkeit i. e. S. (Güterabwägung) sind keine Probleme ersichtlich. Die Sicherstellung führt nicht zu einem Nachteil für S, der zu dem beabsichtigten Erfolg außer Verhältnis steht, d.h., die Folgen der Maßnahme (Grundrechtseingriff) sind nicht schwerwiegender als die (möglichen) Folgen, die entstehen, wenn die Polizei auf diese Maßnahme verzichten würde. Die Sicherstellung der Fahrradkette sowie der Pyrotechnik verstößt insbesondere nicht gegen das Übermaßverbot.[78]

> **Parallelnormen zu § 43 PolG NRW (Sicherstellung):** § 47 BPolG; § 60 BKAG; § 32 f. BWPolG; Art. 25 BayPAG; § 38 ASOG Bln; § 25 BbgPolG; § 23 BremPolG; § 14 HambSOG; § 40 HSOG; § 61 MVSOG; § 26 NdsSOG; § 22 RhPfPOG; § 21 SPolG; § 26 f. SächsPolG; § 45 LSASOG; § 210 SchlHVwG

Lösung zu Aufgabe 2

Die gefahrenabwehrrechtliche Identitätsfeststellung gilt gemeinhin als alltägliche polizeiliche Maßnahme ohne erhebliche Grundrechtsrelevanz und größere rechtliche Probleme. Verschiedene Urteile aus der jüngeren Zeit lassen jedoch an dieser Einschätzung zweifeln und werfen grundsätzliche verfassungs- und polizeirechtliche Fragen auf. Mit der Identitätsfeststellung werden offen individuelle Merkmale einer zuvor unbekannten Person aufgenommen. Ziel ist dabei herauszufinden, mit wem es die kontrollierende Behörde zu tun hat, und zwar in der Art und Weise, dass die Person klar von anderen zu unterscheiden ist und eine Verwechslung mit anderen aus-

---

[78] Speziell zum Gefahrenherd „Pyrotechnik in Fußballstadien" *Keller* DPolBl. 1/2018 15 ff.

geschlossen werden kann. Seit einigen Jahren beschäftigen Polizeikontrollen von Reisenden aufgrund phänotypischer Merkmale wie Hautfarbe und andere Zuschreibungen an ihre Herkunft auch die deutsche Verwaltungsgerichtsbarkeit. Die Rechtsprechung haben vor allem Fälle von Identitätskontrollen beschäftigt. Dabei wurden etwa in einem Zug nur Menschen mit einem „ausländischen" Aussehen nach ihren Ausweisen gefragt, die restlichen Passagiere blieben dagegen unbehelligt.[79]

Aber auch wenn die Polizei Menschen schwarzer Hautfarbe an einem Drogenumschlagplatz oder ganz alltäglich im Straßenverkehr kontrolliert, steht der Verdacht des Racial Profiling im Raum. Die Verfahren sind Bestandteil einer politischen Debatte um das sog. **Racial Profiling**.[80] Auch wenn die mediale Verwendung des Begriffs anderes nahelegen mag, handelt es sich hierbei nicht um einen gesetzlichen Begriff, sondern um eine Bezeichnung für eine bestimmte Vorgehensweise durch die Polizei. Beim Racial oder Ethnic Profiling wird ein Täter- bzw. Verdächtigtenprofil unter Rückgriff auf die Ethnie/Rasse einer Person erstellt. Anknüpfungspunkte sind dabei äußerliche Merkmale einer Person, wie insbesondere die Hautfarbe, aber auch die Haarfarbe oder andere phänotypische Merkmale.[81] Das Phänomen beschreibt eine polizeiliche Vorgehensweise, bei der vor allem die Hautfarbe einer Person als Kriterium für Ermittlungsmaßnahmen herangezogen wird. In dogmatischer Hinsicht hängt die Reichweite des unzulässigen Racial Profiling von der Auslegung des Art. 3 Abs. 3 Satz 1 GG als absolutem Anknüpfungsverbot, wonach jede Verwendung eines der verpönten Merkmale unzulässig ist, oder als Begründungsverbot, wonach sich die Ungleichbehandlung nicht auf ein solches Merkmal stützen darf, ab.[82] Die damit aufgeworfene zentrale grundrechtliche Frage des Verstoßes gegen Art. 3 Abs. 3 Satz 1 GG ist in der Falllösung mit klassischen Problemen des Verwaltungsprozess- und des Polizeirechts verbunden.[83]

Wenn die Durchführung der polizeilichen Maßnahme ausschließlich an die Hautfarbe des Adressaten anknüpft, liegt hierin immer ein Verstoß gegen das Verbot rassistischer Diskriminierung und damit ein Ermessensfehler.[84]

---

79 OVG Koblenz NJW 2016, 2820: Polizeiliche Personenkontrollen unter Verstoß gegen das Diskriminierungsverbot.
80 Grundlegend *Liebscher* NJW 2016, 2779; *Laackmann* Kriminalistik 2018, 653 ff.; *Belina/Keitzel* KrimJ 2018, 18 ff.
81 *Froese* DVBl 2017, 293.
82 *Froese* DVBl 2017, 293; *Tischbirek/Wihl*, JZ 2013, 219 (219.).
83 Zur Entwicklung von Art. 3 Abs. 3 GG *Tischbirek/Wihl* JZ 2013, 219 ff.
84 *Basten*, Recht der Polizei, Rn. 861.

> **Beispiel:**[85] Im Rahmen einer verdachtsunabhängigen Polizeikontrolle nach § 12 Abs. 1 Nr. 1 PolG NRW („gefährlicher Ort") werden Maßnahmen ausschließlich gegen dunkelhäutige Männer und solche mit „arabischem" Aussehen getroffen.

Wenn aber die Hautfarbe des Adressaten eines unter mehreren handlungsleitenden Motiven ist, ist die Frage komplexer. Eine Ungleichbehandlung gem. Art. 3 Abs. 3 Satz 1 GG ist zwar auch in diesem Fall gegeben. Deren Rechtfertigung auf Grund kollidierenden Verfassungsrechts scheidet jedoch nicht von vornherein aus.[86] Das Diskriminierungsverbot verbietet zwar der Polizei, einen Menschen allein wegen seiner Hautfarbe zu kontrollieren. Ausnahmsweise gerechtfertigt kann eine solche verbotene Anknüpfung an die Hautfarbe aber sein, wenn die Polizei konkrete Anhaltspunkte dafür hat, dass Personen mit dunkler Haut an der entsprechenden Örtlichkeit überproportional häufig strafrechtlich in Erscheinung treten. Nach dem VG Köln[87] sei grundsätzlich nicht zu beanstanden, wenn Polizeibeamte neben den Lageerkenntnissen und dem Verhalten des Betroffenen auch dessen äußeres Erscheinungsbild und seine Hautfarbe mit einbezögen. Das OVG Münster sah das anders und bewertete die Identitätsfeststellung als rechtswidrig. Insbesondere sei gegen Art. 3 Abs. 3 GG verstoßen worden.[88]

OVG Münster, Urt. v. 7.8.2018–5 A 294/16[89]

1. *Ein Fortsetzungsfeststellungsinteresse ist wegen Art. 19 Abs. 4 GG anzunehmen, wenn sich die angegriffene Maßnahme typischerweise so kurzfristig erledigt, dass sie ohne die Annahme eines Fortsetzungsfeststellungsinteresses regelmäßig keiner Überprüfung im gerichtlichen Verfahren zugänglich ist.*

2. *Für eine Identitätsfeststellung gem. § 23 Abs. 1 Nr. 1 BPolG ist ein Gefahrenverdacht ausreichend.*

---

85 *Braun* StaatsR, S. 158.
86 *Waldhoff* JuS 2019, 95 f.; *Müller* JA 2019, 295 ff.; *Schneider/Olk* JURA 2018, 936 ff.
87 VG Köln, Urt. v. 10.12.2015–20 K 7847/13; vgl. auch *Froese* DVBl 2017, 293 (295). Ein typisierendes Vorgehen ist – in Grenzen – zulässig. Auf aktuelle Lageerkenntnisse und Erfahrungswerte der Vergangenheit abzustellen ist grundsätzlich legitim, solange die Voraussetzungen für die Einzelmaßnahmen in concreto vorliegen. Zu dieser Erkenntnis gelangt man auch ohne Bemühung des Begriffs des Racial Profilings.
88 OVG Münster NVwZ 2018, 1497.
89 OVG Münster NVwZ 2018, 1497, Anm. *Hebeler* JA 2019, 237 ff.; *Kingreen* JURA 2019, 347; *Pettersson* ZAR 2019, 301.

3. *Eine nach Art. 3 Abs. 3 Satz 1 GG grundsätzlich verbotene Differenzierung liegt auch dann vor, wenn eine Maßnahme an ein dort genanntes Merkmal kausal, als (mit-)tragendes Kriterium („wegen") neben anderen Gründen in einem Motivbündel, anknüpft.*

4. *Insoweit besteht eine Rechtfertigungsmöglichkeit zum Schutz kollidierenden Verfassungsrechts. Dabei ist zu berücksichtigen, dass der Anknüpfung an die Merkmale des Art. 3 Abs. 3 Satz 1 GG stigmatisierende Wirkung zukommen kann, weshalb erhöhte Anforderungen an die Rechtfertigung eines entsprechenden Grundrechtseingriffs bestehen.*

5. *Die an ein solches Merkmal anknüpfende Behörde trifft eine erhöhte Darlegungslast, weshalb diese Berücksichtigung zum Schutz des kollidierenden Verfassungsguts erforderlich ist.*

6. *Eine ausschließliche Anknüpfung an die Hautfarbe ist bei den hier in Rede stehen polizeilichen Standardmaßnahmen grundsätzlich nicht rechtfertigungsfähig.*

Das Urteil des OVG Münster stellt eine weitere Entscheidung zu dem umstrittenen Phänomen des sog. Ethnic oder Racial Profiling dar. Es steht im Kontext mit der Rechtsprechung des OVG Koblenz, das als erstes Obergericht in Deutschland eine Identitätsfeststellung, die wegen der Hautfarbe erfolgte, als Verstoß gegen Art. 3 Abs. 3 GG einordnete.[90] Bis zur Rechtsprechung des OVG Koblenz wurde verschiedentlich vertreten, dass die Kontrolle wegen eines vererbbaren körperlichen Merkmals, z.B. der Hautfarbe oder der ethnischen Zugehörigkeit dann unproblematisch sei, wenn dies nur ein und nicht der einzige oder ausschlaggebende Grund für die Kontrolle war. Mit der Rechtsprechung der OVGe Koblenz und Münster scheint sich indes aber die auch in der Literatur überwiegend vertretene Ansicht durchgesetzt zu haben, nach der Art. 3 Abs. 3 GG ein sog. absolutes Anknüpfungsverbot festschreibt. Nach dieser Auffassung reicht es für eine Diskriminierung i.S.v. Art. 3 Abs. 3 GG mithin aus, wenn das phänotypische Erscheinungsbild mitursächlich für die Identitätsfeststellung war. Fraglich ist gleichwohl, ob in diesen Fällen eine Rechtfertigung der Diskriminierung möglich ist oder ob die Einstufung als absolutes Diskriminierungsverbot jede Anknüpfung an ein verpöntes Merkmal von vornherein verfassungswidrig macht.[91] Nach OVG Münster kann eine Anknüpfung an

---
90 OVG Münster NVwZ 2018, 1497, Anm. *Hebeler* JA 2019, 237 ff.; *Kingreen* JURA 2019, 347; *Pettersson* ZAR 2019, 301.
91 *Tomerius* DVBl 2019, 1581 (1587), m.w.N.

das „verpönte Merkmal" nur durch kollidierendes Verfassungsrecht im Wege verfassungsimmanenter Schranken im Rahmen einer strengen Verhältnismäßigkeitsprüfung gerechtfertigt werden. Das OVG stellt, insoweit vertretbar, auf den Schutz des Lebens, der körperlichen Unversehrtheit und des Eigentums ab.[92]

Führt eine Behörde Kontrollen nach vorab festgelegten Zielgruppen durch („nordafrikanisch aussehende Männer zwischen 20 und Mitte 30"), trägt die Behörde die **Beweislast** dafür, dass diese Auswahlentscheidung rechtmäßig ist und eben nicht aufgrund einer Anknüpfung an die Hautfarbe und damit unter Verstoß gegen Art. 3 Abs. 3 GG erfolgt.[93] Während das OVG Koblenz damit die Darlegungs- und Beweislast dafür beschreibt, ob überhaupt grundsätzlich gegen Art. 3 Abs. 3 GG verstoßen wurde, dehnt das OVG Münster nun die Frage der Darlegungs- und Beweislast auf den Bereich der verfassungsrechtlichen Rechtfertigung aus. Es verlangt, dass die Polizei hier nachweisen müsse, dass junge Männer, die „nordafrikanisch aussehen", eine „erhöhte Delinquenz" für Diebstahlsdelikte im Bereich [...] aufweisen.[94] Dem OVG Münster folgend kann ein bloßes „auffälliges Verhalten" neben der Rasse des Betroffenen noch keine Polizeikontrolle rechtfertigen. Allerdings hält das Gericht Maßnahmen gegen Angehörige einer bestimmten Rasse und Abstammung für zulässig, wenn hinreichend konkrete Anhaltspunkte einer Störereigenschaft für diese Gruppen am Kontrollort vorliegen. Die Polizei muss hierfür einzelfallbezogen vortragen, dass Personen, die ein solches Merkmal aufwiesen, an der entsprechenden Örtlichkeit überproportional häufig strafrechtlich in Erscheinung träten („gesicherte Lageerkenntnisse"). Liegen diese Voraussetzungen vor, sollte man – in Abgrenzung zum unzulässigem „racial profiling" – von einem zulässigen „criminal profiling" sprechen.[95]

---

92 OVG Münster NVwZ 2018, 1497.
93 OVG Koblenz NJW 2016, 2820
94 OVG Münster NVwZ 2018, 1497; ausführlich *Tomerius* DVBl 2019, 1581 (1587 ff.).
95 *Froese* DVBl. 2017, 293 ff.

I. Schwerpunkt: Polizeirecht

Die nachfolgende Systematik kann als „Schemata" zugrunde gelegt werden.

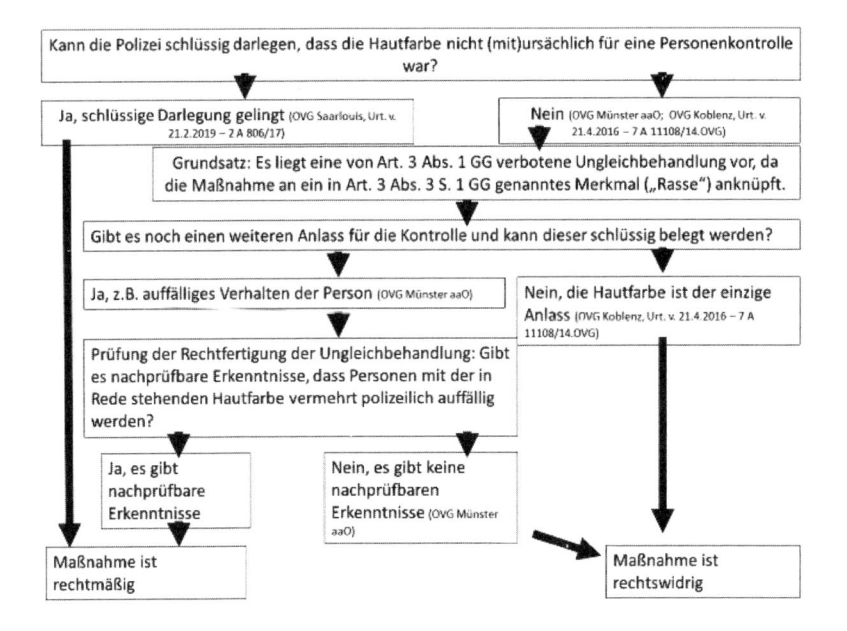

```
Kann die Polizei schlüssig darlegen, dass die Hautfarbe nicht (mit)ursächlich für eine Personenkontrolle war?
        │                                                    │
        ▼                                                    ▼
Ja, schlüssige Darlegung gelingt (OVG Saarlouis, Urt. v.   Nein (OVG Münster aaO; OVG Koblenz, Urt. v.
        21.2.2019 – 2 A 806/17)                             21.4.2016 – 7 A 11108/14.OVG)
        │                                                    │
        │                                                    ▼
        │            Grundsatz: Es liegt eine von Art. 3 Abs. 1 GG verbotene Ungleichbehandlung vor, da
        │            die Maßnahme an ein in Art. 3 Abs. 3 S. 1 GG genanntes Merkmal („Rasse") anknüpft.
        │                                                    │
        │                                                    ▼
        │            Gibt es noch einen weiteren Anlass für die Kontrolle und kann dieser schlüssig belegt werden?
        │                               │                                    │
        │                               ▼                                    ▼
        │            Ja, z.B. auffälliges Verhalten der Person (OVG Münster aaO)   Nein, die Hautfarbe ist der einzige
        │                               │                                    Anlass (OVG Koblenz, Urt. v. 21.4.2016 – 7 A
        │                               ▼                                    11108/14.OVG)
        │            Prüfung der Rechtfertigung der Ungleichbehandlung: Gibt
        │            es nachprüfbare Erkenntnisse, dass Personen mit der in
        │            Rede stehenden Hautfarbe vermehrt polizeilich auffällig
        │            werden?
        │                   │                       │
        │                   ▼                       ▼
        │            Ja, es gibt              Nein, es gibt keine
        │            nachprüfbare             nachprüfbaren
        │            Erkenntnisse             Erkenntnisse (OVG Münster aaO)
        │                   │                                                    │
        ▼                   ▼                                                    ▼
Maßnahme ist                                                              Maßnahme ist
rechtmäßig                                                                rechtswidrig
```

Systematik (Quelle Prof. Dr. Andreas Ruch, HSPV NRW)[137]

📖 Berlin hat 2020 als erstes Bundesland ein Antidiskriminierungsgesetz (LADG) bekommen. Verstoßen Behörden gegen das Diskriminierungsverbot, müssen sie Schadensersatz zahlen. Das LADG sieht ein Diskriminierungsverbot vor, das für die gesamte Berliner Verwaltung gilt. Verstößt eine Behörde gegen das Verbot, kann die betroffene Person Schadensersatz oder Entschädigung geltend machen. Dabei gilt: Werden Tatsachen „glaubhaft" gemacht, die das Vorliegen eines Verstoßes „überwiegend wahrscheinlich machen", obliegt es der öffentlichen Stelle, den Verstoß zu widerlegen. D.h.: In diesen Fällen muss die Behörde beweisen, dass eine Diskriminierung eben nicht überwiegend wahrscheinlich ist. Protest gegen das neue Gesetz kommt insbesondere (wenig überraschend) vonseiten der Polizei. Entgegen anderslautender Behauptungen enthält § 7 LADG gerade **keine Beweislastumkehr** zulasten der Polizei, sondern ähnlich wie bei § 22 AGG findet sich dort lediglich eine **Beweiserleichterung**. Der Unterschied ist gravierend. Bei der Beweis-

---

96 Vortrag im Rahmen des Studiengangs Kriminologie, Kriminalistik und Polizeiwissenschaft (7.12.2019).

lastumkehr würde bereits die bloße Diskriminierungsbehauptung ausreichen, um der Gegenseite den vollen Entlastungsbeweis aufzubürden. Für die Vermutungsregelung des § 7 LADG genügt dies jedoch mitnichten. Vielmehr verlangt das LADG hier die Glaubhaftmachung von Tatsachen, die einen Verstoß gegen das Diskriminierungsverbot „überwiegend wahrscheinlich machen". Der einfache Hinweis auf die Hautfarbe, das Geschlecht oder eine Behinderung etc. führt also nicht bereits zu einer erhöhten Rechtfertigungslast der Behörden. Vielmehr bedarf es hierzu gewichtiger Indizien, die eine Diskriminierung im konkreten Einzelfall erst nahelegen.[97]

Bei Fallkonstellationen entsprechend der Ausgangsfrage ist zu beachten, dass die Behörde insoweit eine erhöhte Darlegungspflicht trifft, wieso die Anknüpfung an das verpönte Merkmal zur effektiven Gefahrenabwehr erforderlich sein soll.[98] Die beabsichtigten Maßnahmen am Bahnhof A-Stadt dürften im Ergebnis als rechtswidrig zu qualifizieren sein.[99]

---

[97] *Tischbirek/Wihl* https://verfassungsblog.de/keine-polizeilichen-hilfseinsaetze-mehr-fuer-die-hauptstadt [10.6.2020].

[98] *Ogorek*, in: BeckOK POR NRW, § 12 PolG Rn. 20.

[99] Im Zuge der Diskussion rund um Racial Profiling ist vor überschießender Political Correctness und Hysterie zu warnen. Polizeiliche Maßnahmen, die – aufgrund vergleichbarer negativer Erfahrungen aus der Vergangenheit – an die Gruppenzugehörigkeit bestimmter Personen anknüpfen und von Typisierungen getragen werden, stellen kein neuartiges Phänomen dar; auch nicht die Tatsache, dass bei solchen Maßnahmen „unbescholtene" Bürger Nachteile erlangen. Man denke etwa an Maßnahmen gegen ganze Fangruppen im Umfeld „kritischer" Fußballspiele, die sämtliche Fans, ob gewaltbereite Ultras oder harmlose Fußballfans, gleichermaßen treffen; *Braun* StaatsR, S. 159; *Froese*, DVBl. 293 (294).

Fall 3: Champions-League: Der Schalker „Flaggenfall"

> **Schwerpunkte**: Durchsuchung, Identitätsfeststellung, Racial Profiling, Sicherstellung

Sachverhalt:[100]

Am 20.2.2019 findet in Gelsenkirchen ein Europapokalspiel statt. Im Halbfinale der Champion-Leaque trifft der FC Schalke 04 auf den griechischen Verein PAOK Saloniki. Die Polizei Gelsenkirchen hat sich gemeinsam mit dem Verein und den weiteren Netzwerkpartnern intensiv auf das Spiel im Parkstadion Gelsenkirchen vorbereitet. Die Union des Associations Européennes de Football (UEFA) hat als Veranstalter des Champions League Wettbewerbs das Spiel als Risikospiel eingestuft. Im Vorfeld des Spiels gab es Hinweise, dass von einer Anreise von ca. 800 PAOK-Fans auszugehen ist, unter denen sich bis zu 220 als Risikofans bezeichnete Personen befinden sollen. Während des Spiels werden mit einer Videoanlage Übersichtsaufnahmen an die Einsatzleitung überspielt, ohne dass (zunächst) Aufzeichnungen gemacht werden. Als es in der Nordkurve zu Unruhen kommt, zoomt die Polizei das Geschehen näher ran und zeichnet es auf, um, wie es im später gefertigten Bericht heißt, „anlassbezogene Straftaten zu verhüten". Zu Ausschreitungen kommt es aber letztendlich nicht.

Während der 2. Halbzeit zeigen Gelsenkirchener Fans (Ultras) in der Nordkurve (Heimfanblock) u. a. ein rotes Banner, auf dem die alte Flagge der ehemaligen Jugoslawischen Teilrepublik Mazedonien mit dem Schriftzug „Nord Mazedonien" [übersetzt] zu sehen ist. Auf dem Banner, das von einem mit den Ultras befreundeten mazedonischen Fanclub stammt, ist der sogenannte Stern von Vergina, ein goldener 16-strahliger Stern auf rotem Grund, abgebildet. Dieses Symbol ist Bestandteil der ersten von Griechenland nicht anerkannten Flagge des Staates Mazedonien. Polizeikräfte werden durch viele deutschsprachige Gästefans angesprochen, die sehr aufgebracht waren und äußerst emotional reagieren. Das Banner wird von ihnen als massive Beleidigung und Provokation empfunden. Sie fordern, das pro-

---

[100] Der Sachverhalt ist dem Polizeieinsatz anlässlich des Qualifikationsspiels zur Champions-League-Gruppenphase zwischen dem FC Schalke 04 und PAOK Saloniki am 21.8.2013 in der Veltins-Arena auf Schalke nachgebildet. Es gab mehr als 80 Verletzte, darunter eine Besucherin, die eine Nacht im Krankenhaus auf der Intensivstation verbringen musste. Der Fall wirft Fragen in tatsächlicher und rechtlicher Hinsicht auf, die mit der Gewährleistung von Sicherheit in Fußballstadien verbunden sind, ausführlich *Müller-Eiselt* VR 2014, 85 ff.

vozierende Banner zu entfernen. Ansonsten würden sie den Platz stürmen und das Banner unter Gewaltanwendung selbst entfernen. Durch einen der griechischen szenenkundigen Beamten wird die Wirkung des Banners bestätigt. Er weist darauf hin, dass der Inhalt des Banners für die Fans aus Saloniki „höchst politisch und provozierend sei und er bei kollektivem Erkennen durch die PAOK Fans mit schweren Ausschreitungen rechne". Mehrfache Aufforderungen durch Sicherheitsbeauftragte des FC Schalke 04 an die Fans, das Banner zu entfernen, sind vergeblich. Bei der letzten Aufforderung kündigt der Sicherheitsbeauftragte auch den Einsatz der Polizei bei Nichtbefolgen an. Aufgrund der hohen Emotionalität und der zunehmenden Aggressivität im Gästefanblock droht die Situation in der zweiten Halbzeit im Gästefanblock zu eskalieren und für den Ordnungsdienst außer Kontrolle zu geraten. Da das Banner die griechischen Fans derart provoziert, dass diese mit einem Stürmen des Platzes bzw. einem Vordringen in die Nordkurve drohen, entschließt sich die Polizei, das Banner zu entfernen. Beamte der Bereitschaftspolizei dringen sodann in die Nordkurve und nehmen das Banner in Verwahrung.

Unmittelbar nach Spielschluss bildete sich eine Gruppe von rd. 30 Personen, die sich – angesichts der Vorfälle in der Nordkurve – offensichtlich anschicken, es den griechischen Fans „mal auf andere Weise zu geben". Die Polizei ließ daraufhin mit starken Kräften die Gruppe umschließen. Erst nachdem die Anhänger der gegnerischen Mannschaft das Stadion verlassen hatten, wurde die Umschließung aufgehoben.

Aufgabe:

Beurteilen Sie rechtsgutachtlich folgende von der Polizei getroffene Maßnahmen.
- Videoüberwachung
- Sicherstellung des Banners
- Umschließung der Personengruppe („Abmarschverzögerung")

Hinweis: Die örtliche Zuständigkeit als formelles Erfordernis wird unterstellt.

Lösung:

A. Videoüberwachung

I. Ermächtigungsrundlage

Nach dem Grundsatz des Vorbehalts des Gesetzes bedarf es bei einem Grundrechtseingriff einer Ermächtigungsgrundlage, welche auf ein verfassungsmäßiges Gesetz zurückzuführen ist. Die Datenerhebung bei öffentlichen Veranstaltungen und Ansammlungen greift in Grundrechte der betroffenen Personen ein und bedarf deshalb einer tauglichen Rechtsgrundlage. Beeinträchtigt ist insbesondere das – in § 7 PolG NRW ausdrücklich erwähnte – Grundrecht auf informationelle Selbstbestimmung (Art. 2 Abs. 1 i. V. m. 1 Abs. 1 GG). Der Eingriffscharakter der Datenerhebung ist nach einhelliger Auffassung zu bejahen, wenn Bilddaten aufgezeichnet werden.[101] Das gilt auch und insbesondere für die Aufzeichnung von Übersichtsaufnahmen (VV 15.11 zu § 15 PolG NRW) und folgt schon daraus, dass die Polizei die gespeicherten Daten technisch bearbeiten kann (Vergrößerung, Aufhellung, Kontraständerung usw.) und sich deshalb auch anhand von Übersichtsaufnahmen oftmals Personen identifizieren lassen.[102] Die Eingriffsqualität ist allerdings auch zu bejahen in Fällen, in denen die Aufnahmen – ohne Speicherung – an die Einsatzleitung übertragen werden („Kamera-Monitor-Prinzip").[103]

> 📖 Das BVerfG hat in einer Entscheidung zum Versammlungsrecht festgestellt, dass aufgrund der heutigen Technik auch Übersichtsaufnahmen einen Grundrechtseingriff in das Recht auf informationelle Selbstbestimmung darstellen. Insofern bedarf es auch für diese einer Rechtsgrundlage (VV 15.13 zu § 15 PolG NRW).[104]

Das BVerfG steht auf dem Standpunkt, dass grundsätzlich jede staatliche Informationserhebung und -verarbeitung, die personenbezogene Daten betrifft, in die informationelle Selbstbestimmung des Betroffenen eingreift.[105] Eine Ausnahme hiervon soll nur anzuerkennen sein, wenn Daten, die ungezielt und allein technikbedingt erhoben wurden, sofort technisch anonym, spurenlos und ohne Auswertung durch die Behörden ausgesondert werden.[106] Eine solche Konstellation liegt bei Aufnahmen von öffentlichen Ver-

---

101 BVerfG Beschl. v. 17.2.2009–1 BvR 2492/08, NVwZ 2009, 446.
102 *Ogorek*, in: BeckOK POR NRW, § 15 PolG Rn. 3.
103 OVG Münster NWVBl 2011, 151; vgl. auch *Braun*, StaatsR, S. 193.
104 BVerfG NVwZ 2009, 446
105 BVerfGE 65, 1 (41 f.).
106 Nachweise bei *Ogorek*, in: BeckOK POR NRW, § 15 Rn. 3.

anstaltungen und Ansammlungen nicht vor, da die Übertragung an die Einsatzleitung dazu dient, die Bilder wahrzunehmen und ggf. auf eine Identifizierung der von der Kamera erfassten Personen hinzuwirken. Hinzu kommt, dass die Betroffenen i. d. R. nicht wissen, ob von der Polizei Nah- oder Übersichtsaufnahmen erstellt werden.[107] Die Polizei zoomt das Geschehen in der Nordkurve näher ran und zeichnet es auf. Es werden Lebenssachverhalte bestimmter Personen aufgedeckt. Eine nachträgliche Identifizierung dieser Personen ist aufgrund der Aufzeichnungen möglich. Eine formell-gesetzliche Ermächtigung ist erforderlich. Zielrichtung ist die Gefahrenabwehr (Verhütung anlassbezogener Straftaten). In der Nordkurve kommt es zu Unruhen. In der Entstehung begriffene Straftaten sollen rechtzeitig erkannt und verhütet werden. Die durch die Aufnahmen gewonnenen Erkenntnisse ermöglichen einen sachgerechten Einsatz der Polizei. Dadurch, dass das Geschehen in der Nordkurve gefilmt wird, können einzelne Personen zudem von ihrem rechtswidrigen Verhalten abgehalten werden (Aufbau einer psychischen Hemmschwelle). Entsprechend diesem Zweck ist im Rahmen des § 15 PolG NRW auch nur eine offene Datenerhebung zulässig.[108]

II. Formelle Rechtmäßigkeit

Die Maßnahme ist dem Gefahrenabwehrrecht zuzuordnen. Die sachliche Zuständigekit ergibt sich § 1 Abs. 1 Satz 1, 2 PolG NRW i. V. m. § 11 Abs. 1 Nr. 1 POG NRW.

III. Materielle Rechtmäßigkeit

1. Tatbestandliche Voraussetzungen der Ermächtigungsgrundlage

Als Ermächtigungsgrundlage kommt § 15 Abs. 1 PolG NRW in Betracht. Hiernach kann die Polizei bei oder im Zusammenhang mit öffentlichen Veranstaltungen oder Ansammlungen, die nicht dem Versammlungsgesetz unterliegen, personenbezogene Daten, auch durch den Einsatz technischer Mittel zur Anfertigung von Bild- und Tonaufzeichnungen, von Teilnehmern erheben, wenn Tatsachen die Annahme rechtfertigen, dass dabei Straftaten oder Ordnungswidrigkeiten begangen werden. Öffentliche Veranstaltungen i. S. des § 15 Abs. 1 PolG NRW sind beispielsweise Volksfeste, Sport- oder Kulturveranstaltungen. Eine Ansammlung liegt vor, wenn Menschen zufällig zusammentreffen, denen das gemeinsame Wollen des Zusammenseins und damit ein verbindender Zweck der Zusammenkunft fehlt

---

107 *Braun*, in: SBK PolG NRW, § 15 Rn. 4.
108 Zur Videoüberwachung im öffentlichen Raum aus soziologischer Sicht *Wolf/Hilz* PSP 2/2019, 20 (30 ff.).

(VV 15.12 zu § 15 PolG NRW). In der Nordkurve kommt es zu „Unruhen". Diese Tatsache stützt die Annahme, dass es dort zu Straftaten kommt. Diese Tatsache wird außerdem gestützt durch die polizeiliche Erkenntnisgewinnung im Vorfeld des Spiels. Die tatbestandlichen Voraussetzungen des § 15 Abs. 1 Satz 1 PolG NRW liegen vor.

2. Besondere Verfahrensvorschriften

Bild- und Tonaufzeichnungen, in Dateien suchfähig gespeicherte personenbezogene Daten sowie zu einer Person suchfähig angelegte Akten sind spätestens einen Monat nach der Datenerhebung zu löschen oder zu vernichten, es sei denn, sie werden zur Verfolgung von Straftaten oder Ordnungswidrigkeiten benötigt, oder Tatsachen rechtfertigen die Annahme, dass die Person künftig Straftaten begehen wird, und die Aufbewahrung ist zur vorbeugenden Bekämpfung von Straftaten von erheblicher Bedeutung erforderlich (§ 15 Abs. 1 Satz 3 PolG NRW). Es handelt sich bei der Regelung im Prinzip nicht um eine Verfahrensvorschrift im eigentlichen Sinne, sondern lediglich eine nachgelagerte Pflicht der Polizei.[109] § 15 Abs. 2 PolG NRW verweist schließlich auf § 24 Abs. 2 und 3 sowie § 32 Abs. 3 und 4 PolG, die weitere Sonderfälle und Anforderungen einer zulässigen weiteren Speicherung der Informationen normieren (statistische Zwecke, Nutzung zur polizeilichen Aus- und Fortbildung, Abgabe an ein Staatsarchiv, Nutzung zu wissenschaftlichen Zwecken, schutzwürdige Belange der betroffenen Person). Überdies sind zu beachten die allgemeinen Anforderungen an die Datenerhebung gem. § 9 Abs. 5–7 PolG NRW.

3. Adressatenregelung

Die Adressatenregelung ergibt sich aus der Ermächtigung. Die Datenerhebung gem. § 15 Abs. 1 PolG NRW betrifft die Teilnehmer an öffentlichen Veranstaltungen und Ansammlungen. Teilnehmer ist grundsätzlich jede Person, die bei oder im Umfeld von öffentlichen Veranstaltungen oder Ansammlungen anwesend ist. Ausnahmsweise kann ein Anwesender nicht als Teilnehmer zu qualifizieren sein, wenn er dies ausdrücklich oder durch sein Verhalten kundtut.[110] Notfalls dürfen aber auch „andere Personen" gefilmt werden, wenn dies aus technischen Gründen unumgänglich ist (§ 15 Abs. 1 Satz 2 PolG NRW). Bei Bildaufzeichnungen im Rahmen einer öffentlichen Veranstaltung oder Ansammlung lässt sich so gut wie nie ausschließen, dass auch Unbeteiligte erfasst werden.[111]

---

109 *Nimtz/Thiel* ER, Rn. 389.
110 *Tetsch/Baldarelli* PolG NRW, § 15 Erl. 4.
111 *Braun*, in: SBK PolG NRW, § 15 Rn. 13.

4. Rechtsfolge der konkret herangezogenen Ermächtigungsgrundlage
a) Rechtsfolge entspricht der Ermächtigungsgrundlage

Als Rechtsfolge räumt § 15 Abs. 1 Satz 1 PolG NRW der Polizei die Befugnis ein, personenbezogene Daten zu erheben. Die Erhebung personenbezogener Daten ist das aktive Ermitteln von neuen, behördlicherseits noch nicht gespeicherten Informationen.[112] Neben der Erhebung personenbezogener Daten ist auch deren Aufzeichnung zulässig. Das Aufzeichnen macht die Daten für die spätere Polizeiarbeit verfügbar.[113]

> **Beispiel:**[114] Datenerhebung ist das Beschaffen von Daten über die betroffene Person. Beschaffen setzt eine bewusste und gezielte Wahrnehmung voraus. Deshalb liegt keine Datenerhebung vor, wenn ein Polizeibeamter, der anlässlich eines Fußballspiels in der Nähe des Stadions zur Verkehrslenkung eingeteilt ist, eine Vielzahl von Veranstaltungsbesuchern, die durch Kleidung, „Schlachtgesänge" und mitgeführte Fahnen auszumachen sind, ebenso zwangsläufig zur Kenntnis nehmen muss wie Kennzeichen der mit Pkw anreisenden Stadionbesucher. Erkennt er allerdings den bekannten Rädelsführer X und beobachtet diesen weiter, liegt eine Datenerhebung vor.

Gem. § 9 Abs. 5 PolG NRW ist eine Datenerhebung grundsätzlich offen durchzuführen; eine verdeckte Datenerhebung ist nur zulässig, wenn das Gesetz sie ausnahmsweise zulässt. Da das PolG NRW insoweit keine Ausnahme vorsieht, muss die Datenerhebung nach § 15 PolG NRW offen erfolgen. Auf diese Weise soll gewährleistet werden, dass der Betroffene sich in seinem Verhalten auf die Datenerhebung einstellen kann. Die Offenheit der Datenerhebung ist nach der Willensrichtung der Polizei zu beurteilen. Sie ist zu verneinen, wenn die Polizei die Datenerhebung bewusst verschleiert. Das bedeutet, dass die Datenerhebung im Einzelfall auch dann noch offen sein kann, wenn sie ohne Kenntnis der betroffenen Person erfolgt.[115]

b) Bestimmtheit (§ 37 Abs. 1 VwVfG NRW)

Es handelt sich bei der Datenerhebung um einen sog. Realakt (mit Eingriffscharakter); die Vorschriften des VwVfG NRW finden keine Anwendung.

---

112 *Gusy* POR, Rn. 188.
113 Bei Maßnahmen im Zusammenhang mit Sportveranstaltungen kommt der Datei „**Gewalttäter Sport**" große Bedeutung zu, die durch Beschluss der Innenministerkonferenz v. 14.05.1993 eingerichtet wurde und deren Rechtmäßigkeit das BVerwG bestätigt hat (NJW 2011, 405). In dieser Datei werden die Daten von Personen festgehalten, die im Zusammenhang mit Sportveranstaltungen Straftaten begangen haben und von denen eine Wiederholungsgefahr ausgeht, weiter dazu *Schenke* POR, Rn. 210 f.
114 *Tegtmeyer/Vahle*, PolG NRW, § 15 Rn. 6.
115 *Ogorek*, in: BeckOK POR NRW, § 15 PolG Rn. 11.

c) Ermessen/Übermaßverbot

Die Maßnahme entspricht insbesondere dem Übermaßverbot. Auch das Aufzeichnen des Geschehens in der Nordkurve mittels Videoanlage war rechtmäßig.

> Parallelnormen zu § 15 PolG NRW (Datenerhebung bei öffentlichen Veranstaltungen und Ansammlungen):§ 21 Abs. 1 BWPolG; Art. 32 Abs. 1 BayPAG; § 24 Abs. 1, 4 ASOG Bln; § 31 Abs. 1 BbgPolG; § 29 Abs. 1 BremPolG; § 8 HambPolEDVG; § 14 Abs. 1 HSOG; § 32 Abs. 1 MVSOG; § 32 Abs. 1 NdsSOG; § 27 Abs. 2 RhPfPOG; § 27 Abs. 1 SPolG; § 38 Abs. 1 SächsPolG; § 16 Abs. 1 LSASOG; § 184 Abs. 1 SchlHLVwG; § 33 Abs. 1 ThürPAG

B. Sicherstellung des Banners
I. Ermächtigungsgrundlage

Nach dem Grundsatz des Vorbehalts des Gesetzes bedarf es bei einem Grundrechtseingriff einer Ermächtigungsgrundlage, welche auf ein verfassungsmäßiges Gesetz zurückzuführen ist. Durch die Sicherstellung wird das Sachnutzungsrecht des Eigentümers bzw. des rechtmäßigen Besitzers beeinträchtigt. Die §§ 43 ff. PolG sind Inhalts- und Schrankenbestimmungen i. S. des Art. 14 Abs. 1 Satz 2 GG und Ausfluss der Sozialpflichtigkeit des Privateigentums, Art. 14 Abs. 2 GG. Die Sicherstellung erfolgt durch Verwaltungsakt, der die Sicherstellung anordnet, und die Entgegennahme (Inbesitznahme) der Sache. Die Sicherstellung entzieht dem bisherigen Inhaber (zumeist vorübergehend) die Sachherrschaft und begründet in der Regel ein öffentlich-rechtliches Verwahrungsverhältnis.[116] Zielrichtung ist mangels Anfangsverdachts (§ 152 Abs. 2 StPO) die Gefahrenabwehr.

II. Formelle Rechtmäßigkeit

Die sachliche Zuständigkeit ergibt sich aus § 1 Abs. 1 Satz 1, 2 PolG NRW i. V. m. § 11 Abs. 1 Nr. 1 POG NRW (vorbeugende Bekämpfung von Straftaten). Die Beachtung der §§ 28 Abs. 1, 37 Abs. 2 VwVfG NRW wird unterstellt.

III. Materielle Rechtmäßigkeit
1. Tatbestandliche Voraussetzungen der Ermächtigungsgrundlage

Gem. § 43 Nr. 1 PolG NRW darf die Polizei eine Sache sicherstellen zur Abwehr einer gegenwärtigen Gefahr. Das Schutzgut der öffentlichen Sicher-

---
[116] *Götz/Geis* POR, § 8 Rn. 55.

heit umfasst insbesondere die Gesamtheit der Rechtsnormen sowie individuelle Rechte und Rechtsgüter. Das Zeigen der mazedonischen Flagge verstößt nicht gegen geltendes Recht. Ausländische Symbole werden insbesondere nicht durch § 124 OwiG (Benutzen von Wappen oder Dienstflaggen) geschützt. Auch liegt in dem Vorgang kein Missbrauch einer ausländischen Fahne i.S. des § 104 Abs. 1 StGB (Verletzung von Flaggen und Hoheitszeichen ausländischer Staaten). Eine gegenwärtige Gefahr besteht jedoch im Hinblick auf die drohenden Gewaltaktionen durch die griechischen Fußballfans. Gegenwärtig ist eine Gefahr, wenn eine Störung bereits eingetreten ist oder der Schadenseintritt mit hoher Wahrscheinlichkeit unmittelbar bevorsteht. Hierbei kommt es auf die ex-ante-Prognose der Polizei an. Dabei gilt die sog. Je-desto- Formel des BVerwG:[117] Je größer der zu erwartende Schaden, um so geringere Anforderungen sind an die Wahrscheinlichkeit des Schadenseintritts zu stellen. Gemessen an diesem Maßstab ist die Gegenwärtigkeit der Gefahr gegeben, weil hochwertige Schutzgüter in Mitleidenschaft gezogen werden konnten. Unerheblich ist, ob tatsächlich gewaltsame Ausschreitungen bei weiterer Sichtbarkeit der Flagge eingetreten wären. Die prognostische Einschätzung der Polizei, wonach unmittelbar Gewaltaktionen gegen andere Fans (sowie gegen eingesetzte Polizeibeamte) drohen, ist angesichts der aggressiven Stimmung der greichischen Fans nachvollziehbar. Eine Eskalation der Lage hätte insbesondere auch die körperliche Unversehrtheit der eingesetzten Polizeibeamten sowie unbeteiligter Personen (Stadionbesucher) gefährdet.

2. Besondere Verfahrensvorschriften

Als besondere Verfahrensvorschriften kommen in Betracht §§ 44 bis 46 PolG NRW. Von einer Beachtung der Vorschriften wird ausgegangen.

3. Adressatenregelung

Die die Flagge aufhängenden Fans in der Nordkurve müssten die richtigen Adressaten der polizeilichen Maßnahme gewesen sein. Für die Bestimmung der Störereigenschaft gelten die allgemeinen Regeln der §§ 4 (Handlungsverantwortlichkeit), 5 (Zustandsverantwortlichkeit und 6 (Notstandsverantwortlichkeit).

Von der Flagge selbst geht direkt keine Gefahr aus. Sie ruft vielmehr gefährliche Reaktionen der Demonstranten hervor. Verursacht eine Person eine Gefahr, so sind die Maßnahmen gegen sie zu richten (§ 4 Abs. 1 PolG NRW). Die Handlungsverantwortlichkeit der Fans (Nordkurve) gem. § 4 Abs. 1 PolG NRW kann dadurch begründet worden sein, dass sie persönlich die

---
117 BVerwG NJW 1970, 1890.

Flaggen angebracht haben. Der notwendige kausale Zusammenhang zwischen der Präsentation der Flagge und der Gefahrenlage liegt auf der Hand. Der Vorgang kann – in Anwendung der conditio-sine-qua-non-Formel – nicht hinweggedacht werden, ohne dass der Erfolg (= Gefahr) entfiele. Allerdings genügt die bloße Kausalität im naturwissenschaftlichen Sinne nicht für eine objektive Zurechnung, weil ansonsten eine praktisch uferlose Polizeihaftung die Folge wäre. Verursachen in diesem Sinne bedeutet mithin mehr als bloße Kausalität im Sinne der conditio-sine-qua-non-Formel.[118] Polizeirechtliche Verantwortlichkeit setzt das unmittelbare Hervorrufen der Gefahr durch ein Verhalten voraus, das die Gefahrgrenze überschreitet. Hier war aber erst noch ein weiterer Entschluss der griechischen Fans erforderlich, um eine Gefahr zu begründen. Nach der **Theorie der unmittelbaren Verursachung** ist Störer, wer bei wertender Betrachtung die Gefahrengrenze überschritten und damit die unmittelbare Ursache für den Eintritt der Gefahr gesetzt hat.[119] Nach dem Maßstab der Unmittelbarkeit scheidet eine Verantwortlichkeit der Fans (Nordkurve) prima vista aus, weil die Gefahr (unmittelbar) von gewaltbereiten griechischen Fans ausging. Allein diese haben die sog. Gefahrengrenze überschritten bzw. standen im Begriff, das zu tun. Nach der **Theorie der rechtswidrigen Verursachung** lösen nur Verhaltensweisen bzw. Zustände, die gegen Rechtsnormen verstoßen, die polizeirechtliche Verantwortlichkeit aus (sog. **Pflichtwidrigkeitszusammenhang**).[120] Die Flagge bzw. ihr Aushang in der Nordkurfe ist für sich gesehen nicht rechtswidrig. Die dargestellten Zurechnungstheorien kennen allerdings Ausnahmen. So könnte sich die Störereigenschaft der Fans in der Nordkurve über die Figur der sog. **Zweckveranlasserhaftung** ergeben. Störer sind hiernach zum einen die Personen, die zwar die Gefahrengrenze nicht unmittelbar bzw. rechtswidrig überschreiten, es aber darauf anlegen, das störende Verhalten Dritter hervorzurufen oder dies zumindest billigend in Kauf nehmen. Darüber hinaus wird derjenige als Zweckveranlasser in die polizeirechtliche Haftung genommen, der eine Situation schafft, die aus Sicht eines unbeteiligten Beobachters typischerweise – nahezu zwangsläufig – eine Gefahr oder Störung auslöst.[121] Es gibt Hinweise, die vorliegend für die Annahme einer Zweckveranlassung sprechen. Eine Indizwirkung kommt insbesondere der Tatsache zu, dass die mazedonische Flagge erst in der 2. Halbzeit aufgehangen wurde. Der zeitliche und räum-

---

[118] Der (strafrechtlichen) Äquivalenztheorie zufolge ist jede Bedingung gleichwertig (conditio sine qua non). Sie greift zu weit, weil dem Polizei- und Ordnungsrecht – anders als dem Strafrecht – das Korrektiv des Verschuldens fehlt.
[119] OVG Münster NWVBl. 2005, 117 (118).
[120] *Haurand* POR, S. 72 f.
[121] VGH Mannheim NVwZ-RR 1995, 663.

liche Zusammenhang der Aktion legt die Annahme nahe, dass das Ziel der Aktion nicht (primär) darin bestand, etwa eine Meinung zu äußern (Art. 5 Abs. 1 GG), sondern vielmehr die griechischen Fans zu provozieren. Es ist offensichtlich, dass es durch das Aufhängen der Flagge an diesem Ort (Nordkurve) und zu diesem Zeitpunkt (Fußballspiel mit griechischer Beteiligung) mit hoher Wahrscheinlichkeit zu Gewalttätigkeiten kommen würde. Durch das sehr kurzfristige Anbringen der Fahnen wurde es der Polizei zudem praktisch unmöglich gemacht, rechtzeitig hinreichende Vorkehrungen zu treffen, um gewalttätige Konfrontationen effektiv zu unterbinden. Die Polizei konnte im Zeitpunkt der Anordnung der Maßnahme nach den vorliegenden Erkenntnissen vom Vorliegen einer gegenwärtigen Gefahr für Leib und Leben der Zuschauer ausgehen. Auch wenn die Gefahr unmittelbar von den griechischen Fans ausgeht, können die Schalker Ultras vorliegend als sogenannte Zweckveranlasser in Anspruch genommen werden. Ihnen ist die provokative Wirkung des Banners bekannt, sie haben die ausgelösten Drohungen der griechischen Fans bewusst hingenommen.[122]

4. Rechtsfolge der konkret herangezogenen Ermächtigungsgrundlage
a) Rechtsfolge entspricht der Ermächtigungsgrundlage

Unter Sicherstellung versteht man die Beendigung des Gewahrsams des Eigentümers oder sonstigen Berechtigten einer Sache unter Begründung neuen Gewahrsams durch die Polizei oder von ihr beauftragte Personen zum Zwecke der Gefahrenabwehr. Die Sicherstellung zur Gefahrenabwehr muss dabei notwendig den Zweck verfolgen, die Sache in Verwahrung zu haben und andere von jeder Einwirkungsmöglichkeit auszuschließen.[123] Genau darum ging es den Beamten vorliegend.

b) Bestimmtheit (§ 37 Abs. 1 VwVfG)

§ 37 Abs. 1 VwVfG enthält mit dem Bestimmtheitserfordernis ein materiellrechtliches Erfordernis. Es ist von einer Beachtung des § 37 Abs. 1 VwVfG. NRW auszugehen.

c) Ermessen

Gem. § 3 Abs. 1 PolG NRW trifft die Polizei ihre Maßnahmen nach pflichtgemäßem Ermessen. Rechtsfehler hinsichtlich der pflichtgemäßen Ermessensausübung, insbesondere eine Missachtung der Grundsätze aus § 40 VwVfG sowie des Differenzierungsge- und -verbotes sind dem Sachverhalt nicht zu entnehmen.

---

122 VG Gelsenkirchen Urt. v. 19.9.2017–17 K 5544/15.
123 *SBK* ER, Rn. 255.

I. Schwerpunkt: Polizeirecht

d) Übermaßverbot; Verhältnismäßigkeit i. w. S. (§ 2 PolG NRW)

Die Sicherstellung der Flagge ist geeignet und erforderlich. Mildere Maßnahmen (Aufforderungen) führten nicht zum Erfolg. Auch ist die Maßnahme angemessen. Es drohten Auseinandersetzungen zwischen unterschiedlichen Fangruppierungen. Hierbei konnte es zumindest zu nicht unerheblichen Körperverletzungen und damit zur Beeinträchtigung bedeutsamer Schutzgüter kommen. Gemessen besteht die Belastung der Betroffenen „nur" in einem kurzfristigen und relativ „oberflächlichen" Eingriff.

> **Parallelnormen zu § 43 PolG NRW (Sicherstellung):** § 47 BPolG; § 60 BKAG; § 32 f. BWPolG; Art. 25 BayPAG; § 38 ASOG Bln; § 25 BbgPolG; § 23 BremPolG; § 14 HambSOG; § 40 HSOG; § 61 MVSOG; § 26 NdsSOG; § 22 RhPfPOG; § 21 SPolG; § 26 f. SächsPolG; § 45 LSASOG; § 210 SchlHVwG

C. Umschließung der Personengruppe („Abmarschverzögerung")
I. Ermächtigungsgrundlage

Nach dem Grundsatz des Vorbehalts des Gesetzes bedarf es bei einem Grundrechtseingriff einer Ermächtigungsgrundlage, welche auf ein verfassungsmäßiges Gesetz zurückzuführen ist. Es handelt sich bei der Umschließung der Personengruppe zweifelsohne um einen Rechtseingriff (Entziehung der persönlichen Bewegungsfreiheit), der einer gesetzlichen Legitimation bedarf. Fraglich ist aber, wie die „Einkesselung" rechtlich einzuordnen ist. Möglicherweise handelt es sich um einen Platzverweis gem. § 34 PolG NRW. Rechtsfolge eines Platzverweises ist das vorübergehende Verweisen einer Person oder Personengruppe von einem Ort oder ein vorübergehendes Zutrittsverbot. Beide Alternativen liegen hier nicht vor. Vorliegend wird die Gruppe durch Umschließung daran gehindert, das Stadion zu verlassen. Wenn auch diese Maßnahme nur vorübergehend ist, so wird sie dennoch nicht von § 34 PolG NRW erfasst. Vielmehr handelt es sich um eine Ingewahrsamnahme. Unter dem Begriff des Gewahrsams wird allgemein ein mit hoheitlicher Gewalt hergestelltes Rechtsverhältnis verstanden, kraft dessen einer Person die Freiheit in der Weise entzogen ist, dass sie von der Polizei in einer dem polizeilichen Zweck entsprechenden Weise verwahrt und daran gehindert wird, sich fortzubewegen.[124] Von einer Ingewahrsamnahme spricht man, wenn eine Person oder Personengruppe gegen (oder ohne) ihren Willen an einem eng umgrenzten Ort festgehalten wird. Die Polizei hindert die Gruppe daran, das Stadion

---
124 OVG Münster NJW 1980, 138; VG Bremen NVwZ 1986, 862.

zu verlassen, und zwar in einer dem polizeilichen Zweck entsprechenden Weise (Umschließung). Die Personengruppe wird daran gehindert, sich fortzubewegen. Sie kann – wenn auch nur für kurze Zeit – ihren Aufenthaltsort nicht mehr frei bestimmen (sog. Abmarschverzögerung). An der gefahrenabwehrenden Zielsetzung des polizeilichen Einschreitens bestehen keine Zweifel. Es ging um die Verhinderung gewalttätiger Ausschreitungen. Der Gewahrsam ist das Festhalten einer Person an einem bestimmten Ort unmittelbar zum Zwecke der Gefahrenabwehr. Gewahrsam geht einher mit einer Freiheitsentziehung i.S. von Art. 104 Abs. 2 GG. Es handelt sich bei § 35 PolG NRW um eine sog. Ausführungsermächtigung. Ausführungsermächtigungen ermächtigen zum Realakt der Ausführung, indes begleitet von einem befehlenden Verwaltungsakt, der dem Betroffenen die Mitwirkung an der Ausführung, mindestens aber deren Duldung aufgibt.[125]

II. Formelle Rechtmäßigkeit

Die sachliche Zuständigkeit ergibt sich aus § 1 Abs. 1 Satz 1, 2 PolG NRW i.V.m. § 11 Abs. 1 Nr. 1 POG NRW. Die Maßnahme dient der Verhütung weiterer Straftaten und somit der Gefahrenabwehr. Als formelle Erlassvoraussetzungen betreffend Form und Verfahren kommen in Betracht die §§ 28 Abs. 1, 37 Abs. 2, 41 VwVfG NRW.

III. Materielle Rechtmäßigkeit

1. Tatbestandliche Voraussetzungen der Ermächtigungsgrundlage

Als Ermächtigungsgrundlage kommt § 35 Abs. 1 Nr. 2 PolG NRW in Betracht. Dann müsste die Ingewahrsamnahme unerlässlich gewesen sein, um die unmittelbar bevorstehende Begehung einer Straftat (oder einer Ordnungswidrigkeit von erheblicher Bedeutung für die Allgemeinheit) zu verhindern (sog. Unterbindungsgewahrsam).[126] Die Befugnisnorm spezifiziert die Gefahrenlage auf gesetzlich sanktionierte Verhaltensweisen (gegenwärtige Gefahr für die Rechtsordnung).[127] Eine Tat steht dann unmittelbar bevor, wenn ohne die Ingewahrsamnahme eine fortdauernde Beeinträchtigung des Rechtsgutes polizeilich nicht verhindert werden kann.[128] Die Prämisse „unmittelbar bevorstehende Begehung" ist gleichbedeutend mit „gegenwärtiger Gefahr".[129] Ein

---

125 Instruktiv zum Gewahrsam *Keller* PSP 2/2019, 6 ff.
126 Zur „Präventivhaft" für Fußballhooligans auch EGMR NVwZ 2019, 135 ff.
127 Zu Ingewahrsamnahmen von Personen als Handlungsinstrument der Polizei bei Sportveranstaltungen vgl. auch *Nolte* NVwZ 2001, 147 (152).
128 BayObLG NVwZ 1999, 106; AG Stuttgart NVwZ-RR, 1998, 105: Anordnung von Beseitigungsgewahrsam.
129 OVG Bremen NordÖR 2000, 109, dazu *Haase* NVwZ 2001, 164 ff.; ferner *Geißler/Subatzus* NVwZ 1998, 711 ff.

vorläufiger polizeilicher Gewahrsam, der dazu dient, erst noch eine abschließende Gefahrenprognose treffen zu wollen, ist grundsätzlich unzulässig.[130] Unerlässlich i. d. Sinne bedeutet, dass das Mittel der polizeilichen Ingewahrsamnahme nur angewendet werden darf, wenn es zur Verhütung der befürchteten Straftat oder Ordnungswidrigkeit geeignet und zwingend erforderlich ist. Wenn die mit Strafe bedrohte Handlung durch eine polizeiliche Maßnahme verhindert werden kann, die den Einzelnen und die Allgemeinheit weniger beeinträchtigt, ist die polizeiliche Inverwahrungnahme nicht unerlässlich.[131] Der Unterbindungsgewahrsam ist also stets ultima ratio.

> 📖 Der Begriff **„unerlässlich"** betont das ohnehin zu beachtende Merkmal der Erforderlichkeit. Es handelt sich hier um einen Hinweis des Gesetzgebers an den Rechtsanwender, das Vorliegen der Eingriffsvoraussetzungen besonders kritisch zu prüfen; ein bloßer Gefahrenverdacht genügt nicht. Verlangt das Gesetz die Unerlässlichkeit einer Maßnahme als Eingriffsvoraussetzung, dann ist es der Polizei unter Umständen auch zuzumuten, nicht ganz sichere Gefahrenabwehrmittel zunächst einmal zu versuchen, bevor sie zu der im Gesetz als letzten Ausweg vorgesehenen „ultima ratio" greift.[132]

Laut Sachverhalt wollte die Gruppe von rd. 30 Personen – angesichts der Vorfälle in der Nordkurve – die Anhänger der griechischen Mannschaft angreifen („mal auf andere Weise geben"). Straftaten (§§ 223 ff. StGB) standen unmittelbar bevor. Um die Straftaten zu verhindern, war es erforderlich, die – offensichtlich gewaltbereite – Gruppe kurzfristig zu umschließen. Die tatbestandlichen Voraussetzungen des § 35 Abs. 1 Nr. 2 PolG NRW liegen vor.

2. Besondere Verfahrensvorschriften

Als Verfahrensvorschriften kommen in Betracht die §§ 36 bis 38 PolG NRW. Wird eine Person aufgrund von § 10 Abs. 3, § 12 Abs. 2 Satz 3 oder § 35 PolG NRW festgehalten, hat die Polizei unverzüglich eine richterliche Entscheidung über Zulässigkeit und Fortdauer der Freiheitsentziehung herbeizuführen (§ 36 Abs. 1 Satz 1 PolG NRW). Grundsätzlich ist die richterliche Entscheidung bereits vor der Ingewahrsamnahme herbeizuführen. Dies ergibt sich aus Art. 104 Abs. 2 Satz 1 GG, wonach bereits über die „Zulässigkeit" einer Freiheitsentziehung nur der Richter zu entscheiden hat.[133] Eine vorläufige Freiheitsentziehung im Sinne des Art. 104 Abs. 2 Satz 2 GG allein aufgrund polizeilicher Anordnung ist nur in den Fällen rechtmäßig, in denen

---

130 OLG München NVwZ-RR 2008, 247.
131 BVerwGE 45, 51 = NJW 1974, 807.
132 *Borsdorff/Kastner* Einsatzrecht, S. 366.
133 BVerwG NJW 1974, 807.

der mit der Freiheitsentziehung verfolgte Zweck nicht erreichbar wäre, wenn der Festnahme die richterliche Entscheidung vorausgehen müsste.[134] Da die polizeiliche Ingewahrsamnahme in aller Regel zur Voraussetzung hat, dass eine Gefahr bzw. eine Straftat unmittelbar bevorsteht, wird die vorherige Einschaltung des Richters aber nur in Ausnahmefällen möglich und deshalb die nachfolgende richterliche Entscheidung in der Praxis die Regel sein. Die Polizeigesetze gehen naturgemäß nur von dieser Konstellation aus.[135] Vorliegend standen Straftaten unmittelbar bevor. Eine vorherige richterliche Entscheidung war nicht möglich. Die Umschließung wurde aufgehoben, nachdem die Anhänger der gegnerischen Mannschaft das Stadion verlassen hatten (§ 38 Abs. 1 Nr. 1 PolG NRW).[136] Gem. § 38 Abs. 1 Nr. 1 PolG NRW ist die festgehaltene Person zu entlassen, sobald der Grund für die Maßnahme der Polizei weggefallen ist. Es würde dem Schutzgedanken des Art. 104 GG zuwiderlaufen, den Betroffenen nur deshalb länger festzuhalten, um der formalen rechtsstaatlichen Garantie des Art. 104 Abs. 2 Satz 2 GG zu entsprechen. Ergibt also eine Prognose, dass die richterliche Entscheidung erst ergehen kann, wenn der Grund für den Gewahrsam wieder weggefallen ist, entfällt die Pflicht zur unverzüglichen Herbeiführung einer richterlichen Entscheidung; andernfalls würde die Regelung zu einer mit ihrem Rechtsschutzzweck nicht zu vereinbarenden Verlängerung der Freiheitsentziehung führen.[137]

3. Adressatenregelung

Adressat ist die Person, von der die Gefahr der Begehung oder Fortsetzung der Straftat oder Ordnungswidrigkeit von erheblicher Bedeutung für die Allgemeinheit ausgeht.[138]

4. Rechtsfolge der konkret herangezogenen Ermächtigungsgrundlage
a) Rechtsfolge entspricht der Ermächtigungsgrundlage

Rechtsfolge ist die Ingewahrsamnahme einer Person. Der Gewahrsam ist „ein mit hoheitlicher Gewalt hergestelltes Rechtsverhältnis […], kraft dessen einer Person die Freiheit dergestalt entzogen wird, dass sie von der Polizei in einer dem polizeilichen Zweck entsprechenden Weise verwahrt, d.h. daran gehindert wird, sich fortzubewegen".[139] Gewahrsam ist Festhalten einer Person an einem bestimmten Ort unmittelbar zum Zwecke der Gefahrenabwehr.

---

134 VGH Mannheim NVwZ-RR 2005, 540.
135 *Rachor/Graulich*, in: Lisken/Denninger HdbPolR, Kap. E, Rn. 522.
136 *Unkroth* JURA 2008, 464 (469).
137 VGH Mannheim NVwZ-RR 2005, 540.
138 *Nimtz/Thiel* ER, Rn. 1170.
139 OVG Münster NJW 1980, 138.

b) Bestimmtheit (§ 37 Abs. 1 VwVfG NRW)

Es ist von einer Beachtung des § 37 Abs. 1 VwVfG NRW auszugehen.

c) Ermessen

Entsprechend § 3 Abs. 1 PolG NRW hat die Polizei ihre Maßnahmen nach pflichtgemäßem Ermessen zu treffen. Rechtsfehler hinsichtlich der pflichtgemäßen Ermessensausübung sind nicht ersichtlich.

d) Übermaßverbot

Die Ingewahrsamnahme war geeignet, die gewalttätigen Ausschreitungen zu verhindern. Auch die Erforderlichkeit muss bejaht werden. Eine polizeiliche Verfügung als geringere Maßnahme kann schwerlich als geeignet betrachtet werden. Ebenso war ein Platzverweis nicht geeignet, den Ausschreitungen vorzubeugen. Die (kurzfristige) Einschränkung der Bewegungsfreiheit stand auch nicht außer Verhältnis zum polizeilichen Ziel (Verhinderung der Ausschreitungen, Schutz der Rechtsordnung), d.h. es bestand kein Missverhältnis zwischen Maßnahmezweck und Maßnahmefolge. Die Umschließung war daher auch verhältnismäßig i.e.S. Die Ingewahrsamnahme der Personengruppe dürfte rechtmäßig gewesen sein.[140]

> **Parallelnormen zu §§ 35 ff. PolG NRW (Gewahrsam, Verfahren):** § 39 BPolG, § 57 BKAG, § 28 BWPolG; Art. 17 ff. BayPAG; §§ 30 ff. ASOG Bln; §§ 17 ff. BbgPolG; §§ 15 ff. BremPolG; §§ 13 ff. HambSOG; §§ 32 ff. HSOG; §§ 55 f. MVSOG; §§ 18 ff. NdsSOG; §§ 14 ff. RhPfPOG; §§ 13 ff. SPolG; § 22 SächsPolG; §§ 37 ff. LSASOG; §§ 204 f. SchlHVwG

---

140 Das – wenn auch kurzfristige – Festhalten ganzer Fanblöcke nach Fußballspielen ist gemeinhin akzeptierter Usus geworden; dazu *Geißler/Haase/Subatzus* NVwZ 1998, 711 ff.; vgl. auch *Siegel* NJW 2013, 1035; *Haase* NVwZ 2001, 164 ff. Zu Freiheitsentziehungen größerer Personengruppen *Knape* Die Polizei 2015, 170 ff.

Fall 4: Verdächtige Person im Industriegebiet

> **Schwerpunkte:** Observation, Identitätsfeststellung, erkennungsdienstliche Maßnahmen

Sachverhalt:

Im Industriegebiet von A-Stadt waren in den letzten Wochen vermehrt Firmeneinbrüche und insbesondere zahlreiche Pkw-Aufbrüche zu verzeichnen. Tatrelevante Zeit war meistens zwischen 21.00 Uhr und 23.00 Uhr. Erst vor einer Woche konnte ein Täter von einem Zeugen bei einem Pkw-Aufbruch beobachtet werden. Die sofort eingeleiteten Fahndungsmaßnahmen verliefen allerdings erfolglos. Der Zeuge (G) wurde von einem Beamten des zuständigen Kriminalkommissariats (KK E) zu seinen Beobachtungen vernommen.

Heute, gegen 23.00 Uhr, befinden sich POK A und POK C auf Streifenfahrt in dem Industriegebiet.

Gegen 23.05 Uhr bemerken die Beamten einen Pkw, der mit einer männlichen Person besetzt (B) ist. Als die Person vor dem Firmengelände der Fa. XYZ aus dem Fahrzeug aussteigt und auf dem nicht bewachten Parkplatz dieser Firma – offensichtlich planlos – hin und her geht und hierbei auch („interessiert") ins Fahrzeuginnere verschiedener Pkw schaut, wird sie von den Beamten (verdeckt) gezielt beobachtet. Nach 20 Minuten entschließen sich die Beamten, die Person zu überprüfen. Die Personalien des Mannes werden festgestellt. Es handelt sich hierbei um den 30-jährigen B. Auf Befragen gibt B an, dass er auf seine Ehefrau warte, die bei der Fa. XYZ beschäftigt ist und um 23.30 Uhr Feierabend hat. Die Ehefrau des B, die etwa 10 Minuten später erscheint, bestätigt diese Angaben.

Trotzdem entschließt sich POK A, ein Polaroidfoto von B zu fertigen. Dieses Foto könne man schließlich später dem Zeugen (G) im Rahmen einer Lichtbildvorlage vorlegen.

Aufgabe:

Beurteilen Sie rechtsgutachtlich folgende polizeilichen Eingriffsmaßnahmen:
- Verdecktes Beobachten des B
- Identitätsfeststellung (B)
- Fertigung eines Polaroidfotos von B

Hinweis: Von der örtlichen Zuständigkeit der Beamten ist auszugehen.

Lösung:

A. Verdecktes Beobachten des B
I. Ermächtigungsrundlage

Nach dem Grundsatz des Vorbehalts des Gesetzes bedarf es bei einem Grundrechtseingriff einer Ermächtigungsgrundlage, welche auf ein verfassungsmäßiges Gesetz zurückzuführen ist. Ein Eingriff ist jede durch Hoheitsakt bewirkte, nicht absolut geringfügige Beeinträchtigung eines Grundrechtes. Hier könnte sich dies als Datenerhebung und damit als Beschaffung personenbezogener Daten darstellen.[141] Vorliegend beobachten die einschreitenden Polizeibeamten A und C gezielt das Verhalten von B. Durch das Beobachten des B werden personenbezogene Daten erhoben. Dagegen vermitteln keinen Grundrechtseingriff „planlose", nicht zielgerichtete Datenerhebungen im öffentlichen Raum, z.B. Beobachtungen im Rahmen einer Streifenfahrt. Ein Eingriff liegt erst dann vor, wenn eine zielgerichtete, planmäßige Beobachtung erfolgt.[142] Von einem Eingriff in grundrechtlich geschützte Rechtspositionen des B ist vorliegend auszugehen.[143] Betroffen ist das Recht auf informationelle Selbstbestimmung (Art. 2 Abs. 1 i.V.m. Art. 1 Abs. 1 GG).

---

141 Personenbezogene Daten sind in Art. 3 Nr. 1 JI-RL identisch zu Art. 4 Nr. 1 DSGVO legal definiert. Diesbezüglich gilt es zu beachten, dass der Begriff der Identifizierbarkeit, wie auch in der DSGVO, weit ausgelegt wird. Identifizierbarkeit muss so verstanden werden, dass eine Information zwar für sich genommen nicht ausreicht, um sie einer Person zuzuordnen, dies aber gelingt, sobald die Information mit weiteren Informationen verknüpft wird, *Müller-ter Jung* CR 2019, 643 (645).

142 *Braun* StaatsR, S. 124.

143 Seit dem Urteil des BVerfG zum Volkszählungsgesetz v. 15.12.1983 (BVerfGE 65, 1) hat sich die Erkenntnis etabliert, dass jeder Umgang mit personenbezogenen Daten grundrechtsrelevant ist, d.h. es ist (im Zweifel) von einer Eingriffsqualität auszugehen (NJW 1984, 419).

> 📖 Ein Eingriff in das Recht auf informationelle Selbstbestimmung ist gegeben, wenn der Staat oder ein anderer Hoheitsträger gezielt und rechtsförmlich die Preisgabe personenbezogener Daten anordnet.¹⁴⁴ Dabei kann aus einer (ggf. auch nur belanglosen) Information auf zwei Wegen ein Datum mit Personenbezug werden: Entweder besteht zwischen der Information und einer natürlichen Person eine offensichtliche unmittelbare Verbindung. Dies ist der Fall wenn das Datum Informationen über eine identifizierte, d. h. konkret benannte Person enthält (z. B. E-Mail-Adresse mit Klarnamen) oder der räumlich-gegenständliche Zusammenhang von Information und Person keinen Zweifel an der Zuordnung der Information zu der jeweiligen natürlichen Person lässt (z. B. Polizeiakte mit Namen, Foto, Geburtsdatum usw.).¹⁴⁵ Ist die Person, auf die sich die Daten beziehen, nicht konkret bekannt, ist der Personenbezug einer Information gleichwohl gegeben, wenn die betroffene Person identifizierbar ist, d.h. ermittelt werden kann.¹⁴⁶ Ein zufälliges Wahrnehmen bedeutet gegenüber einer der Polizei bekannten oder unbekannten Person nach hier vertretener Auffassung gleichwohl (noch) keinen Eingriff. Hierfür streitet schon die **Zielgerichtetheit als allgemeine Voraussetzung für die Bejahung eines Eingriffs**. Das Recht auf informationelle Selbstbestimmung darf – sofern von einem Eingriff ausgegangen werden soll – nicht nur marginal tangiert werden.

Die Zielrichtung der Maßnahme dürfte präventiver Natur sein. Maßgebend für die Zuordnung einer Maßnahme ist das objektiv zu ermittelnde Schwergewicht unter Berücksichtigung des Zwecks der Maßnahme.¹⁴⁷ Denkbar wäre zwar, dass es um die Aufklärung der (bereits) begangenen Straftaten geht, so dass vom Vorliegen einer strafverfolgenden Zielrichtung auszugehen wäre. Andererseits ist aber auch eine gefahrenabwehrende Zielsetzung der Beamten denkbar (Schutz fremden Eigentums durch potentielle Straftäter sowie Schutz der Rechtsordnung als Sicherheitsgut der Allgemeinheit). In diesem Fall ist der präventiv-polizeiliche Handlungsraum eröffnet (§ 1 Abs. 1 PolG NRW). Zu klären ist daher, welche Aufgabe vorrangig ist. Dient das polizeiliche Vorgehen beiden Zwecken (Gefahrenabwehr und Strafverfolgung), spricht man auch von einer sog. doppelfunktionalen Zielsetzung. Festzustellen ist, dass der Prävention kein geringerer Rang zukommt als der Repression. Vielmehr ist im Zweifel eine Vermutung zugunsten der Gefahrenabwehr anzunehmen. Dies ergibt sich (auch) aus dem der Polizei übertragenen Gefahrenabwehrauftrag (Schutzauftrag). Diesem Auftrag kommt Verfassungsrang zu.¹⁴⁸ Zu berücksichtigen ist aber vor allem,

---

144 Vertiefend: *Schoch* JURA 2008, 352 (356): Das Recht auf informationelle Selbstbestimmung.
145 *Schulz*, in: Gola/Heckmann BDSG, § 46 Rn. 8.
146 *Schulz*, in: Gola/Heckmann BDSG, § 46 Rn. 9.
147 OVG Münster JZ 1979, 806.
148 *Tegtmeyer/Vahle* PolG NRW, § 1 Rn. 40.

dass zum Zeitpunkt der Beobachtung ein Anfangsverdacht einer Straftat (§ 152 Abs. 2 StPO) gegen B nicht vorliegen dürfte.

Die Observation ist nicht als auf Duldung gerichteter Verwaltungsakt (§ 35 VwVfG NRW), sondern als sog. **Realakt** (mit Eingriffscharakter) zu qualifizieren. Der Qualifizierung einer Observation als Verwaltungsakt steht schon entgegen, dass es ihr an der einem Verwaltungsakt eigenen regelnden Wirkung und damit an der Finalität hinsichtlich einer Rechtsfolge mangelt. Die Annahme einer Verwaltungsaktsqualität (§ 35 VwVfG NRW) scheitert hier bereits an dem Bekanntgabeerfordernis des § 43 Abs. 1 VwVfG NRW (§ 41 VwVfG NRW).

II. Formelle Rechtmäßigkeit

Die sachliche Zuständigkeit ergibt sich vorliegend aus § 1 Abs. 1 Satz 1, 2 PolG NRW i. V. m. § 11 Abs. 1 Nr. 1 POG NRW (Straftatenverhütung im Rahmen der vorbeugenden Bekämpfung von Straftaten). In A-Stadt war in den letzten Wochen ein deutlicher Anstieg von Einbruchsdelikten zu verzeichnen. Es besteht eine Gefahr für die Rechtsordnung durch Realisierung von Straftatbeständen nach dem StGB, insbesondere §§ 242 ff. StGB sowie für Rechtsgüter des Einzelnen, hier Eigentum. Insgesamt besteht damit eine abstrakte Gefahr für die öffentliche Sicherheit. Öffentliches Interesse liegt bei Abwehr von Gefahren für die Rechtsordnung grundsätzlich vor, da es sich um ein Rechtsgut der Allgemeinheit handelt. Die Beamten werden im Schwerpunkt zur vorbeugenden Bekämpfung von Straftaten, insbesondere zur Verhütung (weiterer) Einbruchsdelikte tätig (originäre Aufgabe).

III. Materielle Rechtmäßigkeit

1. Tatbestandsvoraussetzungen der Ermächtigungsgrundlage

Gem. § 16a Abs. 3 PolG NRW darf die Polizei personenbezogene Daten über die in den §§ 4 und 5 PolG NRW genannten und andere Personen erheben, soweit dies zum Zwecke der Gefahrenabwehr (§ 1 Abs. 1) erforderlich ist und ohne diese Maßnahme die Erfüllung der polizeilichen Aufgabe gefährdet wird. Die Beobachtung des B dient hier dem Zweck der Gefahrenabwehr aus § 1 Abs. 1 Satz 2 PolG NRW. Der Tatbestand reduziert die Zulässigkeitsvoraussetzungen auf die Notwendigkeit zur Aufgabenerfüllung. Das zweite Tatbestandsmerkmal stellt dabei lediglich eine Verdeutlichung des Grundsatzes der Erforderlichkeit dar. Die Zulässigkeitsvoraussetzungen sind unproblematisch. Die Observation ist auch erforderlich. Erforderlich ist eine Maßnahme dann, wenn von mehreren geeigneten Maßnahmen die ausgewählt wird, die den Einzelnen und die Allgemeinheit voraussichtlich am wenigsten beeinträchtigt. Die Geeignetheit ist dann gegeben, wenn die

Maßnahme dazu dient, das polizeiliche Ziel zu erreichen. Als ausreichend wird in diesem Zusammenhang angesehen, wenn sie zur Zielerreichung zumindest beitragen kann. Die Beobachtung des B dient hier der Erstellung einer Gefahrenprognose, namentlich, ob dieser sich hinsichtlich der Begehung von Einbruchsdelikten im relevanten Tatortgebiet gefahrenträchtig verhält. Mithin ist die Maßnahme Voraussetzung, um ggf. weitere gefahrenabwehrende Maßnahmen zu treffen. Sie dient damit der vorbeugenden Bekämpfung von Straftaten und entspricht dem Grundsatz der Geeignetheit. Die Maßnahme ist auch erforderlich. Als mildere Maßnahmen kommen die Erteilung einer Verfügung zum Unterlassen von Straftaten sein (§ 8 Abs. 1 PolG NRW), ein Platzverweis (§ 34 Abs. 1 Satz 1 PolG NRW) oder eine (schlichte) Befragung (§ 9 Abs. 2 PolG NRW) in Betracht. Das setzt das Vorliegen einer konkreten Gefahr voraus (§ 8 Abs. 1 bzw. 34 Abs. 1 Satz 1 PolG NRW). Zumindest eine Befragung nach § 9 Abs. 2 PolG NRW scheidet aus, das für B keine Auskunftsverpflichtung besteht, sie wäre nicht geeignet. Auch Platzverweis oder direkte Ansprache können unter taktischen Aspekten schwerlich als geeignetes Mittel zur Gefahrenabwehr betrachtet werden

> 📖 Bei näherer Betrachtung der Befugnisnormen des § 16a Abs. 3 PolG NRW wird indessen deutlich, dass es sich um eine nahezu tatbestandslose Bestimmung mit ermächtigungsimmanenter Adressatenregelung handelt, wobei sich Einschränkungen mithin aus dem Grundsatz der Verhältnismäßigkeit ergeben. So ist der Aussageinhalt des § 16a Abs. 3 Satz 2 PolG NRW durchaus fraglich, da lediglich auf die Aufgabenzuweisungsnorm verwiesen wird. Außerdem ist die Polizei ohnehin nur dann zu Eingriffen befugt, wenn dies zum Zwecke der Gefahrenabwehr erforderlich ist. Es sei daher ein kritischer Hinweis auf die sprachliche Redundanz verschiedener Bestimmungen erlaubt. Es ist festzustellen, dass sich eingriffsbegrenzende Vorschriften auf die mehr oder weniger gelungene Umschreibung der Postulate des Verhältnismäßigkeitsprinzips erschöpfen. Der Grundsatz der Verhältnismäßigkeit ist indessen auch ohne explizite Erwähnung zu beachten. Insofern scheint die allzu häufige Verwendung gewisser stereotyper Elemente aus dem Grundsatz der Verhältnismäßigkeit nicht erforderlich („**Abschleifungseffekt**").[149]

2. Besondere Verfahrensvorschriften

Die in § 16a Abs. 2 PolG NRW normierte Anordnungskompetenz) ist vorliegend nicht zu beachten (s. § 16a Abs. 3 Satz 1 PolG NRW). Es sind die allgemeinen Anforderungen an die Datenerhebung gemäß § 9 Abs. 4 bis Abs. 7 PolG NRW zu berücksichtigen. Die Observation kann offen oder verdeckt stattfinden, wird aber meist heimlich durchgeführt werden. Ferner

---

[149] *Vahle* Kriminalistik 1990, 189 (256).

sind die Vorgaben hinsichtlich des Schutzes des Kernbereichs privater Lebensgestaltung zu beachten (§ 16 PolG NRW).

3. Adressatenregelung

Die Maßnahme darf sich nicht nur gegen Handlungsstörer (§ 4 PolG NRW), sondern auch gegen „andere Personen" i. S. von § 16a Abs. 3 PolG NRW richten. Die Maßnahme richtet sich gegen B als andere Person.

4. Rechtsfolge der konkret herangezogenen Ermächtigungsgrundlage

a) Rechtsfolge entspricht der Ermächtigungsgrundlage

Entsprechend § 16a Abs. 1 PolG NRW wird die Observation als Beobachtung einer Person zwecks Erhebung personenbezogener Daten definiert. Ziel ist dabei, bestimmte Erkenntnisse über die Person oder aus ihrem Umfeld zu gewinnen und auf Grund der erhobenen Daten bestimmte Gefahren zu verhindern oder deren Fortdauern zu unterbinden. Für die Anwendbarkeit des § 16a Abs. 3 PolG NRW ist aus gesetzessystematischen Gründen zunächst auszuschließen, dass das polizeiliche Vorgehen als **längerfristige Observation** im Sinne von § 16a Abs. 1 PolG NRW zu qualifizieren ist. Zugelassen ist mithin die zielgerichtete, planmäßige (verdeckte oder offene) Beobachtung einer Person, die nicht

– durchgehend länger als 24 Stunden oder

– an mehr als zwei Tagen

durchgeführt wird respektive durchgeführt werden soll.

Observation ist das offene oder verdeckte planmäßige Vorgehen der Polizei zur gezielten Beobachtung einer Person, um gezielt bestimmte Erkenntnisse zu gewinnen. Die Intensität kann indes sehr unterschiedlich sein. Die Palette der Observationsmaßnahmen reicht von einer kurzfristigen „Verfolgung" in der Öffentlichkeit bis hin zu einer mehrwöchigen Beobachtung unter Einsatz moderner Technik.[150] Der Einsatz technischer Geräte, die nicht unter § 17 und § 18 PolG einzuordnen sind, ist erlaubt (so kann z.B. ein Fernglas genutzt werden). Das Vorgehen der Beamten POK A und POK C ist als kurzfristige Observation im Sinne des § 16a Abs. 3 PolG NRW zu qualifizieren. Die Beobachtung des B dauerte 20 Minuten und war auch nicht planmäßig angelegt.

b) Bestimmtheit (§ 37 Abs. 1 VwVfG NRW)

Vorliegend handelt es sich um einen Realakt; Verstöße gegen § 37 Abs. 1 VwVfG NRW sind nicht vorstellbar.

---

150 *Vahle* Kriminalistik 2006, 641.

c) Ermessen (§ 3 PolG NRW)

Rechtsfehler hinsichtlich der pflichtgemäßen Ermessensausübung, insbesondere eine Missachtung der Grundsätze aus § 40 VwVfG NRW sowie des Differenzierungsge- und -verbotes sind dem Sachverhalt nicht zu entnehmen.

d) Übermaßverbot (§ 2 PolG NRW)

Die Observation ist geeignet und erforderlich. Dies wurde bereits im Tatbestand geprüft. Die Maßnahme ist angemessen, wenn der für den Betroffenen entstehende Nachteil nicht in einem offenbaren Missverhältnis zu dem Nachteil steht, der für die Allgemeinheit bzw. den Einzelnen bei Nichteinschreiten entstehen würde. Die Beurteilung der Verhältnismäßigkeit setzt eine Güterabwägung voraus, die sich natürlich an den Umständen des Einzelfalls orientiert. Die (Güter-)Abwägung stellt die eigentliche Verhältnismäßigkeitsprüfung dar, da bei ihr der staatliche Eingriffszweck und die Einschränkung der bürgerlichen Freiheit ins Verhältnis zueinander gesetzt werden. Hier steht der mit der Beobachtung des B verbundene Eingriff in das Recht auf informationelle Selbstbestimmung nach Art. 2 Abs. 1 i. V. m. Art. 1 Abs. 1 GG nicht erkennbar außer Verhältnis zum angestrebten und erreichbaren Erfolg, über die Erstellung einer Gefahrenprognose durch Vornahme einer Verhaltensbeobachtung Straftaten vorbeugend zu bekämpfen.

IV. Ergebnis

Die kurzfristige Observation des B war rechtmäßig.

Die Polizeigesetze enthalten ausdrückliche Regelungen über die Observation. Näher ausgestaltet ist im Allgemeinen aber nur die längerfristige Observation, wobei der Begriff unterschiedlich definiert wird;[151] vgl. **Parallelnormen zu § 16a Abs. 1 PolG NRW;** Art. 33 Abs. 1 Nr. 1 BayPAG; § 25 Abs. 1 Nr. 1 ASOG Bln; § 32 Abs. 1 BbgPolG; § 32 Abs. 1 Nr. 1 BremPolG; § 33 Abs. 1 Nr. 1 MVSOG; § 34 Abs. 1 NdsSOG; § 28 Abs. 2 Nr. 1 RhPfPOG; § 17 Abs. 1 Nr. 1 LSASOG.

---

[151] Im Einzelnen *Rachor/Graulich*, in: Lisken/Denninger HdbPolR, Kap. E Rn. 728; *Petri*, in: Lisken/Denninger, HdbPolR, Kap. G Rn. 731.

B. Identitätsfeststellung (B)
I. Ermächtigungsrundlage

Nach dem Grundsatz des Vorbehalt des Gesetzes bedarf es bei einem Grundrechtseingriff einer Ermächtigungsgrundlage, welche auf ein verfassungsmäßiges Gesetz zurückzuführen ist. Mit der Personalienfeststellung ist wiederum ein Eingriff in das Recht auf informationelle Selbstbestimmung, Art. 2 Abs. 1 i.V.m. Art. 1 Abs. 1 GG (Recht auf Anonymität) verbunden. Das Anhalten für die kurze Dauer der Befragung ist als Freiheitsbeschränkung (Art. 2 Abs. 2 Satz 2 i.V.m. Art. 104 Abs. 1 GG) zu qualifizieren. Zielrichtung ist vorliegend die Gefahrenabwehr (vorbeugende Bekämpfung von Straftaten). Eine polizeiliche Verfügung an eine Person (B), sich auszuweisen, stellt sich als (belastender) Verwaltungsakt (§ 35 Satz 1 VwVfG NRW) dar.

II. Formelle Rechtmäßigkeit
1. Zuständigkeit

Auch bei dieser Maßnahme ist der präventiv-polizeiliche Handlungsraum eröffnet. Die sachliche Zuständigkeit ergibt sich aus § 1 Abs. 1 Satz 1, 2 PolG NRW i.V.m. § 11 Abs. 1 Nr. 1 POG NRW.

2. Verfahren

Personalienfeststellungen als Eingriffsverwaltungsakte lösen grundsätzlich eine Pflicht zur Anhörung aus (§ 28 Abs. 1 VwVfG NRW), weil sich niemand ohne Angabe von Gründen vor einer staatlichen Stelle ausweisen muss.[152] Diese Verpflichtung lässt sich mithin aus § 28 Abs. 1 VwVfG NRW ableiten.[153] Der Verwaltungsakt ist entsprechend § 41 Abs. 1 VwVfG NRW bekannt zu geben. Zu beachten sind überdies die allgemeinen Regeln der Datenerhebung (§ 9 Abs. 4–7 PolG NRW). Mangels entsprechender (entgegenstehender) Anhaltspunkte im Sachverhalt ist davon auszugehen, dass POK A und POK C diese Vorschriften beachtet haben. Ebenso wird unterstellt, dass die in Frage kommenden Vorschriften aus dem VwVfG NRW beachtet wurden.

3. Form

Gem. § 37 Abs. 2 VwVfG NRW kann ein Verwaltungsakt schriftlich, elektronisch, mündlich oder in anderer Weise erlassen werden.

---

[152] OLG Hamm NVwZ 1982, 156 (157). Bei einer polizeilichen Personalienfeststellung muss dem Betroffenen der Anlass für die Überprüfung mitgeteilt werden, wenn sich dieser nicht aus den auch dem Betroffenen erkennbaren Umständen ergibt.

[153] *Vahle* Kriminalistik 1987, 455 (456).

III. Materielle Rechtmäßigkeit
1. Tatbestandsvoraussetzungen der Ermächtigungsgrundlage

Als Ermächtigungsgrundlage könnte § 12 Abs. 1 Nr. 1 PolG NRW[154] in Betracht kommen. Dann müsste eine konkrete Gefahr für die öffentliche Sicherheit vorliegen. Es handelt sich um die im einzelnen Falle bestehende, d. h. von einer in der Lebenswirklichkeit vorhandenen konkreten Sachlage ausgehende Gefahr. Eine reale Gefahr für die öffentliche Sicherheit lag indes vorliegend (objektiv) nicht vor. Gleichwohl lagen zum entscheidungserheblichen Zeitpunkt aber (hinreichende) tatsächliche Anhaltspunkte für die Annahme einer konkreten Gefahr vor. Im Industriegebiet waren in den zurückliegenden Wochen vermehrt Firmeneinbrüche und zahlreiche Pkw-Aufbrüche zu verzeichnen, möglicherweise war gerade der (nicht bewachte) Parkplatz der Fa. XYZ stark kriminalitätsbelastet. B hielt sich zur tatkritischen Zeit in diesem Bereich auf. Hinzu kommt, dass er auf dem Parkplatz der Fa. XYZ (planlos?) hin und her ging und sich hierbei auch für mehrere Pkw „interessierte". Dieses Verhalten war für die Beamten nicht ohne weiteres erklärbar („Ausbaldowern" eines Tatobjekts?). Eine (verständige) Würdigung dieser Anhaltspunkte ließ daher den Schluss auf eine reale Gefahrenlage zu[155], die es aufzuklären galt. Liegt eine reale Gefahr aber tatsächlich nicht vor, spricht man auch von einem **Gefahrenverdacht** oder von einer sog. **Anscheinsgefahr**. In beiden Fällen können sog. **Aufklärungseingriffe** zwecks Sachverhaltsermittlung vorgenommen werden. Ob eine Gefahr letztendlich tatsächlich vorgelegen hat, kann ohnehin nur ex post beurteilt werden, hinsichtlich der Eingriffsermächtigungen ist aber eine ex ante Betrachtung erforderlich (entscheidungserheblicher Zeitpunkt). Das Vorliegen einer Gefahr wird mithin nicht dadurch in Frage gestellt, dass einzelne (erwartete) Folgeumstände, die (möglicherweise) zum Schaden ge-

---

[154] Denkbar wäre auch die Alternative des § 12 Abs. 1 Nr. 2a PolG NRW. (Identitätsfeststellung an sog. gefährlichen oder verrufenen Orten). Zu erörtern wäre dann, ob das gesamte (!) Industriegebiet oder der Parkplatz der Fa. XYZ als Teil des Industriegebietes als verrufener/ gefährlicher Ort i.S. des § 12 Abs. 1 Nr. 2a PolG NRW qualifiziert werden kann. Gefordert wird jedenfalls ein einheitliches (zusammenhängendes) Bild eines gefährlichen/verrufenen Ortes. Ort i.S. von § 12 Abs. 1 Nr. 2a PolG NRW kann daher nicht ein ganzer Stadtbezirk, sondern nur eine (relativ) begrenzte (!) Örtlichkeit sein, da ansonsten die Identitätsfeststellungen uferlos ausgeweitet werden könnten. Die in § 12 Abs. 1 Nr. 2 PolG NRW geforderten konkreten Anhaltspunkte (Tatsachen) müssen den Rückschluss auf einen generellen, zumindest zu bestimmten Zeiten vorhandenen Missbrauch der Örtlichkeit zulassen, vgl. *Kay/ Böcking* PolR NRW, Rn. 131. Legt man § 12 Abs. 1 Nr.2a PolG NRW als Rechtsgrundlage zugrunde, müsste der Parkplatz der Fa. XYZ als verrufener/gefährlicher Ort entsprechend subsumiert werden.

[155] Die Tatsache, dass sich B zu einer tatkritischen Zeit auf dem Parkplatz der Fa. XYZ aufhält, begründet (allein) wohl noch keine (konkrete) Gefahrenlage. Durch sein Verhalten auf dem Parkplatz erregte er jedoch Verdachtsmomente, die eine (konkrete) Gefahrenlage begründeten.

führt hätten, nicht eingetreten sind. Entscheidend sind die Ausgangstatsachen, auf denen die Annahme der (konkreten) Gefahr beruht. Die Annahme einer Gefahrenlage durch POK A und POK C war gerechtfertigt. Indes ist diese Auffassung strittig. Allein die Sammlung objektiver Anhaltspunkte reicht für die Annahme einer Anscheinsgefahr nicht aus. Dadurch erfolgt die Abgrenzung zur Putativgefahr. Vielmehr hat ein weiterer Schritt zu erfolgen. Der Sachverhalt ist dahingehend zu untersuchen, „ob es von den Beamten vernünftig war, auf der Basis des gesamten Datenmaterials eine reale Gefahr anzunehmen." Dies geschieht mit einer einfachen Gegen- bzw. Kontrollfrage und somit mit Hilfe einer Negativdefinition. Es ist zu fragen, ob die Beamten hätten Restzweifel haben müssen. Dies ist der Fall, wenn vernünftige Erklärungsalternativen, die nicht völlig abwegig erscheinen und somit außerhalb jeglicher Lebenserfahrung liegen, die Verhaltensweise des B in einem anderen Licht erscheinen lassen. Bestehen solche Alternativen, müssen die Beamten Restzweifel haben und die Annahme einer Anscheinsgefahr ist regelmäßig ihrerseits unvernünftig. Im vorliegenden Fall zeigt gerade die 20-minütige Beobachtungsphase, dass die Beamten solche Restzweifel hatten. Dies war auch vernünftig. Denn es liegt nicht außerhalb jeglicher Lebenserfahrung, dass im Bereich eines Industriegebietes Ehemänner ihre Frauen von der Nachtschicht abholen. Zudem ist es nicht völlig ungewöhnlich, dass auch zu dieser Uhrzeit Spaziergänger – auch in einem Industriegebiet – unterwegs sind, die sich etwa aus privatem Kaufinteresse heraus mögliche Kaufobjekte anschauen. Hinzukommt, dass bei Pkw-Aufbrüchen die Täter im Regelfall darauf achten werden, möglichst schnell zu agieren. Insofern passte die Verhaltensweise des B nicht zum üblichen modus operandi. Darüber hinaus wäre es den Beamten vor einer Identitätsfeststellung zumutbar gewesen, das Erscheinen der Ehefrau abzuwarten, um die Angaben des B hierdurch zu überprüfen. Wäre die Ehefrau nicht erschienen, so wäre nun der Übergang zur Annahme einer Anscheinsgefahr vernünftig gewesen"[156]. Insofern kommt man hier zum Ergebnis einer rechtswidrigen Identitätsfeststellung.

2. Besondere Verfahrensvorschriften

Mangels entsprechender (entgegenstehender) Anhaltspunkte im Sachverhalt ist davon auszugehen, dass POK A und POK C die allgemeinen Regeln der Datenerhebung beachtet haben. Ebenso wird unterstellt, dass die in Frage kommenden Vorschriften aus dem VwVfG NRW beachtet wurden.

---

156 *Beital* Kriminalistik 2002, 340 (341). Replik auf die Falllösung im Eingriffsrecht von *Keller* Kriminalistik 2002, 66 ff.

3. Adressatenregelung

B hat die Gefahr verursacht (§ 4 Abs. 1 PolG NRW). Polizeirechtlich verantwortlich sind auch die Personen, die lediglich den Anschein einer Gefahr hervorgerufen haben (Anscheinsstörereigenschaft).

4. Rechtsfolge der konkret herangezogenen Ermächtigungsgrundlage
a) Rechtsfolge entspricht der Ermächtigungsgrundlage

Ist eine Identitätsfeststellung zulässig, so darf die Polizei die erforderlichen Maßnahmen treffen (§ 12 Abs. 2 PolG NRW). § 12 Abs. 2 Satz 1 PolG NRW enthält eine generalklauselartige Ermächtigung, denn es werden die zur Identitätsfeststellung erforderlichen Maßnahmen zugelassen. Diese auf den ersten Blick sehr allgemein gehaltene Befugnisnorm wird durch die nachfolgenden Sätze eingeschränkt, da das Wort „insbesondere" in § 12 Abs. 2 Satz 2 PolG NRW die möglichen Maßnahmen begrenzt. Welche Mittel zur Legitimation ausreichen, hängt vom Anlass der Überprüfung und dem Grad der Beteiligung des Betroffenen ab. Legt der Betroffene einen gültigen Personalausweis vor, und sind keine Anhaltspunkte für dessen Fälschung, Verfälschung oder sonstige Unstimmigkeiten vorhanden, gilt die Identität als festgestellt. Nach § 12 Abs. 2 Satz 2 PolG NRW kann der Betroffene angehalten werden, und zwar für die Dauer der normalen Identitätsfeststellung am Ort des Geschehens. Hierbei handelt es sich um eine kurzfristige Freiheitsbeschränkung.

b) Bestimmtheit (§ 37 Abs. 1 VwVfG NRW)

§ 37 VwVfG NRW enthält mit dem Bestimmtheitserfordernis in Abs. 1 ein materiellrechtliches Erfordernis. Verstöße sind hier nicht ersichtlich.

c) Ermessen (§ 3 PolG NRW)

Rechtsfehler hinsichtlich der pflichtgemäßen Ermessensausübung, insbesondere eine Missachtung der Grundsätze aus § 40 VwVfG NRW sowie des Differenzierungsge- und -verbotes sind dem Sachverhalt nicht zu entnehmen.

d) Übermaßverbot (§ 2 PolG NRW)

Zu prüfen ist, ob die Identitätsfeststellung geeignet, erforderlich und angemessen war.

aa) Geeignetheit

Geeignet ist eine Maßnahme, die rechtlich und tatsächlich möglich ist und den erstrebten Erfolg, die Abwehr der Gefahr für die öffentliche Sicherheit herbeiführt oder zumindest fördert. Zu beantworten ist die Frage der objektiven Zwecktauglichkeit. Mit dem Grundsatz der Geeignetheit wird ein allgemeines Sachlichkeitsgebot postuliert, das in seinen praktischen Auswirkungen mit dem Willkürverbot zu vergleichen ist. Die Maßnahme muss zur Verwirklichung des angestrebten Zwecks geeignet sein. Ob dieser Zweck tatsächlich erreicht wird, lässt sich erst im Nachhinein feststellen. Eine derartige Forderung zum entscheidungserheblichen Zeitpunkt zu erheben, ist dem Gefahrenabwehrrecht fremd. Eine voraussichtlich vollständige Zweckerreichung ist mithin nicht erforderlich. Vielmehr kommt es darauf an, dass die Maßnahme ein „Schritt in der richtigen Richtung" ist.[157] Hier kann fraglich sein, ob eine Identitätsfeststellung überhaupt ein taugliches Mittel zur Abwehr der Gefahr sein kann. Zu berücksichtigen ist, dass allein durch eine Identitätsfeststellung i.d.R. die Gefahr nicht abgewehrt werden kann. Durch Aufhebung der Anonymität wird jedoch ein gewisser **Abschreckungseffekt** ausgelöst, d.h. ein potentieller Straftäter wird dadurch von einer (möglichen) Tatbegehung abgehalten.[158] Anerkannt ist im Polizeirecht, dass die Anforderungen an den Nachweis der Eignung nicht sonderlich hoch sind, d.h., dass der Grundsatz der Geeignetheit schon dann prinzipiell gewahrt ist, wenn die Maßnahme „einen Schritt in die richtige Richtung" darstellt. Das bedeutet letztlich, dass der Zweck zumindest gefördert werden muss. Hierdurch wird klar, dass der Grundsatz der Geeignetheit definitorisch nur Extremsituationen ausschließt. Ein Mittel ist ungeeignet, wenn es einen Zweck überhaupt nicht fördert respektive nicht fördern kann. Ungeeignet ist eine Maßnahme auch dann, wenn sie vom Adressaten etwas rechtlich Unzulässiges oder gar Unmögliches verlangt.[159] Da es nicht erforderlich ist, dass die Maßnahme den gewünschten Erfolg sicher herbeiführt – es genügt vielmehr, dass sie zur Zweckerreichung förderlich ist – ist die Identitätsfeststellung geeignet.

bb) Erforderlichkeit

Das Gebot der Wahl des milderen Mittels verlangt, dass von mehreren möglichen und geeigneten Maßnahmen diejenigen zu wählen sind, die den einzelnen und die Allgemeinheit voraussichtlich am wenigsten beeinträchtigen (Gebot der Wahl des milderen Mittels). Die Polizei ist verpflichtet, von mehreren voraussichtlich gleich wirksamen Maßnahmen die am wenigsten

---
157 *Rachor/Graulich*, in: Lisken/Denninger HdbPolR, Kap. E Rn. 159.
158 VG Freiburg, Urt. v. 5.2.2009–4 K 961/08: Eine Personenfeststellung kann ein geeignetes Mittel zur Gefahrenabwehr sein, weil sie potentielle Störer aus ihrer Anonymität reißen und so von der Begehung (weiterer) Störungen abhalten kann. In diesem Zusammenhang wird auch von der sog. **Hemmschwellentheorie** gesprochen; *Chemnitz* PolR, S. 326.
159 *Götz/Geis* POR, § 11 Rn. 22.

belastende zu wählen. Als weniger beeinträchtigende Maßnahme wäre an eine (einfache) Befragung gem. § 9 Abs. 2 PolG NRW zu denken. Fraglich wäre allerdings, ob eine bloße Befragung (auch) zur Abwehr der Gefahr geeignet wäre.[160] Auch ein Platzverweis wäre weder ein zur Erreichung der oben genannten Ziele geeignetes noch ein gegenüber der Personenfeststellung milderes Mittel gewesen.[161] Die Identitätsfeststellung ist demnach zur Gefahrenabwehr erforderlich.

cc)   Verhältnismäßigkeit i. e. S.

Zu prüfen ist, ob die durchgeführte Maßnahme nicht außer Verhältnis zum angestrebten Zweck steht, d. h. die Identitätsfeststellung darf nicht zu einem Schaden führen, der zu dem beabsichtigten Erfolg erkennbar außer Verhältnis steht. Eingeschränkt wird das Recht auf informationelle Selbstbestimmung (Recht auf Anonymität) i. S. v. Art. 2 Abs. 1 i. V. m. Art. 1 Abs. 1 GG sowie die Bewegungsfreiheit. Andererseits geht es um die Abwehr von Gefahren für Sicherheitsgüter einzelner Personen (Schutz fremden Eigentums) und um den Schutz der Rechtsordnung (Sicherheitsgut der Allgemeinheit), die einen erheblichen Stellenwert hat.[162] Eine Abwägung der kollidierenden Interessen bzw. Rechtsgüter führt nicht (erkennbar) zu einem Missverhältnis, d. h. die polizeilich zu schützenden Güter überwiegen in ihrer Bedeutung die Beeinträchtigungen, die B hinnehmen musste. Die Identitätsfeststellung war daher auch verhältnismäßig.

IV.   Ergebnis

Die Identitätsfeststellung war daher auch rechtmäßig.

> **Parallelnormen zu § 12 PolG NRW (Identitätsfeststellung);** § 23 BPolG; § 42 BKAG; 26 BWPolG; Art. 13 BayPAG; § 21 ASOG Bln; § 12 BbgPolG; § 11 BremPolG; § 4 HambPolEDVG; § 18 HSOG; § 29 MVSOG; § 13 NdsSOG; § 10 RhPfPOG; § 9 SPolG; § 19 SächsPolG; § 20 LSASOG; § 181 SchlHLVwG; § 14 ThürPAG.

---

160 Zwar können auch im Rahmen des § 9 Abs. 3 PolG NRW die Personalien eines Betroffenen festgestellt werden, jedoch verfolgt die Identitätsfeststellung gem. § 9 Abs. 3 PolG NRW eine andere Zielrichtung; vgl. *Riotte/Tegtmeyer* NRWVBl 1990, 145 ff.
161 VG Freiburg, Urt. v. 5.2.2009–4 K 961/08.
162 *DWVM* Gefahrenabwehr, S. 392.

C. Fertigung eines Polaroidfotos von B
I. Ermächtigungsrundlage
Nach dem Grundsatz des Vorbehalts des Gesetzes bedarf es bei einem Grundrechtseingriff einer Ermächtigungsgrundlage, welche auf ein verfassungsmäßiges Gesetz zurückzuführen ist. Die Fixierung des äußeren Erscheinungsbildes einer Person ist ein Rechtseingriff, der einer gesetzlichen Ermächtigung bedarf. Beeinträchtigt wird das sog. Recht am eigenen Bild als Teil des allgemeinen Persönlichkeitsrechts (Art. 2 Abs. 1 i.V.m. Art. 1 Abs. 1 GG).

II. Formelle Rechtmäßigkeit
Zweifelhaft ist, ob auch für diese Maßnahme der präventiv-polizeiliche Handlungsraum eröffnet ist. Laut Sachverhalt wurde das Foto gefertigt, um es später dem Zeugen G im Rahmen einer Lichtbildvorlage vorlegen zu können. Unter Berücksichtigung dieses (erklärten) Zwecks ist daher von einer strafverfolgenden Zielsetzung auszugehen. Die sachliche Zuständigkeit ergibt sich aus § 1 Abs. 4 PolG NRW i.V.m. § 11 Abs. 1 Nr. 2 POG NRW i.V.m. § 163 Abs. 1 Satz 1 StPO.[163]

III. Materielle Rechtmäßigkeit
Als Rechtsgrundlage für diese Maßnahme könnte § 81b StPO in Betracht kommen. Das Fertigen eines Lichtbildes ist eine Maßnahme i.S. dieser Ermächtigung. Da die Maßnahme der Strafverfolgung dient, kommt vorliegend § 81b 1. Alt. StPO[164] in Betracht. Die Anfertigung von Lichtbildern als partielle erkennungsdienstliche Behandlung zu Zwecken der Strafverfolgung setzt voraus, dass der Betroffene (formal) Beschuldigter in einem (Straf-)Ermittlungsverfahren ist.[165] Beschuldigter ist der Verdächtige, gegen den die Strafverfolgungsbehörde das Verfahren als Verantwortlichen der Straftat betreibt. Jemand wird nicht automatisch zum Beschuldigten wegen der Stärke des Tatverdachts, sondern durch einen Willensakt der Strafverfolgungsbehörde. Diese (Beschuldigten-)Eigenschaft erlangt eine Person mithin durch die förmliche Einleitung eines gegen sie gerichteten Ermittlungsverfahrens. Voraussetzung für die Einleitung eines Ermittlungsverfah-

---

163 Dass die Maßnahme auch sekundär der Gefahrenabwehr dienen könnte, ist hier unbedeutend. Mit Hilfe des Polaroidbildes soll geklärt werden, ob B mit der Person identisch ist, die der Zeuge G bei einem Pkw-Aufbruch beobachtet hat.

164 Dagegen geht es bei der Bestimmung des § 81b 2. Alt. StPO im Ansatz nicht um die Aufklärung einer Straftat, sondern um die Vorsorge für eine künftige (!) Strafverfolgung; vertiefend: *Klein/Gammon* Kriminalistik 2019, 169 ff.; *Buchholz/Kersig*, JuS 2019 351 ff.; *Keller* Kriminalistik 2014, 263 ff.; *Gerhold/Rakoschek* JURA 2008, 895 ff.; *Kay*, Kriminalistik 2006 214 ff.

165 VG Freiburg, Urt. v. 5.2.2009–4 K 961/08.

rens ist das Bestehen eines Anfangsverdachts (§ 152 Abs. 2 StPO).[166] Ein strafprozessualer **Anfangsverdacht** gegenüber B liegt indes nicht vor. Vielmehr waren zum Zeitpunkt der Fotoaufnahme – nicht zuletzt aufgrund der vorherigen Maßnahmen – alle (möglichen) Verdachtsmomente ausgeräumt. Eine (bloße) Vermutung, dass B vielleicht doch der Täter sein könnte, kann insofern keine Beschuldigteneigenschaft begründen. Das Fotografieren des B durch die Polizeibeamten ist daher rechtswidrig.[167]

---

[166] Die Staatsanwaltschaft muss nach § 152 Abs. 2 StPO ein Ermittlungsverfahren einleiten, wenn „zureichende tatsächliche Anhaltspunkte" für eine Straftat vorliegen (**Anfangsverdacht**).

[167] Andere strafprozessuale Vorschriften, die das Fotografieren legitimieren könnten (würden), sind nicht ersichtlich, insbesondere scheidet § 163b StPO aus.

Fall 5: Der uneinsichtige Randalierer

Schwerpunkte: Identitätsfeststellung, Durchsuchung (Eigensicherung), Platzverweis, Gewahrsam, Generalklausel, Recht am eigenen Bild

Sachverhalt:

An einem Samstag, gegen 17.00 Uhr, werden die Polizeibeamten POK A und PK'in B von der Leitstelle A-Stadt zur Gaststätte „Zum Clown" entsandt. Einsatzgrund ist eine in der Gaststätte randalierende Person.

In der Gaststätte befinden sich mehrere Gäste, zum Teil erheblich alkoholisiert. Angetroffen wird dort auch der 30-jährige Ingo S., der laut Auskunft des Wirtes mehrere Gäste „grundlos angepöbelt" hat. Dem Gast G hat Ingo S. dabei unvermittelt mit der Faust in Gesicht geschlagen. Als Ingo S. die Polizeibeamten erblickt, richtet sich seine Aggression gegen die Beamten. PK'in B wird als „Bullenschlampe" tituliert. G will gegen den Ingo S. Strafantrag wegen Körperverletzung stellen. Daraufhin entschließen sich die Beamten, die Personalien des Ingo S. festzustellen. Der Aufforderung zur Angabe der Personalien kommt S jedoch nicht nach. Trotz des Hinweises auf eine entsprechende Verpflichtung verweigert S die Angaben und will sich auch nicht ausweisen. S soll nun zur Polizeidienststelle verbracht werden. Er wird deshalb gegen seinen heftigen Protest von POK A und PK'in B zum Streifenwagen geführt. Bevor Ingo S in den Streifenwagen gesetzt wird, wird er nach gefährlichen Gegenständen abgetastet. Ingo S wird zur Polizeidienststelle ins Polizeipräsidium A-Stadt verbracht. Bei einer gründlichen Durchsuchung auf der Dienststelle wird ein Bundespersonalausweis gefunden. Nach erfolgter Feststellung der Personalien wird Ingo S gegen 18.30 Uhr entlassen.

Gegen 20.30 Uhr werden POK A und PK'in B erneut zur Gaststätte „Zum Clown" gerufen. Angetroffen wird wieder Ingo S., der in Gaststätte randaliert und andere Gäste „anpöbelt". Der deutlich alkoholisierte S wirkt nun äußerst aggressiv. Die Beamten fordern S auf, die Gaststätte zu verlassen. S erklärt den Beamten unmissverständlich in barschem Ton, dass er selbst entscheide, wann er die Gaststätte verlasse. Im Übrigen werde er sich von der Polizei gar nichts sagen lassen. Außerdem hat er mit dem Wirt noch „eine Rechnung offen". Dem „werde er es heute Abend noch mal zeigen". Die Beamten führen Ingo S. daraufhin der Dienststelle zu. Hier wird er in eine Gewahrsamszelle verbracht. Nach Ausnüchterung wird er am nächsten Morgen entlassen.

2. Teil: Fälle mit Lösungen

Der Vorfall vor der Gaststätte wurde von dem Diplomsoziologen D aufmerksam beobachtet. Als D sich anschickt, aus kürzester Distanz Fotografien von PK'in B zu fertigen, um diese nach eigenen Angaben im Internetforum „Bürger gegen Polizeigewalt" zu veröffentlichen, wurde ihm das Fotografieren untersagt.

Aufgabe:

Prüfen Sie gutachterlich aus eingriffsrechtlicher Sicht folgende durch POK A/PK'in B getroffenen Maßnahmen.
- Identitätsfeststellung (Ingo S) und Verbringen zur Dienststelle
- Durchsuchung des Ingo S vor Abtransport zur Dienststelle
- Platzverweis (Ingo S)
- Gewahrsamnahme (Ingo S)
- Untersagung des Fotografierens (Diplomsoziologe D)

Hinweis: Die örtliche Zuständigkeit als formelles Erfordernis wird unterstellt.

Lösung:

A.   Identitätsfeststellung (Ingo S) und Verbringen zur Dienststelle
I.   Ermächtigungsgrundlage

Nach dem Grundsatz des Vorbehalts des Gesetzes bedarf es bei einem Grundrechtseingriff einer Ermächtigungsgrundlage, welche auf ein verfassungsmäßiges Gesetz zurückzuführen ist. Die Polizei benötigt für diese Maßnahme der Identitätsfeststellung eine Rechtsgrundlage, wenn sie mit der Maßnahme in grundrechtlich geschützte Rechtspositionen eingreift. Durch das Feststellen der Identität und das Verbringen zur Dienststelle werden die Grundrechte aus Art. 2 Abs. 1 i.V.m. Art. 1 Abs. 1 GG (Recht auf informationelle Selbstbestimmung) und Art. 2 Abs. 2 Satz 2 i.V.m. Art. 104 Abs. 2 GG (Freiheit der Person, Freiheitsentziehung[168]) tangiert. Das Einschreiten erfolgt ersichtlich zur Strafverfolgung. G will gegen S Strafantrag wegen Körperverletzung stellen, S beleidigt PK'in B. Am Vorliegen eines Anfangsverdachts (§ 152 Abs. 2 StPO) bestehen aufgrund des Sachverhaltes keine Zweifel (Körperverletzung, § 223 StGB, Beleidigung, § 185 StGB). So

---

168 Festhalten der Person ist Freiheitsentziehung (Art. 104 Abs. 2 GG); statt vieler: *Meyer-Goßner/Schmitt* StPO, § 163b, Rn. 7. A.A. *Kramer* StrafVerfR, Rn. 183. Festhalten ist Freiheitsbeschränkung (Art. 104 Abs. 1 GG).

ein (Anfangs-)Verdacht besteht bei konkreten tatsächlichen Anhaltspunkten, „die nach kriminalistischen Erfahrungen die Beteiligung des Betroffenen an einer verfolgbaren Straftat als möglich erscheinen lassen".[169] Die nach dem Vorbehalt des Gesetzes erforderliche Ermächtigungsgrundlage ergibt sich aus § 163b Abs. 1 StPO. Es handelt sich um einen Justizverwaltungsakt (§ 23 EGGVG).

II. Formelle Rechtmäßigkeit
1. Sachliche Zuständigkeit

Die sachliche Zuständigkeit ergibt sich aus § 1 Abs. 4 PolG NRW i.V.m. § 11 Abs. 1 Nr. 2 POG NRW i.V.m. § 163 Abs. 1 Satz 1 StPO. Gem. § 163 Abs. 1 Satz 1 StPO haben die Behörden und Beamten des Polizeidienstes Straftaten zu erforschen und alle keinen Aufschub gestattenden Anordnungen zu treffen, um die Verdunkelung der Sache zu verhüten (**Legalitätsprinzip**). Für die Ermittlungstätigkeit der Staatsanwaltschaft und Polizei ist das Legalitätsprinzip (§§ 152 Abs. 2, 163 Abs. 1 Satz 1 StPO) der zentrale Grundsatz. Es besagt, dass die Angehörigen von StA und Polizei bei Vorliegen zureichender tatsächlicher Anhaltspunkte verpflichtet sind, wegen aller verfolgbaren Straftaten einzuschreiten. Gem. § 11 Abs. 1 Nr. 2 POG NRW sind die Kreispolizeibehörden zuständig für die Erforschung und Verfolgung von Straftaten und Ordnungswidrigkeiten. POK A und PK'in B werden für die KPB A-Stadt tätig.

2. Verfahren

Im Zusammenhang mit den Eingriffsermächtigungen der StPO bestimmt der Gesetzgeber die Art und Weise und die Form des Verfahrens. Vorliegend ist dem Verdächtigen (Ingo S) vor der Identitätsfeststellung zu eröffnen, welche Tat ihm zu Last gelegt wird (§ 163a Abs. 4 i.V.m. § 163b Abs. 1 StPO).[170] § 163b Abs. 1 StPO berechtigt die Polizei nicht dazu, einen Bürger Maßnahmen zur Feststellung seiner Identität (und infolge der Verweigerung weiterer Zwangsmaßnahmen) auszusetzen, ohne ihn vorher darüber zu belehren, was ihm zur Last gelegt wird.[171]

---

[169] Eine solche geringe Wahrscheinlichkeit genügt für die Einleitung eines Ermittlungsverfahrens; sie muss aber auf Tatsachen, nicht bloß auf Vermutungen beruhen; dazu auch *Beulke/Swoboda* StrafProzR, Rn. 111.
[170] Die Prüfung des Informationsgebotes aus § 163a Abs. 4 StPO kann auch unter Ziff. III./2 (Verfahrensvorschriften) erfolgen.
[171] OLG Brandenburg StV 2020, 157.

2. Teil: Fälle mit Lösungen

> 📖 Diese Belehrungspflicht stellt eine wesentliche Förmlichkeit dar. Ihre Nichtbeachtung führt dazu, dass eine der Identitätsfeststellung dienende Handlung als rechtswidrig anzusehen ist.[172]

Es ist dem Verdächtigen bereits bei der ersten Maßnahme zur Identitätsfeststellung zu eröffnen, welcher Straftat oder Ordnungswidrigkeit er verdächtig ist.

III. Materielle Rechtmäßigkeit

1. Tatbestandsvoraussetzungen der Ermächtigungsgrundlage

Die Ermächtigung zur Identitätsfeststellung ergibt sich aus § 163b Abs. 1 StPO. Danach können die Staatsanwaltschaft und die Beamten des Polizeidienstes die zur Feststellung der Identität erforderlichen Maßnahmen treffen, wenn jemand einer Straftat verdächtig ist.

Ein Tatverdacht liegt vor, wenn gewisse Anhaltspunkte vorliegen, die eine Täterschaft oder Teilnahme des Betroffenen an einer Straftat als möglich erscheinen lassen.[173] Probleme sind nicht ersichtlich. Ingo S ist einer Straftat verdächtig (Körperverletzung, Beleidigung). Als erforderliche Maßnahme kommen hier zunächst das Ansprechen und Befragen nach den Personaldaten in Betracht.

2. Verfahrensvorschriften

Zu beachten ist zwingend das Informationsgebot (Mitteilung des Grundes der Maßnahme) aus § 163a Abs. 4 StPO. Ein Verstoß gegen diese Vorschrift führt zur Unrechtmäßigkeit der Maßnahme.[174] Weitere Vorschriften sind zu beachten, wenn über das bloße Anhalten und Befragen weitere Rechtsfolgen gesetzt werden. Das ist vorliegend der Fall. Ingo S wird zwecks Identitätsfeststellung zur Polizeidienststelle verbracht, also festgehalten.

Als weitere Verfahrensvorschriften kommen im Falle des Festhaltens eines Verdächtigen in Betracht:

- § 163c Abs. 1 Satz 2 StPO: Grundsätzliche unverzügliche Richtervorführung
- § 163c Abs. 2 StPO: Höchstdauer des Festhaltens (12 Stunden)
- § 114b StPO: Belehrungspflichten
- § 114c StPO: Benachrichtigung Angehöriger

---

172 OLG Hamm NStZ 2013, 62. Von der Belehrung kann nur dann ausnahmsweise abgesehen werden, wenn der Grund für die Personalienfeststellung für den Betroffenen offensichtlich ist.
173 Statt vieler: *von Häfen*, in: BeckOK StPO, § 163b Rn. 5.
174 *Meyer-Goßner/Schmitt* StPO, § 163b Rn. 3.

Gem. § 163c Abs. 1 Satz 1 StPO darf eine von einer Maßnahme nach § 163b betroffene Person in keinem Fall länger als zur Feststellung ihrer Identität unerlässlich festgehalten werden. Der Vorführung bedarf es nicht, wenn die Herbeiführung der richterlichen Entscheidung voraussichtlich längere Zeit in Anspruch nehmen würde, als zur Feststellung der Identität notwendig wäre. Davon ist vorliegend aufgrund des Zeitansatzes auszugehen. Ingo S wird nach erfolgter Identitätsfeststellung gegen 18.30 Uhr entlassen. Insofern sind keine Probleme ersichtlich.

3. Adressat

Der Adressat ergibt sich aus der Norm selbst. Adressat der Maßnahme ist der Tatverdächtige (Ingo S).

4. Rechtsfolge

In § 163b Abs. 1 StPO sind als Rechtsfolgen zunächst alle „erforderlichen Maßnahmen" zur Identitätsfeststellung genannt.[175] Bei Auswahl der („stufenartigen") Rechtsfolge ist der Verhältnismäßigkeitsgrundsatz zu beachten. Auf einer „ersten Stufe" erfolgt das Anhalten und Befragen als Maßnahmen mit der geringsten Eingriffsintensität. Das Befragen des Ingo S führte nicht zum Erfolg. Gem. § 163b Abs. 1 Satz 2, 3 StPO sind Festhalten, Durchsuchen und die Durchführung erkennungsdienstlicher Maßnahmen zur Feststellung der Identität möglich. Vorzugsweise ist diese Reihenfolge einzuhalten, sofern die Identitätsfeststellung nicht oder nur unter erheblichen Schwierigkeiten festgestellt werden kann.[176] Die Identität gilt als nicht festgestellt, wenn der Verdächtige seinen Namen verschweigt, sich nicht ausweisen will oder kann. Beim Verbringen zur Dienststelle handelt es sich um ein „Festhalten",[177] mithin um eine Freiheitsentziehung (Art. 104 Abs. 2 GG). Das Festhalten und damit die Freiheitsentziehung beginnen mit der Verhinderung des Verdächtigen, sich zu entfernen, wozu schon die Aufforderung, sich nicht zu entfernen, genügt.[178] Ingo S verweigert die Angabe seiner Personalien; seine Identität kann mithin vor Ort nicht festgestellt werden. Zu beachten ist, dass ein Festhalten und Verbringen eines Verdächtigen zur Polizeidienststelle zwecks Identitätsfeststellung nur dann erforderlich ist, wenn es kein milderes (genauso effektives) Mittel gibt, die Identität festzu-

---

175 Gestattet sind nur Maßnahmen, die zur Identitätsfeststellung erforderlich sind, was bereits dann ausscheidet, wenn an der Identität des Betroffenen keine vernünftigen Zweifel bestehen, OLG Brandenburg StV 2020, 157 (Aufenthalt im eigenen Haus im Bett).
176 *BHK* Strafprozess, S. 127 ff.
177 Die Zuführung des Verdächtigen zur Polizeidienststelle ist eine typische Maßnahme des „Festhaltens" zur Identitätsfeststellung.
178 *Meyer-Goßner/Schmitt*, StPO, § 163b Rn. 7; *Griesbaum*, in: KK-StPO, § 163b Rn. 15.

stellen. Gem. § 163b Abs. 1 Satz 3 StPO dürfen die Person und die von ihr mitgeführten Sachen zu Zwecken der Identitätsfeststellung durchsucht werden. Bleibt die Durchsuchung erfolglos, kann der Verdächtige zur Durchführung weiterer Ermittlungen festgehalten werden. Nach a. A. kommt (zusätzlich) die Durchsuchung der Person sowie der von ihr mitgeführten Sachen in Betracht, sofern das Festhalten nicht ausreicht, um die Identität festzustellen.[179] Festzuhalten ist daran, dass die Durchsuchung einer Person sowie der von ihr mitgeführten Sachen im Vergleich zum Festhalten insbesondere zeitlich ein milderes Mittel ist.[180] Eine Durchsuchung kann, sofern Ausweispapiere gefunden werden, weitere Maßnahmen entbehrlich machen.[181] Erst bei einer gründlichen Durchsuchung auf der Dienststelle wurde ein Bundespersonalausweis gefunden und die Identität festgestellt. Da die Polizei laut Sachverhalt von dieser Möglichkeit der Durchsuchung zum Zwecke der Identitätsfeststellung am Einsatzort keinen Gebrauch gemacht hat, war das Verbringen des Ingo S zur Polizeidienststelle zwecks Identitätsfeststellung nicht erforderlich und damit materiell rechtswidrig.

a) Ermessen

Gem. § 163 Abs. 1 Satz 1 StPO gilt das Legalitätsprinzip. Die Polizei muss dem Verdacht einer Straftat nachgehen und sie verfolgen. Insofern hat die Polizei kein Entschließungsermessen. Die der Polizei zustehenden Befugnisse sind jedoch überwiegend „Ermessens-Vorschriften". Auch § 163b Abs. 1 StPO ist eine „Kann-Vorschrift": Gem. § 163b Abs. 1 StPO *können* die StA und die Beamten des Polizeidienstes die zur Feststellung der Identität erforderlichen Maßnahmen treffen, wenn jemand einer Straftat verdächtig ist.

Nach dem Wortlaut („können") des § 163b Abs. 1 StPO räumt die Ermächtigung zwar Entscheidungsfreiheit ein. Gleichwohl hat ein Polizeibeamter eine Straftat zu verfolgen. Er kann aber entscheiden, wann und wie er tätig wird und welche Maßnahme in Frage kommt. Die Spannweite zwischen der Frage, ob er eine bestimmte Maßnahme gegen den Täter ergreift oder ob er auf eine Maßnahme verzichtet,[182] ist pflichtgemäß zu entscheiden. Die StPO sagt nichts darüber aus, wie das eingeräumte Ermessen auszuüben ist. Eine Norm ähnlich § 40 VwVfG NRW ist nicht vorhanden. So wird argumentiert, dass die Polizei ihre Entscheidungen vor dem Hintergrund der Bindung an das Recht nach Art. 20 Abs. 3 GG zu treffen hat (z. B. Willkürverbot).

---

179 *Hartmann/Schmidt*, StrafprozR, Rn. 392.
180 *Pieper* Kriminalistik 2006, 647 ff. Klausur mit Lösung im Fach Eingriffsrecht.
181 *Griesbaum*, in: KK-StPO, § 163b Rn. 20.
182 Z. B. Verzicht auf die Entnahme einer Blutprobe (§ 81a StPO) nach geringfügiger Straftat aus Gründen der Verhältnismäßigkeit.

b) Übermaßverbot

Damit sowohl die präventive als auch die repressive Rechtsanwendung nicht rechtswidrig erfolgt, muss die Polizei darauf achten, dass neben den Voraussetzungen der Rechtsgrundlagen auch die allgemeinen Anforderungen an die Rechtsanwendung und hier insbesondere die Verhältnismäßigkeit gewahrt sind. Das alleinige Vorliegen der Voraussetzungen einer Rechtsgrundlage bedingt noch nicht die Rechtmäßigkeit der angewandten Rechtsfolgen, die Beachtung der Verhältnismäßigkeit hat Verfassungsrang und ist eine elementare Bedingung für die rechtmäßige Rechtsanwendung. Zu prüfen ist, ob die Maßnahme geeignet, erforderlich und angemessen war.

aa) Geeignetheit

Eine Maßnahme ist geeignet, wenn sie objektiv zwecktauglich ist, das polizeiliche Ziel zu erreichen.

Die Identitätsfeststellung ist geeignet. Nur so kann Strafanzeige gegen die richtige Person (Ingo S) erstattet und der Strafanspruch des Staates verwirklicht werden.

bb) Erforderlichkeit

Das Gebot der Wahl des milderen Mittels verlangt, dass von mehreren möglichen und geeigneten Maßnahmen diejenigen zu wählen sind, die den einzelnen und die Allgemeinheit voraussichtlich am wenigsten beeinträchtigen (Gebot der Wahl des milderen Mittels). Ein milderes Mittel als die Identitätsfeststellung ist nicht denkbar.

cc) Verhältnismäßigkeit i. e. S.

Das Gebot der Verhältnismäßigkeit im engeren Sinne wird auch als **Angemessenheit** oder Zumutbarkeit bezeichnet. Es bedeutet, dass der Eingriff in einem angemessenen Verhältnis zum Gewicht und der Bedeutung des Grundrechts stehen muss. Die Verhältnismäßigkeit im engeren Sinne verlangt eine Abwägung zwischen dem öffentlichen Interesse an der Erfüllung der polizeilichen Aufgabe und der Schwere des Eingriffs. Zu prüfen ist, ob die durchgeführte Maßnahme nicht außer Verhältnis zum angestrebten Zweck steht. Die Belastung des Ingo S ist im Verhältnis zur Bedeutung der Tat(en) als gering einzustufen.

IV. Ergebnis

Die Identitätsfeststellung des Ingo S ist rechtmäßig. Das Verbringen des S zur Dienststelle ist rechtswidrig, sofern man davon ausgeht, dass die Durchsuchung im Vergleich zum „Festhalten" ein milderes Mittel ist.

B. Durchsuchung des Ingo S vor Abtransport zur Dienststelle
I. Ermächtigungsgrundlage

Durch die Durchsuchung des Ingo S wird das Grundrecht Art. 2 Abs. 1 i.V.m. Art. 1 Abs. 1 GG (Allgemeines Persönlichkeitsrecht) tangiert. Durch die Durchsuchung wird die Privatsphäre des S beeinträchtigt, sodass ein Eingriff in den Schutzbereich vorliegt. Zudem könnte ein Eingriff in die Allgemeine Handlungsfreiheit vorliegen, Art. 2 Abs. 1 GG (Einnahme einer bestimmten Position). Das Einschreiten erfolgt hier zur Gefahrenabwehr (Eigensicherung). Dieser Zweck bleibt auch bei Maßnahmen nach der StPO ein Ziel der Durchsuchung von Personen.[183] Die Anordnung einer Durchsuchung, mit welcher der Betroffene zur Duldung der Durchführungshandlung verpflichtet wird, ist ein Verwaltungsakt (§ 35 Satz 1 VwVfG NRW), die Durchführung der Durchsuchung dagegen Realakt.[184] Diese stellt das tatsächliche Element der Standardmaßnahme dar, die nicht mit einer Maßnahme der Verwaltungsvollstreckung gleichgesetzt werden darf.[185] Begleitverfügungen indes (z.B. die Aufforderung, eine bestimmte Haltung einzunehmen) können als Verwaltungsakte zwangsweise durchgesetzt werden. Der Betroffene kann auch aufgefordert werden, sich zu entkleiden. Weitere Mitwirkungspflichten hat er indes nicht.[186]

II. Formelle Rechtmäßigkeit
1. Sachliche Zuständigkeit

Die sachliche Zuständigkeit ergibt sich aus § 1 Abs. 1 Satz 1, 2 PolG NRW i.V.m. § 11 Abs. 1 Nr. 1 POG NRW (originäre Zuständigkeit). Gem. § 1 Abs. 1 Satz 1 PolG NRW hat die Polizei die Aufgabe, Gefahren für die öffentliche Sicherheit oder Ordnung abzuwehren (Gefahrenabwehr). Gefahr ist eine Sachlage, die einen Schaden für die öffentliche Sicherheit erwarten lässt. Das ist insbesondere gegeben, wenn ein tatsächliches Geschehen den Schluss rechtfertigt, dass möglicherweise individuelle Rechte wie Leib, Leben, Gesundheit usw. einer Person oder das Sicherheitsgut „Rechtsordnung" zu Schaden kommen könnten.[187] Vorliegend geht es um Abwehr von Gefahren für die körperliche Integrität der Polizeibeamten und die Rechtsordnung (Körperverletzungsdelikte).

---

183 Statt vieler: *Haurand* POR, S. 101.
184 *Keller*, in: SBK, § 39 Rn. 6; *Kugelmann* POR, Kap. 6 Rn. 7; *Schenke* POR, Rn. 115.
185 *Schmidt* BesPOR, Rn. 121.
186 *Rachor/Graulich*, in: Lisken/Denninger, HdbPolR, Kap. E Rn. 555.
187 Vertiefend: *Voßkuhle* JuS 2007, 908.

§ 11 Abs. 1 Nr. 1 POG NRW weist die Aufgabe der Gefahrenabwehr den Kreispolizeibehörden zu. Die eingreifenden Polizeibeamten müssen demnach Beamte einer Kreispolizeibehörde (§ 2 POG NRW) sein. Davon ist auszugehen. Die Voraussetzungen des § 11 Abs. 1 Nr. 1 POG NRW liegen demnach vor.

2. Verfahren, Form

Soweit Polizeibeamte Verwaltungsakte erlassen, sind die allgemeinen Regeln des VwVfG NRW zu berücksichtigen, insbesondere die §§ 28, 37 Abs. 2 VwVfG NRW. Wenn ein Verwaltungsakt erlassen wird, bedarf es grundsätzlich einer Anhörung (§ 28 Abs. 1 VwVfG NRW). Gem. § 37 Abs. 2 Satz 1 VwVfG NRW kann ein Verwaltungsakt u. a. mündlich erlassen werden.

III. Materielle Rechtmäßigkeit

1. Tatbestandsvoraussetzungen der Ermächtigungsgrundlage

Als Ermächtigung kommt § 39 Abs. 1 Nr. 1 PolG NRW in Betracht. Hiernach ist die Durchsuchung einer Person gestattet, die „nach diesem Gesetz oder anderen Rechtsvorschriften festgehalten werden kann". Die Durchsuchung nach § 39 Abs. 1 Nr. 1 dient der Suche nach Sachen, die zum Angriff auf Personen oder Sachen, zur Flucht oder Selbstgefährdung geeignet sind (VV 39.11). Zweck der Vorschrift ist die **Eigensicherung**. Eine konkrete Gefahr wird nicht vorausgesetzt.[188] Es müssen (nur) die Voraussetzungen für ein „Festhalten" erfüllt sein. Weitere Anhaltspunkte für die Notwendigkeit der Durchsuchung sind nicht erforderlich, da der Gesetzgeber von der Gefahrenträchtigkeit des Festhaltens ausgeht (gesetzliche Gefahrvermutung).[189] Den Begriff des Festhaltens verwendet das PolG NRW immer dann, wenn es Freiheitsentziehungen meint (arg. §§ 36 bis 38 PolG).[190] Ingo S wird festgehalten gem. § 163b Abs. 1 Satz 2 StPO. Somit lagen die tatbestandlichen Voraussetzungen des § 39 Abs. 1 Nr. 1 PolG NRW vor.

2. Verfahrensvorschriften

Personen dürfen nur von Personen gleichen Geschlechts oder Ärzten durchsucht werden; das gilt nicht, wenn die sofortige Durchsuchung zum Schutz gegen eine Gefahr für Leib oder Leben erforderlich ist (§ 39 Abs. 3 PolG NRW). Die Vorschrift dient der Wahrung des Persönlichkeitsrechts und der

---

188 *Keller*, in: SBK, § 39 Rn. 11.
189 *Tetsch/Baldarelli* PolG NRW, § 39 Ziff. 1.2.
190 *Tegtmeyer/Vahle* PolG NRW, § 39 Rn. 4; a.A. *Rachor/Graulich*, in: Lisken/Denninger, HdbPolR, Kap. E, Rn. 562: Unter Festhalten ist nicht nur eine Freiheitsentziehung gem. Art. 104 Abs. 2 GG zu verstehen, sondern auch eine unterhalb dieser Eingriffsschwelle liegende Freiheitsbeschränkung.

sexuellen Selbstbestimmung. Nicht einheitlich beantwortet wird die Frage, ob die Vorschrift eine Konkretisierung der objektiven Schutzpflicht des Staates für die Menschenwürde ist oder ob die Vorschrift als Verfahrensvorschrift ausschließlich die formelle Rechtmäßigkeit der Durchsuchungsmaßnahme betrifft. Im erstgenannten Fall würden Verstöße wegen Verletzung von Art. 1 Abs. 1 GG zur materiellen Rechtswidrigkeit der Maßnahme führen. Ist der Schutzbereich der Menschenwürde eröffnet und greift eine Maßnahme in den Schutzbereich ein, dann steht wegen der Unantastbarkeit der Menschenwürde die Grundrechtsverletzung fest.[191] Dies überzeugt indes nicht. Vielmehr ist daran festzuhalten, dass die Regelung keine zwingende Konsequenz des Gebots in Art. 1 Abs. 1 GG ist. Das zeigt sich auch daran, dass eine Ausnahme für den Fall gemacht wird, dass eine sofortige Durchsuchung zum Schutz gegen eine Gefahr für Leib oder Leben erforderlich ist; als Eingriff in die Menschenwürde wäre eine Durchsuchung durch eine Person anderen Geschlechts dem Staat ausnahmslos verboten. Rechtsfolge eines Verstoßes gegen die Verfahrensanforderung ist die Rechtswidrigkeit der Durchsuchung; eine Heilung kommt nicht in Betracht. Allerdings können bei fortbestehender Gefahr die Voraussetzungen für eine erneute Durchsuchung der Person vorliegen.[192] Es ist davon auszugehen, dass die Durchführung der Durchsuchung durch POK A erfolgte.

3. Adressat

Taugliche Adressaten ergeben sich unmittelbar aus den einzelnen Regelungen des § 39 PolG NRW; eines Rückgriffs auf die allgemeinen Störervorschriften bedarf es nicht.

4. Rechtsfolge

Unter Durchsuchung versteht man im Bereich des Polizeirechts die Suche in den am Körper befindlichen Kleidungsstücken, das Abtasten des bekleideten Körpers und auch die Nachschau am unbekleideten Körper bzw. an Teilen desselben und in den ohne weiteres zugänglichen Körperöffnungen (Mund). Die Formulierung „Nachschau am unbekleideten Körper bzw. an Teilen desselben" bedeutet nicht, dass eine Durchführung des Genitalbereichs hierunter fällt.[193] Rechtsfolge ist die Durchsuchung – nicht Untersuchung – einer Person. Der wesentliche Unterschied zwischen Durchsuchung und Untersuchung wird darin gesehen, dass die einfache körperliche Untersuchung dem Zweck dient, die vom Willen des Betroffenen unabhängige

---

191 *Keller*, in: SBK, § 39 Rn. 21.
192 *Kingreen/Poscher* POR, § 17 Rn. 5.
193 *Rachor/Graulich*, in: Lisken/Denninger, HdbPolR, Kap. E Rn. 554.

Beschaffenheit seines Körpers, auch das Vorhandensein von Fremdkörpern in den natürlichen Körperöffnungen durch sinnliche Wahrnehmung ohne körperliche Eingriffe festzustellen. Die Suche nach Fremdkörpern in den natürlichen Körperöffnungen ist hiernach dem Begriff der körperlichen Untersuchung zuzuordnen und nicht dem Begriff der Durchsuchung. Vor allem liegt auf der Hand, dass der Genitalbereich nicht dem Bereich der „ohne weiteres zugänglichen Körperöffnungen" zugeordnet werden kann.[194] Eine Aufforderung, sich mit gespreizten Beinen und Armen an eine Wand zu stellen, um die Durchsuchung zu ermöglichen, ist als notwendige Begleitverfügung von der Rechtsfolge des § 39 PolG NRW mit umfasst.

a) Bestimmtheit (§ 37 Abs. 1 VwVfG NRW)

§ 37 Abs. 1 VwVfG NRW enthält mit dem Bestimmtheitserfordernis in Abs. 1 ein materiell-rechtliches Erfordernis. Mit dem rechtsstaatlichen Bestimmtheitsgebot in § 37 Abs. 1 VwVfG NRW erfährt der Grundsatz der Gesetzmäßigkeit der Verwaltung eine einfachgesetzliche Konkretisierung. Die Bestimmung trägt damit insbesondere der Individualisierungs- und Klarstellungsfunktion des Verwaltungsaktes Rechnung. Die Behörde wird gezwungen, sich eindeutig und unmissverständlich gegenüber dem Adressaten zu äußern. Darüber hinaus wird durch die Forderung nach der Bestimmtheit auch deren Akzeptanz durch den Adressaten erhöht. Verstöße sind hier nicht ersichtlich. Es ist von einer Beachtung des § 37 Abs. 1 VwVfG NRW auszugehen.

b) Ermessen

Entsprechend § 3 Abs. 1 PolG NRW hat die Polizei ihre Maßnahmen nach pflichtgemäßem Ermessen zu treffen. Rechtsfehler hinsichtlich der pflichtgemäßen Ermessensausübung sind nicht ersichtlich.

c) Übermaßverbot

Der Grundsatz der Verhältnismäßigkeit wurde beachtet (§ 2 PolG NRW). Die Maßnahme ist geeignet, da sie objektiv zwecktauglich ist, das polizeiliche Ziel zu erreichen. Zwar kann allein durch eine Durchsuchung die Gefahr nicht abgewehrt werden, da die unmittelbare Gefahrenabwehr erst durch anschließende Maßnahmen erfolgt (Sicherstellung von möglicherweise aufgefundenen Gegenständen), jedoch ist es nicht erforderlich, dass die Maßnahme den gewünschten Erfolg sicher herbeiführt, es genügt vielmehr, dass sie zur Zweckerreichung förderlich ist. Die Gefahr wird demnach durch die Durchsuchung (mittelbar) abgewehrt. Auch ist eine mildere Maßnahme

---

[194] VGH München NVwZ-RR 1999, 310, Anm. *Vahle* Kriminalistik 1999, 545.

nicht denkbar. Es muss zwar dem Betroffenen freigestellt werden, dass er z. B. selbst seine Taschen vor den Augen des Durchsuchenden leert.[195] Dies wäre aber wenig geeignet. Eine entsprechende polizeiliche Verfügung („Aushändigung von entsprechenden „gefährlichen" Gegenständen) kann schwerlich als geeignet betrachtet werden. Auch im Rahmen der Prüfung der Verhältnismäßigkeit i. e. S. (Güterabwägung) sind keine Probleme ersichtlich. Die Durchsuchung führt nicht zu einem Nachteil für Ingo S, der zu dem beabsichtigten Erfolg außer Verhältnis steht, d. h. die Folgen der Maßnahme (Grundrechtseingriff) sind nicht schwerwiegender als die (möglichen) Folgen, die entstehen, wenn die Polizei auf diese Maßnahme verzichten würde.

IV. Ergebnis

Die Durchsuchung des Ingo S ist rechtmäßig.

> **Parallelnormen zu § 39 Abs. 1 Nr. 1 PolG NRW (Durchsuchung "festgehaltener" Personen – Eigensicherung):** § 43 Abs. 1 Nr. 1 BPolG; § 58 Abs. 1 Nr. 1 BKAG; § 29 Abs. 1 Nr. 1 BWPolG; § 34 Abs. 2 Nr. 1 ASOG Bln; § 21 Abs. 1 Nr. 1 BbgPolG; § 15 Abs. 1 Nr. 1 HambSOG; § 36 Abs. 2 Nr. 1 HSOG; § 53 Abs. 1 S. 2 MVSOG; § 22 Abs. 1 Nr. 1 NdsSOG; § 18 Abs. 1 Nr. 1 RhPfPOG; § 23 Abs. 1 Nr. 1 SächsPolG; § 41 Abs. 2 Nr. 1 LSASOG; § 202 Abs. 1 Nr. 2 SchlHVwG

C. Platzverweis (Ingo S)

I. Ermächtigungsgrundlage

Ein Platzverweis ist ein Eingriff in Art. 2 Abs. 1 GG (allgemeine Handlungsfreiheit).[196] Nach a. A. handelt es sich um einen Eingriff in die körperliche Bewegungsfreiheit (Art. 2 Abs. 2 Satz 2, Art. 104 Abs. 1 GG).[197] Der Gewährleistungsgehalt des Grundrechts auf körperliche Bewegungsfreiheit umfasst aber nicht die Befugnis, sich unbegrenzt überall aufhalten und hinbewegen zu dürfen.[198] Von Art. 2 Abs. 2 Satz 2 GG erfasst ist nur die sog. Wegbewegungsfreiheit, die vorliegend nicht tangiert ist. Die „Fortbewegungsfreiheit" der verwiesenen Person bleibt unbeeinträchtigt. Es wird ihr lediglich die Freiheit genommen, sich an einem bestimmten Ort aufzuhalten; ansonsten kann sie sich überall frei bewegen.[199]

---

195 *Möller/Warg* POR Rn. 374.
196 *Braun.* StaatsR, S. 168; *Schenke* POR Rn. 132.
197 *Tegtmeyer/Vahle* PolG NRW, § 34 Rn. 1.
198 Zum Umfang der Gewährleistung der persönlichen Freiheit nach Art. 2 Abs. 2 Satz 2 GG VGH München NVwZ 2000, 454: Aufenthaltsverbot in bestimmten Stadtbezirken.
199 *Braun* StaatsR, S. 79; *Thiel* PSP 1/2019, 34 (35).

Nicht eingegriffen wird vorliegend in das Grundrecht auf Freizügigkeit (Art. 11 GG).[200] Staatliches Handeln stellt nur dann einen Eingriff in Art. 11 Abs. 1 GG dar, wenn es eine freizügigkeitsregelnde Tendenz hat, d. h. gerade auf das zielt, was das Verweilen zum Aufenthalt macht.[201] Mit dem Platzverweis selbst sind strafverfolgende Aspekte nicht verbunden. Die Maßnahme dient der Verhütung weiterer Straftaten und somit der Gefahrenabwehr.[202] Der Platzverweis ist ein typischer Verwaltungsakt zur Gefahrenabwehr. § 34 PolG NRW ist eine sog. Befehlsermächtigung. Derlei (Befehls-) Ermächtigungen rechtfertigen den Erlass eines Ge- oder Verbots (= Verwaltungsakt).

II. Formelle Rechtmäßigkeit

1. Sachliche Zuständigkeit

Die sachliche Zuständigkeit ergibt sich aus § 1 Abs. 1 Satz 1, 2 PolG NRW i. V. m. § 11 Abs. 1 Nr. 1 POG NRW (originäre Zuständigkeit). Die Gefahr besteht für andere Gäste und für die Rechtsordnung (Körperverletzung, Hausfriedensbruch).

2. Verfahren, Form

Soweit Polizeibeamte Verwaltungsakte erlassen, sind die allgemeinen Regeln des VwVfG NRW zu berücksichtigen, insbesondere die §§ 28 Abs. 1, 37 Abs. 2 VwVfG NRW. Wenn ein Verwaltungsakt erlassen wird, bedarf es grundsätzlich einer Anhörung (§ 28 Abs. 1 VwVfG NRW). Gem. § 37 Abs. 2 Satz 1 VwVfG NRW kann ein Verwaltungsakt u. a. mündlich erlassen werden.

III. Materielle Rechtmäßigkeit

1. Tatbestandsvoraussetzungen der Ermächtigungsgrundlage

Als Ermächtigung kommt § 34 Abs. 1 Satz 1 PolG NRW in Betracht. Hiernach kann die Polizei zur Abwehr einer Gefahr eine Person vorübergehend von einem Ort verweisen oder ihr vorübergehend das Betreten eines Ortes verbieten. Es muss eine **konkrete Gefahr** für die öffentliche Sicherheit oder

---

[200] *Pieper* GR, Rn. 320.
[201] *Kingreen/Poscher* POR, § 15 Rn. 4.
[202] Eine ausdrückliche Ermächtigungsnorm für eine Platzverweisung im repressiven Handlungsfeld findet sich nicht. Nach überwiegender Auffassung kann eine solche aber gegenüber einer Festnahme von Personen auf der Grundlage von § 164 StPO bei der Störung polizeilicher Amtshandlungen oder bei einem Widersetzen gegenüber polizeilichen Anordnungen als von dieser Ermächtigungsgrundlage „mitumfasste" mildere Maßnahme getroffen werden. Die Vorschrift normiert das „amtliche Selbsthilferecht". Bei der solchermaßen legitimierten repressiven Platzverweisung handelt es sich um einen Justizverwaltungsakt i. S. von § 23 EGGVG, vgl. *Thiel* PSP 1/2019, 34 (38).

Ordnung vorliegen. Das folgt aus der Definition „Gefahr" in § 8 Abs. 1.[203] Eine konkrete Gefahr ist eine im Einzelfall bestehende Gefahr für ein Schutzgut der öffentlichen Sicherheit oder Ordnung. Der Anlass zum Handeln ergibt sich aus einem konkreten nach Ort und Zeit bestimmten oder bestimmbaren Sachverhalt. Die geforderte konkrete Gefahr liegt vor.

2. Verfahrensvorschriften

§ 34 Abs. 1 PolG NRW enthält keine (weiteren) Verfahrensvorschriften.

3. Adressat

Adressatenregelung ergibt sich aus § 4 Abs. 1 PolG. Ingo S hat durch sein Verhalten die Gefahr unmittelbar verursacht (Theorie der unmittelbaren Verursachung).[204]

> 📖 Man könnte bei unbefangener Lektüre des Gesetzestextes auf den Gedanken verfallen, dass Wörtchen „Person" in den Regelungen über die Platzverweisung als spezielle Adressatenregelung zu interpretieren. Bei einer solchen Gesetzesauslegung könnte allerdings gegen jede Person ein Platzverweis ausgesprochen werden, die sich an dem entsprechenden Ort aufhält und deren Verweisung aus Gründen der Gefahrenabwehr erforderlich erscheint, ohne dass es auf die polizeigesetzlichen Störervorschriften ankäme. Die ganz h.M. folgt dieser Betrachtungsweise jedoch nicht, sondern befürwortet im Zusammenhang mit der Platzverweisung den Rückgriff auf die allgemeinen Adressatenvorschriften; mithin handelt es sich bei § 34 Abs. 1 Satz 1 PolG NRW um eine **„adressatenlose" Regelung**.[205]

4. Rechtsfolge

Rechtsfolge ist die Verweisung von einem Ort (Entfernungsanordnung) oder das Verbot, einen bestimmten Ort zu betreten (Betretungsverbot). § 34 Abs. 1 PolG NRW begründet also eine Handlungspflicht oder eine Unterlassungspflicht. Der Platzverweis ist – entsprechend des Wortlauts (§ 34 Abs. 1) – immer nur vorübergehender Natur, so z.B. (wie vorliegend) der temporäre Platzverweis eines Hausrechtsstörers. Möchte die Polizei eine längerfristige Entfernung von einem Ort mit Betretungsverbot aussprechen, kann dies wegen des Merkmals „vorübergehend" nicht auf die Ermächtigungsnorm zur Platzverweisung gestützt werden. In Betracht kommen dann lediglich ein Aufenthaltsverbot (§ 34 Abs. 2 PolG NRW) bzw. eine sonstige Aufenthaltsvorgabe (§ 34b PolG NRW).[206]

---

203 *Keller*, in: SBK, § 34 Rn. 11.
204 *Schroeder* POR, Rn. 276; *Chemnitz* PolR, § 4 Rn. 8.3.1.
205 *Borsdorff/Kastner* Einsatzrecht, S. 301.
206 *Thiel* POR, § 10 Rn. 84; *Tetsch* ER Bd. 2, S. 34.

📖 Die Auslegung des Wortes „*vorübergehend*" und damit die zulässige Dauer des Platzverweises sind umstritten. Teilweise wird es für zulässig gehalten, den Platzverweis so lange andauern zu lassen, wie die zu sichernde andere polizeiliche Maßnahme dauert bzw. bis die Gefahr beseitigt ist oder sich zeigt, dass das Ziel des Platzverweises nicht erreicht werden kann.[207] Dies birgt das Risiko, dass die Anordnung der Polizei zu unbestimmt ist. Häufig wird daher im Schrifttum eine Höchstdauer angegeben, die zwischen „wenigen Stunden" bis zu 24 Stunden (oder länger „einige Tage"[208]) liegt.[209] Die dargestellten Auffassungen sind alle gut vertretbar; sachgerecht erscheint es, die Dauer zwar grundsätzlich am Zweck des Platzverweises zu orientieren, jedoch auf höchstens 24 Stunden zu begrenzen.[210] Zu weit geht die Annahme, die Grenze für die „vorübergehende" Platzverweisung ziehe der Zeitpunkt, zu dem die Gefahr beseitigt ist oder festgestellt wird, dass sie gar nicht oder nicht mittels der Platzverweisung behoben werden kann; diese Deutung überdehnt die klare tatbestandliche Einschränkung, die im Merkmal „vorübergehend" zu sehen ist.[211]

Auf welchen Bereich sich die Platzverweisung räumlich erstrecken darf, ist ebenfalls anhand der Umstände des Einzelfalles und der Zielsetzung der Platzverweisung sowie unter Beachtung des Verhältnismäßigkeitsgrundsatzes zu bewerten. Mit dem Begriff des Ortes in § 34 Abs. 1 Satz 1 PolG NRW wird ein engerer räumlicher Bereich umschrieben. Eine Beschränkung auf ein Gebäude, auf eine Straße oder auf einen Platz ist damit nicht verbunden. Je nach Gefahrenlage kann die Maßnahme auch einen darüber hinausgehenden Bereich betreffen. Nach OVG Lüneburg kann der „Platz", von dem verwiesen wird, einen beträchtlichen Raum einnehmen und sogar einen gesamten Innenstadtbereich umfassen.[212] Eine restriktivere Sichtweise[213] vermag schon deshalb nicht zu überzeugen, weil die pauschale „kleinteilige" Beschränkung auf einen „Ort", also etwa einen Straßenabschnitt oder einen einzelnen Platz, kaum praktikabel wäre und bei zu enger Fassung die Platzverweisung zu einem untauglichen Mittel werden ließe. Der Begriff „Ort" lässt sich nicht „nach Quadratmetern" bemessen; er bedarf einer funktionalen Deutung anhand des Gefahrenabwehrzwecks der Platzverweisung.[214]

---

207 *Schmidbauer/Holzner* BaySicherheitsR, Rn. 896; *Schmidbauer* BayVBl. 2002, 257 (263).
208 *Tetsch* ER Bd. 2 S, 33.
209 *Wittreck*, in: Schlacke/Wittreck NRW, § 4 Rn. 60, m.w.N.
210 *Nimtz/Thiel* ER, Rn. 770.
211 *Thiel* POR, § 10 Rn. 85; *Schenke* POR, Rn. 132; vgl. auch Klein Die Polizei 2020, 258 ff. („bis zu sieben Tage").
212 OVG Lüneburg DÖV 2019, 368, Anm. Hebeler JA 2019, 879.
213 Vgl. *Robrecht/Petersen-Thrö* SächsVBl. 2006, 29 (31).
214 *Thiel* POR, § 10 Rn. 86; *Götz/Geis* POR, § 8 Rn. 23.

a) Bestimmtheit (§ 37 Abs. 1 VwVfG NRW)

Es ist von einer Beachtung des § 37 Abs. 1 VwVfG NRW auszugehen.

b) Ermessen

Entsprechend § 3 Abs. 1 PolG NRW hat die Polizei ihre Maßnahmen nach pflichtgemäßem Ermessen zu treffen. Rechtsfehler hinsichtlich der pflichtgemäßen Ermessensausübung sind nicht ersichtlich.

c) Übermaßverbot

Der Platzverweis ist geeignet, da er objektiv zwecktauglich ist, das polizeiliche Ziel zu erreichen. Dass Ingo S die Maßnahme nicht befolgt hat, spielt für die Beurteilung der Geeignetheit keine Rolle. Abgestellt wird auf den sog. entscheidungserheblichen Zeitpunkt. Als mildere Maßnahmen wäre an eine polizeiliche Verfügung zu denken (§ 8 Abs. 1 PolG NRW). Dies wäre aber wenig geeignet, so dass der Platzverweis auch erforderlich ist.

Eingeschränkt wird durch den Platzverweis die allgemeine Handlungsfreiheit des Ingo S. Andererseits wird dadurch die Rechtsordnung geschützt. Der Schutz der Rechtsordnung, die das Zusammenleben im Staat ermöglicht, hat zudem einen erheblichen Stellenwert.[215] Eine Abwägung führt daher nicht zu einem Missverhältnis, d.h. die Maßnahme steht nicht außer Verhältnis zum angestrebten Zweck. Der Platzverweis ist letztlich rechtmäßig.

> **Parallelnormen zu § 34 PolG NRW (Platzverweis):** § 38 BPolG; § 54 BKAG; § 27a Abs. 1 BWPolG; Art. 16 BayPAG; § 29 ASOG Bln; § 16 BbgPolG; § 14 BremPolG; § 12a HambSOG; § 31 HSOG; § 52 MVSOG; § 17 NdsSOG; § 13 RhPfPOG; § 12 SPolG; § 21 SächsPolG; § 36 LSASOG; § 201 SchlHLVwG; § 18 ThürPAG

D. Gewahrsamnahme (Ingo S)

I. Ermächtigungsgrundlage

Gewahrsam wird definiert als ein mit hoheitlicher Gewalt hergestelltes Rechtsverhältnis, kraft dessen einer Person die Freiheit in der Weise entzogen ist, dass sie von der Polizei in einer dem polizeilichen Zweck entsprechenden Weise verwahrt und daran gehindert wird, sich fortzubege-

---

215 *DWVM* Gefahenabwehr, S. 392.

ben.[216] Gewahrsam geht einher mit einer Freiheitsentziehung im Sinne von Art. 104 Abs. 2 GG. Um eine Ingewahrsamnahme handelt es sich hingegen nicht, wenn die Freiheit lediglich beschränkt wird (Art. 104 Abs. 1 GG). Vorliegend handelt sich um eine freiheitsentziehende Maßnahme (Art. 2 Abs. 2 Satz 2, 104 Abs. 2 GG). Nach der h. M. ist die Ingewahrsamnahme nicht nur als bloßer Realakt anzusehen, sondern stellt als Maßnahme mit Regelungscharakter einen belastastenden Verwaltungsakt i.S. des § 35 Satz 1 VwVfG NRW dar.[217] Es handelt sich bei § 35 PolG NRW um eine sog. Ausführungsermächtigung. Ausführungsermächtigungen ermächtigen zum Realakt der Ausführung, indes begleitet von einem befehlenden Verwaltungsakt, der dem Betroffenen die Mitwirkung an der Ausführung, mindestens aber deren Duldung aufgibt.[218]

II. Formelle Rechtmäßigkeit

Die Maßnahme dient der Verhütung weiterer Straftaten und somit der Gefahrenabwehr. Die sachliche Zuständigkeit ergibt sich aus § 1 Abs. 1 Satz 1, 2 PolG NRW i.V.m. § 11 Abs. 1 Nr. 1 POG NRW. Bzgl. Verfahren (§ 28 Abs. 1 VwVfG) und Form (§ 37 Abs. 2 VwVfG) ergeben sich vorliegend keine Bedenken. Die gem. § 28 Abs. 1 VwVfG NRW durchzuführende Anhörung könnte darin gesehen werden, dass sich S vor seiner Mitnahme auf die Wache gegenüber den Polizisten geäußert hat. Ob es sich dabei um eine Anhörung handelt, ist zwar nicht eindeutig. Unabhängig davon, ob eine ordnungsgemäße Anhörung im gegebenen Sachverhalt tatsächlich erfolgt sein sollte, wäre ein derartiger Verfahrensfehler aber gem. § 45 Abs. 1 Nr. 3, Abs. 2 VwVfG NRW durch Nachholung der Anhörung bis zum Abschluss eines verwaltungsgerichtlichen Verfahrens heilbar.[219]

III. Materielle Rechtmäßigkeit

1. Tatbestandsvoraussetzungen der Ermächtigungsgrundlage

a) § 35 Abs. 1 Nr. 3: Durchsetzungsgewahrsam

Als Ermächtigung kommt § 35 Abs.1 Nr. 3 PolG NRW in Betracht. Hiernach kann die Polizei eine Person in Gewahrsam nehmen, wenn das unerlässlich ist, um eine Platzverweisung nach § 34 durchzusetzen (Durchsetzungsgewahrsam). Ingo S will die Gaststätte nicht verlassen. Insofern liegen die tatbestandlichen Voraussetzungen des § 35 Abs. 1 Nr. 3 PolG NRW vor.

---

216 BVerwG NJW 1974, 807: Gewahrsam aus präventiv-polizeilichen Gründen; OVG Münster NJW 1980, 138.
217 *Geis* POR, Rn. 566.
218 Instruktiv zum Gewahrsam *Keller* PSP 2/2019, 6 ff.
219 *Geis* POR, Rn. 566.

b) § 35 Abs. 1 Nr. 2: Unterbindungsgewahrsam

Die tatbestandlichen Voraussetzungen des § 35 Abs. 1 Nr. 2 PolG dürften ebenfalls vorliegen (Unterbindungsgewahrsam). Der Unterbindungsgewahrsam wird auch bezeichnet als Sicherheits-, Vorbeuge- oder Verhinderungsgewahrsam und ist zulässig, wenn die Ingewahrsamnahme unerlässlich ist, um eine unmittelbar bevorstehende Begehung oder Fortsetzung einer Straftat oder einer Ordnungswidrigkeit von erheblicher Bedeutung für die Allgemeinheit zu verhindern. Unmittelbar bevorstehend i.S. des § 35 Abs. 1 Nr. 2 PolG NRW ist gleichbedeutend mit dem Erfordernis einer gegenwärtigen Gefahr.[220] Eine Tat steht dann unmittelbar bevor, wenn ohne die Ingewahrsamnahme eine fortdauernde Beeinträchtigung des Rechtsgutes polizeilich nicht verhindert werden kann.[221] Die Wendung „unmittelbar bevorstehende Begehung" ist dabei gleichbedeutend mit „gegenwärtiger Gefahr.[222] Unerlässlich i.d. Sinne bedeutet, dass das Mittel der polizeilichen Ingewahrsamnahme nur angewendet werden darf, wenn es zur Verhütung der befürchteten Straftat oder Ordnungswidrigkeit geeignet und zwingend erforderlich ist. Dabei ist die hohe Bedeutung der Freiheit der Person gem. Art. 2 Abs. 2 Satz 2 GG zu beachten, die nur aus wichtigem Grund angetastet werden darf. Bei Feststellung der Unerlässlichkeit reichen bloße Vermutungen daher nicht aus, stattdessen ist eine strikte Verhältnismäßigkeitsprüfung durchzuführen.[223] Wenn die mit Strafe bedrohte Handlung durch eine polizeiliche Maßnahme verhindert werden kann, die den einzelnen und die Allgemeinheit weniger beeinträchtigt, ist die polizeiliche Ingewahrsamnahme nicht unerlässlich.[224] Der Unterbindungsgewahrsam ist also stets ultima ratio. Eine mildere Maßnahme kann ein Platzverweis sein.[225] Dieser wurde indes vorliegend nicht befolgt. Eine polizeiliche Verfügung (§ 8 Abs. 1 PolG NRW) als mildere Maßnahme kann schwerlich als geeignet betrachtet werden. Ingo S. erklärt den Beamten stattdessen („in barschem Ton"), dass er selbst entscheide, wann er die Gaststätte verlasse. Im Übrigen werde er sich von der Polizei nichts sagen lassen. Auch hat er mit dem Wirt noch „eine Rechnung offen". Diese Äußerungen im Kontext seines Verhaltens lassen darauf schließen, dass er weitere Straftaten begehen will.

---

220 *Geis* POR, Rn. 570.
221 BayObLG NVwZ 1999, 106; AG Stuttgart NVwZ-RR 1998, 105: Anordnung von Beseitigungsgewahrsam.
222 *Keller*, in: SBK, § 35 Rn. 15.
223 *Geis*, Rn. 573.
224 BVerwGE 45, 51 = NJW 1974, 807.
225 *Keller*, in: Schütte/Braun/Keller (2012), § 35 Rn. 14.

2. Verfahrensvorschriften

Als Verfahrensvorschriften kommen in Betracht die §§ 36 bis 38 PolG NRW. Wird eine Person auf Grund von § 10 Abs. 3, § 12 Abs. 2 Satz 3 oder § 35 festgehalten, hat die Polizei *unverzüglich* eine richterliche Entscheidung über Zulässigkeit und Fortdauer der Freiheitsentziehung herbeizuführen (§ 36 Abs. 1 Satz 1 PolG NRW).

> **BGH, Beschl. v. 12.2.2020 – StB 36/18, NJW-Spezial 2020, 313**
> *Aus den Garantien von Art. 2 Abs. 2 Satz 2 GG i.V.m. Art. 5 EMRK ergeben sich keine Anforderungen an die richterliche Anordnung des Unterbindungsgewahrsams, die über das einfache Recht hinausgehen. Der Rechtsprechung des Europäischen Gerichtshofs für Menschenrechte zu Art. 5 Abs. 1 Satz 2c EMRK ist nicht zu entnehmen, dass ein vorhergehender Verstoß gegen das Unverzüglichkeitsgebot gem. § 13a Abs. 1 HambSOG (§ 36 Abs. 1 PolG NRW) auf einen danach angeordneten Unterbindungsgewahrsam durchschlägt.*

Vorliegend standen Straftaten unmittelbar bevor. Eine vorherige richterliche Entscheidung war nicht möglich. Im Regelfall folgt die (richterliche) Entscheidung auf die Gewahrsamnahme.[226] Dem Umstand, dass es durchaus polizeiliche Freiheitsentziehungen geben kann, die so kurzfristig sind, dass sie beendet werden, bevor eine richterliche Entscheidung ergehen kann, trägt § 36 Abs. 1 Satz 2 PolG NRW Rechnung. Hiernach bedarf es keiner richterlichen Entscheidung, wenn der Grund der polizeilichen Maßnahme weggefallen ist, bevor die richterliche Entscheidung ergehen würde. Mangels entgegenstehender Hinweise im Sachverhalt wird die Beachtung der Verfahrensvorschriften der §§ 36 bis 38 PolG NRW unterstellt.[227] Insbesondere ist die Person gem. § 38 Abs. 1 Nr. 1 PolG NRW zu entlassen, sobald der Grund für die Maßnahme der Polizei weggefallen ist.

3. Adressat

Der zulässige Adressat ergibt sich aus der jeweiligen tatbestandlichen Variante. Bei § 35 Abs. 1 Nr. 2 ist Adressat die Person, von der die Gefahr der Begehung oder Fortsetzung der Straftat oder Ordnungswidrigkeit von erheblicher Bedeutung für die Allgemeinheit ausgeht, bei Nr. 3 die Person, gegenüber der Platzverweis ausgesprochen worden ist.[228]

---

226 *Möller/Warg* POR, Rn. 370.
227 Zur Reichweite gerichtlicher Kontrolle bei erledigter Freiheitsentziehung nach dem FamFG Heidebach, NJW 2011, 1708 ff.
228 *Nimtz/Thiel* ER, Rn. 1170.

4. Rechtsfolge

Rechtsfolge ist die Ingewahrsamnahme einer Person, also das Festhalten einer Person an einem bestimmten Ort unmittelbar zum Zwecke der Gefahrenabwehr.[229]

a) Bestimmtheit (§ 37 Abs. 1 VwVfG NRW)

Es ist von einer Beachtung des § 37 Abs. 1 VwVfG NRW auszugehen.

b) Ermessen

Entsprechend § 3 Abs. 1 PolG NRW hat die Polizei ihre Maßnahmen nach pflichtgemäßem Ermessen zu treffen. Rechtsfehler hinsichtlich der pflichtgemäßen Ermessensausübung sind nicht ersichtlich.

c) Übermaßverbot

Die Maßnahme entspricht auch der Verhältnismäßigkeit i. w. S. Die Gewahrsamnahme ist geeignet und erforderlich. Die beschriebenen Gefahren werden abgewehrt, mildere Maßnahmen standen nicht zur Verfügung bzw. waren nicht geeignet. Die Maßnahme der Gewahrsamnahme steht auch nicht im Missverhältnis zum polizeilichen Zweck der Gefahrenabwehr.

> **Parallelnormen zu §§ 35 ff. PolG NRW (Gewahrsam, Verfahren):** § 39 BPolG, § 57 BKAG, § 28 BWPolG; Art. 17 ff. BayPAG; §§ 30 ff. ASOG Bln; §§ 17 ff. BbgPolG; §§ 15 ff. BremPolG; §§ 13 ff. HambSOG; §§ 32 ff. HSOG; §§ 55 f. MVSOG; §§ 18 ff. NdsSOG; §§ 14 ff. RhPfPOG; §§ 13 ff. SPolG; § 22 SächsPolG; §§ 37 ff. LSASOG; §§ 204 f. SchlHVwG

E. Untersagung des Fotografierens (Diplomsoziologe D)

I. Ermächtigungsgrundlage

Nach dem Grundsatz des Vorbehalts des Gesetzes bedarf es bei einem Grundrechtseingriff einer Ermächtigungsgrundlage, welche auf ein verfassungsmäßiges Gesetz zurückzuführen ist. Ein Eingriff ist jede durch Hoheitsakt bewirkte, nicht absolut geringfügige Beeinträchtigung eines Grundrechtes. Durch das „Fotografierverbot" wird eingegriffen in die allgemeine Handlungsfreiheit (Art. 2 Abs. 1 GG). Die polizeiliche Verfügung erfolgte erkennbar zur Gefahrenabwehr. Zu klären ist, unter welchem Gesichtspunkt die Polizei vorliegend gefahrenabwehrend tätig wurde. Das Ein-

---

[229] VG Braunschweig NJW 2013, 1384: Kosten der Beförderung eines Minderjährigen im Polizeifahrzeug.

schreiten erfolgte offenbar, um das „Recht am eigenen Bild" zu schützen. Das Recht am eigenen Bild wird durch § 22 KUG zivilrechtlich und durch die § 201a StGB, § 33 KUG strafrechtlich geschützt. Das in § 22 KUG einfachgesetzlich ausgestaltete Recht am eigenen Bild stellt eine Ausprägung des allgemeinen Persönlichkeitsrechts des Abgebildeten dar.[230] Will jemand verhindern oder vermeiden, dass Aufnahmen von ihm z. B. auf Youtube veröffentlicht werden, so wird er sich regelmäßig auf sein Recht am eigenen Bild berufen. Das Recht am eigenen Bild umfasst die Möglichkeit des Einzelnen, grundsätzlich selbst zu bestimmen, wie und in welchem Umfang Aufnahmen von seiner Person veröffentlicht werden.[231]

> Gem. § 22 KUG dürfen Bildnisse nur mit Einwilligung des Abgebildeten verbreitet oder öffentlich zur Schau gestellt werden. Bildnisse sind entsprechend dem Schutzzweck der §§ 22 ff. KUG Abbildungen von Personen, d.h. die Darstellung der Person in ihrer wirklichen, dem Leben entsprechenden Erscheinung. Maßgebliches Kriterium für die Erfüllung des Bildnisbegriffs aus § 22 KUG und damit auch für die Entfaltung des Schutzes aus § 22 KUG ist das Vorliegen einer individuellen Erkennbarkeit der Person in der jeweiligen Abbildung. Dabei spielt es grundsätzlich keine Rolle, dass die Erkennbarkeit der abgelichteten Person dem Ersteller möglicherweise nicht bewusst war.[232] Ob die Erkennbarkeit einer Person in der jeweiligen Abbildung vorliegt, ist anhand der personenbezogenen Bildelemente zu beurteilen. Hierzu zählen beispielsweise Haarschnitt, Gesichtszüge, Statur, Haltung und Kleidung des Abgebildeten.[233] Das (bloße) Anfertigen von Bildnissen ist in § 22 Satz 1 KUG auf Grund der urheberrechtlichen Entstehungsgeschichte der Vorschrift ebenso wie die Vervielfältigung *nicht* ausdrücklich genannt.[234] Eine analoge Anwendung von § 22 Satz 1 KUG kommt angesichts der Strafbewehrung des Bildnisschutzes (§ 33 KUG) nicht in Betracht.[235] Die (mögliche) Einwilligung einer abgebildeten Person nach § 22 ist nach § 23 Abs. 1 Nr. 1 KUG ausnahmsweise dann nicht erforderlich, wenn es sich bei dem Bildnis um ein Bildnis „aus dem Bereich der Zeitgeschichte" handelt. Dem Begriff der Zeitgeschichte können grundsätzlich nicht nur politische Vorgänge, sondern alle Geschehnisse von gesellschaftlicher Relevanz unterfallen.[236] Nach der Rechtsprechung des EGMR[237] reicht eine Einordnung zu einer der Gruppen der „Zeitgeschichte" allerdings nicht (mehr) aus. In

---

230 Ausführlich *Keller* APR, S. 157 ff.
231 *Palandt* BGB, § 823 Rn. 112a.
232 *Specht*, in: Dreier/Schulze, UrhG, § 22 KUG Rn. 3.
233 *Wiacek*, Bild-/Tonaufnahmen, S. 51.
234 Kritisch dazu *Basten* Privatrecht, S. 119 f.
235 OLG Hamburg, Beschl. v. 14.4.1972–1 Ws 84/72, NJW 1972, 1290.
236 *Specht*, in: Dreier/Schulze UrhG, § 23 KUG Rn. 11, m.w.N.
237 EGMR, Urt. v. 24.6.2004–59320/00, NJW 2004, 2647: Caroline von Hannover ./. Deutschland.

wieweit ein Bildnis aus dem Bereich der Zeitgeschichte stammt, bestimmt sich nach heutigem Verständnis nach einer – von dem Leitgedanken praktischer Konkordanz gesteuerten – Abwägung zwischen dem Persönlichkeitsrecht des Abgebildeten und dem Informationsinteresse der Öffentlichkeit.[238] Auch ein Polizeibeamter kann Teil eines zeitgeschichtlichen Ereignisses sein. Das gilt aber nicht generell für jeden seiner Einsätze, sondern nur dann, wenn ein bestimmtes Ereignis von besonderem öffentlichen Interesse ist.[239] So sind Polizeibeamte im Zusammenhang mit einem alltäglichen Polizeieinsatz weder als absolute noch als relative Personen der Zeitgeschichte anzusehen. Als (relative) Person der Zeitgeschichte müssen sich die Beamten dann einstufen lassen, wenn bei einem Geschehen, an dem sie beteiligt sind, der Informationsfreiheit der Presse Vorrang vor dem Recht am eigenen Bild einzuräumen ist. Dabei handelt es sich z.B. um Bilddokumentationen über Demonstrationen und Polizeieinsätze zur öffentlichen Information.[240] Soll ein Portraitfoto von Polizeibeamten indes im Zusammenhang mit einer anderen Auseinandersetzung veröffentlicht werden, so würde das Foto zweckentfremdet, da es nicht anlässlich einer Auseinandersetzung, sondern bei einem alltäglichen Polizeieinsatz angefertigt worden wäre. Ein besonderes Interesse an der Abbildung gerade des betreffenden Beamten etwa wegen der Besonderheit der Einsatzteilnahme ist dann nicht gegeben.[241]

Beispiel:[242] Einem Journalisten darf in zulässiger Weise untersagt werden, ein Foto von Polizeibeamten bei einem alltäglichen Einsatz (hier: Löschung eines Brandes) herzustellen und später in einem anderen Zusammenhang (hier: Auseinandersetzung um Hambacher Forst) zu veröffentlichen. In diesem Fall steht zu befürchten, dass der betreffende Polizist bei Veröffentlichung des Fotos im Zusammenhang mit der Berichterstattung über die Auseinandersetzung zwischen der Polizei und Demonstranten im Hambacher Forst für ein Verhalten an den Pranger gestellt werden könnte, das er bei dem konkreten Einsatz gerade nicht gezeigt hatte. Dem Recht am eigenen Bild des Polizeibeamten ist damit der Vorrang vor dem Informationsinteresse der Öffentlichkeit einzuräumen.

II. Formelle Rechtmäßigkeit
1. Sachliche Zuständigkeit

Die sachliche Zuständigkeit ergibt sich aus § 1 Abs. 1 Satz 1, 2 PolG NRW i. V. m. § 11 Abs. 1 Nr. 1 POG NRW.

---

238 *Martini/Nink/Wenzel* NVwZ-Extra 24/2016, 1 (16).
239 Ausführlich *Keller* APR, S. 183 ff.
240 VGH Mannheim NVwZ 2001, 1292: Polizeirechtlicher Schutz vor Persönlichkeitsverletzung.
241 Zur Beschlagnahme eines Smartphones nach Videoaufnahmen einer polizeilichen Personenkontrolle LG Kassel StV 2020, 161.
242 VG Aachen, Beschl. v. 4.5.2020–6 K 3067/18.

I. Schwerpunkt: Polizeirecht

2. Verfahren, Form

Soweit Polizeibeamte gestützt auf § 8 Abs. 1 PolG NRW Verwaltungsakte erlassen, sind die allgemeinen Regeln des VwVfG NRW zu berücksichtigen, §§ 28, 37 Abs. 2 VwVfG NRW. Die eigentlich gem. § 28 Abs. 1 VwVfG NRW erforderliche Anhörung könnte gem. § 28 Abs. 2 Nr. 1 VwVfG NRW entbehrlich sein. PK'in B wird durch das Fotografieren in ihrem Recht am eigenen Bild verletzt. Sollte PK'in B dem D Gelegenheit zur Stellungnahme einräumen, ist zu befürchten, dass D mit dem Fotografieren aus kürzester Distanz („Portraitaufnahme") das Recht am eigenen Bild verletzt. Eine Anhörung ist u. a. entbehrlich bei Gefahr im Verzug, wenn also aus ex-ante-Sicht davon auszugehen ist, dass auch bei kürzesten Fristen eine Anhörung zu einem Zeitpunkt führen müsste, der mit hoher Wahrscheinlichkeit die Gefahr mit sich brächte, dass der Zweck der beabsichtigten Maßnahme nicht mehr erreicht werden kann. Der Verwaltungsakt ist entsprechend § 41 Abs. 1 VwVfG NRW bekannt zu geben. Hinsichtlich § 20 Abs. 1 Nr. 1, Abs. 3 VwVfG NRW bestehen vorliegend keine Bedenken.

III. Materielle Rechtmäßigkeit
1. Tatbestandsvoraussetzungen der Ermächtigungsgrundlage

Die Grundlage für die polizeiliche Verfügung könnte in der Generalklausel (§ 8 Abs. 1 PolG NRW) gesehen werden. Die Generalklausel kommt jedoch nur dann in Betracht, wenn eine Spezialnorm diesen Bereich nicht erfasst. Andere spezialgesetzliche Regelungen sind nicht ersichtlich, insbesondere scheiden die §§ 9–46 PolG NRW aus (Sperrwirkung). Der Anwendungsbereich der Generalklausel ist eröffnet. Die Polizei kann notwendige Maßnahmen treffen, um eine im Einzelfall bestehende – mindestens konkrete – Gefahr für die öffentliche Sicherheit abzuwehren. Mit der Erstellung der Aufnahme aus kürzester Distanz wäre ein Eingriff in das allgemeine Persönlichkeitsrecht des PK'in B verbunden. Zudem hatte D erklärt, die Fotografien der Beamtin im Internetforum „Bürger gegen Polizeigewalt" zu veröffentlichen. Liegen aus Sicht der Polizeibeamten hinreichende Anhaltspunkte für die Annahme einer Gefahr vor (Verstoß gegen §§ 22, 23, 33 KUG), so sind Maßnahmen zulässig. Sind diese auf der „zweiten Stufe" nicht möglich, ist auch an ein auf die Generalklausel gestütztes „Fotografierverbot" als Maßnahme der „ersten Stufe" zulässig. Die drohende Verletzung konnte durch das Fotografierverbot verhindert werden. Der von § 8 Abs. 1 PolG NRW als Mindestvoraussetzung geforderte Gefahrengrad (konkrete Gefahr) ist gegeben.

2. Verfahrensvorschriften
Besondere Verfahrensvorschriften sind hier nicht zu beachten.

3. Adressat
D hat durch sein Verhalten die Gefahr unmittelbar verursacht. Er ist somit Verhaltensstörer (§ 4 Abs. 1 PolG NRW).

4. Rechtsfolge
Die Rechtsfolgen der Generalklausel sind auf den Erlass der „notwendigen Maßnahmen" gerichtet. Gemeint sind grundrechtseingreifende Maßnahmen aller Art, gebietende und verbietende Verwaltungs- und (auch) Realakte. Denkbar sind mithin auch faktische Rechtseingriffe aufgrund der Generalklausel. Die „notwendigen Maßnahmen" sind also die Maßnahmen, die auch i. S. des Verhältnismäßigkeitsgrundsatzes erforderlich sind.

a) Bestimmtheit (§ 37 Abs. 1 VwVfG NRW)
§ 37 Abs. 1 VwVfG NRW enthält mit dem Bestimmtheitserfordernis in Abs. 1 ein materiellrechtliches Erfordernis. Verstöße sind hier nicht ersichtlich.

b) Ermessen
Rechtsfehler hinsichtlich der pflichtgemäßen Ermessensausübung, insbesondere eine Missachtung der Grundsätze aus § 40 VwVfG NRW sowie des Differenzierungsge- und -verbotes sind dem Sachverhalt nicht zu entnehmen.

c) Übermaßverbot
Die Verfügung ist geeignet (objektiv zwecktauglich), die beschriebene Gefahr abzuwehren. Auch ein Verstoß gegen das Gebot der Erforderlichkeit ist nicht ersichtlich. Eine andere (mildere) Maßnahme ist vorliegend nicht denkbar. Da die Maßnahme auch (insbesondere) der Verhältnismäßigkeit i. e. S. entspricht, dürfte die polizeiliche Verfügung rechtmäßig sein.

IV. Ergebnis
Die Verfügung an D („Unterlassen Sie das Fotografieren") war rechtmäßig.

Parallelnormen zu § 8 Abs. 1 PolG NRW (Generalklausel): § 14 Abs. 1 BPolG; § 3 BWPolG; Art. 11 Abs. 1 BayPAG; § 17 Abs. 1 ASOG Bln; § 10 Abs. 1 BbgPolG; § 10 Abs. 1 BremPolG; § 3 Abs. 1 HambSOG; § 11 HSOG; § 13 MVSOG; § 11 NdsSOG; § 8 Abs. 1 NRWPolG; § 9 Abs. 1 RhPfPOG; § 8 Abs. 1 SPolG; § 3 Abs. 1 SächsPolG; § 13 LSASOG; § 174 SchlHVwG; § 12 ThürPOG

📖 Das BVerwG hält das Filmen und Fotografieren polizeilicher Einsätze für grundsätzlich zulässig, da die §§ 22, 23 KUG zusammen mit der Strafvorschrift des § 33 KUG lediglich ein Verbreiten und öffentliches Zurschaustellen erfassen, aber – auch im Hinblick auf das strafrechtlich geltende Analogieverbot – nicht das Herstellen von Abbildungen. Hiernach ist davon auszugehen, dass – i. S. von §§ 22, 23 KUG – unzulässige Lichtbilder nicht auch stets verbreitet werden.[243] Auch wenn durch das bloße Anfertigen von Bildnissen ein Eingriff in § 22 Satz 1 KUG nicht vorliegt, so besteht dennoch keine völlige Fotografierfreiheit. Rechtsprechung und Literatur sind sich weitgehend darin einig, dass insoweit das allgemeine Persönlichkeitsrecht des Abgebildeten betroffen ist.[244]

Das bloße Anfertigen von Bildnissen ist dagegen durch das Allgemeine Persönlichkeitsrecht des Abgebildeten geschützt.[245]

Das Grundrecht auf informationelle Selbstbestimmung gebietet dabei insbesondere eine Auslegung des einfachen Rechts, bei der abschreckende Effekte auf den Gebrauch des Grundrechts möglichst gering gehalten werden. Hiergegen verstieße es, wenn das Anfertigen von Lichtbildern oder Videoaufnahmen eines Polizeieinsatzes unter Verweis auf die bloße Möglichkeit einer nachfolgenden strafbaren Verletzung des Rechts am eigenen Bild (nach § 22 Satz 1, § 33 Abs. 1 KUG) genügen sollte, um polizeiliche Maßnahmen wie eine Identitätsfeststellung durchführen zu dürfen. Wer präventivpolizeiliche Maßnahmen bereits dann gewärtigen muss, wenn sich nicht ausschließen lässt, dass sein Verhalten Anlass zu polizeilichem Einschreiten bietet, wird aus Furcht vor polizeilichen Maßnahmen auch zulässige Aufnahmen und mit diesen nicht selten einhergehende Kritik an staatlichem Handeln unterlassen. Beabsichtigt die Polizei, wegen Lichtbildern und Videoaufnahmen präventivpolizeilich einzuschreiten, ergibt sich aus Art. 2 Abs. 1 i. V. m. Art. 1 Abs. 1 GG die Anforderung, dass eine konkrete Gefahr für ein polizeiliches Schutzgut bestehen muss.[246] Gehen die Sicherheitsbehörden demgegenüber davon aus, dass im Einzelfall die konkrete Gefahr besteht, eine solche unzulässige Verbreitung sei ebenfalls zu befürchten, bedarf es hierfür hinreichend tragfähiger Anhaltspunkte.[247] Eine polizeiliches Einschreiten kommt in Betracht, wenn konkrete Anhaltspunkte dafür bestehen, dass Lichtbilder unter Missachtung des Rechts der Polizeibeamten und/oder Dritter am eigenen Bild (auch) veröffentlicht werden.[248] Soweit nicht im konkreten Fall gegenteilige Anhaltspunkte vorliegen, ist allerdings davon auszugehen, dass ein Pressefotograf unzulässige Lichtbilder nicht

---

243 BVerwG, Urt. v. 14.7.1999–6 C 7/98, NVwZ 2000, 63.
244 BGH, Urt. v. 28.10.2008 – VI ZR 307/07, GRUR 2009, 150; *Specht*, in: Dreier/Schulze, UrhG, § 22 KUG Rn. 12.
245 BGH, Urt. v. 28.10.2008 – VI ZR 307/07, GRUR 2009, 150; *Specht*, in: Dreier/Schulze, UrhG, § 22 KUG Rn. 12, ausführlich *Keller* APR, S. 190 ff.
246 BVerfG, Beschl. v. 24.7.2015–1 BvR 2501/13, NVwZ 2016, 53, dazu *Keller* PSP 1/2017, 37 ff.
247 Mit einer entsprechenden Falllösung *Eckel* JuS 2019, 568 ff.
248 BVerwG, Urt. v. 14.7.1999–6 C 7/98, NVwZ 2000, 63.

veröffentlicht (**Vermutung der Rechtstreue**).[249] Das BVerwG nimmt eine Abwägung der einander gegenüberstehenden Rechtspositionen der Presse und der Gefahrenabwehr vor, um sie in angemessenen Ausgleich zu bringen: „Die mit einer Bildaufnahme verbundene Möglichkeit eines rechtsverletzenden Gebrauchs, insbesondere einer gegen Rechte Dritter verstoßenden Veröffentlichung, muss nicht notwendig immer auf der ersten Stufe („Fotografierverbot") abgewehrt werden; dies kann in vielen Fällen vielmehr auch auf der zweiten Stufe des Gebrauchs des entstandenen Bildes geschehen. Dies kann beispielsweise dadurch geschehen, dass die Polizei ihren Rechtsstandpunkt dem Journalisten oder dem ihn beschäftigenden Presseunternehmen mitteilt und auf eine Verständigung über „ob" und „wie" der Veröffentlichung drängt".[250] Werden Polizeibeamte während eines Einsatzes von Nicht-Presseangehörigen fotografiert,[251] kommen polizeiliche Maßnahmen (z. B. Sicherstellung) aufgrund einer Gefährdung der Persönlichkeitsrechte der Beamten in Betracht. Hier werden sich leichter konkrete Anhaltspunkte für eine missbräuchliche Verwendung der Bildaufnahmen,[252] etwa zu Zwecken einer Diffamierung der Beamten, finden lassen; zumal anders als bei Presseangehörigen *nicht* die Vermutung rechtstreuen Verhaltens[253] besteht.

Da bereits das Herstellen von Bildnissen ohne Einwilligung des betroffenen Polizeibeamten in der Regel einen Verstoß gegen sein allgemeines Persönlichkeitsrecht darstellt – zu berücksichtigen sind indes die jeweiligen Umstände des Fertigens der Fotografien[254] – kommt unter diesem Aspekt eine Identitätsfeststellung zum Schutz privater Rechte in Betracht (vgl. § 12 Abs. 1 Nr. 1, § 1 Abs. 2 PolG NRW). Der Schutz privater Rechte obliegt der Polizei zwar nur dann, wenn gerichtlicher Schutz nicht rechtzeitig zu erlangen ist und wenn ohne polizeiliche Hilfe die Verwirklichung des Rechts vereitelt oder wesentlich erschwert werden würde (§ 1 Abs. 2 PolG NRW). Doch genau dies wäre ohne die Identitätsfeststellung der Fall, denn zum einen wäre rechtzeitiger zivilrechtlicher Rechtsschutz von den betroffenen Polizeibeamten nicht erreichbar und zum anderen würde ohne die polizeiliche Identitätsfeststellung die Durchsetzung von zivilrechtlichen Unterlassungs- oder Löschungsansprüchen vereitelt.[255]

Eine Entscheidung des LG München bezieht sich zwar nicht auf das bloße Anfertigen von Bildern oder Videoaufnahmen, sondern lediglich auf eine Tonaufzeichnung, die ein Angeklagter während einer polizeilichen Identi-

---

249 VGH Mannheim, Urt. v. 19.8.2010–1 S 2266/09.
250 BVerwG, Urt. v. 28.3.2012–6 C 12/11, NJW 2012, 2676.
251 *Keller/Schade* Kriminalistik 2012, 85: „Cop-Recorder".
252 OVG Münster, Beschl. v. 30.10.2000–5 A 291/00, DÖV 2001, 476.
253 OVG Saarlouis, Urt. v. 11.4.2002–9 R 3/01, AfP 2002, 545.
254 *Hauraund*, POR, S. 108; *Gusy*, POR, Rn. 318 ff.; VGH Mannheim, Urt. v. 22.2.1995 –1 S 3184/94.
255 *Soine*, Ermittlungsverfahren. S. 83; *Seidl/Wessels* jurisPR-ITR 23/2015, Anm. 4; zusammenfassend auch *Keller* AnwaltZertifikatOnline 10/2019.

tätsfeststellung im Zuge eines „vorschriftsmäßigen Verhaltens" beim Einschreiten gegen eine Demonstrationsteilnehmerin machte. Das durch den Angeklagten hergestellte Handyvideo enthielt (auch) das Gespräch zwischen den Polizeibeamten und der Demonstrantin. Nach zutreffender Auffassung des LG München macht sich wegen Verletzung der Vertraulichkeit des Wortes strafbar, wer dienstliche Äußerungen eines Polizeibeamten bei einem Einsatz mittels eines Mobiltelefons aufzeichnet (Verstoß gegen § 201 Abs. 1 Nr. 1 StGB).[256] Derlei Gespräche sind Dienstgespräche und damit nicht-öffentlicher Natur.

---

256 LG München I, Urt. v. 11.2.2019–25 Ns 116 Js 165870/17, Anm. *Vahle* Kriminalistik 2020, 185.

Fall 6: Häusliche Gewalt

> **Schwerpunkte:** Betreten von Wohnungen, Wohnungsverweisung und Rückkehrverbot, Datenübermittlung ans Jugendamt

Sachverhalt:

An einem Montag, gegen 17.30 Uhr, erhalten die Polizeibeamten PK A und PK B von der Leitstelle des Polizeipräsidiums A-Stadt folgenden Einsatz: „Fahren Sie zur Cranger Straße 19, dort randaliert Herr Mustermann (M) in seiner Wohnung und schlägt seine Frau (F) und seine 4jährige Tochter (T). Anruferin war die Nachbarin (N), die Hilferufe aus der Nachbarwohnung gehört hat." Da die Wohnungen in dem Mehrfamilienhaus bauartbedingt sehr hellhörig sind, konnte die N mithören wie die zunächst verbale Streitigkeit zwischen den Eheleuten eskalierte. N habe gegen 17:10 Uhr gehört, wie der augenscheinlich stark alkoholisierte M die F mit den Worten: „Du kommst doch nicht jetzt erst von der Maloche! Dich werd ich schon zeigen, watt deine Pflichten sind!" angeschrien habe. Daraufhin habe N mehrere dumpfe Schläge gehört und wahrgenommen, wie die F ihren Mann immer wieder gebeten habe, doch damit aufzuhören. Seit einigen Minuten sei aus der Wohnung neben lauter Musik nur noch ein Schluchzen zu vernehmen.

Gegen 17.40 Uhr treffen die Beamten am Einsatzort ein. N, die die Beamten bereits vor dem Haus erwartet, bestätigt ihre zuvor gemachten Angaben und gibt darüber hinaus an, dass es in der Wohnung Mustermann seit einer Minute wieder hoch hergehe. Auf die Frage des PK A, ob das schon öfter vorgekommen sei, antwortete N: „Fast jede Woche einmal."

PK A und PK B begeben sich zur Wohnung Mustermann. In der Wohnung findet offensichtlich ein heftiges Streitgespräch statt, auch hört man Glas klirren. Die Beamten betreten die Wohnung durch die bereits von F geöffnete Wohnungstür. Die Wohnung ist extrem verschmutzt und befindet sich in einem desolaten Zustand. Die 4-jährige T macht einen verwahrlosten Eindruck. F selbst hat ein geschwollenes Auge. Das andere Auge ist blau verfärbt. Nach zum Teil heftigem Wortwechsel mit M und F entschließen sich die Beamten, eine Wohnungsverweisung und ein Rückkehrverbot gegen M auszusprechen. M macht durchweg einen aggressiven Eindruck und lässt sich nicht beruhigen. Die Beamten entschließen sich letztlich, den M in Gewahrsam zu nehmen. Dieser setzt sich den Sessel und knurrt, dass das hier seine Wohnung sei und es niemanden etwas anginge, was er in seiner Wohnung tue. F erklärt währenddessen, dass polizeiliche Maßnahmen nicht erforderlich seien. M würde sich schon wieder beruhigen.

M wird dem Polizeipräsidium zugeführt. Als er im Polizeigewahrsam nach mehr 5 Stunden wieder nüchtern wird, ist er ruhig und besonnen. Er kann sich die Vorfälle nicht erklären und bedauert diese zutiefst. Er weint vor Scham und will seine Frau F um Verzeihung bitten. Inständig versichert er den Beamten, dass er nur in betrunkenem Zustand „austicke". Er wisse, dass er ein Alkoholproblem habe und verspricht nach diesem Vorfall, nie mehr etwas zu trinken. Davon ungerührt übergeben ihm die Beamten einen Bescheid, der mit „Wohnungsverweisung und Rückkehrverbot, 10 Tage" überschrieben ist.

Angesichts der Zustände in der Wohnung fertigt PK B einen Bericht für das Jugendamt.

Aufgabe:

Beurteilen Sie rechtgutachtlich folgende Maßnahmen der Polizeibeamten:
- Betreten der Wohnung Mustermann
- Wohnungsverweisung und Rückkehrverbot
- Fertigen eines Berichtes für das Jugendamt

Hinweis: Die örtliche Zuständigkeit ist nicht zu prüfen.

Lösung:[257]

A. Betreten der Wohnung Mustermann
I. Ermächtigungsgrundlage

Die Polizei benötigt für dieses Vorgehen eine Rechtsgrundlage, wenn sie mit der Maßnahme in grundrechtlich geschützte Rechtspositionen eingreift. Die Einwilligung des Inhabers einer Wohnung zum Betreten (oder zur Durchsuchung) führt dazu, dass kein Eingriff vorliegt. Inhaber einer Wohnung ist die Person, die rechtmäßig über sie verfügt. Die Beamten betraten die Wohnung durch die bereits von F geöffnete Wohnungstür. Möglicherweise ist daher von einer Einwilligung der F auszugehen. Fraglich ist daher, ob das Betreten überhaupt als grundrechtsrelevanter Eingriff zu be-

---

[257] Mit einer Falllösung „Häusliche Gewalt" auch *Braun/Keller* PSP 4/2019, 27 ff.

werten ist. Vorliegend ist die Ehefrau F – neben ihrem Mann – Inhaberin der Wohnung,[258] sie übt – rechtmäßig – den unmittelbaren (Mit-)Besitz aus. Gleichwohl ist (aber) auch M – rechtmäßiger – Inhaber der Wohnung. Wird eine Wohnung von mehreren bewohnt, ist daher jeder einzelne – rechtmäßiger – Inhaber des Wohnrechts, d. h. die Einwilligung nur eines Mitbewohners genügt also nicht, um einen Rechtseingriff begrifflich auszuschließen. Von einer Einwilligung des M kann nicht ausgegangen werden. Das Recht auf Unverletzlichkeit der Wohnung i. S. v. Art. 13 GG wird beschränkt. Nach Art. 13 Abs. 1 GG ist die Wohnung unverletzlich. Sinn dieses Grundrechts ist der Schutz eines räumlichen Bezirks, in dem der einzelne ungestört und unbeobachtet tun und lassen darf, was ihn beliebt. Art. 13 GG gewährleistet dem einzelnen (auch) im Hinblick auf seine Menschenwürde (s. Art. 1 Abs. 1 GG) und im Interesse seiner freien Entfaltung (s. Art. 2 Abs. 1 GG) einen elementaren Lebensraum.[259] Die Maßnahme bedarf der gesetzlichen Legitimation, sie dient der Gefahrenabwehr.

> 📖 Das Betreten und Durchsuchen von Wohnungen (§§ 41 f. PolG NRW) ist wegen der damit verbundenen Eingriffe in Art.13 GG (evtl. auch den Kernbereich privater Lebensgestaltung, s. § 16 PolG NRW) detailliert ausbuchstabiert und insbesondere unter Richtervorbehalt gestellt (§ 42 PolG NRW). Zur Wohnung zählen die Wohn- und Nebenräume, Arbeits-, Betriebs- und Geschäftsräume sowie das befriedete Besitztum (§ 41 Abs. 1 Satz 2 PolG NRW), wobei aus Art. 13 Abs. 7 GG wie § 41 Abs. 4 PolG folgt, dass Arbeits- und Geschäftsräume nur eingeschränkten Schutz genießen. Das Betreten umfasst das Eintreten, Verweilen und Besichtigen, also auch die Kenntnisnahme von Sachen oder Sachverhalten, die sich der äußeren Betrachtung darbieten.[260] Demgegenüber ist das Durchsuchen gekennzeichnet durch das Suchen nach Sachen und Personen, die sich dem Augenschein entziehen; es soll Verborgenes aufgespürt werden.

> **Beispiele:** Das bloße Nachsehen, ob sich im Bad eine Person aufhält, ist gewiss noch Besichtigen. Das Öffnen des Schrankes, in dem sich die Person versteckt hält, ist sicher Durchsuchen.[261]

---

258 Gegenteiliges lässt sich dem Sachverhalt zumindest nicht entnehmen.
259 Vertiefend: *Braun*, StaatsR, S. 166 ff.; *Braun* PSP 1/2018, 35 ff.; *Ruthig* JuS 1998, 506 ff. Die Unverletzlichkeit der Wohnung.
260 *Gusy* PolR, Rn. 260.
261 *Wittreck*, in: Schlacke/Wittreck NRW, § 4 Rn. 64.

II. Formelle Rechtmäßigkeit

Es ist von einer gefahrenabwehrenden Zielsetzung auszugehen; die sachliche Zuständigkeit ergibt sich mithin aus § 1 Abs. 1 Satz 1, 2 PolG NRW i. V. m. § 11 Abs. 1 Nr. 1 POG NRW. Von einer Beachtung sonstiger Formalia soll ausgegangen werden.

III. Materielle Rechtmäßigkeit

1. Tatbestandsvoraussetzungen der Ermächtigungsgrundlage

Als entsprechende (Eingriffs-) Grundlage kommt § 41 PolG NRW in Betracht. Diese Vorschrift lässt Eingriffe in das durch Art. 13 GG gewährleistete Grundrecht auf Unverletzlichkeit der Wohnung zu. Die Wohnung Mustermann fällt unstreitig unter den Begriff der Wohnung (Legaldefinition: § 41 Abs. 1 Satz 2 PolG NRW). Unterschieden wird zwischen Betreten und Durchsuchen von Wohnungen. Die Befugnis zum Betreten einer Wohnung schließt die Befugnis ein, von Personen, Sachen und Zuständen, die ohne weiteres wahrgenommen werden können, Kenntnis zu nehmen. Der Begriff des Betretens einer Wohnung wird auch (einfach) definiert als das Eintreten, Verweilen und Besichtigen. Kennzeichnend für das Durchsuchen einer Wohnung ist das ziel- und zweckgerichtete Suchen nach Personen oder Sachen oder die Ermittlung eines Sachverhaltes (Gefahrenquelle). Es soll etwas „aufgespürt" werden, was der Inhaber der Wohnung von sich aus nicht offenlegen oder herausgeben will. Anhand dieser Definitionen wird deutlich, dass die Wohnung Mustermann nicht durchsucht, sondern (lediglich) betreten wurde. Die Polizei wollte nicht etwaige Gegenstände oder Personen finden, sondern die Wohnung nur betreten, um dadurch andere Maßnahmen zu treffen. Konkret ist § 41 Abs. 1 Nr. 4 PolG NRW heranzuziehen.[262] Danach kann die Polizei eine Wohnung (auch) ohne Einwilligung des Inhabers betreten (und durchsuchen), wenn das zur Abwehr einer gegenwärtigen Gefahr für Leib, Leben oder Freiheit einer Person oder für Sachen von bedeutendem Wert erforderlich ist. Die (gegenwärtige) Gefahr knüpft an die polizeiliche Aufgabe nach § 1 PolG NRW an und verlangt dementsprechend das Vorliegen der Gefahr für die öffentliche Sicherheit. Die gegenwärtige Gefahr ist eine konkrete Gefahr mit zeitlicher Steigerung, d.h. die Einwirkung eines schädigenden Ereignisses hat bereits begonnen oder die Einwirkung steht in allernächster Zeit mit einer an Sicherheit gren-

---

262 Auf den ersten Blick könnte für das Betreten der Wohnung § 41 Abs. 1 Nr. 1 PolG NRW als Ermächtigungsgrundlage in Frage kommen. Dann müssen Tatsachen die Annahme rechtfertigen, dass sich in der Wohnung eine Person befindet, die nach § 35 PolG NRW in Gewahrsam genommen werden darf. Dann müsste zum Zeitpunkt des Betretens der Wohnung aber bereits festgestanden haben, dass M in Gewahrsam genommen werden darf.

zenden Wahrscheinlichkeit bevor. Aufgrund der Angaben der N („Hilferufe aus der Nachbarwohnung") ist von dieser Gefahrenlage auszugehen. Individuelle Sicherheitsgüter sind bereits verletzt worden. In der Wohnung findet ein heftiges Streitgespräch statt, auch hören die Beamten Glas klirren. Möglicherweise vermindert der Zustand des M seine Fähigkeit zu rationalem und organisiertem Handeln, so dass es zu (weiteren) unkontrollierten (aggressiven) Ausbrüchen kommt. Es besteht eine gegenwärtige Gefahr für Leib und Leben der F und der T sowie für die Rechtsordnung (§§ 223 ff. StGB).

Die (Zulässigkeits-)Voraussetzungen des § 41 Abs. 1 Nr. 4 PolG NRW sind gegeben.

2. Besondere Verfahrensvorschriften

Verstöße gegen Formvorschriften sind nicht ersichtlich. § 42 PolG NRW (Verfahren bei der Durchsuchung von Wohnungen) gilt nur für Durchsuchungen.

3. Adressat

Standardermächtigungen regeln abschließend die Störereigenschaft und lassen einen Rückgriff auf die allgemeinen Störervorschriften nicht zu.[263] Der Adressat ergibt sich in den Fällen des § 41 PolG NRW direkt aus der Befugnis, es handelt sich um den (rechtmäßigen) Wohnungsinhaber.[264]

4. Übermaßverbot

Zu beurteilen ist, ob die Maßnahme geeignet (§ 2 Abs. 1 PolG NRW), erforderlich (§ 2 Abs. 1 PolG NRW) und verhältnismäßig i. e. S., d. h. angemessen (§ 2 Abs. 2 PolG NRW) ist.

a) Geeignetheit

Die polizeiliche Maßnahme muss geeignet sein, d. h. sie muss die Gefahr (voraussichtlich) vollständig beseitigen können. Geeignetheit setzt objektive Zwecktauglichkeit voraus, d. h. die Maßnahme muss zum angestrebten Ziel führen. Auch wenn zur unmittelbaren Gefahrenabwehr (noch) weitere Maßnahmen erforderlich sind, ist das Betreten der Wohnung dennoch (mittelbar) geeignet, die Gefahr abzuwehren. Die Beamten können in der Wohnung entsprechend einschreiten und somit die Gefahren abwehren.

---

263 *Knemeyer* POR, Rn. 218.
264 *Wittreck*, in: Schlacke/Wittreck NRW, § 4 Rn. 64; auch *SBK* ER, Rn. 224.

b) Erforderlichkeit

Der Grundsatz der Erforderlichkeit beinhaltet, dass von mehreren möglichen und geeigneten Maßnahmen diejenigen zu wählen sind, die den einzelnen und die Allgemeinheit voraussichtlich am wenigsten beeinträchtigen. Eine andere – ebenso mögliche und geeignete – Maßnahme ist nicht erkennbar.

c) Verhältnismäßigkeit i. e. S.

Die Maßnahme darf nicht zu einem Nachteil führen, der zu dem erstrebten Erfolg erkennbar außer Verhältnis steht. Die Beurteilung setzt eine Güterabwägung voraus, d. h. das eingeschränkte Grundrecht darf objektiv nicht höher einzustufen sein als das Recht, das geschützt werden soll. Eingeschränkt wird das Grundrecht auf Unverletzlichkeit der Wohnung, dadurch werden aber Leib/Leben und die Rechtsordnung geschützt. Der Schutz der Rechtsordnung, die das Zusammenleben im Staat ermöglicht, hat zudem einen erheblichen Stellenwert.[265] Eine (Rechts-)Güterabwägung führt daher nicht zu einem Missverhältnis, d. h. die Maßnahme steht nicht außer Verhältnis zum angestrebten Zweck. Das Betreten der Wohnung Mustermann war rechtmäßig.

> **Parallelnormen zu § 41 PolG NRW (Betreten, Durchsuchen von Wohnungen):**
> § 45 BPolG; § 61 BKAG; § 31 BWPolG; Art. 23 BayPAG; § 36 ASOG Bln; § 23 BbgPolG; § 21 BremPolG; § 16 HambSOG; § 38 HSOG; § 59 MVSOG; § 24 NdsSOG; § 20 RhPfPOG; § 19 SPolG; § 25 SächsPolG; § 43 LSASOG; § 208 SchlHVwG

B. Wohnungsverweisung und Rückkehrverbot[266]
I. Ermächtigungsrundlage
1. Grundrechtseingriffe

Nach dem Grundsatz des Vorbehalts des Gesetzes bedarf es bei einem Grundrechtseingriff einer Ermächtigungsgrundlage, welche auf ein verfassungsmäßiges Gesetz zurückzuführen ist. Durch Wohnungsverweisung und Rückkehrverbot wird in das Grundrecht des S auf Freizügigkeit, Art. 11 Abs. 1 GG eingegriffen. Für die Dauer von 10 Tagen ist M nicht mehr in der

---

265 *Drews/Wacke/Vogel/Martens*, Gefahrenabwehr, S. 392.
266 Mit einer Fallbearbeitung auch *Braun/Wohlfarth* Kriminalistik 2011, 653 ff.; *Keller* PSP 0/2011, 29 ff.; *Kay/Pieper* Wohnungsverweisung und Zwangsgeld, apf 2009, 57 ff.

Lage, seinen Wohnsitz frei zu wählen. Zudem darf er sich für diese Zeit nicht mehr in den durch das Verbot bestimmten örtlichen Bereich begeben und sich dort aufhalten.[267] Nach Art. 11 Abs. 2 GG kann das Recht auf Freizügigkeit aber durch Gesetz u.a. zur Verhinderung strafbarer Handlungen eingeschränkt werden. Das im Sachverhalt beschriebene Verhalten des M stellt eine Körperverletzung gem. § 223 Abs. 1 StGB gegenüber F dar, womit die Einschränkung von Art. 11 Abs. 1 GG durch § 34a PolG NRW gerechtfertigt werden kann. Ebenso ist F in seinem Eherecht, Art. 6 Abs. 1 GG, betroffen. Von Art. 6 Abs. 1 GG ist auch das eheliche Zusammenleben geschützt. Mit Geltung der Maßnahme wird das gemeinsame Eheleben von M und F für eine Dauer von 10 Tagen unmöglich gemacht.[268] Da dem M mit Anordnung der Wohnungsverweisung und des Rückkehrverbotes die Nutzung seiner Wohnung für 10 Tage nicht mehr möglich ist, wird durch die Maßnahme auch in sein Recht auf Eigentum, Art. 14 Abs. 1 GG,[269] eingegriffen. Wohnungsverweisung und Rückkehrverbot können auch gegen den Willen des Opfers bzw. seinen Wunsch, der Täter möge in die Wohnung zurückkehren, angeordnet und durchgesetzt werden. Es kann zwar offen bleiben, ob das in dem Einverständnis des Gewaltopfers mit einer Rückkehr des Gewalttäters in die gemeinsame Wohnung zum Ausdruck kommende Selbstbestimmungsrecht des Einzelnen (Art. 2 Abs. 1 GG) im Einzelfall den staatlichen Schutzauftrag für Leben und körperliche Unversehrtheit (Art. 2 Abs. 2 Satz 1 GG) zurückdrängen kann.[270] Jedenfalls dann, wenn sich nicht sicher feststellen lässt, ob dieses Einverständnis auf einem freien Willensentschluss beruht oder ob es nicht doch geprägt ist von einem – wirtschaftlichen oder sozialen – Abhängigkeitsverhältnis zum Gewalttäter, gebührt dem staatlichen Schutzauftrag der Vorrang.[271] Daran ändert auch das Grundrecht der Ehefrau auf freie Entfaltung der Persönlichkeit (Art. 2 Abs. 1 GG) nichts, das zwar grundsätzlich auch beinhaltet, dass der Einzelne sich in gewissem Rahmen selbst gefährden darf. Drohen dem Einzelnen aber erhebliche Gefahren für Leib und Leben, so wird dem staatlichen Schutzauftrag für diese Rechtsgüter in aller Regel der Vorrang einzuräumen sein.[272]

---

267 *Braun* StaatsR, S. 166; grundlegend zur Freizügigkeit auch *Kingreen/Poscher* StaatsR, Rn. 912 ff.
268 *SBK* ER, Rn. 438; *Schliesky/Schwind* JA 2004, 217 (224).
269 Vertiefend: *Braun* PSP 3/2018, 45 ff.
270 Mit einer „Gegenüberstellung" beider Ansichten *Schroeder* POR, Rn. 164.
271 VG Aachen NJW 2004, 1888.
272 *Bischoff/Nienhaus* JuS 2015, 826 (830).

▢ Ein entgegenstehender Wille des Opfers ist ggf. im Rahmen der Ermessenserwägungen zu berücksichtigen, polizeiliche Maßnahmen werden aber nicht „gesperrt"[273].

Ein Eingriff in Art. 13 Abs. 1 GG liegt dagegen nicht vor.[274] Wohnungsverweisung und Rückkehrverbot berühren nicht die von Art. 13 Abs. 1 GG geschützte räumliche Privatsphäre.

▢ Eine andere Auffassung ist gut vertretbar, da auch in einer nur vorübergehenden Wohnungsverweisung mit Rückkehrverbot eine Teilaufhebung der Privatheit bejaht werden kann. Hat der Wohnungsinhaber aus Art. 13 Abs. 1 GG das Recht, in der Wohnung „in Ruhe gelassen zu werden", ist die Zutrittsverweigerung eine durchaus intensive Störung dieser Ruhe, zumal persönliche Gegenstände in der Wohnung zurückbleiben.

Auch das Grundrecht „Freiheit der Person" ist nicht betroffen. Sachlich schützt Art. 2 Abs. 2 Satz 2 GG, anders als sein weitgefasster Wortlaut vermuten ließe, allein die körperliche Bewegungsfreiheit. Dies ergibt sich aus dem systematischen Zusammenhang mit Art. 104 GG. Das Grundrecht auf Freiheit der Person garantiert ausschließlich die Freiheit, sich wegzubewegen (Wegbewegungsfreiheit); die Norm schützt insbesondere vor Haft bzw. Fest- und Ingewahrsamnahmen.[275]

2. Zielrichtung

Die Maßnahme dient der Gefahrenabwehr. Ziel ist die Abwehr von Gefahren für die Gesundheit der F. Zum anderen sollen weitere gewalttätige Übergriffe auf F durch ihren Ehemann M verhindert werden.

Die Wohnungsverweisung und das Rückkehrverbot erfüllten die Voraussetzungen eines Verwaltungsaktes i. S. v. § 35 VwVfG NRW.

---

273 *Thiel* POR, Rn. 430; *Schenke* POR, Rn. 135. A. A. *Petersen-Thrö* SächsVBl. 2004, 173 (180).
274 *Götz/Geis* POR, § 8 Rn. 29; *Rachor/Graulich*, in: Lisken/Denninger, HdbPolR, Kap. E Rn. 466, unter Hinweis darauf, dass das Grundrecht den Besitz an der Wohnung als solchen nicht schütze. Die zur Bekräftigung dieser Auffassung angeführte Entscheidung (BVerfGE 89, 1 ff., insb. 12) stellt auf die Beeinträchtigung der Privatheit der Wohnung, nicht auf das reine Besitzrecht ab; A. A. *Krugmann* NVwZ 2006, 152; *Kay* NVwZ 2003, 521; *Thiel*, PSP 2/2019, 35 (36): Die Anordnung, die Wohnung zu verlassen und sie für eine gewisse Dauer nicht zu betreten, stellt nach zutreffender Ansicht einen Eingriff in das Recht auf Unverletzlichkeit der Wohnung gem. Art. 13 Abs. 1 GG dar.
275 *Braun* StaatsR, S. 86.

II. Formelle Rechtmäßigkeit
1. Zuständigkeit

Die Zuständigkeit ergibt sich aus § 1 Abs. 1 Satz 1, 2 PolG NRW i.V.m. § 11 Abs. 1 Nr. 1 POG NRW. Es sollen Gefahren für die Gesundheit der F und der T abgewehrt und künftige Straftaten verhütet werden. Abweichend vom Subsidiaritätsgrundsatz können Maßnahmen nach § 34a PolG NRW nur durch die Polizei verfügt werden, nicht durch die Ordnungsbehörden, denn § 34a PolG NRW ist in § 24 OBG NRW (Geltung des Polizeigesetzes) ausgenommen. Es soll erreicht werden, dass sich im Bereich „Häusliche Gewalt" nicht zwei (Gefahrenabwehr-)Behörden um das Opfer kümmern.[276] Dem Opfer bleiben somit (auch) weitere Behördengänge erspart.[277]

2. Verfahren, Form

Zwar ist die Rechtsnatur einzelner Standardmaßnahmen umstritten, die Wohnungsverweisung nach § 34a Abs. 1 PolG NRW ist jedoch als belastender Verwaltungsakt (§ 35 VwVfG NRW) einzuordnen. Zu beachten ist das Anhörungsgebot nach § 28 Abs. 1 VwVfG NRW. Die Anhörung gilt besonders für die Fälle, in denen der Geschehensablauf nicht zweifelsfrei feststeht und die Gefahrenprognose noch nicht abgeschlossen ist. Von der Anhörung kann abgesehen werden, wenn der Täter nicht vor Ort ist (nachträgliche Anhörung sollte dennoch erfolgen), von seinem Recht nicht Gebrauch machen möchte oder nicht anhörungsfähig (z.B. stark alkoholisiert) ist. Der Verfahrens-/Formfehler einer nicht erfolgten Anhörung kann durch eine nachträgliche Anhörung (z.B. am Folgetag) gem. § 45 Abs. 1 Nr. 3, Abs. 2 VwVfG NRW geheilt werden. Eine Anhörung des M war daher gem. § 28 Abs. 1 VwVfG NRW durchzuführen, diese kann aber in der Diskussion der Polizeibeamten mit M und F in der Wohnung gesehen werden, da M hierbei ausreichend Gelegenheit zur Stellungnahme hatte.[278] Darüber hinaus müssten hinsichtlich der schriftlichen Bestätigung von Wohnungsverweisung und Rückkehrverbot die §§ 39 und 41 VwVfG NRW beachtet worden sein. Grundsätzlich besteht Formfreiheit wegen § 37 Abs. 2 VwVfG NRW. In Ausnahmefällen (z.B. Rückkehrverbot gem. § 34a PolG NRW) kann eine schriftliche Verfügung notwendig werden; in diesem Fall ist eine ordnungsgemäße Begründung gem. § 39 VwVfG NRW erforderlich.[279] Nach § 39 VwVfG NRW sind schriftliche Verwaltungsakte schriftlich zu begründen. Durch Übergabe des Schreibens an M lag eine ordnungsgemäße Bekanntgabe vor.

---

276 Dagegen geht *Geis* unzutreffend von einer grundsätzlichen Zuständigkeit der Ordnungsbehörde aus, vgl. Geis POR, Rn. 506 ff.
277 *Tegtmeyer/Vahle* PolG NRW, § 34a, Rn. 3.
278 *Geis* POR, Rn. 511.
279 *Pieper* Kriminalistik 2009, 253.

III. Materielle Rechtmäßigkeit
1. Tatbestandsvoraussetzungen der Ermächtigungsgrundlage

Als Ermächtigung kommt § 34a PolG NRW in Betracht.[280] Gem. § 34a Abs. 1 Satz 1 PolG NRW kann die Polizei eine Person zur Abwehr einer von ihr ausgehenden gegenwärtigen Gefahr für Leib, Leben oder Freiheit einer anderen Person aus einer Wohnung, in der die gefährdete Person wohnt, sowie aus deren unmittelbaren Umgebung verweisen und ihr die Rückkehr in diesen Bereich untersagen[281] Eine gegenwärtige Gefahr ist eine Sachlage, bei der das schädigende Ereignis bereits begonnen hat, oder mit an Sicherheit grenzender Wahrscheinlichkeit unmittelbar bevorsteht. Eine Leibesgefahr besteht, wenn mehr als nur leichte Körperverletzungen drohen. Eine solche gegenwärtige Leibesgefahr für F lag hier vor. Bei Eintreffen der Polizeibeamten ist die F bereits von M geschlagen und dabei nicht nur unerheblich verletzt worden (blaues Auge usw.). Zudem waren weitere schwerwiegende Verletzungen zu befürchten. Aus der Überschrift des § 34a PolG NRW ist zu entnehmen, dass Wohnungsverweisung und Rückkehrverbot dem Schutz vor häuslicher Gewalt dienen.[282] Unter dem Begriff Gewalt wird zunächst verlangt, dass der Täter physisch oder psychisch auf den anderen einwirkt und ihn verletzt oder willenlos macht. Ferner verlangt die Prämisse, dass sich das gefahrbegründende Handeln bzw. die Tat entsprechend dem Zweck des Gewaltschutzgesetzes in der gemeinsam genutzten Wohnung ereignet und dass Gewalttäter und Gewaltopfer in einer häuslichen Gemeinschaft leben bzw. eine häusliche Beziehung besteht. Deshalb greift die Befugnis nur, wenn es sich um einen Fall häuslicher Gewalt handelt. Häusliche Gewalt liegt vor, wenn zwei oder mehrere Personen in einer Wohnung leben, und zwar in häuslicher Gemeinschaft, und es im Rahmen dieser Beziehung von mindestens einer Person gegenüber einer anderen Person zu gewalttätigen Handlungen kommt. Hier kam es in der gemeinsamen Wohnung zwischen den Eheleute F und M zu gewalttätigen Handlungen, sodass ein Fall häuslicher Gewalt vorlag.[283] Nachdem auf Grundlage

---

280 Grundlegend *Seibert/Kohal* JURA 2019, 15 ff.
281 Die Prämisse „sowie" ist hier alternativ und kumulativ zu verstehen.
282 Gleichgültig ist, ob Gewalttäter und Oper in ehelicher oder nichtehelicher Gemeinschaft leben. Unbeachtlich ist auch, wem die Wohnung im besitz- und eigentumsrechtlichen Sinne gehört. Ist der Gewalttäter alleiniger Eigentümer oder Mieter, hindert das nicht, auch ihn zum Schutz seines mit ihm in häuslicher Gemeinschaft lebenden Opfers vorübergehend aus der Wohnung zu verweisen und die Rückkehr zu verbieten; denn ausschlaggebend ist nach § 2 GewSchG lediglich das Führen eines auf Dauer angelegten gemeinsamen Haushalts.
283 Allerdings setzt häusliche Gewalt nicht die Tatbegehung in der gemeinsamen Wohnung voraus. Bei einer Gefahrenprognose können Vorkommnisse außerhalb der Wohnung ebenso berücksichtigt werden wie solche im häuslichen Bereich. Tatorte können auch Geschäftsräume oder auch der öffentliche Raum sein; OVG Münster, DÖV 2012, 160; *WHM* POR, Rn. 153.

der Befugnis des § 34a Abs. 1 Satz 1 PolG NRW ein 10 Tage währendes Rückkehrverbot erteilt werden kann, muss die tatbestandlich geforderte gegenwärtige Gefahr eine „Dauergefahr" darstellen. D.h. es muss mit einer Wiederholung der Gewaltanwendung gerechnet werden können. Denn ansonsten wäre ein Rückkehrverbot nicht erforderlich. Vorliegend kann eine entsprechende Wiederholungsgefahr prognostiziert werden. Angesichts der Gewalttaten des M kann davon ausgegangen werden, dass er erneut gewalttätig wird. Dafür spricht auch sein übermäßiger Alkoholgenuss, der den M – wie dieser selbst eingesteht – aggressiv macht. Das Versprechen des M, der in nüchternem Zustand ein ruhiger und besonnener Mensch ist, keinen Alkohol mehr zu trinken, beeinflusst die Gefahrenprognose nicht. Nach allgemeiner Lebenserfahrung sind die Versprechungen von Trinkern „keinen Tropfen mehr anzurühren", nur von geringer Haltbarkeit. Zudem ist M bereits wiederholt als gewalttätig aufgefallen. Der räumliche Bereich ist nach dem Erfordernis eines wirkungsvollen Schutzes zu bestimmen und genau zu bezeichnen. In besonders begründeten Fällen können die Maßnahmen auf Wohn- und Nebenräume beschränkt werden. Vor dem Hintergrund, dass insbesondere häusliche Gewalt in einen Gewaltkreislauf eingebunden ist, muss in den Fällen, in denen Anhaltspunkte dafür vorhanden sind, dass die betroffene Person bereits zum wiederholten Male gegenüber der gefährdeten Person Gewalt ausgeübt hat, mit einer jederzeitigen Wiederholung der Gewaltanwendung gerechnet werden. Weil es sich bei häuslichen Gewalttaten meist um Seriendelikte handelt, kann insbesondere nach einer schweren Gewalttat mit an Sicherheit grenzender Wahrscheinlichkeit davon ausgegangen werden, dass die betroffene Person erneut gewalttätig wird.[284] Gefordert wird mithin die (Gefahren-)Prognose, dass einem Menschen in seiner Wohnung (jederzeit) Gewalt droht, die durch Wohnungsverweisung und Rückkehrverbot verhindert werden kann.[285]

> 📖 Da es sich bei häuslicher Gewalt in der Regel um Seriendelikte handelt, ist bei der Gefahrenprognose zu berücksichtigen, dass die Intensität des Angriffs und die Schwere der Verletzungen Anlass zur Sorge der Tatwiederholung geben, selbst wenn der Täter erstmals gewalttätig geworden ist.[286]

Diese Voraussetzungen dürften im vorliegenden Sachverhalt aber gegeben sein.

---

284 LT-Drs. 13/1525 – Allgemeine Begründung zu Art. 1, S. 12.
285 Zur Gefahrenprognose als Entscheidungsgrundlage für Maßnahmen der Gefahrenabwehr *Lehmann* HG, S. 90 ff.
286 Grundlegend *Keller* HG, S. 25 ff.; *Geis* POR, Rn. 522.

I. Schwerpunkt: Polizeirecht

Das Innenministerium Nordrhein-Westfalen hat hinsichtlich einer zu erstellenden Gefahrenprognose („gegenwärtige Gefahr") unterschiedliche Anhaltspunkte als relevant erachtet. Einbezogen werden sollten insbesondere folgende Punkte:[287]

– grundsätzliche Erkenntnisse zur Phänomenologie
– polizeiliche Erkenntnisse (z. B. Kriminalakte)
– Feststellungen zur grundsätzlichen Gewaltbereitschaft des Störers
– Aggression unter Alkohol-/Drogeneinfluss
– Art und Intensität der Gewalt
– Feststellungen zum Zustand der (Tat-)Wohnung
– Informationen über aktuelle gerichtliche Schutzanordnungen
– Aussagen von gefährdeten Personen.

Hält sich die gewalttätige Person beim Einschreiten der Polizei in der Wohnung auf, werden beide Maßnahmen gleichzeitig angeordnet. Die Maßnahmen dürfen auch ohne oder gar gegen den Willen der gefährdeten Person getroffen werden, da durch Wohnungsverweisung und Rückkehrverbot eine Gefahr für die öffentliche Sicherheit abgewehrt werden soll. Für die Bewertung dieser Gefahr der künftigen Begehung von Straftaten sind aber objektive Kriterien maßgebend. Die Maßnahme setzt die Gefahr weiterer oder erneuter Gewalt voraus, sie ist nicht Sanktion für vergangenes Unrecht. Bei wechselseitigen Körperverletzungen entspricht es der Verhältnismäßigkeit, denjenigen Partner der Wohnung zu verweisen, der „den größeren Anteil" am Streit trägt oder dem – bei gleichen Anteilen – der Auszug aus der gemeinsamen Wohnung für kurze Zeit am ehesten zugemutet werden kann. Hierüber entscheidet der Einsatzbeamte vor Ort nach seinem pflichtgemäßen Ermessen.[288]

Die Wahrscheinlichkeit, dass es in der Vergangenheit zu körperlichen Übergriffen oder Bedrohungen gekommen ist oder in Zukunft solche drohen, ist im Rahmen des § 34a Abs. 1 PolG NRW unter Berücksichtigung des Umstands zu bestimmen, dass es hier auf der Seite der von körperlicher Gewalt Bedrohten um essentielle Rechtsgüter – Leib, Leben, Freiheit – geht. Daher reicht es in den Fällen des § 34a PolG NRW grundsätzlich aus, dass gute Gründe für die Annahme sprechen, dass es in der Vergangenheit zu Übergriffen oder Bedrohungen gekommen ist und solche weiter drohen. Bei der für

---

[287] Innenministerium des Landes Nordrhein-Westfalen, Broschüre „Häusliche Gewalt und polizeiliches Handeln (Informationen für die Polizei und andere Beteiligte", 2002, S. 18, 19.
[288] VG Lüneburg NdsVBl. 2003, 273.

Entscheidungen erforderlichen Prognose des zukünftigen hypothetischen Geschehensablaufs bei Fällen der sogenannten häuslichen Gewalt müssen ausreichende tatsächliche Anhaltspunkte, Erfahrungen des täglichen Lebens, das Erfahrungswissen der Polizei oder wissenschaftliche und technische Erkenntnisse zu Grunde gelegt werden, ohne dass die Anforderungen an die Ermittlungstiefe – insbesondere bei gegenläufigen Schilderungen des Geschehensablaufs durch die Beteiligten – überspannt werden. Hierbei ist insbesondere darauf abzustellen, ob, wie oft, mit welchem zeitlichen Abstand und aus welchen Anlässen es in der Vergangenheit bereits zu Gewalttätigkeiten gekommen ist, welche Intensität die Gewalttätigkeiten hatten und ob der Täter ernst zu nehmende Drohungen gegen das Opfer ausgesprochen hat.

2. Besondere Verfahrensvorschriften

a) § 34a Abs 1 Satz 2, 3 PolG NRW: Bezeichnung des räumlichen Bereichs

Gem. § 34a Abs. 1 Satz 2 PolG NRW ist der räumliche Bereich, auf den sich Wohnungsverweisung und Rückkehrverbot beziehen, nach dem Erfordernis eines wirkungsvollen Schutzes der gefährdeten Person zu bestimmen und genau zu bezeichnen. Dabei kann sich der räumliche Bereich – von Ausnahmen angesehen (Satz 3) – auf die Wohnung, jedoch auch auf andere außerhalb der Wohnung erstrecken, um der gefährdeten Person einen wirkungsvollen Schutz zu gewähren. Der Begriff der Wohnung umfasst auch Arbeits-, Betriebs- und Geschäftsräume (§ 41 Abs. 1 Satz 2 PolG NRW). Der Bereich kann auch auf Teile der Wohnung beschränkt werden, so dass der Betroffene noch Geschäftsräume in der Wohnung betreten kann (Sicherung der wirtschaftlichen Existenz).[289] Das aber setzt voraus, dass die örtlichen Verhältnisse so beschaffen sind, dass der Schutz der gefährdeten Person auch durch eine auf den reinen Wohnbereich beschränkte Verweisung der betroffenen Person gewährleistet ist.[290] Grundsätzlich können aber Bereiche außerhalb der Wohnung einbezogen werden, um der gefährdeten Person wirkungsvollen Schutz zu gewähren.[291] Ein 500-Meter-Umkreis dürfte zu großräumig sein. Bei Beharrlichkeit des Störers kann die Festlegung einzelner Aufenthaltsverbote gem. § 34 Abs. 2 PolG NRW zusätzliche Schutzwirkung für das Opfer entfalten. Zu denken wäre an den Arbeitsplatz der gefährdeten Person, Kindergarten oder sonstige Örtlichkeiten.[292] Bestimmte Räume können von der Maßnahme ausgenommen werden, wenn die Per-

---

289 *Tegtmeyer/Vahle* PolG NRW, § 34a, Rn. 17; *WHM*, POR, Rn. 153.
290 *Haurand* POR, S. 97 f.
291 *Tegtmeyer/Vahle* PolG NRW, § 34a, Rn. 15.
292 *Tetsch/Baldarelli* PolG NRW, S. 740.

son in diesen Räumen beruflich tätig ist und ansonsten ihre wirtschaftliche Existenz gefährdet wäre (Art. 12 GG). Es muss jedoch erforderlich sein, dass die Nutzung dieser Räume für die betroffene Person unerlässlich ist. Der Schutz der gefährdeten Person darf gleichwohl unter dieser Ausnahmeregelung nicht leiden.[293] Die Polizei hat der betroffenen Person den Umgebungsbereich einer Wohnungsverweisung bzw. eines Rückkehrverbotes genau zu bezeichnen, um dem Bestimmtheitserfordernis nach § 37 Abs. 2 Satz 1 VwVfG NRW Genüge zu tun. Einzelnen besonderen Lebensumständen kann durch eine Ausnahmeregelung im Einzelfall Rechnung getragen werden. Als Beispiel wird genannt, dass der Hausarzt des Störers in dem betreffenden Gebäude seine Praxis hat und die Polizei dem Störer im Einzelfall mithin erlaubt, diese Praxis aufzusuchen.[294]

b)   § 34a Abs. 2 PolG NRW: Mitnahme persönlicher Gegenstände

Der betroffenen Person ist bei oder auch noch nach der Wohnungsverweisung Gelegenheit zur Mitnahme dringend benötigter Gegenstände des persönlichen Bedarfs (z. B. Kleidung, persönliche Papiere usw., aber keine Möbelstücke) zu geben. Durch diese in Abs. 2 normierte Verpflichtung der Polizei soll dem mit der befristeten Wohnungsverweisung verbundendenen Eingriff in das Grundrecht der betroffenen Person aus Art. 14 GG „ein Teil seiner Härte genommen werden"[295]. Stellt die betroffene Person nach Verlassen der Wohnung fest, benötigte Gegenstände vergessen zu haben, so kann sie diese unter Darlegung gegenüber der Polizei, um welche Gegenstände es sich handelt und warum diese dringend benötigt werden, von der Polizei in der Wohnung abholen lassen. Ein erneutes Betreten der Wohnung, um die Gegenstände selbst abzuholen, ist dagegen – auch in Begleitung von Polizeibeamten – nur in Ausnahmefällen möglich.[296]

c)   § 34a Abs. 3 PolG NRW: Bekanntgabe der neuen Anschrift

Die hier normierte Verpflichtung der Polizei, die betroffene Person zur Angabe einer Anschrift oder einer zustellungsbevollmächtigten Person zum Zwecke von Zustellungen behördlicher oder gerichtlicher Entscheidungen im Zusammenhang mit den Maßnahmen nach Abs. 1 oder dem Erwirken zivilrechtlichen Schutzes aufzufordern, soll im Interesse des Opferschutzes insbesondere sicherstellen, dass die betroffene Person ohne die Notwendigkeit einer erneuten Kontaktaufnahme mit der gefährdeten Person umge-

---

293   *Tegtmeyer/Vahle* PolG NRW, § 34a, Rn. 17.
294   *Schmidbauer* DPolBl. 3/2003, 21 (25).
295   LT-Drs. 13/1525, S. 14.
296   *Geis* POR, Rn. 513; *Tegtmeyer/Vahle* PolG NRW, § 34a Rn. 18.

hend von allen behördlichen oder gerichtlichen Entscheidungen Kenntnis erhält, Ladungen etc. ohne Verzögerung zugestellt werden können und gerichtlicher Schutz vor erneuter Gewalt schnellstmöglich erreicht werden kann.[297]

d) § 34a Abs. 4 PolG NRW: Hinweise und Informationen

§ 34a Abs. 4 PolG NRW enthält die Verpflichtung der Polizei, die gefährdete Person auf die Möglichkeit einer Beantragung zivilrechtlichen Schutzes und die Möglichkeit einer Unterstützung durch geeignete Beratungsstellen hinzuweisen. Dadurch soll die dauerhafte Beseitigung der Gefahr erreicht werden. Diese in § 34a Abs. 4 PolG NRW getroffene Regelung entspricht indessen nicht dem sog. „Pro-aktiven-Ansatz", soweit man darunter die Weitergabe von persönlichen Daten an eine Beratungseinrichtung ohne oder gegen den Willen des Gewaltopfers zwecks obligatorischer Beratung versteht. So ist eine polizeiliche Übermittlung personenbezogener Daten an eine Beratungsstelle nur mit Einwilligung der gefährdeten Person zulässig.[298] Das Selbstbestimmungsrecht des Opfers bleibt somit unangetastet. Die Willenserklärung des Opfers kann protokolliert und weitergegeben werden, sofern dies dem Wunsch des Opfers entspricht.[299]

e) § 34a Abs. 5 PolG NRW: Fristen

Die zulässige Dauer der Wohnungsverweisung und des Rückkehrverbotes beträgt gem. § 34a Abs. 5 Satz 1 PolG NRW 10 Tage. Diese Frist wurde beachtet. Eine ausnahmsweise kürzere Befristung scheidet vorliegend aufgrund der massiven Gewalttaten des M offensichtlich aus. Der genannte Zeitraum erscheint unter Berücksichtigung der Interessen der gefährdeten Person angemessen und zumutbar, um eine Entscheidung über die Inanspruchnahme zivilgerichtlichen Schutzes treffen und entsprechende Anträge bei Gericht stellen zu können. Nach § 34a Abs. 5 Satz 2 PolG NRW verlängern sich Wohnungsverweisung und Rückkehrverbot im Falle des

---

297 Vertiefend zur Zustellung in der Fallbearbeitung *Struzina/Kaiser* JA 2020, 279 ff.
298 Diese Regelung ist durchaus kritisch zu sehen. Die polizeiliche Erfahrung zeigt, dass Frauen in derartigen (Gewalt-)Situationen oftmals überfordert sind und darüber hinaus vielfach auch eine Suggestion von Mitschuld die Inanspruchnahme von Beratungsstellen verhindert („Ideologie der Hilflosigkeit"). Mithin wird hier für den sog. „Pro-aktiv-Ansatz" plädiert. Letztlich entscheidet die betroffene Person ohnehin allein, ob sie Hilfe in Anspruch nehmen will. Der Anstoß zu professioneller Hilfe kann aber von spezialisierten Beratungsstellen ausgehen. Es sei an die äußerst positiven Erfahrungen in Österreich erinnert. Hier wurden (nichtstaatliche) Interventionsstellen eingerichtet, denen – unabhängig vom Wunsch des Opfers – die polizeiliche (Einsatz-)Dokumentation übermittelt wird und die daraufhin von sich aus Kontakt mit dem Opfer aufnehmen; LT-Drucks. 13/1525 v. 4.9.2001, S. 16; vgl. auch *Wir Frauen in NRW* 1/2002, 8, 9.
299 Grundlegend zur Beratungspraxis für Opfer häuslicher Gewalt *Lehmann* HG, S. 231 ff.

innerhalb der grundsätzlich 10-tägigen Frist beantragten zivilrechtlichen Schutzes bis zum Tag der gerichtlichen Entscheidung, maximal jedoch um weitere 10 Tage nach Ende der im jeweiligen Einzelfall verfügten Maßnahmen, insgesamt also maximal 20 Tage. Durch die Fristen wird es dem Opfer ermöglicht, sich in Ruhe und ohne weitere Gewalttätigkeiten Klarheit über die persönliche Lebenssituation und das weitere Vorgehen zu verschaffen. Der genannte Zeitraum – i. d. R. 10 Tage – erscheint angemessen und zumutbar. Für die Berechnung der Fristen sind § 31 VwVfG NRW und – in entsprechender Anwendung – die §§ 187 bis 193 BGB ausschlaggebend.

f) § 34a Abs. 6 PolG NRW: Verfahrensrechtliche Regelungen

Die in § 34a Abs. 6 Satz 2 PolG NRW normierte Verpflichtung der Polizei, die gefährdete und die betroffene Person unverzüglich über die Dauer der Maßnahmen nach Absatz 1 im konkreten Einzelfall zu informieren, schafft für beide beteiligten Personen Rechtssicherheit.

g) § 34a Abs. 7 PolG NRW: Überprüfung des Rückkehrverbotes

Die Einhaltung des Rückkehrverbotes ist mindestens einmal während der Geltung zu überprüfen. Die Verpflichtung dient dem Schutz der gefährdeten Person. Bei Zuwiderhandlungen gegen das Rückkehrverbot kann ein zuvor angedrohtes Zwangsgeld festgesetzt und/oder die betroffene Person in Gewahrsam genommen werden.

> **Klausurhinweis:** Dogmatisch ist es nicht ganz richtig, die vorgenannten Punkte im Rahmen der materiellen Rechtmäßigkeit unter dem Punkt „besondere Verfahrensvorschriften" gesammelt zu prüfen, wird aber den Prüflingen empfohlen. Eine rechtstechnisch saubere Aufteilung – z. B. Hinweise nach § 34a Abs. 4 PolG NRW bei der formellen Rechtmäßigkeit (Verfahren) oder die Befristung nach § 34a Abs. 5 PolG NRW als zeitliches Übermaßverbot im Rahmen der Verhältnismäßigkeit usw. zu behandeln – verkompliziert die Prüfung unnötig. Zudem besteht die Gefahr, dass bei einer solchen Vorgehensweise der eine oder andere Punkt „vergessen" wird.[300]

3. Adressat

Richtiger Adressat ist die Person, von der die gegenwärtige Gefahr für Leib, Leben oder Freiheit der gefährdeten Person ausgeht (betroffene Person); ein Rückgriff auf die allgemeinen Störervorschriften scheidet damit aus,[301] wenngleich die Kriterien für das „Ausgehen" der Gefahr denjenigen für die

---

[300] *Braun/Wohlfahrt* Kriminalistik 2011, 653 (655).
[301] *Geis* POR, Rn. 528: § 34 Abs. 1 Satz 1 PolG NRW geht als lex specialis § 4 Abs. 1 PolG NRW vor.

Verhaltensverantwortlichkeit entsprechen dürften.[302] § 34a Abs. 1 Satz 1 PolG NRW selbst bestimmt dies („... Person ... einer von ihr ausgehenden Gefahr...").[303]

> Aus § 34a PolG NRW ergibt sich zwar unmittelbar, dass sich die Maßnahme gegen die Person oder den Mitbewohner bzw. die Mitbewohnerin zu richten hat, von welcher die Gefahr ausgeht. Die Verteilung der Verantwortlichkeit kann aber dann Probleme bereiten, wenn sich Personen wechselseitig Gewalt zufügen. Insoweit wird man davon ausgehen müssen, dass beide (oder mehrere) Personen als Adressaten in Betracht kommen. Die Polizei hat dann ihr Störerauswahlermessen pflichtgemäß auszuüben und zu entscheiden, welche Person(en) aus der Wohnung verwiesen werden.[304] Bei der Auswahl, welcher Störer in Anspruch genommen wird, ist der Grundsatz der Effektivität der Gefahrenabwehr maßgeblich. Derjenige, der die Gefahrenschwelle unmittelbar selbst überschritten hat, steht als Verhaltensstörer der Gefahrenquelle am nächsten. Derjenige, der Leib und Leben eines anderen gefährdet, ist Verhaltensstörer, das Opfer ist dagegen zumeist Nichtstörer.[305] Die Inanspruchnahme eines Nichtstörers dürfte indessen nur in sehr engen Grenzen zulässig sein.[306] Adressat kann letztlich nur der Täter der häuslichen Gewalt sein, grundsätzlich aber nicht das Opfer. Der Gewaltanwender soll nicht noch dadurch belohnt werden, dass er die Wohnung alleine und uneingeschränkt nutzen kann.[307] Der Auszug des Opfers aus der Wohnung ist keine der Polizei zur Verfügung stehende Handlungsalternative, die an pflichtgemäßen und sachgerechten Erwägungen orientiert ist.[308]

Adressat der Wohnungsverweisung und des Rückkehrverbots kann jedenfalls grundsätzlich auch eine minderjährige Person sein. Allerdings ist dann gegebenenfalls im Rahmen des Ermessens zu prüfen, ob ein anderer Adressat in Betracht kommt, ob andere Maßnahmen Erfolg versprechender wären, und ob eventuell begleitende Anordnungen zu treffen sind. Auch eine Frage des Ermessens ist es, wenn der Adressat gesundheitlich beeinträchtigt ist.

---

302 *Thiel* PSP 3/2017, 30 ff.
303 *Tetsch* ER Bd. 2, S. 39.
304 *Storr* ThürVBl. 2005, 97 (103).
305 *Guckelberger/Gard* NJW 2014, 2822 (2825).
306 *Guckelberger/Gard* NJW 2014, 2822 (2825).
307 *Thiel* POR, Rn. 434.
308 *Petersen-Thrö* SächsVBl. 2004, 173 (180).

4. Rechtsfolge

Rechtsfolge ist die Möglichkeit, die Person, von der die gegenwärtige Gefahr für Leib, Leben oder Freiheit einer anderen Person aus der Wohnung, in der die gefährdete Person wohnt, sowie aus deren unmittelbarer Umgebung zu verweisen und ihr die Rückkehr in diesen Bereich zu untersagen.

> 📖 Wohnungsverweisung und das Rückkehrverbot stellen selbstständige Maßnahmen dar, die jeweils eigenständigen Verwaltungsaktcharakter aufweisen. Beide Maßnahmen können zeitgleich und parallel polizeilich angeordnet werden und entfalten auch weitgehend parallel Rechtswirkung. Das bedeutet aber auch, dass ihrer Anordnung jeweils eigenständige Ermessenserwägungen zugrunde liegen müssen.[309]

Unter „Wohnung" versteht man nicht nur die eigentlichen Wohnräume, sondern auch Arbeits-, Betriebs- und Geschäftsräume und das gesamte „befriedete Besitztum".[310] Der räumliche Bereich, auf den sich die Maßnahmen erstrecken, ist zu bestimmen und genau zu bezeichnen. (§ 34 Abs. 1 Satz 2 PolG NRW).[311] Auf diese Weise soll insbesondere ein Auflauern des Adressaten der Maßnahme vor der Wohnung des Opfers verhindert werden. Ein Auflauern gegenüber dem Opfer kann regelmäßig schon dann sinnvoll verhindert werden, wenn z. B. der vor dem Haus liegende Bereich der Straße, ein bestehender Hof oder Garten bzw. allen Bewohnern eines Mehrparteienhauses zugängliche Räumlichkeiten wie Kellerräume oder das Treppenhaus von der Maßnahme erfasst werden.[312] Befindet sich die (gewalttätige) Person nicht mehr in der Wohnung, wird nur noch ein Rückkehrverbot ausgesprochen. In diesen Fällen wird die Verfügung regelmäßig schriftlich ergehen und an eine bekannte Anschrift zugestellt werden, ggf. erfolgt Ersatzzustellung. In zeitlicher Hinsicht ist die Wirkungsweise der Vorschriften in § 34a PolG NRW komplex. Die Dauer des Rückkehrverbots beträgt gem. § 34a Abs. 5 PolG NRW im Regelfall zehn Tage. Die Polizei kann ausnahmsweise eine kürzere Geltungsdauer bestimmen, wenn dafür ein sachlicher Grund vorliegt und dies auch dem Zweck der Maßnahme, der gefährdeten Person Freiräume für eigene Entscheidungen zu schaffen, nicht entgegensteht.[313] Zu beachten ist, dass die tatsächliche Dauer des Rückkehrverbots eigentlich die zehn Folgetage umfasst, denn gem. § 31 Abs. 1, Abs. 2 i. V. m. §§ 187 bis 193 BGB VwVfG NRW beginnt die Frist mit dem auf die Anord-

---

309 *Seibert/Kohal* JURA 2019, 15 (26).
310 *Tegtmeyer/Vahle* PolG NRW, § 34a Rn. 5.
311 *Tegtmeyer/Vahle* PolG NRW, § 34a Rn. 15.
312 *Tegtmeyer/Vahle* PolG NRW, § 34a Rn. 15; *Geis* POR, Rn. 532.
313 *Derks* HG, S. 196.

nung nächstfolgenden Tage. Gem. § 31 Abs. 3 VwVfG NRW ist es in Fällen, in denen dem Betroffenen unter dem Hinweis auf diese Vorschrift ein bestimmter Tag als Ende der Frist mitgeteilt wurde, unerheblich, ob das Ende der Frist auf einen Sonntag, Feiertag oder einen Wochentag fällt.[314] Verlässt die gefährdete Person nachweislich für eine gewisse Zeit die gemeinsame Wohnung, ist ein zehntägiges Rückkehrverbot allenfalls dann erforderlich, wenn mit der gelegentlichen Rückkehr auch der gefährdeten Person zu rechnen ist. Diese zeitlichen Beschränkungen veranschaulichen den Charakter der Maßnahme als „kurzfristige Krisenintervention".[315] Stellt die gefährdete Person innerhalb der zehntägigen Geltungsdauer einen Antrag auf einstweiligen Rechtsschutz[316] im zivilgerichtlichen Verfahren, so endet das Rückkehrverbot mit der gerichtlichen Entscheidung (§ 34a Abs. 5 Satz 2 PolG NRW); der Adressat ist entsprechend zu informieren (§ 34a Abs. 6 Satz 2 PolG NRW). Die gerichtliche Entscheidung tritt an die Stelle des polizeilichen Rückkehrverbots.[317] Trifft das Gericht innerhalb der zehn Tage keine Entscheidung, verlängert sich das Rückkehrverbot ohne gesonderte polizeiliche Anordnung bis zur Entscheidung, höchstens um weitere zehn Tage (§ 34a Abs. 2 Satz 2 PolG NRW). Hat das Gericht auch innerhalb dieser weiteren zehn Tage nicht entschieden, endet die Wirkung der Maßnahme. Die Polizei kann eine erneute Wohnungsverweisung bzw. ein erneutes Rückkehrverbot aussprechen, sofern sie auf der Grundlage einer erneuten Gefahrenprognose zu der Auffassung kommt, dass die tatbestandlichen Voraussetzungen (nach wie vor) vorliegen.[318] Die Behörde ist verpflichtet, ihre Ermessenserwägungen hinsichtlich einer Wohnungsverweisung mit Rückkehrverbot als Dauerverwaltungsakt auch nach ihrem Erlass bis zum Ablauf ihrer Geltungsdauer zu aktualisieren, sofern sich die maßgebliche Erkenntnislage nachträglich ändert.[319]

a) Ermessen (§ 3 PolG NRW)

Hinsichtlich des Ermessens ergeben sich Besonderheiten. In der Praxis finden sich oft sog. „stabilisierte Gewaltbeziehungen";[320] in solchen Konstellationen wird die gefährdete Person häufig den Willen äußern, dass die Per-

---

314 *Derks* HG, S. 196.
315 OVG Münster RÜ 2018, 255, mit Anm. *Stuttmann*; BVerfG NJW 2002, 2225 f.; *Rachor/Graulich*, in: Lisken/Denninger HdbPolR, Kap. E Rn. 461.
316 Nicht ausreichend ist eine Antragstellung im Hauptsacheverfahren, OLG Hamm, Beschl. v. 30.6.2006 – 11 WF 181/06.
317 *Nimtz/Thiel* ER, Rn. 809.
318 *Nimtz/Thiel* ER, Rn. 809.
319 OVG Münster NWVBl. 2015, 235.
320 *Rachor/Graulich*, in: Lisken/Denninger HdbPolR, Kap. E Rn. 471.

son, von der die Gefahr ausgeht, nicht aus der Wohnung verwiesen werden solle. Der überzeugendste Prüfungsstandort für die Frage, wie ein solcher den Maßnahmen entgegenstehender Wille des „Opfers" gehandhabt werden muss, ist das Ermessen.[321] Die Maßnahme ist von den Landesgesetzgebern bewusst nicht von einem Antrag der gefährdeten Person abhängig gemacht worden.[322] Die Rechtsordnung hat eine auf der Grundlage einer Gefahrenprognose festgestellte objektive Gefährdungslage auch dann nicht hinzunehmen, wenn das potenzielle Opfer dazu bereit ist, sich der Gefahr auszusetzen. Es steht nicht zur Disposition der gefährdeten Person, ob der Staat seinem entsprechenden grundrechtlichen Schutzauftrag (hier aus Art. 2 Abs. 2 GG) nachkommt.[323] Zudem ist für die handelnden Beamten vor Ort häufig nicht kurzfristig zu ermitteln, ob die Äußerungen der gefährdeten Person tatsächlich freiwillig oder unter dem Druck durch die gefährdende Person erfolgen, etwa aus Angst vor Übergriffen nach Ablauf des Rückkehrverbots, außerhalb seines Geltungsbereichs oder bei einem Verstoß gegen die polizeiliche Anordnung.[324] Die Gegenauffassung nimmt an, dass eine Wohnungsverweisung gegen den „ausdrücklichen, ernsthaften Willen" der gefährdeten Person nicht angeordnet oder aufrechterhalten werden könne; es liege dann „angesichts ihrer auch die Selbstgefährdung einschließenden Selbstbestimmung [...] keine polizeilich abzuwehrende Gefahr vor".[325] Dies überzeugt nicht, weil einer solchen Willensäußerung in engem Zusammenhang mit der Gefährdungslage nicht zugleich verlässlich zu entnehmen ist, dass die gefährdete Person auch von der Inanspruchnahme zivilgerichtlichen Rechtsschutzes Abstand nehmen werde; gerade zu dem Zweck, dass sie in Ruhe weitere Dispositionen treffen kann, verschaffen Wohnungsverweisung und Rückkehrverbot Zeit.[326] Das Entschließungsermessen der Polizeibeamten war vorliegend aufgrund der Gefahrenlage für F auf Null reduziert, sodass nur ein Auswahlermessen hinsichtlich der zu treffenden gefahrenabwehrenden Maßnahmen bestand. Ermessensfehler sind nicht ersichtlich.

---

321 Vgl. *Schenke*, § 3 Rn. 138.
322 *Kingreen/Poscher* POR, § 15 Rn. 27.
323 *Tegtmeyer/Vahle* PolG NRW, § 34a Rn. 11.
324 *Nimtz/Thiel* ER, Rn. 794.
325 *Kingreen/Poscher* POR, § 15 Rn. 27.
326 *Thiel* PSP 2/2019, 35 (39).

b) Übermaßverbot[327]
aa) Geeignetheit

Eine Maßnahme ist geeignet, wenn sie objektiv zwecktauglich ist, das polizeiliche Ziel zu erreichen. Die Wohnungsverweisung ist geeignet, Gefahren für die Individualrechtsgüter von F und T abzuwehren. Zweck der Maßnahme ist es, gegenwärtige Gefahren für Leib und Leben abzuwehren und derartige Fälle häuslicher Gewalt zumindest für die nächsten 10 Tage zu verhindern. Wohnungsverweisung und Rückkehrverbot sind zumindest zweckförderlich, weiter häusliche Gewalttaten zu verhindern und somit geeignet.

bb) Erforderlichkeit

Das Gebot der Wahl des milderen Mittels verlangt, dass von mehreren möglichen und geeigneten Maßnahmen diejenigen zu wählen sind, die den einzelnen und die Allgemeinheit voraussichtlich am wenigsten beeinträchtigen (Gebot der Wahl des milderen Mittels). Die Wohnungsverweisung ist auch erforderlich. Zwar sind mildere polizeiliche Maßnahmen denkbar, wie ein kurzfristiger Platzverweis oder eine Ingewahrsamnahme des M. Diese Maßnahmen sind aber nicht gleich wirksam.

cc) Verhältnismäßigkeit i. e. S.

Zu prüfen ist, ob die durchgeführte Maßnahme nicht außer Verhältnis zum angestrebten Zweck steht (Mittel-Zweck-Relation). Die Wohnungsverweisung ist auch angemessen. Eine Maßnahme muss unterbleiben, wenn erkennbar ist, dass der durch sie zu Lasten des Bürgers verursachte Nachteil unverhältnismäßig größer ist als der erstrebte Erfolg der Gefahrenbeseitigung. Vorliegend stehen die mit der Maßnahme verbundenen Grundrechtsbeeinträchtigungen des M, Eingriffe in Art. 11 Abs. 1, 6 Abs. 1 und 14 Abs. 1 GG, nicht außer Verhältnis zum Schutz der bedrohten Rechtsgüter der F (Leben und Gesundheit), Art. 2 Abs. 2 Satz 2 GG.

Wohnungsverweisung und Rückkehrverbot waren somit verhältnismäßig.

> **Parallelvorschriften zu § 34a PolG NRW (Wohnungsverweisung und Rückkehrverbot):**[328] § 27a Abs. 3 WPolG; § 16a BbgPolG; § 29a Abs. 1 ASOG Bln; § 14a BremPolG; § 12b HambSOG; § 31 Abs. 2 HSOG; § 52 Abs. 2 MVSOG; § 17 Abs. 2 S. 2 NdsSOG; § 13 Abs. 2 RhPfPOG; § 12 Abs. 2 SPolG; § 21 Abs. 3 SächsPolG; § 36 Abs. 3 LSASOG; § 201a SchlHLVwG; 18 Abs. 2 ThürPAG.

---

327 Zu den Anforderungen an die Verhältnismäßigkeit bei Wohnungsverweisung und Rückkehrverbot *Rachor/Graulich*, in: Lisken/Denninger HdbPolR, Kap. E Rn. 479.
328 Im Detail *Keller* HG, S. 76 ff.

C. Fertigen eines Berichtes für das Jugendamt
I. Ermächtigungsrundlage

In der Mitteilung an das Jugendamt liegt eine Weitergabe personenbezogener Daten und damit ein Rechtseingriff. Weitergeleitet werden u. a. Namen, Anschrift sowie die besonderen Umstände (extrem verschmutzte Wohnung, verwahrloster Eindruck der 4jährigen T). Beeinträchtigt wird das Recht auf informationelle Selbstbestimmung aus Art. 2 Abs. 1 i. V. m. Art. 1 Abs. 1 GG.[329] Für diese (Datenübermittlungs-)Maßnahme ist eine gesetzliche Ermächtigung erforderlich. Personenbezogene Daten dürfen nur weitergegeben und in einem Verwaltungsverfahren verwertet werden, wenn die Behörde hierfür eine gesetzliche Grundlage hat. Amtshilfebestimmungen reichen hierfür nicht aus.[330] Das PolG NRW stellt für Datenübermittlungen gesetzliche Grundlagen zur Verfügung. Zielrichtung ist die Gefahrenabwehr. Durch die Mitteilung wird das Jugendamt in die Lage versetzt, entsprechende (gefahrenabwehrende) Maßnahmen zu treffen. Derartige Maßnahmen sind keine Verwaltungsakte, sondern sog. Realakte.

II. Formelle Rechtmäßigkeit

Die sachliche Zuständigkeit ergibt sich aus § 1 Abs. 1 Satz 1, 3 PolG NRW i. V. m. § 11 Abs. 1 Nr. 1 POG NRW.

III. Materielle Rechtmäßigkeit
1. Tatbestandsvoraussetzungen der Ermächtigungsgrundlage

§ 27 PolG NRW regelt die Datenübermittlung im innerstaatlichen Bereich.[331] Gem. § 27 Abs. 2 Nr. 2 kann die Polizei (a) an andere als die in Absatz 1 genannten Behörden und sonstige öffentliche Stellen personenbezogene Daten übermitteln, soweit dies (b) zur Abwehr einer Gefahr durch die empfangende Stelle bzw. (c) auf Grund tatsächlicher Anhaltspunkte zur Wahrnehmung einer sonstigen Gefahrenabwehraufgabe durch die empfangende Stelle erforderlich ist. Das Jugendamt ist eine öffentliche Stelle des Inlandes i. S. von § 27 Abs. 2 PolG NRW. Die Kenntnis des Vorfalls ist für die Aufgabenerfüllung des Jugendamtes erforderlich, es kann nur einschreiten, d. h. Maßnahmen (zum Schutz des Kindes) treffen, wenn es auch von den Vorfällen weiß. Dieser Datentransfer muss aus Sicht der Polizei erforderlich sein. An diese Prämisse der „Erforderlichkeit" dürften wohl keine über-

---

[329] Vgl. auch BVerfG, Beschl. v. 6.2.2019–1 BvQ 4/19, NVwZ 2019, 640: (Erfolgloser) Eilantrag gegen Datenübermittlung (hier für Zensus 2021).
[330] *Hufen/Siegel* Verwaltungsverfahren, Rn. 240.
[331] LT-Drs. 17/2576, S. 72.

spannten Forderungen zu stellen sein, so dass im Ergebnis die tatbestandlichen Voraussetzungen vorliegen.

2. Besondere Verfahrensvorschriften

§ 26 PolG NRW enthält „Allgemeine Regeln der Datenübermittlung". Für die Übermittlung der Daten trägt die übermittelnde Polizeibehörde die Verantwortung. Sie prüft die Zulässigkeit der Datenübermittlung (§ 26 Abs. 2 PolG NRW). Von einer Beachtung dieser Verfahrensvorschriften soll ausgegangen werden.

3. Adressat

Die Adressatenregelung ergibt sich in diesen Fällen aus der Grundmaßnahme.

4. Übermaßverbot

Die Datenübermittlung ist geeignet und erforderlich. Das Jugendamt wird in die Lage versetzt, Maßnahmen zum Schutz der 4jährigen T zu treffen. Eine andere (geringere) Maßnahme als die Datenübermittlung ist nicht denkbar. Da insbesondere auch kein Missverhältnis zwischen Maßnahmezweck und Maßnahmefolge zu erkennen ist, entspricht die Datenübermittlung auch dem Grundsatz der Verhältnismäßigkeit i. e. S. Die Weiterleitung des Berichtes an das Jugendamt ist somit zulässig.

> **Parallelnormen zu § 27 PolG NRW (Datenübermittlung an sonstige öffentliche Stellen):** § 32 Abs. 2 BPolG; § 43 Abs. 1 BWPolG; Art. 40 Abs. 2 BayPAG; § 44 Abs. 1, 2 ASOG Bln; § 43 Abs. 1 bis 3 BbgPolG; § 36f Abs. 1 BremPolG; § 20 Abs. 1, 2 Nr. 2 HambPolEDVG; § 22 Abs. 2 Nr. 2 HSOG; § 41 Abs. 1 MVSOG; § 43 Abs. 1 NdsSOG; § 34 Abs. 1 RhPfPOG; § 34 Abs. 1 SPolG; § 27 Abs. 2 LSASOG; § 193 Abs. 1 SchlHLVwG; § 41 Abs. 3 ThürPAG.

Fall 7: Der kriminogene Weihnachtsmarkt

> **Schwerpunkte**: Sicherstellung Fahrzeugschlüssel zwecks Verhinderung Trunkenheitsfahrt, Identitätsfeststellung, Durchsuchung, Erkennungsdienstliche Behandlung, Datenabgleich, Gewahrsam, Straftaten von erheblicher Bedeutung

Sachverhalt:

In A-Stadt kommt es regelmäßig in der Vorweihnachtszeit zu einer starken Zunahme der Taschendiebstähle. Tatorte sind insbesondere die Fußgängerzonen und die auch von ausländischen Besuchergruppen stark frequentierten Weihnachtsmärkte in der Innenstadt. Zur Bekämpfung der Delikte werden durch die Polizei personen- und brennpunktbezogene Maßnahmen durchgeführt.

PK A und PK B versehen Dienst auf dem Weihnachtsmarkt „Heiliger Platz" in der Innenstadt. Gerade dieser Weihnachtsmarkt ist dafür bekannt, dass vermehrt Straftaten – vor allem Taschendiebstähle – begangen werden. Der Polizei liegen Anhaltspunkte dafür vor, dass auch rumänische Diebesbanden für den Kriminalitätsanstieg verantwortlich sind. Auch in den letzten Tagen sind auf dem Weihnachtsmarkt vermehrt Taschendiebstähle angezeigt worden. Daher haben die Beamten den Auftrag, gezielt darauf zu achten und Diebstähle zu verhindern.

Gegen 19.00 Uhr fällt ihnen eine männliche – jugendlich aussehende – Person (P) auf, die sich offenkundig nicht für die in den Ständen ausgestellten Waren interessiert, sondern intensiv die Passanten beobachtet. Aufgrund seines Verhaltens halten sie P für einen möglichen Taschendieb und folgen ihm über den Weihnachtsmarkt. Nachdem die Beamten den P etwa 30 Minuten beobachtet haben, entschließen Sie sich seine Personalien festzustellen. PK A spricht den P an und fordert ihn auf, seine Personalien anzugeben. P, der einen verwahrlosten Eindruck macht und nur gebrochen Deutsch spricht, kommt dieser nicht nach und macht keine für die Beamten verständlichen Angaben zu seiner Person. Da auch bei einer Durchsuchung seiner Person sowie seines Rucksacks keinerlei auf die Identität hinweisende Unterlagen gefunden werden, führen die Beamten P der nahe gelegenen Polizeidienststelle zu. Durch eine erkennungsdienstliche Behandlung können die Personalien des P ermittelt werden. P ist 14 Jahre alt und bereits mehrfach nach Taschendiebstählen als Täter ermittelt worden.

Ein Datenabgleich ergibt, dass P in einer Wohngruppe der Stadt lebt, von der er seit drei Tagen abgängig ist. Die Beamten nehmen den Jungen in Gewahrsam. Bevor sie ihn in den FustKW setzen, wird er durch PK B gründlich durchsucht, da er bei der Suche der Ausweispapiere im Rucksack verschiedene Schraubendreher und Taschenmesser gesehen hat. P wird sodann der Wohngruppe zugeführt.

Im Laufe des späten Abends befinden sich PK A und PK B erneut auf dem Weihnachtsmarkt. Sie bemerken einen offensichtlich erheblich alkoholisierten jungen Mann (M), der vor einem blauen Ford Capri stehen bleibt. Als M seinen Autoschlüssel wankend aus seiner Hosentasche fingert, wird er von den Beamten angesprochen, ob er in seinem Zustand noch fahren wolle. M erwiderte, dass das die Beamten einen „Scheiß angehe". PK A fordert den M zur Herausgabe seines Fahrzeugschlüssels auf. Wenn M wieder nüchtern sei, könne er sich diesen in der Wache an der Gartenstraße abholen.

Aufgabe:

1. Beurteilen Sie rechtsgutachtlich die Sicherstellung der Fahrzeugschlüssel des M
2. Nennen Sie mit kurzer Begründung die Rechtsgrundlagen folgender Maßnahmen:
   - Beobachtung des P
   - Identitätsfeststellung (P)
   - Durchsuchung des P sowie seines Rucksacks
   - Erkennungsdienstliche Behandlung des P
   - Datenabgleich (P)
   - Durchsuchung des P vor Einsteigen in den FustKw
   - Verbringen des P zur Wohngruppe

I. Schwerpunkt: Polizeirecht

Lösung zu Aufgabe 1

I. Ermächtigungsrundlage

Nach dem Grundsatz des Vorbehalts des Gesetzes bedarf es bei einem Grundrechtseingriff einer Ermächtigungsgrundlage, welche auf ein verfassungsmäßiges Gesetz zurückzuführen ist. Die Sicherstellung zielt darauf ab, eine Sache in ein öffentlich-rechtliches Verwahrungsverhältnis zu nehmen. Die Maßnahme greift in das Grundrecht auf Eigentum (Art. 14 Abs. 1)[332] ein und bedarf wegen des Grundsatzes vom Vorbehalt des Gesetzes (Art. 20 Abs. 3 GG) einer Rechtsgrundlage. Durch die Sicherstellung wird dem bisherigen Inhaber (zumeist vorübergehend) die Sachherrschaft entzogen. Dies begründet in der Regel ein öffentlich-rechtliches Verwahrungsverhältnis.

Die Maßnahme verfolgt eine präventive Zielrichtung. Es geht um die Abwehr von Gefahren für die Rechtsordnung und andere Verkehrsteilnehmer.[333]

II. Formelle Rechtmäßigkeit

1. Zuständigkeit

Die sachliche Zuständigkeit der Polizei könnte sich aus § 1 Abs. 1 Satz 1, 2 PolG NRW ergeben. Hierzu bedürfte es zunächst einer Gefahr für die öffentliche Sicherheit oder Ordnung, § 1 Abs. 1 Satz 1 PolG NRW. Die öffentliche Sicherheit umfasst die Unverletzlichkeit der Rechtsordnung, die subjektiven Rechtsgüter des Einzelnen sowie Bestand und Funktionsfähigkeit der Einrichtungen und Veranstaltungen des Staates und sonstiger Träger der Hoheitsgewalt. Vorliegend geht es um die Abwehr von Gefahren für die Rechtsordnung. Verkehrsstraftaten (§§ 316, 315c StGB) sollen verhindert werden. Auch sollen Gefahren für andere Verkehrsteilnehmer abgewehrt werden. Die Teilnahme am Straßenverkehr im Zustand des E birgt erhebliche Risiken. Fahren unter Alkoholeinfluss stellt eines der größten Sicherheitsprobleme im Straßenverkehr dar (Hauptunfallursache).

Im Hinblick auf die örtliche Zuständigkeit sind keine Probleme ersichtlich (§ 7 Abs. 1 POG NRW). Festgelegt wird der räumliche Tätigkeitsbereich der behördlichen Aufgabenwahrnehmung. Dabei handelt es sich bei den §§ 7 ff. POG NRW um verwaltungsorganisationsrechtliche Regeln, die den staatsrechtlichen Begriff der Gebietshoheit konkretisieren. Die örtliche Zuständigkeit setzt somit immer eine sachliche Zuständigkeit voraus. Dadurch wird verhindert, dass sich Behörden mit gleicher sachlicher Zuständigkeit

---

332 Ausführlich *Braun* StaatsR, 128 ff.; instruktiv *Braun* PSP 3/2018, 45 ff.
333 Mit ähnlicher Fallkonstellation auch *Braun/Keller* PSP 2/2020, 36 ff.

ins Gehege kommen und sich dadurch unter Umständen gegenseitig behindern.[334] Die örtliche Zuständigkeit folgte hier aus der Regelzuständigkeit § 7 Abs. 1 POG NRW; denn die Beamten haben ihre Aufgabe im eigenen Polizeibezirk wahrgenommen.

2. Verfahren und Form

Die Bitte um Herausgabe des Fahrzeugschlüssels stellt sich als belastender Verwaltungsakt dar (§ 35 Satz 1 VwVfG.NRW). Insoweit musste gem. § 28 Abs. 1 VwVfG NRW dem M vorab Gelegenheit zur Stellungnahme gegeben werden. Eine solche Anhörung wurde hier offensichtlich durchgeführt. Insbesondere durfte die Verfügung mündlich erfolgen (§ 37 Abs. 1 VwVfG NRW).

Maßnahmen der Polizei, die von dem Pflichtigen ein bestimmtes Handeln, Dulden oder Unterlassen verlangen, sind Verwaltungsakte i.S. des § 35 Satz 1 VwVfG NRW.[335]

> 📖 Die Einordnung der Sicherstellung in das verwaltungsrechtliche System der Handlungsformen wird kontrovers diskutiert. Mit dem Realakt des Ansichnehmens einer Sache kann die Anordnung verbunden sein, die Sache herauszugeben, so dass nicht nur der eigentliche Akt des Gewahrsamswechsels, sondern auch die entsprechende Anordnung von der Ermächtigungsnorm umfasst sein müsste. Nach verbreiteter Auffassung ist die Sicherstellung dieser Herausgabeanordnung wegen als Verwaltungsakt zu qualifizieren.[336] Dem (anwesenden) Adressaten wird mit der Sicherstellung durch Verwaltungsakt eine „Herausgabepflicht" auferlegt, die gegebenenfalls mit Mitteln der Verwaltungsvollstreckung durchgesetzt werden kann.[337]

III. Materielle Rechtmäßigkeit
1. Tatbestandliche Voraussetzungen der Ermächtigungsgrundlage

Gem. § 43 Nr. 1 PolG NRW kann die Polizei eine Sache sicherstellen, um eine gegenwärtige Gefahr für die öffentliche Sicherheit oder Ordnung abzuwehren. Eine gegenwärtige Gefahr ist eine Sachlage, bei der die Einwirkung des schädigenden Ereignisses bereits begonnen hat oder bei der diese unmittelbar oder in allernächster Zeit mit einer an Sicherheit grenzender Wahrscheinlichkeit bevorsteht.[338] Das Verhalten des M begründet die kon-

---

334 *Keller*, in: BeckOK POR NRW, § 7 POG Rn. 6.1.
335 Zu den Voraussetzungen eines Verwaltungsaktes *Braun* PSP 4/2019, 37 (39 f.).
336 *Kugelmann* POR, 6. Kap. Rn. 94.
337 *Thiel* POR, § 10 Rn. 183. Zur Rechtsnatur polizeilicher Maßnahmen instruktiv *Braun*, PSP 4/2019 37 (40 f.).
338 Ausführlich. *Rachor/Graulich*, in: Lisken/Denninger HdbPolR, Kap. E Rn. 645 ff.

krete Gefahr einer Fahrt unter Alkohol- bzw. Drogeneinfluss. Auch dient die Maßnahme der Abwehr einer gegenwärtigen Gefahr (Weiterfahrt des E in alkoholisiertem Zustand); der Fahrtantritt stand unmittelbar bevor. Eine gegenwärtige Gefahr geht hier vom Zustand (hier Trunkenheit) des Besitzers einer Sache aus. Eine (gegenwärtige) Gefahr im Sinne des Polizeiaufgabengesetzes ist insbesondere auch dann gegeben, wenn der Tatbestand einer Straftat (hier fahrlässige Trunkenheit im Verkehr gem. § 316 Abs. 1 StGB) verwirklicht wird.[339]

Die tatbestandsmäßigen Voraussetzungen von § 43 Nr. 1 PolG NRW waren zum Zeitpunkt des polizeilichen Handelns erfüllt. Die Sicherstellung des Fahrzeugschlüssels erfolgte zur Abwehr einer gegenwärtigen Gefahr. M war zum Zeitpunkt der Sicherstellung aufgrund erheblicher Alkoholisierung ersichtlich nicht in der Lage, ein Kraftfahrzeug im Straßenverkehr, ohne sich und andere Straßenverkehrsteilnehmer zu gefährden, sicher zu führen.

2. Besondere Verfahrensvorschriften

Zu beachten sind §§ 44 bis 46 PolG NRW.[340] Mangels entgegenstehender Angaben im Sachverhalt ist von einer Beachtung der Vorschriften auszugehen. Insbesondere ist der betroffenen Person eine Bescheinigung auszustellen, die den Grund der Sicherstellung erkennen lässt und die sichergestellten Sachen bezeichnet (§ 44 Abs. 2 Satz 2 PolG NRW). Sobald die Voraussetzungen für die Sicherstellung weggefallen sind, sind die Sachen an diejenige Person herauszugeben, bei der sie sichergestellt worden sind (§ 46 Abs. 1 Satz 1 PolG NRW). Die Herausgabe ist ausgeschlossen, wenn dadurch erneut die Voraussetzungen für eine Sicherstellung eintreten würden. M ist am nächsten Tag wieder nüchtern. Der Fahrzeugschlüssel kann ihm ausgehändigt werden.

3. Adressatenregelung

Der Adressat ergibt sich aus § 4 Abs. 1 PolG NRW. Verursacht eine Person eine Gefahr, so sind die Maßnahmen gegen diese Person zu richten. M hat durch sein Verhalten die Gefahr unmittelbar verursacht. Er durfte als Adressat in Anspruch genommen werden.

---

339 Entsprechend auch VG Ansbach, Urt. v. 19.6.2012 – AN 1 K 11. 01704.
340 Zu diesen Verfahrensvorschriften insbesondere *Braun*, in: Möstl/Kugelmann, BeckOK POR NRW, § 44 ff. PolG.

2. Teil: Fälle mit Lösungen

4. Rechtsfolge der konkret herangezogenen Ermächtigungsgrundlage

Rechtsfolge ist die Sicherstellung einer Sache. Hierunter versteht man die Beendigung des Gewahrsams des Eigentümers oder sonstigen Berechtigten einer Sache unter Begründung neuen Gewahrsams durch die Polizei oder von ihr beauftragte Personen zum Zwecke der Gefahrenabwehr.[341] Zwar stellt das kurzfristige, nur vorübergehende Ansichnehmen einer Sache keine Sicherstellung dar.[342] Das ist aber vorliegend nicht der Fall.

5. Ermessen und Verhältnismäßigkeit

Ermessensfehler sind vorliegend nicht ersichtlich. Die Sicherstellung des Fahrzeugschlüssels ist geeignet und erforderlich, um ein Fahren des M mit seinem Fahrzeug im Straßenverkehr zu unterbinden. Unter mehreren möglichen und geeigneten Maßnahmen ist diejenige zu treffen, die den Einzelnen am wenigsten beeinträchtigt. Die Polizei wäre deshalb sogar berechtigt gewesen, zur Unterbindung weiterer Fahrten des Klägers das von ihm geführte Kraftfahrzeug sicherzustellen.[343] Die Beschränkung auf die Sicherstellung der Fahrzeugschlüssel unterliegt somit auch aus dem Blickwinkel des § 2 Abs. 1 PolG NRW keinerlei rechtlichen Bedenken. Die Maßnahme ist insbesondere auch verhältnismäßig, sie hat den M am wenigsten beeinträchtigt.[344]

IV. Ergebnis

Die Sicherstellung des Fahrzeugschlüssels ist rechtmäßig.

Lösung zu Aufgabe 2

1. Beobachtung des P

Bei der 30-minütigen Beobachtung des P handelt es sich um eine kurzfristige Observation, die sich mangels Anfangsverdachts einer Straftat nur auf § 16a Abs. 3 PolG NRW stützen lässt. Hiernach darf die Polizei personenbezogene Daten über die in den §§ 4 und 5 PolG NRW genannten und andere Personen erheben, soweit dies zum Zwecke der Gefahrenabwehr (§ 1 Abs. 1) erforderlich ist und ohne diese Maßnahme die Erfüllung der polizeilichen Aufgabe gefährdet wird. Die sachliche Zuständigkeit (§ 1 Abs. 1

---

341 *Braun*, in: Möstl/Kugelmann, BeckOK POR NRW, § 43 Rn. Eine „Sicherstellung", die die Sache im Gewahrsam des Betroffenen belässt, ist demnach nicht möglich (OVG Münster NVwZ-RR 1991, 556).
342 Differenziert hierzu *Baldarelli/Berning* Kriminalistik 2007, 201 (205).
343 VGH München, Beschl. v. 29.1.2002–24 B 01.195.
344 VG Ansbach, Urt. v. 19.6.2012 – AN 1 K 11. 01704.

Satz 1, 2 PolG NRW) ist mit der Aufgabe der Verhütung von Straftaten gegeben; Gefahr für die Rechtsordnung durch Realisierung von Straftatbeständen nach dem StGB, insbesondere §§ 242 ff. StGB sowie für Rechtsgüter des Einzelnen, hier Eigentum.

2. Identitätsfeststellung (P)

Die Feststellung der Identität ist gem. § 12 Abs. 1 Nr. 2 PolG NRW zulässig, wenn der Betroffene sich an einem der näher bezeichneten gefährlichen (verrufenen) Orte aufhält. Die Rechtsgrundlagen für Kontrollen an sog. gefährlichen Orten erlauben der Polizei Identitätsfeststellungen unter erleichterten Voraussetzungen. Die kontrollierten Personen dürfen grundsätzlich überprüft werden, weil sie sich an einem Ort aufhalten, an dem es vermehrt zur Begehung von Straftaten kommt. Dabei muss sich die überprüfte Person weder verdächtig verhalten noch muss von ihr eine konkrete Gefahr ausgehen.[345]

Gefährlich ist ein Ort u. a. dann, wenn Tatsachen die Annahme rechtfertigen, dass dort Personen Straftaten von erheblicher Bedeutung verabreden, vorbereiten oder verüben. Gefährliche Orte in diesem Sinne können z.B. Bahnhöfe, Parkanlagen sowie Straßen und Plätze sein. Hinsichtlich des Tatbestandsmerkmals „Ort" gelten dieselben Maßstäbe wie beim Platzverweis (§ 34 Abs. 1 PolG NRW), der ebenfalls nur in Bezug auf eine mehr oder weniger eng umgrenzte Fläche ausgesprochen werden kann.[346] Der Weihnachtsmarkt ist ein „Ort" i. S. dieser Vorschrift. Die Eigenschaft als gefährlicher Ort ist nicht abstrakt, sondern anhand der konkreten Umstände des Einzelfalls zu beurteilen. Der Polizei liegen (konkret) Anhaltspunkte dafür vor, dass auch rumänische Diebesbanden für den Kriminalitätsanstieg verantwortlich sind. Eine Identitätsfeststellung nach § 12 Abs. 1 Nr. 2a PolG NRW ist an einem Ort zulässig, von dem Tatsachen die Annahme rechtfertigen, dass dort Personen Straftaten von erheblicher Bedeutung (§ 8 Abs. 3 PolG NRW) verabreden, vorbereiten oder verüben. Zweck der Maßnahme ist es, Licht in das Dunkel geplanter bzw. verabredeter Straftaten zu bringen.[347] Bei § 8 Abs. 3 PolG NRW handelt es sich um eine Definitionsnorm. Der Begriff „insbesondere" verdeutlicht, dass die Aufzählung von „Straftaten von erheblicher Bedeutung" nicht abschließend ist.[348] Straftaten von erheblicher Bedeutung können also dann angenommen werden, wenn die

---

[345] Kritisch *Tomerius* Die Polizei 2019, 257 ff. und DVBl 2017, 1399 ff.
[346] *Ogorek*, in: BeckOK POR NRW, § 12 PolG, Rn. 13.
[347] *Ogorek*, in: BeckOK POR NRW, § 12 PolG, Rn. 16.
[348] *Tegtmeyer/Vahle* PolG NRW, § 8, Rn. 35; zur Offenlegungspflicht für „verrufene" Orte OVG Münster NWVBl. 2020, 366, mit Anmerkung *Dietlein/Peters* NWVBl. 2020, 353 ff.

Tat als solche bereits erhebliche Bedeutung hat, was namentlich bei Verbrechen der Fall ist. Die Erheblichkeit kann allerdings auch in der konkreten Begehungsform liegen und damit grundsätzlich auf nahezu jede Straftat zutreffen.[349] Straftaten von erheblicher Bedeutung sind entsprechend § 8 Abs. 3 PolG NRW insbesondere auch gewerbs- oder bandenmäßig begangene Eigentumsdelikte.

Voraussetzung ist allein der Aufenthalt an einem „Ort". Insbesondere muss keine Störereigenschaft vorliegen. Schon die bloße Wahrscheinlichkeit, an dem fraglichen Ort einen Störer festzustellen und damit eine Straftat zu verhindern, rechtfertigt die Identitätsfeststellung.[350]

> 📖 Das Tatbestandsmerkmal des „Sich-Aufhaltens" an einem gefährlichen Ort i. S. der Gefahrenabwehr bedeutet zumindest einen zögerlichen Bewegungsablauf, der nach außen dokumentiert wird, etwa ein Bleiben oder Verweilen. Sich-Aufhalten in diesem Sinne kann nach dem allein maßgeblichen äußeren Anschein auch vorliegen, wenn eine Person über die Straße schlendert oder hin und her pendelt und dabei öfter den gefährlichen Ort passiert oder dort Kontakt mit anderen Personen aufnimmt oder sich dort mit anderen Personen trifft und so das zielgerichtete Gehen unterbricht. Das zielgerichtete Passieren des gefährlichen Ortes ohne Anzeichen eines verzögerten Ganges, das direkte Gehen von einem Punkt zum anderen, erfüllt das Tatbestandsmerkmal nicht.[351]

3. Durchsuchung des P sowie seines Rucksacks

Die Durchsuchung des P und seines Rucksacks erfolgte ersichtlich zum Zwecke der Identitätsfeststellung. Die Maßnahme ist gem. § 12 Abs. 2 Satz 4 PolG NRW insbesondere zulässig, um Ausweis- oder sonstige Legitimationspapiere aufzufinden. Eine Durchsuchung ist unter anderem notwendig, wenn der Betroffene an der Identitätsfeststellung nicht mitwirken kann, etwa weil er bewusstlos ist. Dasselbe gilt, wenn der Maßnahmeadressat sich weigert, die für die Identitätsfeststellung erforderlichen Mitwirkungshandlungen vorzunehmen.[352]

4. Erkennungsdienstliche Behandlung des P

Auch die erkennungsdienstliche Behandlung erfolgte zum Zwecke der Identitätsfeststellung.[353] Diese Maßnahme wird in § 12 Abs. 2 PolG NRW indes nicht explizit erwähnt. Der Maßnahmenkatalog ist aber abschließend,

---

349 *Worms/Gusy*, in: BeckOK POR NRW, § 8 PolG, Rn. 135.
350 *Schmidbauer/Holzer* BaySicherheitsR, Rn. 828.
351 OVG Hamburg NVwZ-RR 2003, 276.
352 *Ogorek*, in: BeckOK POR NRW, § 12 PolG, Rn. 43.
353 *Schlacke/Wittreck* NRW, § 4 Rn. 59.

was auch § 12 Abs. 2 Satz 2 PolG NRW („insbesondere") zum Ausdruck bringt. Vor diesem Hintergrund legitimiert § 14 Abs. 1 Nr. 1 PolG NRW erkennungsdienstliche Maßnahmen zur Identitätsfeststellung. Hiernach Danach darf die Polizei eine Person erkennungsdienstlich behandeln, wenn eine Identitätsfeststellung i. S. des § 12 PolG NRW erforderlich ist. Von der (unbedingten) Erforderlichkeit i. S. des § 14 Abs. 1 Nr. 1 Pol,G NRW ist „insbesondere" auszugehen, wenn die Identitätsfeststellung ohne die erkennungsdienstliche Behandlung nicht oder nur unter erheblichen Schwierigkeiten erfolgen kann. Die Polizei muss die Mittel, die ihr nach § 12 (bzw. 12a) PolG NRW zur Identitätsfeststellung zur Verfügung stehen, zunächst ausschöpfen, bevor sie auf erkennungsdienstliche Maßnahmen gem. § 14 PolG NRW zurückgreifen darf. Eine erkennungsdienstliche Behandlung zum Zwecke der Identitätsfeststellung kommt also nur als ultima ratio in Betracht. Das ist der Sache nach auch angemessen, weil eine erkennungsdienstliche Behandlung oftmals mit einer Freiheitsentziehung, also einer massiven Einschränkung der grundrechtlichen Freiheit der Person (Art. 2 Abs. 2 Satz 2 GG) verbunden ist.[354]

> 📖 Im Zusammenhang mit erkennungsdienstlichen Maßnahmen zum Zweck der Identitätsfeststellung obliegt der Polizei eine „Doppelprüfung": Zum einen ist eine Prüfung vorzunehmen bezüglich der nach § 12 Abs. 2 Satz 3, 4 PolG NRW zulässigen Durchsuchung sowie bezüglich des Festhaltens des Betroffenen, zum anderen in Bezug auf die erkennungsdienstliche Behandlung selbst. Mit dieser „Doppelprüfung" soll verhindert werden, dass eine erkennungsdienstliche Behandlung nach § 14 PolG NRW in der polizeilichen Praxis zur Regel wird, um die Identität eines Verdächtigen festzustellen.[355]

Greift die erkennungsdienstliche Behandlung in die Freiheit der Person ein, so ist zu beachten, dass der von der Maßnahme Betroffene gem. § 38 Abs. 2 Nr. 5 PolG NRW (Dauer der Freiheitsentziehung) auch unter den Voraussetzungen des § 36 PolG NRW (richterliche Entscheidung) nicht länger als zwölf Stunden festgehalten werden darf. Für den Beginn der Frist ist der Zeitpunkt maßgeblich, ab dem die Polizei den Betroffenen festhält, um seine Identität festzustellen.

5. Datenabgleich (P)

Als Rechtsgrundlage für den Datenabgleich kommt § 25 PolG NRW in Betracht. Abs. 1 gestattet der Polizei die Nutzung von Daten, die regelmäßig zuvor im Rahmen einer Maßnahme der Datenerhebung, meist einer Identi-

---

[354] *Ogorek/Molitor*, in: BeckOK POR NRW, § 14 PolG, Rn. 5.
[355] *Ogorek/Molitor*, in: BeckOK POR NRW, § 14 PolG, Rn. 5.1.

tätsfeststellung, gewonnen wurden. Diese personenbezogenen Daten werden nunmehr mit bereits bei der Polizei Nordrhein-Westfalen oder in Verbunddateien gespeicherten Daten „abgeglichen". Es soll festgestellt werden, ob zu der abgefragten Person polizeiliche Erkenntnisse vorliegen.[356]

6. Durchsuchung des P vor Einsteigen in den FustKw

Die Durchsuchung des P erfolgte zur Eigensicherung. Da P bereits zu diesem Zeitpunkt aufgrund der Gewahrsamnahme „festgehalten" wurde, kommt als Rechtsgrundlage § 39 Abs. 1 Nr. 1 PolG NRW in Betracht.

7. Verbringen des P zur Wohngruppe

Das Verbringen des P zur Wohngruppe erfolgt auf Grundlage von § 35 Abs. 2 PolG NRW. Hiernach kann die Polizei Minderjährige, die sich der Obhut der Sorgeberechtigten entzogen haben, in Gewahrsam nehmen, um sie den Sorgeberechtigten oder dem Jugendamt zuzuführen. Dieser sog. Obhutsgewahrsam oder Zurückführungsgewahrsam schließt an das Sorgerecht an. Weil Schutzzweck der Maßnahme das Sorgerecht ist, ist es nicht erforderlich, dass dem Kind oder Jugendlichen eine Gefahr unmittelbar droht oder eine solche von ihm ausgeht.[357] Ein Minderjähriger hat sich der Obhut entzogen, wenn er sich zumindest für eine gewisse Dauer ohne Wissen des Sorgeberechtigten entfernt und diesem sein Aufenthalt unbekannt ist. Es liegt grundsätzlich im Ermessen der Polizei, ob sie Minderjährigen den Sorgeberechtigten – in der Regel den Eltern – oder dem Jugendamt zuführt. Bei Kindern und Jugendlichen, für die Maßnahmen nach dem SGB VIII getroffen sind, empfiehlt sich die Übergabe an das Jugendamt, da der Grund für die Maßnahmen im Elternhaus liegen kann.[358]

---

356 *Arzt*, in: BeckOK POR NRW, § 25 PolG, Rn. 1 ff.
357 *Rachor/Graulich*, in: Lisken/Denninger HdbPolR, Kap. E., Rn. 511.
358 *Tegtmeyer/Vahle* PolG NRW, § 35 Rn. 15 f. Unberührt bleibt die Befugnis der Polizei nach § 8 Satz 2 JuSchG i. V. m. § 1 ZuVOJuWo, Kinder und Jugendliche, die an jugendgefährdenden Orten angetroffen werden, dem Erziehungsberechtigten oder dem Jugendamt zuzuführen. Allgemein zu freiheitsentziehenden Maßnahmen bei Minderjährigen *Kirsch* FamRZ019, 933 ff.

Fall 8: Hilflose Person

Schwerpunkte: Befragung, Schutzgewahrsam

Sachverhalt:

In der Nacht zum 20.02.2020 herrscht Dauerfrost mit Tiefsttemperaturen bis zu -11 Grad Celsius in A-Stadt bei leichtem Schneefall und Ostwind. Gegen 22.30 Uhr erreicht die Leitstelle des PP D-Stadt ein Anruf eines Verkehrsteilnehmers (H), der auf einen Mann aufmerksam macht, der torkelnd auf dem Gehweg der Königstraße in Richtung Stadtmitte unterwegs sei. Der Mann, so der Anrufer, scheine stark alkoholisiert zu sein. Er versichert, bei dem Mann zu bleiben, bis die Polizei vor Ort sei. PK A und PK B treffen gegen 19.30 in der Königstraße ein. In Höhe der dortigen Bushaltestelle bemerken die Beamten einen heftig winkenden Mann. Es handelt sich um den Hinweisgeber (H). Neben ihm sitzt auf dem Gehweg ein etwa 50-jähriger Mann, wettergemäß bekleidet. Auf Frage schildert der Anrufer H den Beamten, dass ihm der auf dem Gehweg sitzende Mann (M) aufgefallen sei, als dieser die Straße torkelnd überquert habe. Die die Fahrbahn benutzenden Fahrzeuge seien aus Vorsicht stehen geblieben. Er habe den M dann angesprochen und ihn gebeten zu warten, bis Hilfe da sei. Seiner Meinung nach sei der M stark betrunken. Auf Frage gibt H seine Personalien an. Anschließend kann er seinen Weg fortsetzen.

M ist zwar stark alkoholisiert, aber ansprechbar. Er ist obdachlos und macht einen verwahrlosten Eindruck. Die Beamten fordern ihn auf, aufzustehen und zu gehen. Allerdings scheitern bereits erste Gehversuche. Nur die Hilfestellungen der Polizeibeamten, verbunden mit der Bitte, sich sofort wieder auf die Bank zu setzen, verhindern seinen Sturz und damit verbundene Verletzungen. PK A teilt M mit, ihn zur Ausnüchterung in Gewahrsam zu nehmen und in eine „Ausnüchterungszelle" im Polizeipräsidium zu bringen. Andere Möglichkeiten für eine sichere Unterbringung des M sehen die Beamten nicht, da es in A-Stadt zwar Hilfseinrichtungen für Obdachlose gibt, diese aber zur Nachtzeit keine Personen aufnehmen, insbesondere wenn diese stark alkoholisiert sind. Sodann wird M durch Unterstützungskräfte mit einem Gefangenentransportfahrzeug dem Gewahrsam der Polizeibehörde zugeführt.

M wird am nächsten Tag aus dem Polizeigewahrsam entlassen.

2. Teil: Fälle mit Lösungen

Aufgabe:

Beurteilen Sie rechtsgutachtlich folgende Maßnahmen der Polizei
- Befragung des H
- Gewahrsamnahme des M

Hinweis:
Auf die örtliche Zuständigkeit ist nicht einzugehen.
Ein richterlicher Eildienst besteht in A-Stadt von 21:00–06:00 Uhr.

Lösung:

A. Befragung des H
I. Ermächtigungsrundlage

Nach dem Grundsatz des Vorbehalts des Gesetzes bedarf es bei einem Grundrechtseingriff einer Ermächtigungsgrundlage, welche auf ein verfassungsmäßiges Gesetz zurückzuführen ist.

Durch die Befragung des H werden (personenbezogene) Daten erhoben. Bereits die Befragung als relativ milde Form der Datenerhebung bedarf als Eingriff in das Recht auf informationelle Selbstbestimmung (Art. 2 Abs. 1 i. V. m. Art. 1 Abs. 1 GG) einer gesetzlichen Ermächtigung.[359]

> Im Hinblick auf den Eingriffscharakter der Befragung ist zu differenzieren: Die erkennbare Frage nach einer Sachauskunft (Polizeibeamte finden nach einem Notruf schlicht ihren genauen Einsatzort nicht und fragen Passanten) ist ein Realakt und dürfte in dieser Form nicht als Grundrechtseingriff sein zu qualifizieren sein, da keine persönlichen (personenbezogenen) Daten erhoben werden. Dagegen ist die gezielte Frage an einen potenziell Polizeipflichtigen ein Grundrechtseingriff und überdies als Verwaltungsakt einzustufen.[360] Datenerhebung ist das Beschaffen von Daten über eine betroffene Person. Der Begriff „personenbezogene Daten" bezeichnet alle Informationen, die sich auf eine identifizierte oder identifizierbare natürliche Person beziehen (Art. 4 Nr. 1 DSGVO).

Mit der Befragung verbunden ist zudem ein Grundrechtseingriff in Art. 2 Abs. 2 Satz 2 i. V. m. 104 Abs. 1 GG (Bewegungsfreiheit/Freiheitsbeschrän-

---

[359] Seit dem Urteil des BVerfG zum Volkszählungsgesetz v. 15.12.1983 (BVerfGE 65, 1) hat sich die Erkenntnis etabliert, dass jeder Umgang mit personenbezogenen Daten grundrechtsrelevant ist, d. h. es ist (im Zweifel) von einer Eingriffsqualität auszugehen (NJW 1984, 419); hierzu *Braun* StaatsR, S. 120 ff.

[360] *Wittreck*, in: Schlacke/Wittreck NRW, § 4 Rn. 58.

kung). Eine Befragung i. S. der Polizeigesetze ist jedes Verhalten, das auf die Erlangung von Informationen durch Auskünfte seitens der befragten Person gerichtet ist. Zielrichtung der Befragung ist vorliegend die Gefahrenabwehr. Die gezielte Befragung einer Person ist ein Verwaltungsakt i. S. v. § 35 VwVfG NRW.

II. Formelle Rechtmäßigkeit
1. Zuständigkeit

Die sachliche Zuständigkeit ergibt sich aus § 1 Abs. 1 S. 1, 3 PolG NRW i. V. m. § 11 Abs. 1 Nr. 1 POG NRW.

Gem. § 1 Abs. 1 Satz 1, 3 PolG NRW hat die Polizei die Aufgabe, Gefahren für die öffentliche Sicherheit oder Ordnung abzuwehren (Gefahrenabwehr). Sind [...] neben der Polizei andere Behörden für die Gefahrenabwehr zuständig, hat die Polizei in eigener Zuständigkeit tätig zu werden, soweit ein Handeln der anderen Behörden nicht oder nicht rechtzeitig möglich erscheint; dies gilt insbesondere für die den Ordnungsbehörden obliegende Aufgabe, gem. § 1 OBG NRW Gefahren für die öffentliche Ordnung abzuwehren.

Der Prüfung einer Gefahr für die individuellen Sicherheitsgüter Leib und Leben des M aufgrund der körperlichen Einschränkung folgt die Annahme öffentlichen Interesses an der Gefahrenabwehr. Die Polizei ist subsidiär zuständig. Sofern Aufgaben der Gefahrenabwehr sowohl von der Polizei als auch von Ordnungsbehörden wahrgenommen werden dürfen, setzt § 1 Abs. 1 Satz 3 PolG NRW den grundsätzlich Nachrang des polizeilichen Handelns voraus. Primär sind die anderen Behörden, namentlich die Ordnungsbehörden zuständig.[361]

Die grundsätzlich vorgesehene Unterrichtungspflicht nach § 1 Abs. 1 Satz 4 PolG NRW entfällt wegen der beabsichtigten abschließenden Beseitigung der Gefahr.

§ 11 Abs. 1 Nr. 1 POG NRW bestimmt die sachliche Zuständigkeit der Kreispolizeibehörden (KPB).

2. Verfahren und Form

Soweit Polizeibeamte gestützt auf § 9 PolG NRW Verwaltungsakte erlassen, sind die allgemeinen Regeln des VwVfG NRW zu berücksichtigen, insbesondere die §§ 28, 37 Abs. 2 VwVfG NRW. Der VA ist entsprechend § 41 Abs. 1 VwVfG NRW bekannt zu geben.

---

[361] *Gusy/Worms*, in: BeckOK POR NRW, § 1 Rn. 203.

Befragung ist Datenerhebung. Zu beachten sind auch die allgemeinen Regeln der Datenerhebung, § 9 Abs. 4 bis Abs. 7 PolG NRW. Zu beachten sind folgende Grundsätze:
- Grundsatz der Unmittelbarkeit der Datenerhebung (§ 9 Abs. 4 PolG NRW)
- Grundsatz der offenen Datenerhebung (§ 9 Abs. 5 PolG NRW)
- Aufklärungspflicht (§ 9 Abs. 6 PolG NRW).
- Grundsatz der Datenerhebung zu bestimmten Zwecken (§ 9 Abs. 7 PolG NRW)

Probleme sind vorliegend nicht ersichtlich.

III. Materielle Rechtmäßigkeit

Die tatbestandlichen Voraussetzungen ergeben sich aus § 9 PolG NRW .

> 📖 § 9 PolG NRW ist die grundlegende Norm für die Erhebung personenbezogener Daten durch die Polizei zu präventiven Zwecken. Sie enthält eine generalklauselartige Befugnis zur Datenerhebung (Abs. 1) und zur Befragung (Abs. 2). Darüber hinaus enthält sie Einschränkungen, die aber zum großen Teil nicht nur für die Befragung nach Absatz 1 und die Datenerhebung nach Absatz 3 gelten, sondern auch Auswirkungen haben auf die speziell geregelten Bereiche „Datenerhebung in bestimmten Fällen" (§§ 11 bis 15b PolG NRW) sowie „Besondere Mittel der Datenerhebung" (§§ 16 bis 21 PolG NRW).[362]

Gem. § 9 Abs. 2 Satz 1 PolG NRW kann die Polizei jede Person befragen, wenn Tatsachen die Annahme rechtfertigen, dass sie sachdienliche Angaben machen kann, die für die Erfüllung einer bestimmten polizeilichen Aufgabe (Aufgabe der Gefahrenabwehr) erforderlich sind. Dies kann bereits die Anwesenheit an einem bestimmten Ort zu einer bestimmten Zeit sein .

Die Voraussetzungen liegen unstreitig vor. Insbesondere ist die Befragung des H erforderlich, da es zur Erstellung einer sachgerechten Gefahrenprognose als Grundlage für gegen M zu treffende weitergehende Maßnahmen keine geeignete Alternative gibt. Die Mithilfe des Hinweisgebers H ist erforderlich, um entscheiden zu können, ob etwa eine Freiheitsentziehung gegen M erfolgen muss.

In Ermangelung einer speziellen Regelung greift für M die Generalklausel zur Datenerhebung aus § 9 Abs. 4 PolG NRW. Ausnahmsweise dürfen (personenbezogene) Daten auch ohne Kenntnis des hier betroffenen M (bei anderen) erhoben werden, wenn die Erfüllung der polizeilichen Aufgabe andererseits erschwert würde.

---

362 *BMV* PolG NRW, § 9 Rn. 1.

Adressat des § 9 Abs. 2 PolG NRW ist jede Person, bei der Tatsachen die Annahme rechtfertigen, dass sie sachdienliche Angaben machen kann. Hinweisgeber H hat das Vorverhalten, aber auch den Zustand des M miterlebt und kann Angaben zur Einschätzung der Gefahrenlage machen.

Adressat ist (auch) der Betroffene (M), ggf. auch ohne seine Kenntnis.

Die Befragung ist insbesondere im Hinblick auf Ermessen (§ 3 PolG NRW) und den Grundsatz der Verhältnismäßigkeit (§ 2 PolG NRW) unproblematisch und damit letztlich rechtmäßig.

> **Parallelnormen zu § 9 PolG NRW (Befragung):** § 20 Abs. 1 BWPolG; Art. 12 BayPAG; § 18 ASOG Bln; § 11 BbgPolG; § 13 BremPolG; § 3 HmbPolEDVG; § 12 HSOG; § 28 MVSOG; § 12 NdsSOG; § 9 NRWPolG; § 25a Abs. 3 RhPfPOG; § 11 SPolG; § 18 SächsPolG; § 14 LSASOG; § 180 SchlHLVwG; § 13 ThürPAG

B. Gewahrsamnahme des M
I. Ermächtigungsgrundlage

Nach dem Grundsatz des Vorbehalts des Gesetzes bedarf es bei einem Grundrechtseingriff einer Ermächtigungsgrundlage, welche auf ein verfassungsmäßiges Gesetz zurückzuführen ist. In der Gewahrsamnahme könnte eine Verletzung des Grundrechts auf körperliche Bewegungsfreiheit (Art. 2 Abs. 2 Satz 2 GG) liegen. Das Grundrecht gewährleistet die körperliche Bewegungsfreiheit im engeren Sinne. Dem M ist danach gewährleistet, seinen gegenwärtigen Aufenthaltsort in beliebige Richtung zu verändern und jeden ihm tatsächlich und rechtlich zugänglichen Ort aufzusuchen oder dort zu verbleiben. M hat demnach das Recht selbst zu entscheiden, wohin er sich begeben will. Er darf nicht gegen seinen Willen festgehalten werden. Indem die Beamten den M in Gewahrsam nehmen, ist er nicht mehr in der Lage seinen gegenwärtigen Aufenthaltsort in beliebige Richtung zu verändern und jeden ihm tatsächlich und rechtlich zugänglichen Ort aufzusuchen. Durch das Verbringen des M gegen seinen Willen in das Gewahrsam und seinen Aufenthalt dort liegt eine Freiheitsentziehung vor. Hier entfällt der Eingriff auch nicht etwa auf Grund der Rahmenumstände (Alkoholisierung, kalte Nacht). Weder ist aus dem Sachverhalt ersichtlich, dass M in seine Gewahrsamnahme eingewilligt hat, noch kann hier eine konkludente Einwilligung unterstellt werden. Der Grundrechtsschutz für Obdachlose liefe leer, wenn bei der Gewahrsamnahme in einer Winternacht in alkoholisiertem Zustand eine „konkludente Einwilligung" unterstellt werden könnte.[363]

Das Ziel der Maßnahme ist die Bekämpfung der für M bestehenden gesundheitlichen Gefahren im Hinblick auf selbst- und fremdgefährdendes Verhalten aufgrund der übermäßigen Alkoholisierung (Gefahrenabwehr).

II. Formelle Rechtmäßigkeit

Die sachliche Zuständigkeit ergibt sich aus § 1 Abs. 1 S. 1, 3 PolG NRW i. V. m. § 11 Abs. 1 Nr. 1 POG NRW (s. oben Ziff. A II. 1). Bei entsprechenden Sachverhalten in Zusammenhang mit hilflosen Personen ist regelmäßig eine Gefahr für die öffentliche Sicherheit gegeben (Gefahr für Leib, Leben).[364]

Bei § 35 PolG NRW handelt es sich um eine sog. **Ausführungsermächtigung**. Diese ermächtigt zum Realakt der Ausführung, begleitet von einem befehlenden Verwaltungsakt: So stellt sich die Anordnung einer Gewahrsamnahme, mit welcher der Betroffene zur Duldung der Durchführungshandlung verpflichtet wird, als Verwaltungsakt, die Durchführung der Maßnahme dagegen als Realakt dar.[365]

Im Hinblick auf die zu beachtenden Vorschriften aus dem VwVfG (§§ 28 Abs. 1, 37 Abs. 2 VwVfG NRW) soll unterstellt werden, dass diese beachtet wurden. Allerdings könnten sich Bedenken im Hinblick auf Bekanntgabe und Wirksamkeit des Verwaltungsaltes ergeben (§§ 41, 43 VwVfG NRW). Aufgrund des Alkoholisierungsgrades des M ist zweifelhaft, ob der Verwaltungsakt wirksam bekannt gegeben wurde. M ist ansprechbar und offensichtlich in der Lage, Polizeibeamte im Einsatz zu erkennen. Anordnungen sind auch gegenüber Personen möglich, deren freie Willensbestimmung durch Alkoholeinwirkung vorübergehend ausgeschlossen ist.[366] Die Ingewahrsamnahme von erheblich betrunkenen Personen zur Ausnüchterung ist dabei ein Hauptanwendungsfall in der Praxis.

III. Materielle Rechtmäßigkeit

1. Tatbestandliche Voraussetzungen der Ermächtigungsgrundlage

Gem. § 35 Abs. 1 Nr. 1 PolG NRW kann die Polizei eine Person in Gewahrsam nehmen, wenn das zum Schutz der Person gegen eine Gefahr für Leib

---

363 Zur Rolle der Polizei beim Umgang mit hilflosen Personen insbesondere *Becker/Hühn* Die Polizei 2010, 114 ff.
364 *Bramow* Die Polizei 2006, 1 ff.
365 *Schenke*, POR, Rn. 115; *Schroeder* POR, Rn. 164.
366 OVG Münster DÖV 2009, 964: Bekanntgabe sofort vollziehbarer Anordnungen gegenüber alkoholisierten Personen.

oder Leben erforderlich ist, insbesondere weil die Person sich erkennbar in einem die freie Willensbestimmung ausschließenden Zustand oder sonst in hilfloser Lage befindet. Dieser sog. Schutzgewahrsam erfolgt zum Schutz der in Gewahrsam zu nehmenden Person selbst, nicht hingegen zum Schutz anderer Rechtsgüter vor dem Betroffenen.[367]

Die betroffene Person befindet sich in einem die freie Willensbestimmung ausschließenden Zustand, wenn sie nicht in der Lage ist, ihren Willen zu betätigen oder nach einem ihr noch möglichen freien Willensentschluss zu handeln; eine bloße Minderung der Geistes- oder Willenskraft, ein Fehlen von Vernunft oder Besonnenheit sowie Gleichgültigkeit gegenüber den Konsequenzen des eigenen Tuns reichen hierfür nicht aus.[368] Die Gewahrsamnahme von erheblich betrunkenen Personen ist dabei ein Hauptanwendungsfall in der Praxis.[369]

2. Besondere Verfahrensvorschriften

Gem. § 36 Abs. 1 PolG NRW hat die Polizei unverzüglich eine richterliche Entscheidung über Zulässigkeit und Fortdauer der Freiheitsentziehung herbeizuführen. „Unverzüglich" bedeutet nicht wie bei § 121 BGB „ohne schuldhaftes Zögern", da es nicht um die Schuld des Polizeibeamten geht. Vielmehr geht es in einem objektiven Sinn darum, ob die Verzögerung sachlich gerechtfertigt ist, z. B. „durch die Länge des Weges, Schwierigkeiten beim Transport, die notwendige Registrierung und Protokollierung, ein renitentes Verhalten des Festgenommenen".[370] Entsprechend § 36 Abs. 1 Satz 2 PolG NRW bedarf es der Herbeiführung der richterlichen Entscheidung nicht, wenn anzunehmen ist, dass die Entscheidung des Richters erst nach Wegfall des Grundes der polizeilichen Maßnahmen ergehen würde. Zugrunde gelegt wird hier ein Zeitraum von etwa zwei Stunden.[371] Diese Regelung darf jedenfalls nicht dazu missbraucht werden, die Einholung zu verzögern.[372]

> § 36 Abs. 1 Satz 2 PolG NRW trägt dem Umstand Rechnung, dass es durchaus polizeiliche Freiheitsentziehungen geben kann, die so kurzfristig sind, dass sie beendet werden, bevor eine richterliche Entscheidung ergehen kann. Diese Ausnahmebestimmung bezweckt, dass eine sachlich nicht mehr gerechtfertigte Freiheitsentziehung nicht durch eine Vorführung vor den Haftrichter verlängert wird, dass mithin eine Fortdauer der Freiheitsentziehung über den durch den sachlichen Grund der Maßnahme gerechtfertigten Zeitraum hinaus verhindert wird. Dies erfordert

---

367 Vgl. auch Fall bei *Beck/Hötzel* PolG BW, S. 118 ff.
368 *Rachor/Graulich*, in: Lisken/Denninger HdbPolR, Kap. E Rn. 496.
369 *Basteck*, in: BeckOK POR NRW, § 35 PolG Rn. 33.
370 BVerfG NVwZ 2006, 579 (580).
371 *Baldarelli/von Pronzinski* PolG NRW, S. 159.
372 *Thiel* POR, § 10 Rn. 125.

einen realitätsgerechten prognostischen Zeitvergleich durch die handelnden Beamten, bei dem der möglichst wirklichkeitsnah abgeschätzte Zeitaufwand, der vom Beginn der Maßnahme (Ergreifen) bis zum Wegfall des Grundes der Freiheitsentziehung voraussichtlich entstehen wird, dem für die Herbeiführung der Entscheidung des zuständigen erreichbaren Amtsrichters nach Maßgabe des FamFG zu erwartenden Zeitaufwand gegenüberzustellen ist.[373] Grundsätzlich gilt aber, dass die Unmöglichkeit, die betroffene Person persönlich anzuhören, z.B. infolge Trunkenheit, einer richterlichen Entscheidung nicht entgegensteht.[374] Die richterliche Entscheidung setzt nicht notwendig eine persönliche Anhörung voraus und darf daher auch bei Vernehmungsunfähigkeit des Betroffenen nicht unterbleiben.[375]

§ 420 Abs. 1 FamFG bestimmt, dass das Gericht den Betroffenen vor der Anordnung der Freiheitsentziehung persönlich anzuhören hat. Persönlich meint hier eine mündliche Anhörung bei körperlicher Anwesenheit des Betroffenen und des Richters. Dies ergibt sich erstens daraus, dass die Person gem. Satz 2 vorgeführt werden kann, wenn sie zur Anhörung nicht erscheint. Es folgt zweitens daraus, dass gem. Abs. 2 die persönliche Anhörung des Betroffenen nur dann unterbleiben kann, wenn nach ärztlichem Gutachten hiervon erhebliche Nachteile für seine Gesundheit zu besorgen sind oder wenn er an einer übertragbaren Krankheit im Sinne des Infektionsschutzgesetzes leidet. Nach Auffassung des LG Köln genügt eine telefonische Anhörung diesen rechtlichen Anforderungen nicht, da sich das Gericht dann keinen unmittelbaren persönlichen Eindruck über Reaktionen, Mimik, Gestik und Glaubwürdigkeit der Person machen könnte.[376]

Herbeiführung einer Freiheitsentziehung kennzeichnet den tatsächlichen Beginn der Maßnahme,[377] die nicht erst mit der Einlieferung des Betroffenen ins Polizeigewahrsam beginnt. Rechtsfolge eines Verstoßes gegen die Anforderungen des Richtervorbehalts ist die Rechtswidrigkeit des Gewahrsams und die Pflicht zur Freilassung des Betroffenen. Anders wäre die effektive Befolgung des Richtervorbehalts nicht gewährleistet.[378]

---

373 *Basteck*, in: BeckOK POR NRW, § 36 PolG Rn. 25.7
374 VGH Mannheim NVwZ-RR 2012, 346.
375 VGH Mannheim NVwZ-RR 2012, 346 (347).
376 LG Köln, Beschl. v. 29.4.2016–39 T 48/16. Das LG verkennt nicht, dass die persönliche Anhörung, insbesondere am Wochenende, zu erheblichen organisatorischen und zeitlichen Aufwand führt. Allerdings handelt es sich bei der in Frage kommenden Freiheitsentziehung um einen massiven Grundrechtseingriff, an den zu Recht hohe verfahrensrechtliche Anforderungen zu stellen sind. Die persönliche Anhörung gehört zu den wesentlichen Verfahrensgarantien der Artikel 103 und 104 GG; vgl. auch *Reuter* PIR 3/2017, 16 f.
377 LG Aachen, Beschl. v. 2.5.2016–3 AR 2/16.
378 *Kingreen/Poscher POR*, § 16 Rn. 11.

I. Schwerpunkt: Polizeirecht

BGH, Urt. v. 4.9.2014–4 StR 473/13, NStZ 2015, 641[379]

Hat es der hierfür verantwortliche Polizeibeamte unterlassen, nach einer ohne richterliche Entscheidung erfolgten Ingewahrsamnahme oder Festnahme, an der er selbst nicht beteiligt war, die für die Fortdauer der Freiheitsentziehung erforderliche unverzügliche Vorführung beim Richter vorzunehmen bzw. die für sie gebotene richterliche Entscheidung unverzüglich herbeizuführen, ist dies grundsätzlich geeignet, den Vorwurf der Freiheitsberaubung durch Unterlassen zu begründen. Jedoch entfällt die Kausalität eines solchen Unterlassens jedenfalls dann, wenn mit an Sicherheit grenzender Wahrscheinlichkeit davon auszugehen ist, dass der zuständige Richter bei unverzüglicher Vorführung und rechtmäßiger Entscheidung – unter Ausschöpfung ihm zustehender Beurteilungsspielräume zugunsten des Angeklagten – die Fortdauer der Freiheitsentziehung angeordnet hätte. Eine (unvermeidbare) Unkenntnis des Richtervorbehalts kann nicht für den Polizeibeamten streiten. Von der Unvermeidbarkeit eines solchen (rechtlichen) Irrtums ist nur dann auszugehen, wenn ein Täter trotz der ihm nach den Umständen des Falles, seiner Persönlichkeit sowie seines Lebens- und Berufskreises zuzumutenden Anspannung des Gewissens die Einsicht in das Unrechtmäßige seines Handelns nicht zu gewinnen vermochte. Es ist kaum nachzuvollziehen, wenn ein Gericht einem erfahrenen, mit dem Vollzug von grundrechtsbeschränkenden Gesetzen betrauten Polizeibeamten unterstellt, dieser habe die sich bereits aus dem Gesetz unzweifelhaft ergebenden Voraussetzungen gängiger Befugnisse zu schwerwiegenden Grundrechtseingriffen (wie einer Freiheitsentziehung) nicht kennen können. Zugunsten der Polizeiaus- und -fortbildung muss das als abwegig verworfen werden.[380]

Laut Bearbeitungshinweis ist ein Richter um 22:30 nicht mehr zu erreichen. Bevor eine hilflose Person in Gewahrsam genommen wird, ist zu prüfen, ob sie – ggf. unter Einschaltung des Rettungsdienstes – unmittelbar einem Angehörigen oder einer anderen geeigneten Stelle (Krankenhaus, Heim o. Ä.) übergeben werden kann. Ebenso ist zu verfahren, wenn eine hilflose Person in Gewahrsam genommen worden ist. Soll eine hilflose Person in das Polizeigewahrsam eingeliefert werden, ist zuvor die Gewahrsamsfähigkeit durch einen Arzt feststellen zu lassen (VV 35.11 zu § 35 PolG NRW).

---

379 Ausführlich hierzu *Roggan* Die Polizei 2015, 82 ff.: Ein BGH-Lehrstück für die Polizei(-ausbildung).
380 *Schiemann* NJW 2015, 20 (21); *Roggan* Die Polizei 2015, 82 (84).

> 📖 Wird ärztlicherseits nach Ingewahrsamnahme und vorgenommener Untersuchung festgestellt, dass durch die in Gewahrsam genommene Person weder eine Eigen- noch Fremdgefährdung ausgeht, so ist die weitere Ingewahrsamnahme der Person amtspflichtwidrig. Die Ingewahrsamnahme des Betroffenen ist dann ab dem Zeitpunkt der ärztlichen Untersuchung rechtswidrig. Es besteht ein Anspruch auf Schmerzensgeld für die erlittene Verletzung der Freiheit (§§ 839 i. V. m. § 253 Abs. 2 BGB).[381]

Gem. § 5 Abs. 1 Polizeigewahrsamsordnung NRW darf in das Gewahrsam nur aufgenommen werden, wer gewahrsamsfähig ist. Nicht gewahrsamsfähig ist, wer bewusstlos, orientierungslos, nicht ansprechbar ist oder sonst einer sofortigen ärztlichen Versorgung bedarf. Die Gewahrsamsfähigkeit ist in Zweifelsfällen von der Polizei unverzüglich durch einen Arzt feststellen zu lassen. Zweifel sind insbesondere bei Personen angebracht, die äußere, offensichtlich nicht unerhebliche Verletzungen haben, stark unter Alkohol-/Medikamenten- und/oder Drogeneinfluss stehen, erhebliche Alkohol-, Medikamenten- oder Drogenentzugserscheinungen wie Verwirrtheitszustände oder Halluzinationen zeigen, Äußerungen über Schmerzen, krankhafte Zustände und Medikamentenbedarf machen oder Hinweise für Schädelverletzungen bieten (§ 5 Abs. 2 Polizeigewahrsamsordnung NRW).

Als zu beachtende Verfahrensvorschriften kommen überdies grundsätzlich in Betracht

– Bekanntgabe des Grundes, § 37 Abs. 1 PolG NRW
– Benachrichtigung von Angehörigen, § 37 Abs. 2 PolG NRW[382]
– Entlassung des M nach Wegfall des Grundes, also bei Ausnüchterung, § 38 Abs. 1 Nr. 1 PolG NRW

Die Unterbringung erfolgt zudem gem. § 37 Abs. 3 PolG NRW. Hiernach dürfen der festgehaltenen Person nur solche Beschränkungen auferlegt werden, die der Zweck der Freiheitsentziehung oder die Ordnung im Gewahrsam erfordert. Die Vorschrift ist gesetzliche Grundlage für die ergänzenden und konkretisierenden Regelungen in der Polizeigewahrsamsordnung NRW.[383] Die sich aus dem spezifischen Sachverhalt ergebenden Sorgfaltspflichten sind aus der Gewahrsamsordnung zu entnehmen, insbesondere Kontrollpflichten. Die Anforderungen an die „Kontrolldichte" bei bestimmten verwahrten, alkoholisierten Personen in zeitlicher Hinsicht wesentlich

---

381 OLG Koblenz DVBl 2019, 332; Anm. *Kingreen* JURA 2019, 122.
382 Die Tatsache, dass M obdachlos ist, heißt keineswegs, dass er keine Angehörigen hat, die zu benachrichtigen sind.
383 *Tegtmeyer/Vahle* PolG NRW, § 37 Rn. 9.

gesteigert, ggf. ist eine permanente Überwachung geboten. Wenn dies zum Schutz der Person erforderlich ist, kann die festgehaltene Person im Ausnahmefall mittels Bild- und Tonübertragung offen beobachtet werden. Zur Wahrung der Intimsphäre *kann* der Toilettenbereich durch geeignete Sichtschutzwände abgegrenzt werden (§ 37 Abs. 3 Satz 4 PolG NRW).

📖 Bedenken weckt dabei die „Kann"-Bestimmung hinsichtlich der Sichtschutzwände für den Toilettenbereich, dessen Nutzung zur Intimsphäre oder auch zum Kernbereich privater Lebensgestaltung gezählt werden müsste. Trifft dies zu, ist die Beobachtung mit anderweitigen Belangen auch (und gerade) des Betroffenen selbst, jedenfalls wenn er zu selbstverantwortlichem Handeln fähig ist, von vornherein nicht zu rechtfertigen. Sichtschutzwände für die Toiletten hätten daher als zwingende Voraussetzung für eine Beobachtung vorgeschrieben werden müssen. Bedenklich sind insoweit aber auch Tonübertragungen; sollten diese den Toilettenbereich nicht aussparen können, begegnen sie insgesamt den genannten Bedenken.[384]

3. Adressatenregelung

Der einzig zulässige Adressat des Schutzgewahrsams ergibt sich zweifelsfrei aus der Ermächtigungsnorm selbst: Es muss sich um die konkret gefährdete Person handeln.[385] Adressat ist der M als hilflose Person.

4. Rechtsfolge der konkret herangezogenen Ermächtigungsgrundlage
a) Rechtsfolge entspricht der Ermächtigungsgrundlage

Rechtsfolge des § 35 PolG NRW ist der Gewahrsam. Unter Gewahrsam ist ein mit hoheitlicher Gewalt hergestelltes Rechtsverhältnis zu verstehen, kraft dessen einer Person die Freiheit dergestalt entzogen wird, dass sie von der Polizei in einer dem polizeilichen Zweck entsprechenden Weise verwahrt, d.h. daran gehindert wird, sich fortzubewegen,[386] mithin daran gehindert wird, sich aus einem eng begrenzten Raum zu entfernen.[387]

Vorliegend kommt als Gewahrsamsort die Gewahrsamszelle in Betracht.

---

384 *Sachs/Krings* NWVBl 2010 165 (171); vgl. aber BVerfG NStZ-RR 2020, 186: Aus der Verfassung folgt kein Anspruch auf Installation eines Sichtschutzvorhanges für die Toilette in einem Einzelhaftraum.
385 *Thiel* POR, § 10 Rn. 136.
386 OVG Münster NJW 1980, 138.
387 *Wittreck*, in: Schlacke/Wittreck NRW, § 4 Rn. 62; *Michaelis* JA 2014, 198 ff.; *Guckelberger* JURA 2015, 926.

b) Bestimmtheit (§ 37 Abs. 1 VwVfG NRW)

Mit dem rechtsstaatlichen Bestimmtheitsgebot in § 37 Abs. 1 VwVfG NRW erfährt der Grundsatz der Gesetzmäßigkeit der Verwaltung eine einfachgesetzliche Konkretisierung. Verstöße sind hier nicht ersichtlich.

c) Ermessen (§ 3 PolG NRW)

Hinweise auf eine fehlerhafte Ermessensausübung liegen nicht vor.

d) Übermaßverbot, Verhältnismäßigkeit i. w. S. (§ 2 PolG NRW)

Die Gewahrsamnahme ist objektiv zwecktauglich, das polizeiliche Ziel zu erreichen. Durch das Verbringen des M ins Gewahrsam und seinen Verbleib dort bis zu seiner Nüchternheit ist gewährleistet, dass er während dieses Zeitraums nicht sich selbst oder andere durch sein Verhalten gefährdet. Das Mittel ist folglich generell geeignet.

Auch die Erforderlichkeit ist zu bejahen, da kein milderes Mittel gibt, um den (obdachlosen) M zu schützen. Da er offensichtlich nicht in der Lage ist, seinen Weg selbständig fortzusetzen, verbleibt nur die Gewahrsamnahme.

Die Maßnahme entsprich auch der Verhältnismäßigkeit i. e. S. Der Schutz von Leib und Leben des M rechtfertigt den polizeilichen Gewahrsam. In der Güterabwägung haben Leib und Leben hier Vorrang gegenüber der kurzzeitigen Freiheitsentziehung.

IV. Ergebnis

Die Gewahrsamnahme des M ist rechtmäßig.

Parallelnormen zu §§ 35 ff. PolG NRW (Gewahrsam, Verfahren): § 39 BPolG; § 57 BKAG, § 28 BWPolG; Art. 17 ff. BayPAG; §§ 30 ff. ASOG Bln; §§ 17 ff. BbgPolG; §§ 15 ff. BremPolG; §§ 13 ff. HambSOG; §§ 32 ff. HSOG; §§ 55 f. MVSOG; §§ 18 ff. NdsSOG; §§ 14 ff. RhPfPOG; §§ 13 ff. SPolG; § 22 SächsPolG; §§ 37 ff. LSASOG; §§ 204 f. SchlHVwG

II. Schwerpunkt: Strafprozessrecht

Fall 9: Trunkenheitsfahrt mit Folgen

> **Schwerpunkte:** Verkehrskontrolle, Identitätsfeststellung, Alcotest, Blutprobenentnahme, Beschuldigter vs. Verdächtigter, gefahrenabwehrende Personendurchsuchung und Sicherstellung, Führerscheinbeschlagnahme, Videoaufzeichnung zwecks Eigensicherung

Sachverhalt:

Die Polizeibeamten PK A und POK B befinden sich in den Abendstunden auf Streifenfahrt in A-Stadt. Zurzeit herrscht kaum Fahrzeugverkehr. Gegen 19.30 Uhr bemerken sie einen roten VW Golf älterer Bauart, der sich mit angepasster Geschwindigkeit einer größeren Kreuzung nähert. Im Innern dieses Pkw befindet sich augenscheinlich eine männliche Person. Als die für diesen Pkw maßgebende LZA von Grün auf Gelb wechselt, beschleunigt der Fahrzeugführer seine Geschwindigkeit und überquert den Kreuzungsbereich unter Missachtung des Rotlichts. Der Abstand des VW Golf zur Haltlinie beträgt beim Phasenwechsel von Gelb auf Rot ca. 10 Meter. Nach Passieren der Kreuzung wird die Geschwindigkeit wieder reduziert. Zu Gefährdungen oder Behinderungen anderer Verkehrsteilnehmer kam es hierbei nicht. Aufgrund dieser Beobachtung beabsichtigen PK A und POK B das Fahrzeug anzuhalten. Zu diesem Zweck überholen sie den Pkw an einer geeigneten Stelle und geben Anhaltezeichen. Die Haltezeichen werden befolgt. Im Rahmen der anschließenden Überprüfung wird PK A die dem Pkw zugehörige Zulassungsbescheinigung sowie der Führerschein des Fahrzeugführers – es handelt sich hierbei um den 30-jährigen Manfred N, wohnhaft. in A-Stadt – ausgehändigt. Während der Überprüfung stellt POK B Atemalkoholgeruch bei N fest. Ein daraufhin angebotener und von N durchgeführter Test mit einem Alco-Test ergibt einen Wert von 1,2‰. Aufgrund dieses Ergebnisses wird die Entnahme einer Blutprobe angeordnet. N zeigt sich äußerst empört hierüber und redet wild gestikulierend auf die Beamten ein, schließlich habe er nur zwei oder drei Biere getrunken. Er ist zunächst nicht bereit, der Maßnahme Folge zu leisten, fügt sich dann aber seinem Schicksal und steigt letztlich widerstandslos in den Streifenwagen. Zuvor wurde er durchsucht. Ein hierbei aufgefundener Schraubenzieher wurde durch die Beamten in Verwahrung genommen.

Die Beamten fahren mit N zum Krankenhaus, damit dort eine Blutprobe entnommen werden kann. Im Krankenhaus herrscht Hochbetrieb. Da sich kein verfügbarer Arzt findet, wird die Blutprobe durch den anwesenden Medizinstudent M entnommen. Die Blutprobe ergibt letztendlich einen BAK – Wert von 0,76 ‰. Der Führerschein wird gegen den ausdrücklichen Willen des N beschlagnahmt.

Aufgabe:

1. Beurteilen Sie rechtsgutachtlich folgende polizeilichen Maßnahmen:
   - Anhalten des Pkw
   - Anbieten Alcotest, Anordnung der Blutprobenentnahme
   - Durchsuchung des N
   - Inverwahrungnahme des Schraubendrehers
   - Beschlagnahme des Führerscheins
2. Ist die Blutprobe für das Strafverfahren verwertbar?
3. Darf der Anhaltevorgang mit einem Videogerät aufgezeichnet werden? Begründen Sie ihre Auffassung.

Hinweis: Auf die örtliche Zuständigkeit ist nicht einzugehen.

Lösung zu Aufgabe 1:

A.   Anhalten des Pkw

I.   Ermächtigungsgrundlage

Nach dem Grundsatz des Vorbehalts des Gesetzes bedarf es bei einem Grundrechtseingriff einer Ermächtigungsgrundlage, welche auf ein verfassungsmäßiges Gesetz zurückzuführen ist. Der Eingriffscharakter dieser Maßnahme ist zu bejahen. Das Anhalten des Pkw stellt einen Eingriff in die allgemeine Handlungsfreiheit (Art. 2 Abs. 1 GG) dar. Die Maßnahme bedarf der gesetzlichen Legitimation. Die Zielrichtung ist repressiver Natur (Verfolgung einer Ordnungswidrigkeit); Verstöße gegen Ge- oder Verbote nach § 37 StVO sind Ordnungswidrigkeiten nach §§ 49 Abs. 3 Nr. 2 StVO i. V. m. 24 StVG).[388]

---

[388] Zur Verurteilung wegen Rotlichtverstoßes bedarf es zwar grundsätzlich der Feststellung der Ampelschaltung, insbesondere der Dauer der Gelbphase und der Entfernung des Betroffenen von der LZA bzw. Haltlinie bei Wechsel auf Rot, ausführlich *Hühnermann*, in: BHHJ StraßenverkehrsR, § 37 StVO Rn. 30c.

II. Formelle Rechtmäßigkeit

Die Frage der sachlichen Zuständigkeit ist abhängig von der Intention der Beamten. Die Fahrweise des N könnte auf mangelnde persönliche Eignung des Fahrzeugführers hindeuten. Demnach könnte es um die Abwehr von Gefahren für andere Verkehrsteilnehmer gehen (Gefahrenabwehr). Laut Sachverhalt sollte der Pkw jedoch aufgrund der Beobachtungen der Beamten (Rotlichtfahrt) angehalten werden. Primär ging es offensichtlich um die Verfolgung der Verkehrsordnungswidrigkeit, so dass sich die sachliche Zuständigkeit aus § 1 Abs. 4 PolG NRW[389] i. V. m. § 11 Abs. 1 Nr. 2 POG NRW i. V. m. § 53 Abs. 1 OWiG ergibt.[390]

III. Materielle Rechtmäßigkeit

1. Tatbestandliche Voraussetzungen der Ermächtigungsgrundlage

Die Befugnis zum Anhalten des Pkw könnte sich aus § 36 Abs. 5 StVO ergeben. Hiernach dürfen Polizeibeamte Verkehrsteilnehmer zur Verkehrskontrolle einschließlich der Kontrolle der Verkehrstüchtigkeit und zu Verkehrserhebungen anhalten. Allgemeine Verkehrskontrollen in diesem Sinne sind präventive verkehrsbezogene Maßnahmen, die ergriffen werden, um vorbeugend die Ordnung und Sicherheit des Straßenverkehrs zu gewährleisten, ohne dass ein augenblickliches Bedürfnis zur Regelung des Straßenverkehrs bzw. zum Erhalt seiner Ordnung und Sicherheit vorliegt oder eine Veranlassung zum repressiven Einschreiten zum Verfolgen einer Straftat oder einer Ordnungswidrigkeit besteht. Für eine allgemeine Verkehrskontrolle auf der Grundlage von § 36 Abs. 5 StVO ist demzufolge kein Raum, wenn das Anhalten eines Verkehrsteilnehmers wegen des konkreten Verdachts einer Verkehrsstraftat oder Verkehrsordnungswidrigkeit erfolgt.[391] Vorliegend handelt es sich nicht um eine allgemeine Verkehrskontrolle (§ 36 Abs. 5 StVO), sondern es ging primär um die Verfolgung einer Verkehrsordnungswidrigkeit.[392] Zu diesem Zweck muss die Identität des Fahrzeugführers festgestellt werden. Die Befugnis zur Identitätsfeststellung könnte sich daher aus § 163b Abs. 1 StPO ergeben. Gem. § 163b Abs. 1 StPO

---

389 Im Hinblick auf die Reichweite von § 1 Abs. 4 PolG NRW vgl. *Kay* PSP 4/2012, 3; *Thiel* PSP 4/2015, 37.

390 Zur Identitätsfeststellung bei Verkehrsordnungswidrigkeiten *Nowrousian* OwiR, S. 83 ff.; zur sachlichen Zuständigkeit instruktiv *Kay/Keller*, Bußgeldverfahren, S. 27 ff.

391 BGH NJW 1984, 1568: Bußgeldbewehrte Weisungen eines Polizeibeamten; grundlegend *Rebler* SVR 2017, 1 ff.; *Rebler/Müller* Die Polizei 2017, 176 ff. Unter dem Begriff der Verkehrskontrolle wird eine Überprüfung der Verkehrsteilnehmer im Hinblick auf ihre Fahrerlaubnis und Fahrtüchtigkeit sowie den ordnungsgemäßen Zustand ihres Fahrzeugs verstanden, die stichprobenhaft ohne bestimmten Anlass oder Verdacht erfolgt.

392 Auch § 36 Abs. 1 StVO scheidet vorliegend aus, da diese Vorschrift nur für unmittelbar verkehrslenkende Maßnahmen gilt, OLG Düsseldorf NZV 1994, 408.

kann die Identität einer Person festgestellt werden, wenn jemand einer Straftat verdächtig ist. Da zum Zeitpunkt des Anhaltens jedoch der Verdacht einer Straftat nicht vorlag, sondern lediglich eine begangene Ordnungswidrigkeit der Identitätsfeststellung zugrunde lag, ist § 163b StPO i. V. m. § 46 Abs. 1 OWiG (**Transformationsklausel**) zu sehen. Hiernach gelten für das Bußgeldverfahren sinngemäß u. a. die Vorschriften der StPO. Mithin ist § 163b Abs. 1 StPO in Bezug auf Ordnungswidrigkeiten anwendbar.

> Nach der Transmissionsklausel § 46 Abs. 1 OWiG gelten die Vorschriften der Strafprozessordnung sinngemäß auch für das Ordnungswidrigkeitenverfahren.[393] Eingriffsmaßnahmen zur Verfolgung von Ordnungswidrigkeiten sind dementsprechend der Strafprozessordnung zu entnehmen. Anstaltsunterbringung, Verhaftung und vorläufige Festnahme, Beschlagnahme von Postsendungen und Telegrammen sowie Auskunftsersuchen über Umstände, die dem Post- und Fernmeldegeheimnis unterliegen, sind jedoch gem. § 46 Abs. 2 OWiG bei der Verfolgung von Ordnungswidrigkeiten unzulässig. Gem. § 46 Abs. 4 OWiG ist § 81a Abs. 1 Satz 2 StPO mit der Einschränkung anzuwenden, dass nur die Entnahme von Blutproben und andere geringfügige Eingriffe zulässig sind.[394]

§ 163b Abs. 1 StPO spricht von erforderlichen Maßnahmen, die zur Feststellung der Identität getroffen werden dürfen. Das Anhalten ist als erforderliche Maßnahme in diesem Sinne zu qualifizieren. Aufgrund der Beobachtungen der Beamten – Missachtung des Rotlichts einer LZA – durfte die Identität des Fahrzeugführers festgestellt werden.

2. Verfahrensvorschriften

Als zwingend zu beachtende Verfahrensvorschrift ist die Belehrung gem. §§ 163a Abs. 4 Satz 1, 163b Abs. 1 Hs. 2 StPO i. V. m. § 46 Abs. 1 OWiG zu nennen. Dem Betroffenen ist der Grund der Maßnahme mitzuteilen. Die Verletzung dieser Belehrungspflicht führt zur Rechtswidrigkeit der Maßnahme, da es sich nicht lediglich um eine Ordnungsvorschrift handelt. Die Belehrung kann allerdings unterbleiben, wenn der Grund der Maßnahme dem Betroffenen bekannt ist. Wurde N entsprechend belehrt, d.h. ist ihm der Grund der Maßnahme mitgeteilt worden, sind keine Verstöße erkennbar.[395]

3. Adressat

Adressat der Maßnahme ist der Betroffene (N).

---

[393] Mit einer Kurzeinführung ins Recht der Ordnungswidrigkeiten instruktiv *Nowrousian* JA 2020, 241 ff.
[394] *Nimtz/Thiel* ER, Rn. 116.
[395] Zur Verletzung der Belehrungspflicht im Bußgeldverfahren *Keller* PSP 1/2020, 45 ff.

4. Übermaßverbot

Die Maßnahme ist geeignet und erforderlich, geringere (mildere) Maßnahmen sind nicht denkbar. Die Identitätsfeststellung entspricht fraglos auch dem Prinzip der Verhältnismäßigkeit i.e.S. Ein Missverhältnis zwischen den tangierten Grundrechten des N und dem Zweck der Maßnahme (Verfolgung der Ordnungswidrigkeit) ist nicht erkennbar. Zwar wird der Polizei bei der Verfolgung von Ordnungswidrigkeiten gemäß § 53 Abs. 1 OWiG ein Ermessen eingeräumt (Opportunitätsprinzip), welches durch Missachtung von Ermessensschranken pflichtwidrig ausgeübt wird, jedoch ist gerade dem Bußgeldkatalog als sogenannte ermessenskanalisierende Bestimmung zu entnehmen, dass es sich bei einem derartigen Verhalten im Straßenverkehr nicht mehr um eine geringfügige Ordnungswidrigkeit handelt. Die Maßnahme ist im Ergebnis als rechtmäßig zu beurteilen.

> 📖 Haben Polizeibeamte beim Anhalten des Pkw bereits den Verdacht einer Straftat (oder Ordnungswidrigkeit), ist der Betroffene zu belehren. Denn für eine allgemeine Verkehrskontrolle auf der Grundlage von § 36 Abs. 5 StVO ist kein Raum, wenn das Anhalten eines Verkehrsteilnehmers wegen des konkreten Verdachts einer Verkehrsstraftat oder Verkehrsordnungswidrigkeit erfolgt. Eine strikte Unterscheidung zwischen einem anlassbezogenen Vorgehen und einer allgemeinen Verkehrskontrolle ist von entscheidender Bedeutung, denn sobald ein konkreter Verdacht gegen einen Betroffenen oder Beschuldigten vorliegt, ist dieser entsprechend zu belehren, um zu verhindern, dass er sich selbst belastet (nemo tenetur se ipsum accusare).[396] So liegt ein Verstoß vor, wenn der Betroffene, bei dem z.B. aufgrund stark erweiterter Pupillen ohne Reaktion und starkem Lidflattern nach Anhalten des von ihm geführten Pkw durch den Polizeibeamten der Anfangsverdacht für eine Ordnungswidrigkeit nach § 24a Abs. 2 StVG bestand, ohne vorangegangene Belehrung zunächst befragt wird, „ob er etwas genommen habe". Bei dieser Sachlage hatte der Betroffene bereits den Status eines solchen und es war eine Vernehmungssituation gegeben, denn eine solche liegt vor, wenn der Vernehmende dem Betroffenen in amtlicher Funktion gegenübertritt und in dieser Eigenschaft von ihm Auskunft verlangt.[397] Wird ein Beschuldigter im Rahmen einer Verkehrskontrolle angehalten, ohne dass zuvor ein Fahrfehler festgestellt werden konnte, so begründet eine freiwillige Mitwirkung an neurologisch-physiologischen Tests zur Überprüfung seiner Fahrtüchtigkeit in der Annahme, sich auf diese Weise sowohl be- als auch entlasten zu können, jedenfalls dann keine verbotene Einflussnahme auf den Willen im Sinne des § 136a Abs. 1 StPO, wenn anhand der gesamten Fallumstände die Möglichkeit der Abstandnahme von einem OWi-Verfahren bestand.[398]

---

396 OLG Celle Kriminalistik 2012, 666, Anm. *Jahn* JuS 2013, 268 ff.
397 OLG Hamm, Beschl. v. 31.3.2020–4 RBs 114/20.
398 OLG Celle SVR 2018, 228.

B. Anbieten Alcotest, Anordnung der Blutprobenentnahme
I. Ermächtigungsgrundlage

Durch die Entnahme einer Blutprobe wird in das Grundrecht auf körperliche Unversehrtheit (Art. 2 Abs. 2 Satz 1 GG)[399] und in das allgemeine Persönlichkeitsrecht (Art 2 Abs. 1 i. V. m. Art. 1 Abs. 1 GG) des T eingegriffen. Zudem ist mit der Verbringung in das Krankenhaus eine Beeinträchtigung des Grundrechts auf Freiheit der Person (Art. 2 Abs. 2 Satz 2 GG), in Form einer bloßen Freiheitsbeschränkung, verbunden.[400] Die Maßnahme hat repressiven Charakter. Zur Aufklärung einer Trunkenheitsfahrt soll die Tatzeitblutalkoholkonzentration des Verdächtigen beweissicher festgestellt werden. Als Ermächtigungsgrundlage kommt nur § 81a Abs. 1 StPO in Betracht. Das Anbieten des Alcotestes ist hingegen anders rechtlich zu würdigen. Ein aktives Tun (Mitwirkung) kann nicht verlangt werden; es besteht keine (gesetzliche) Verpflichtung zur Durchführung eines solches Testes. Aus dem wohl sogar verfassungsrechtlich abgesicherten Grundsatz, dass niemand gezwungen werden kann, sich selbst zu belasten („nemo tenetur se ipsum accusare"), folgt, dass auch kein Verdächtiger gezwungen werden kann, durch kräftiges Pusten in ein Kontrollgerät, d. h. durch aktives Tun, an seiner eigenen Überführung mitzuwirken.[401] Die Durchführung eines Alcotestes kann demnach nur auf freiwilliger Basis geschehen. Laut Sachverhalt wurde N ein Alcotest angeboten, der sodann auch durchgeführt wurde. Die Durchführung eines solches Testes setzt also eine wirksame Einwilligung[402] voraus, sodass diesbezüglich von einem Grundrechtseingriff nicht auszugehen ist. Insgesamt ist festzustellen, dass bezüglich der Anordnung der Blutprobenentnahme eine Ermächtigungsgrundlage (Befugnisnorm) erforderlich ist.

II. Formelle Rechtmäßigkeit

Die Zweckbestimmung dieser Maßnahme dürfte eindeutig sein. Die Maßnahme dient der Strafverfolgung (Trunkenheit im Verkehr gem. § 316

---

399 Die Annahme, bei einer Blutentnahme fehle es bereits an einer (tatbestandlichen) Körperverletzung i. S. des § 340 Abs. 1 StGB (Körperverletzung im Amt), ist nicht vertretbar, BVerfG, Beschl. v. 29.5.2019–2 BvR 2630/18.
400 Str., wie hier BayObLG NJW 1963, 772.
401 Ausführlich *Geppert* NStZ 2014, 481 ff.; *Cierniak/Herb* NZV 2012, 409 ff.
402 Voraussetzung für eine (wirksame) Einwilligung ist, dass der Beschuldigte die Verstandesreife besitzt, die erforderlich ist, um die Bedeutung und Tragweite des „Eingriffs" und der Einverständniserklärung zu begreifen. Die freiwillige Mitwirkung setzt überdies voraus, dass der Beschuldigte sein Weigerungsrecht kennt. Die Beamten waren demnach verpflichtet, N deutlich zu machen, dass er zum Alco-Test nicht verpflichtet war. Das Ergebnis einer Messung einer Atemalkoholkonzentration mit einem Atemalkoholmessgerät unterliegt aber nicht deshalb einem Beweisverwertungsverbot, weil der Betroffene vor der Messung nicht darüber belehrt wurde, dass die Teilnahme an dieser Messung freiwillig und nicht erzwingbar ist, AG Michelstadt, Urt. v. 22.11.2011–2 OWi 1400 Js 22301/11.

StGB).[403] Die sachliche Zuständigkeit ergibt sich aus § 1 Abs. 4 PolG NRW i. V. m. § 11 Abs. 1 Nr. 2 POG NRW i. V. m. § 163 Abs. 1 Satz 1 StPO.

III. Materielle Rechtmäßigkeit

1. Tatbestandliche Voraussetzungen der Ermächtigungsgrundlage

Als Rechtsgrundlage für die Anordnung der Blutprobe kommt § 81a StPO in Betracht. Hiernach darf (auch ohne Einwilligung des Beschuldigten) die Entnahme einer Blutprobe angeordnet werden, wenn die Feststellung des Blutalkoholwertes für ein Verfahren von Bedeutung ist. Aufgrund des Ergebnisses der Alcotestes (1,2 ‰) lagen zureichende tatsächliche Anhaltspunkte dafür vor, dass N eine Straftat nach § 316 StGB begangen hat. Die Anordnung der Blutprobe sollte deshalb der Durchführung eines Strafverfahrens gegen N dienen. Anhand der Blutalkoholkonzentration (BAK) kann festgestellt werden, ob N den Grenzwert von 1,1 ‰ (absolute Fahruntüchtigkeit) zur Tatzeit erreicht hat. Darauf stützt sich eine Verurteilung. Da sich die Maßnahme gegen N richtete, ist er Beschuldigter im Sinne des § 81a StPO. Als Beschuldigter wird der Tatverdächtige bezeichnet, gegen den die Strafverfolgungsorgane aufgrund eines Willensaktes das Verfahren betreiben. Es ist also erforderlich, dass gegen diese Person gerade als Beschuldigter ermittelt wird.[404] Die Verleihung des Beschuldigtenstatus ist mithin zentraler Akt strafprozessualer Ermittlungsleitung.[405]

> 📖 Trotz der Bedeutung des Beschuldigtenbegriffs hat der Gesetzgeber auf eine Legaldefinition verzichtet, gleichwohl wird dieser etwa in § 157 StPO vorausgesetzt. Zur Bestimmung des Beschuldigtenstatus werden daher unterschiedliche Ansichten vertreten: So sehen die Vertreter des objektiven Beschuldigtenbegriffs im objektiven Tatverdacht bzw. Ermittlungsstand das den Beschuldigtenstatus auslösende Kriteriumm, Vertreter des subjektiven Beschuldigtenbegriffs einen Willensakt (Inkulpationsakt) der zuständigen Strafverfolgungsbehörde, dass die Ermittlungen gegen die Person als Beschuldigten geführt werden.[406]

Zu betonen sind die hiervon ausgehenden Informations-, Schutz- und Teilhaberechte. Der Beschuldigte ist diejenige Person, gegen die ein Strafverfahren geführt wird, was sowohl ein (objektives) Verdachtsmoment als auch einen (subjektiven) Verfolgungswillen bzw. Inkulpationsakt durch die Strafverfolgungsbehörden erfordert.[407]

---

403 Für die Annahme einer Straftat gem. § 315c StGB (Gefährdung des Straßenverkehrs) gibt der Sachverhalt keine Anhaltspunkte her.
404 *Soine* Ermittlungsverfahren, S. 32, m. w. N.
405 Grundlegend *Bosch* JURA 2020, 36 ff.: Beschuldigter oder verdächtiger Zeuge – Rollenzuweisung durch die Strafverfolgungsbehörden.
406 BGH NJW 1994, 2904 (2907).
407 BGH NStZ 2019, 529, m. Anm. *Kulhanek*; *Bosch*, JURA 2019, 1121.

📖 Die StPO kennt neben dem Beschuldigten auch den Begriff des Verdächtigen. Im Strafverfahren bezeichnet dies eine Person, gegen die im Hinblick auf eine entweder mit Gewissheit oder zumindest möglicherweise begangene Straftat ein Tatverdacht besteht. Die StPO verwendet den Begriff des Verdächtigen, wenn lediglich ein vager Verdacht vorliegt. Der Betroffene braucht noch nicht die Stellung eines Beschuldigten erlangt zu haben. Es ist daher nicht geboten, *„voreilig jeden potenziell Verdächtigen mit einem Beschuldigtenstatus zu belegen, was zum einen der Regelung des § 55 StPO entspricht und zum anderen auch unter dem Aspekt der Verhältnismäßigkeit zutrifft"*.[408] Schließlich geht mit der Bezeichnung als Beschuldigter ggf. eine brandmarkende Wirkung einher.[409] Wird ein Zeuge im Laufe der Befragung zum Beschuldigten, ist er entsprechend zu belehren.[410] Denn der Hinweis auf das Auskunftsverweigerungsrecht nach § 55 Abs. 2 StPO kompensiert nicht die Belehrung über ein vollumfängliches Aussageverweigerungsrecht und das Recht auf Verteidigerbeistand nach § 136 Abs. 1 Satz 2 i. V. m. § 163a Abs. 4 Satz 2 StPO. Die Notwendigkeit einer Belehrung liegt auf der Hand: Wer sich der gegen ihn gerichteten Ermittlungen nicht bewusst ist, kann konsequenterweise auch keine Beschuldigten- bzw. Verteidigerrechte geltend machen.[411] Die Beschuldigung ist damit „Dreh- und Angelpunkt" des Strafverfahrens. Der Willensakt muss dabei nicht ausdrücklich, sondern kann auch konkludent geäußert werden, etwa in Form von Maßnahmen, die nur gegen einen Beschuldigten angeordnet werden dürfen.[412] Nach überwiegender Ansicht kann jedoch keine der Theorien für sich alleine zu zufriedenstellenden Ergebnissen gelangen.[413] Das alleinige Abstellen des objektiven Beschuldigtenbegriffs auf das Vorliegen eines Tatverdachts stehe in einem unauflösbaren Widerspruch zur Rechtsfigur des tatverdächtigen Zeugen, §§ 55, 60 Nr. 2 StPO.[414] Der bloße Verfolgungswille des subjektiven Beschuldigtenbegriffs hingegen könne schon angesichts des Wortlauts des § 152 Abs. 2 StPO, welcher „zureichende, tatsächliche Anhaltspunkte" verlangt, nicht genügen.[415] Eine Definition des Beschuldigtenbegriffs ohne Einbeziehung des Tatverdachts sei daher als contra legem abzulehnen. Abhilfe soll daher der gemischt subjektiv-objektive Beschuldigtenbegriff schaffen: Dieser vereint die beiden vorgenannten Ansichten dahingehend, dass neben einem Tatverdacht (objektive Komponente) ein Willensakt der Strafverfolgungsbehörde (subjektive Komponente), die Person als Beschuldigten zu vernehmen, dazu treten soll.[416]

---

408 *Kulhanek* NStZ 2019, 529 (544).
409 BGH NStZ 1988, 510 (511), zur Frage der Amtspflichtwidrigkeit der Einleitung von Ermittlungen gegen einen Beschuldigten.
410 Grundlegend *Bosch* JURA 2019, 36 ff.
411 *Vogel* JZ 2004, 827 (835).
412 *Heintschel-Heinegg*, JA 2015, 393 (394).
413 *Kindhäuser/Schumann* StrafProzR, § 6 Rn. 4.
414 *Rogall* NJW 1978, 2535 (2536).
415 *Kindhäuser/Schumann* StrafProzR, § 6 Rn. 8.
416 *Meyer-Goßner/Schmitt* StPO, Einl. Rn. 76 ff.

Die Voraussetzungen für die Anordnung der Blutprobe sind gegeben. N ist Beschuldigter.

2. Formvorschriften/Allgemeine Anforderungen

Durch die Maßnahme darf kein Nachteil für die Gesundheit des Beschuldigten zu befürchten sein. Darüber hinaus ist dieser körperliche Eingriff von einem Arzt nach den Regeln der ärztlichen Kunst vorzunehmen (§ 81a Abs. 1 Satz 2 StPO). Von einem Gesundheitsnachteil für N kann vorliegend nicht ausgegangen werden. Auch war die Blutprobe zur Feststellung der verfahrenserheblichen Tatsache (Alkoholkonzentration) erforderlich. Eine geringere Maßnahme ist nicht denkbar, insbesondere ist das Ergebnis des Alco-Testes keine beweiskräftige Tatsache. Die Maßnahme entspricht insbesondere dem Grundsatz der Verhältnismäßigkeit i. e. S. Adressat der Maßnahme ist der Beschuldigte (N). Gem. § 81a Abs. 2 StPO steht die Anordnung dem Richter, bei Gefährdung des Untersuchungserfolges durch Verzögerung auch der Staatsanwaltschaft und ihren Ermittlungspersonen (§ 152 GVG) zu. Seit dem 24.8.2017 stehen nicht mehr alle Maßnahmen nach § 81a StPO unter dem Vorbehalt richterlicher Entscheidung.[417] Nach § 81a Abs. 2 Satz 2 bedürfen Blutentnahmen keiner richterlichen Anordnung, wenn bestimmte Tatsachen den Verdacht begründen, dass eine Straftat nach § 315a Abs. 1 Nr. 1, Abs. 2 und 3, § 315c Abs. 1 Nr. 1a, Abs. 2 und 3 oder § 316 StGB begangen worden ist. § 81a Abs. 2 Satz 2 StPO setzt keinen besonderen Verdachtsgrad voraus. Es reicht der einfache Anfangsverdacht einer Straftat/Ordnungswidrigkeit nach den §§ 315a Abs. 1 Nr. 1, 315c Abs. 1 Nr. 1a, 316 StGB bzw. nach den §§ 24a Abs. 1, 24 c StVG aus. Erforderlich und ausreichend ist, dass die „bestimmten Tatsachen" es als möglich erscheinen lassen, dass eine entsprechende Straftat/Ordnungswidrigkeit vorliegt. Bewusst verzichtet hat der Gesetzgeber auf einen „Staatsanwaltsvorbehalt", sodass die Anordnungskompetenz nach § 81a Abs. 2 StPO grundsätzlich gleichrangig Staatsanwaltschaft und Polizei zusteht. Die Sachleitungsbefugnis der Staatsanwaltschaft steht dem nicht entgegen und bleibt davon unberührt. Parallel dazu wurde auch in § 46 Abs. 4 Satz 2 OWiG geregelt, dass bei Ordnungswidrigkeiten nach §§ 24a, 24c StVG die Entnahme einer Blutprobe ebenfalls keiner richterlichen Anordnung bedarf.[418] Die Anordnung der Entnahme einer Blutprobe bei N ist nach alledem rechtmäßig.

---

[417] Gesetz zur effektiveren und praxistauglicheren Ausgestaltung des Strafverfahrens v. 23.8.2017 BGBl. I, S. 3202; dazu *Singelnstein/Derin* NJW 2017, 2646 ff.; *Basar* kripoz 2017, 95 ff.
[418] *Krause* Kriminalistik 2017, 532 (534).

📖 In Fällen der Allgemeinkriminalität liegt die grundsätzliche Anordnungszuständigkeit (§ 81a Abs. 2 Satz 1 StPO) beim Richter. Die Staatsanwaltschaft und ihre Ermittlungspersonen (§ 152 GVG) sind nur bei Gefahr im Verzug zu der Anordnung befugt. Eine Eilanordnungskompetenz der Ermittlungspersonen besteht nur bei Nichterreichbarkeit eines Staatsanwalts bzw. Richters. Die Anordnung der Entnahme einer Blutprobe durch einen Ermittlungsbeamten während der Stunden des Bereitschaftsdienstes der Staatsanwaltschaft und des zuständigen Amtsgerichts mit pauschaler „Begründung" von Gefahr im Verzug ist rechtswidrig, führt zur Unverwertbarkeit der Ergebnisse der Blutprobe und begründet eine tatbestandliche und rechtswidrige Körperverletzung seitens des anordnenden Beamten.[419]

C. Durchsuchung des Manfred N
I. Ermächtigungsgrundlage

Unter der Durchsuchung von Personen ist die Suche nach Gegenständen am Körper oder in den Kleidern des Betroffenen zu verstehen. Sie umfasst die Suche an der Körperoberfläche, aber auch in den Körperhöhlen wie Mund, Nase, Ohren, soweit sie ohne weiteres zugänglich sind. Durch die Durchsuchung des N wird das Grundrecht Art. 2 Abs. 1 i.V.m. Art. 1 Abs. 1 GG (Allgemeines Persönlichkeitsrecht) tangiert. Durch die Durchsuchung wird die Privatsphäre des N beeinträchtigt, sodass ein Eingriff in den Schutzbereich vorliegt. Weil die Person für die Dauer der Durchsuchung am Ort bleiben muss, liegt außerdem ein Eingriff in die Bewegungsfreiheit als Freiheitsbeschränkung vor (Art. 2 Abs. 2 Satz 2 i.V.m. Art. 104 Abs. 1 GG).[420] Zudem könnte ein Eingriff in die Allgemeine Handlungsfreiheit vorliegen, Art. 2 Abs. 1 GG (Einnahme einer bestimmten Position). Für die Durchsuchung des N daher ist eine Ermächtigungsgrundlage erforderlich. Das Einschreiten erfolgt hier ersichtlich zur Gefahrenabwehr (Eigensicherung). Dieser Zweck bleibt auch bei Maßnahmen nach der StPO ein Ziel der Durchsuchung von Personen. Die Anordnung einer Durchsuchung, mit welcher der Betroffene zur Duldung der Durchführungshandlung verpflichtet wird, ist ein Verwaltungsakt (§ 35 VwVfG NRW), die Durchführung der Durchsuchung dagegen Realakt.[421] Diese stellt das tatsächliche Element der Standardmaßnahme dar, die nicht mit einer Maßnahme der Verwaltungsvollstreckung gleichgesetzt werden darf. Begleitverfügungen indes (z.B. die Aufforderung, eine bestimmte Haltung einzunehmen) können als Verwaltungsakte zwangsweise durchgesetzt werden.

---

419 LG Köln, Urt. v. 5.4.2019–153 Ns 100/18, StV 2020, 183; Anm. *Albrecht* jurisPR-StrafR 2/2020, Anm. 4.
420 OVG Münster NVwZ 1982, 46.
421 *Kugelmann* POR, 6. Kap. Rn. 7.

II. Formelle Rechtmäßigkeit

Die körperliche Durchsuchung des N dient der Eigensicherung der Beamten. Es geht um die Suche nach Gegenständen, die im Hinblick auf die Person des Besitzers oder seiner Absichten zu einer Gefahr werden könnten.[422] Die sachliche Zuständigkeit ergibt sich aus § 1 Abs. 1 Satz 1, 2 PolG NRW i. V. m. § 11 Abs. 1 Nr. 1 POG NRW (originäre Zuständigkeit). Gem. § 1 Abs. 1 Satz 1 PolG NRW hat die Polizei die Aufgabe, Gefahren für die öffentliche Sicherheit oder Ordnung abzuwehren (Gefahrenabwehr). Gefahr ist eine Sachlage, die einen Schaden für die öffentliche Sicherheit erwarten lässt. Das ist insbesondere gegeben, wenn ein tatsächliches Geschehen den Schluss rechtfertigt, dass möglicherweise individuelle Rechte wie Leib, Leben, Gesundheit usw. einer Person oder das Sicherheitsgut „Rechtsordnung" zu Schaden kommen könnten.[423] Vorliegend geht es um Abwehr von Gefahren für die körperliche Integrität der Polizeibeamten und die Rechtsordnung (Körperverletzungsdelikte). Soweit Polizeibeamte Verwaltungsakte erlassen, sind die allgemeinen Regeln des VwVfG NRW zu berücksichtigen, insbesondere die §§ 28, 37 Abs. 2 VwVfG NRW. Wenn ein Verwaltungsakt erlassen wird, bedarf es grundsätzlich einer Anhörung (§ 28 Abs. 1 VwVfG NRW). Gem. § 37 Abs. 2 Satz 1 VwVfG NRW kann ein Verwaltungsakt u. a. mündlich erlassen werden.[424]

III. Materielle Rechtmäßigkeit

1. Tatbestandliche Voraussetzungen der Ermächtigungsgrundlage

Als Befugnisnorm kommt § 39 Abs. 1 Nr. 1 PolG NRW in Betracht. Diese Vorschrift setzt voraus, dass die Durchsuchung nicht zur Identitätsfeststellung erfolgt[425] und die Person nach dem PolG NRW oder anderen Rechtsvorschriften festgehalten werden darf. Den Begriff des Festhaltens verwendet das PolG NRW immer, wenn es Freiheitsentziehungen meint.[426] Als andere Rechtsvorschrift in diesem Sinne kommt u. a. die StPO in Betracht (§ 81a StPO). Es muss sich aber auch hier um freiheitsentziehende Maßnahmen handeln. Bei der Durchführung der Maßnahme nach § 81a StPO handelt es

---

422 Dabei muss es sich nicht um Waffen im technischen Sinne handeln, in Betracht kommen Gegenstände aller Art. Ein Schraubenzieher verursacht generell keine Gefahr, kann aber durch einen gesetzwidrigen Gebrauch eine Gefahr bedingen.
423 Vertiefend: *Voßkuhle* JuS 2007, 908.
424 Der Grundsatz der Formfreiheit von Verwaltungsakten ergibt sich aus § 37 Abs. 2 Satz 1 VwVfG NRW und nicht aus § 10 VwVfG NRW (Grundsatz des nicht-förmlichen Verfahrens), vgl. *Pieper* Kriminalistik 2007, 134 (135).
425 § 39 Abs. 1 Nr. 1 PolG NRW: „Die Polizei kann außer in den Fällen des § 12 Abs. 2 Satz 4 eine Person durchsuchen, wenn ...".
426 *Keller*, in: SBK, § 39 Rn. 12

sich aber um eine freiheitsbeschränkende Maßnahme, so dass § 39 Abs. 1 Nr. 1 PolG NRW als Befugnisnorm ausscheidet. In Betracht kommt vielmehr § 39 Abs. 2 Satz 2 PolG NRW. Hiernach kann eine Person u. a. auch dann durchsucht werden, wenn dies nach den Umständen zum Schutz von Polizeibeamten (oder Dritten) zur Abwehr einer Gefahr für Leib oder Leben erforderlich ist und die Person zur Durchführung einer Maßnahme an einen anderen Ort gebracht werden soll. Dies ist z. B. denkbar bei einer Verbringung zur Durchführung einer erkennungsdienstlichen Behandlung oder einer ärztlichen Untersuchung.[427] N sollte zwecks Blutprobenentnahme dem Krankenhaus zugeführt werden. Bei der im Gesetz geforderten Gefahrenlage muss es sich nicht um eine konkrete Leibes- oder Lebensgefahr handeln.[428] Gefordert wird eine bestimmte Gefahrenlage nach den Umständen des Einzelfalls, aus diesen Umständen muss sich eine Gefahrenprognose ergeben, aus der sich die Zulässigkeit der Durchsuchung ergibt. Das Verhalten des N nach Anordnung der Blutprobenentnahme – er weigerte sich vehement, sich in den Streifenwagen zu begeben (es musste sogar unmittelbarer Zwang angewendet werden) – lässt die Prognose zu, dass er während der Fahrt zum Krankenhaus zu (weiteren) Widerstandshandlungen bereit ist. Aufgrund des zu diesem Zeitpunkt gezeigten Verhaltens des N sind des Weiteren Kurzschlusshandlungen nicht auszuschließen. Mithin liegen die Voraussetzungen des § 39 Abs. 2 Satz 2 PolG NRW vor.

2. Formvorschriften/Allgemeine Anforderungen

Die (zwingende) Formvorschrift gem. § 39 Abs. 3 PolG NRW wurde beachtet. Personen dürfen nur von Personen gleichen Geschlechts oder Ärzten durchsucht werden; das gilt nicht, wenn die sofortige Durchsuchung zum Schutz gegen eine Gefahr für Leib oder Leben erforderlich ist (§ 39 Abs. 3 PolG NRW). Die Vorschrift wurde vorliegend beachtet. Die Adressatenregelung ist vorliegend abhängig von der Grundmaßnahme, hier also von § 81a StPO (§ 4 Abs. 4 PolG NRW).[429] § 37 VwVfG NRW enthält mit dem Bestimmtheitserfordernis in Abs. 1 ein materiell-rechtliches Erfordernis. Mit dem rechtsstaatlichen Bestimmtheitsgebot in § 37 Abs. 1 VwVfG NRW erfährt der Grundsatz der Gesetzmäßigkeit der Verwaltung eine einfachgesetzliche Konkretisierung. Die Bestimmung trägt damit insbesondere der Individualisierungs- und Klarstellungsfunktion des Verwaltungsaktes Rechnung. Die Behörde wird gezwungen, sich eindeutig und unmissverständlich gegenüber dem Adressaten zu äußern. Darüber hinaus wird durch die Forderung nach

---

427 *Nimtz/Thiel* ER, Rn. 865.
428 *Keller*, in: SBK, § 39 Rn. 17. A. A. *Arzt* Die Polizei 2003, 129 (132).
429 *Nimtz/Thiel* ER, Rn. 868.

der Bestimmtheit auch deren Akzeptanz durch den Adressaten erhöht. Verstöße sind hier nicht ersichtlich. Es ist von einer Beachtung des § 37 Abs. 1 VwVfG NRW auszugehen. Entsprechend § 3 Abs. 1 PolG NRW hat die Polizei ihre Maßnahmen nach pflichtgemäßem Ermessen zu treffen. Rechtsfehler hinsichtlich der pflichtgemäßen Ermessensausübung sind nicht ersichtlich. Die Maßnahme entspricht ohne Frage auch den übrigen Rechtmäßigkeitsvoraussetzungen. Der Grundsatz der Verhältnismäßigkeit wurde beachtet (§ 2 PolG NRW). Die Maßnahme ist geeignet, da sie objektiv zwecktauglich ist, das polizeiliche Ziel zu erreichen. Zwar kann allein durch eine Durchsuchung die Gefahr für die Beamten nicht abgewehrt werden, da die unmittelbare Gefahrenabwehr erst durch anschließende Maßnahmen erfolgt (Sicherstellung von möglicherweise aufgefundenen gefährlichen Gegenständen), jedoch ist es nicht erforderlich, dass die Maßnahme den gewünschten Erfolg sicher herbeiführt, es genügt vielmehr, dass sie zur Zweckerreichung förderlich ist. Die Gefahr wird demnach durch die Durchsuchung mittelbar abgewehrt. Auch ist eine mildere Maßnahme nicht denkbar. Es muss zwar dem Betroffenen freigestellt werden, dass er z.B. selbst seine Taschen vor den Augen des Durchsuchenden leert.[430] Dies wäre aber wenig geeignet. Eine entsprechende polizeiliche Verfügung („Aushändigung von Gegenständen, die durch gesetzwidrigen Gebrauch für die Beamten zur Gefahr werden können") kann schwerlich als geeignet betrachtet werden. Auch im Rahmen der Prüfung der Verhältnismäßigkeit i.e.S. (Güterabwägung) sind keine Probleme ersichtlich. Die Durchsuchung führt nicht zu einem Nachteil für N, der zu dem beabsichtigten Erfolg (Eigensicherung; Abwehr von Gefahren für die Beamten) außer Verhältnis steht. Die Folgen der Maßnahme (Grundrechtseingriff; Art. 2 Abs. 1 GG) sind nicht schwerwiegender als die (möglichen) Folgen, die entstehen, wenn die Polizei auf diese Maßnahme verzichten würde. Die Zielrichtung polizeilichen Handelns ist höher einzustufen als der (relativ) geringe Grundrechtseingriff gegenüber N.[431] Die Durchsuchung des N ist im Ergebnis als rechtmäßig zu beurteilen.

> **Parallelnormen zu § 39 Abs. 1 Nr. 1 PolG NRW (Durchsuchung "festgehaltener" Personen – Eigensicherung):** § 43 Abs. 1 Nr. 1 BPolG; § 58 Abs. 1 Nr. 1 BKAG; § 29 Abs. 1 Nr. 1 BWPolG; § 34 Abs. 2 Nr. 1 ASOG Bln; § 21 Abs. 1 Nr. 1 BbgPolG; § 15 Abs. 1 Nr. 1 HambSOG; § 36 Abs. 2 Nr. 1 HSOG; § 53 Abs. 1 S. 2 MVSOG; § 22 Abs. 1 Nr. 1 NdsSOG; § 18 Abs. 1 Nr. 1 RhPfPOG; § 23 Abs. 1 Nr. 1 SächsPolG; § 41 Abs. 2 Nr. 1 LSASOG; § 202 Abs. 1 Nr. 2 SchlHVwG

---

[430] Möller/Warg POR, Rn. 374.
[431] In diesem Zusammenhang wird auch von einer „Mittel-Zweck-Relation" gesprochen, d.h. Abwägung der kollidierenden Interessen oder Rechtsgüter; *Braun/Keller* PSP 3/2012, 26 (31).

D. Inverwahrungnahme (Sicherstellung) des Schraubenziehers
I. Ermächtigungsgrundlage

Eine Sicherstellung zielt darauf ab, eine Sache in ein öffentlich-rechtliches Verwahrungsverhältnis zu nehmen. Von einer Sicherstellung wird demnach gesprochen, wenn es der Polizei vom Zweck der Maßnahme her darauf ankommt, die Sache in Verwahrung zu haben und andere von der Besitzmöglichkeit auszuschließen. Durch die Sicherstellung wird das Sachnutzungsrecht des Eigentümers bzw. des rechtmäßigen Besitzers beeinträchtigt. Die §§ 43 ff. PolG sind Inhalts- und Schrankenbestimmungen i. S. d. Art. 14 Abs. 1 Satz 2 GG und Ausfluss der Sozialpflichtigkeit des Privateigentums, Art. 14 Abs. 2 GG.[432] Zielrichtung ist mangels Anfangsverdachts die Gefahrenabwehr. Die Maßnahme bedarf der gesetzlichen Legitimation.

II. Formelle Rechtmäßigkeit

Die sachliche Zuständigkeit ergibt sich § 1 Abs. 1 Satz 1, 2 PolG NRW i. V. m. § 11 Abs. 1 Nr. 1 POG NRW (Vorbeugende Bekämpfung von Straftaten). Die Beachtung der §§ 28 Abs. 1, 37 Abs. 2 VwVfG NRW wird unterstellt. Eine Zuständigkeit unter dem Gesichtspunkt der Strafverfolgung ist nicht erkennbar.

III. Materielle Rechtmäßigkeit
1. Tatbestandliche Voraussetzungen der Ermächtigungsgrundlage

Als Ermächtigungsgrundlage kommt § 43 Nr. 1 PolG NRW in Betracht. Danach ist die Sicherstellung zulässig, um eine gegenwärtige Gefahr (hier: Abwehr von Gefahren für Leib oder Leben der eingesetzten Beamten) abzuwehren. Hierbei handelt es sich um eine konkrete Gefahr mit zeitlicher Steigerung. Die Einwirkung des schädigenden Ereignisses muss bereits begonnen haben oder in allernächster Zeit mit einer an Sicherheit grenzender Wahrscheinlichkeit bevorstehen. Ein solcher Gefahrengrad ist bei der im Sachverhalt geschilderten Gefahrenlage allerdings nicht gegeben, sodass § 43 Nr. 1 PolG NRW als Ermächtigungsgrundlage nicht einschlägig ist. Zu prüfen ist vorliegend § 43 Nr. 3 PolG NRW. Dann muss die Sache von einer Person mitgeführt werden, die festgehalten wird. Weiterhin muss die Sache verwendet werden können, um eine der beschriebenen Voraussetzungen (a– d) zu erfüllen.

---

[432] *SBK* ER, Rn. 252.

📖 Das PolG NRW verwendet den Begriff des Festhaltens immer, wenn es Freiheitsentziehungen meint. Die Begriffe Festhalten und Freiheitsentziehung sind gleichwohl rechtlich nicht deckungsgleich. Für die grundrechtsgleichen Rechtspositionen aus Art. 104 GG ist die Unterscheidung zwischen Freiheitsbeschränkung und Freiheitsentziehung wesentlich. Nach § 415 FamFG ist die Definition einer Freiheitsentziehung enger als nach dem PolG NRW, das im Interesse der betroffenen Person die Schutznormen bereits zur Anwendung kommen lässt, wenn in den genannten Fällen mit der Freiheitsentziehung begonnen wird. Deshalb gilt im Polizeirecht ein weiterer Begriff der Freiheitsentziehung als nach dem FamFG.[433]

Mit dem Begriff „Festhalten" ist nach überwiegender Ansicht eine (rechtmäßige) Freiheitsentziehung gemeint.[434] Fraglich ist, ob eine solche hier vorliegt. N ist lediglich Adressat einer Maßnahme nach § 81a StPO. Teils wird in diesen Fällen von einem (gerechtfertigten) Festhalten ausgegangen.[435] Nach a. A. ist die Mitnahme einer Person zwecks Blutprobenentnahme kein Festhalten in diesem Sinne, da diese (nur) eine Freiheitsbeschränkung impliziert.[436] Problematisch ist die Frage der Sicherstellung somit in den Fällen, wenn sich die Rechtmäßigkeit der (vorher durchgeführten) Durchsuchung aus § 39 Abs. 2 PolG NRW ergibt, da hier eine Person durchsucht wird, die nicht festgehalten, sondern angehalten wird, die also keiner freiheitsentziehenden, sondern (nur) einer freiheitsbeschränkenden Maßnahme unterworfen ist. Genau das ist hier aber der Fall. N wird durch die Blutprobe (lediglich) einer freiheitsbeschränkenden Maßnahme unterworfen. Streng orientiert am Wortlaut des § 43 Nr. 3 PolG NW scheidet eine Sicherstellung des Schraubenziehers demnach aus. Unter Zugrundelegung der §§ 39 Abs. 2 Satz 2 und 62 Satz 2 PolG NRW ist unverständlich, dass der Gesetzgeber lediglich Durchsuchungs- bzw. Fesselungsmöglichkeiten, nicht aber Sicherstellungsmöglichkeiten zur Eigensicherung erweitern wollte. Offensichtlich handelt es sich bezüglich der fehlenden Ergänzung in § 43 Nr. 3 PolG NRW – als korrespondierende Vorschrift zur Eigensicherung – um ein Versäumnis des Gesetzgebers, sodass die entsprechende Befugnisnorm des § 43 Nr. 3 PolG NW analog anzuwenden ist.[437]

---

[433] *Tegtmeyer/Vahle* PolG NRW, § 36 Rn. 2; vgl. auch Braun StaatsR, S. 89.
[434] *SBK* ER, Rn. 400 m.w.N.; offen gelassen von *Nimtz/Thiel* ER, Rn. 1239.
[435] *Thiel*, in: BeckOK POR NRW, § 62 PolG NRW Rn. 20.
[436] *Bialon/Springer* ER, Rn. 788; zur Abgrenzung, *Webel* StaatsR, Rn. 502.
[437] *Keller*, in: SBK, § 43 Rn. 17; *Tegtmeyer/Vahle* PolG NRW, § 43 Rn. 23

📖 Gegen diese Auffassung werden indes Bedenken erhoben. Der Vorbehalt des Gesetzes aus Art. 20 Abs. 3 GG erfordert, dass Grundrechtseingriffe nur bei ausdrücklicher gesetzlicher Ermächtigung und Vorliegen der Voraussetzungen vorgenommen werden dürfen. Eine Analogie zugunsten der Polizeibehörde, durch die die Befugnisse erweitert würden, lässt sich schon deswegen nicht rechtfertigen. Außerdem fordert die in diesem Zusammenhang relevante Wesentlichkeitstheorie, dass bedeutende Eingriffe auch durch den Gesetzgeber geregelt werden und nur diesem vorbehalten sind. Aus diesem Grund ist eine Analogie ebenfalls nicht möglich. Und schließlich wird mit einer analogen Ausweitung auch der Zweck des Zitiergebotes des Art. 19 Abs. 1 Satz 2 GG nicht beachtet bzw. in Frage gestellt. Der Gesetzgeber muss sich nämlich darüber im Klaren sein, dass er einen Grundrechtseingriff vornimmt und muss sich auch der Auswirkungen bewusst sein. Diese Gedanken werden mit einer Analogie umgekehrt. Wegen verfassungsrechtlicher Bedenken kann eine analoge Anwendung daher nicht in Betracht kommen. Eine Betrachtung der gesetzlichen Regelungen der anderen Bundesländer und des Bundes ergibt, dass dort lediglich in Berlin und Brandenburg eine Erweiterung auf nicht festgehaltene Personen durch den Gesetzgeber ausdrücklich geregelt wurde. Es ist daher anzunehmen, dass die übrigen Gesetzgeber bewusst eine Ausdehnung auf den in Rede stehenden Personenkreis nicht wollten. Auf § 43 Nr. 3 PolG NRW kann daher nicht zurückgegriffen werden.[438]

Hinsichtlich der weiteren Voraussetzungen des § 43 Nr. 3 PolG NRW sind keine Probleme erkennbar. Der Schraubenzieher ist eine Sache, mit der die beschriebenen Handlungen (a – d) begangen werden können.

2. Formvorschriften/Allgemeine Anforderungen

In verfahrensmäßiger Hinsicht kommt grundsätzlich die nach § 44 Abs. 2 PolG NRW bestehende Bescheinigungspflicht in Betracht. Inwieweit hier die Ausnahme nach § 44 Abs. 2 Satz 2 PolG NRW Anwendung findet, kann vorliegend nicht genau beurteilt werden. Der Sachverhalt macht diesbezüglich keinerlei Angaben. Allerdings macht die Verletzung dieser Pflicht die Maßnahme nicht rechtswidrig, weil es sich um eine bloße Ordnungsvorschrift handelt. Ausgehend von der beschriebenen (unklaren) Rechtslage, sollte der sichergestellte Schraubenzieher nach Beendigung der polizeilichen Maßnahmen unverzüglich ausgehändigt werden. Der Adressat ergibt sich aus der Grundmaßnahme. Die Person, die festgehalten, d.h. hier angehalten (Freiheitsbeschränkung) wird, kann als Adressat in Anspruch genommen werden. Die Maßnahme entspricht insbesondere dem Grundsatz der Verhältnismäßigkeit.

Die Sicherstellung des Schraubenziehers ist nach alledem rechtmäßig.

---

438 *Baldarelli/Berning* Kriminalistik 2007, 201 (205 f.).

> **Parallelnormen zu § 43 PolG NRW (Sicherstellung):** § 47 BPolG; § 60 BKAG;
> § 32 f. BWPolG; Art. 25 BayPAG; § 38 ASOG Bln; § 25 BbgPolG; § 23 BremPolG;
> § 14 HambSOG; § 40 HSOG; § 61 MVSOG; § 26 NdsSOG; § 22 RhPfPOG; § 21
> SPolG; § 26 f. SächsPolG; § 45 LSASOG; § 210 SchlHVwG

E. Beschlagnahme des Führerscheins
I. Ermächtigungsgrundlage

Laut Sachverhalt wurde der Führerschein gegen den ausdrücklichen Willen des N in Verwahrung genommen. Der Eingriffscharakter liegt vor, eine Ermächtigungsgrundlage ist somit erforderlich. Die Sicherstellung bzw. Beschlagnahme des Führerscheins tangiert nach einer Auffassung nicht Art. 14 Abs. 1 GG, weil ein amtliches Dokument kein Eigentum begründet. Dieser Auffassung folgend wird durch die Beschlagnahme des Führerscheins in das Grundrecht auf freie Entfaltung der Persönlichkeit (Art. 2 Abs. 1 GG) eingegriffen. Nach zutreffender Ansicht stehen Führerscheine im Eigentum der Berechtigten, sodass deren Beschlagnahme durch die Polizei in Art. 14 Abs. 1 GG eingreift. Der Führerscheininhaber erwirbt Eigentum an dem Papier nach den §§ 929 ff. BGB.[439] Soweit dagegen eingewendet wird, der Führerschein stehe – wie Personalausweis und Reisepass auch – als amtliches Papier im Eigentum der Bundesrepublik Deutschland, ist dies unzutreffend. Reisepass und Personalausweis sind nur deshalb im Eigentum der Bundesrepublik, weil dies ausdrücklich gesetzlich bestimmt ist (vgl. § 1 Abs. 4 PaßG, § 4 Abs. 2 PAuswG). Für Führerscheine besteht keine derartige Regelung, sodass sich der Eigentumserwerb nach den Regeln des BGB richtet.[440] Führerschein ist die amtliche Bescheinigung, mit der die Fahrerlaubnis nachgewiesen wird (§ 4 Abs. 2 FeV). Darunter fallen auch Erlaubnisse zum Führen bestimmter Fahrzeuge, wie etwa der Bundeswehrführerschein und ausländische Führerscheine, nicht jedoch die Mofa-Prüfbescheinigung nach § 5 FeV.[441]

II. Formelle Rechtmäßigkeit

Die Maßnahme ist dem Bereich der Strafverfolgung zuzuordnen. Die sachliche Zuständigkeit ergibt sich aus § 1 Abs. 4 PolG NRW i. V. m. § 11 Abs. 1 Nr. 1 PolG NRW i. V. m. § 163 Abs. 1 Satz 1 StPO.

---

439 *Braun* StaatsR, S. 131.
440 *Braun* PSP 3/2018, 45 (46); *Hartmann-Wergen* StrafprozR, S. 77.
441 Zu rechtlichen Rahmenbedingungen zu Führerschein (und Kfz-Zulassung) *Zilkens* ZD 2017, 565 ff.

III. Materielle Rechtmäßigkeit
1. Tatbestandliche Voraussetzungen der Ermächtigungsgrundlage

Als Eingriffsermächtigung kommt § 94 Abs. 3 StPO in Betracht. Die Absätze 1 und 2 gelten auch für Führerscheine, die der Einziehung unterliegen. Führerscheine unterliegen gem. § 69 Abs. 3 Satz 2 StGB der Einziehung, wenn die Fahrerlaubnis durch das Gericht entzogen wird. Die Fahrerlaubnis darf gem. § 111a Abs. 1 StPO durch den Richter vorläufig entzogen werden, wenn dringende Gründe für die spätere endgültige Entziehung vorliegen. Entscheidend für die Frage der Beschlagnahme des Führerscheins ist folglich, ob dringende Gründe für die Entziehung der Fahrerlaubnis vorliegen. Die Voraussetzungen der Entziehung der Fahrerlaubnis ergeben sich aus § 69 Abs. 1, 2 StGB. Da von einer freiwilligen Herausgabe des Führerscheins (Sachverhalt) nicht auszugehen ist, bedarf es der Beschlagnahme nach § 94 Abs. 3 i. V. m. Abs. 2 StPO.

> 📖 Ein Führerschein wird regelmäßig mangels Aussagekraft nicht als Beweismittel benötigt; ist dies ausnahmsweise aber doch der Fall, dann können die Abs. 1 und 2 ohne Weiteres darauf angewendet werden, ohne dass es auf die Sonderregelung in Abs. 3 ankommt.[442]

Grundvoraussetzung ist, dass eine Straftat zugrunde liegt. Entsprechend § 11 Abs. 1 Nr. 5 StGB muss es sich um eine Rechtsverletzung handeln, die den Tatbestand eines Strafgesetzes verwirklicht. § 94 Abs. 3 StPO greift die Bedingungen des § 111a StPO auf. Wann ein Führerschein der Einziehung unterliegt, folgt im ersten Zugriff aus § 111a StPO i. V. m. § 69 StGB. § 111a StPO fordert dringende Gründe für die Annahme, dass die Fahrerlaubnis entzogen wird. Die Formulierung ist an diejenige in § 112 Abs. 2 StPO („dringender Tatverdacht") angelehnt.[443] Neben dem dringenden Tatverdacht muss ein "**hoher Wahrscheinlichkeitsgrad**" dafür sprechen, dass das Gericht den Beschuldigten für ungeeignet zum Führen von Kraftfahrzeugen halten und ihm daher die Fahrerlaubnis entziehen werde.[444] Orientierungsmaßstab kann § 69 Abs. 2 StGB sein. Ansonsten kommt es primär darauf an, ob sonstige Gründe vorliegen, die den Täter als ungeeignet zum Führen von Kraftfahrzeugen erscheinen lassen. Im Übrigen stellt § 111a StPO auf § 69 StGB ab. Bedingung für den Entzug der Fahrerlaubnis ist, dass der Betroffene die rechtswidrige Tat im Rahmen einer der in § 69 StGB genannten Handlungsalternativen begangen hat. Nach § 69 Abs. 1 Satz 1 StGB wird die Fahrerlaubnis entzogen, wenn sich aus der Tat ergibt, dass der Beschuldigte zum Führen von Kfz. ungeeignet ist. Stellt sich die Tat als Vergehen nach

---

442 *Roxin/Schünemann* StrafverfR, § 34 Rn. 28.
443 *Gercke*, in: HK-StPO, § 111a Rn. 5.
444 *Meyer-Goßner/Schmitt* StPO, § 111a Rn. 2.

§ 316 StGB dar, so ist der Täter nach § 69 Abs. 2 Nr. 2 StGB i.d.R. als ungeeignet zum Führen von Kfz. anzusehen. Genau das ist hier der Fall. Aufgrund des Testergebnisses (1,2‰) besteht der Verdacht, dass N eine Straftat gem. § 316 StGB begangen hat. Demnach sind also vorliegend dringende Gründe für die Annahme vorhanden, dass N die Fahrerlaubnis entzogen und sein Führerschein nach § 69 Abs. 3 Satz 2 StGB eingezogen wird.[445] Eine formlose Sicherstellung nach § 94 Abs. 1 StPO scheidet vorliegend aus. Es kommt eine Beschlagnahme in Betracht (§ 94 Abs. 2 StPO). Das Recht zur Anordnung der Beschlagnahme folgt aus § 98 Abs. 1 StPO. Die Anordnung obliegt grundsätzlich dem Richter. Nur bei **Gefahr im Verzug** sind die Staatsanwaltschaft und die Ermittlungspersonen der Staatsanwaltschaft anordnungsbefugt. Gefahr im Verzug liegt nicht nur dann vor, wenn die Gefahr droht, der Betroffene würde seinen Führerschein vernichten oder beiseiteschaffen (Einziehungsvereitelung), sondern auch dann, wenn die Gefahr besteht, der Betroffene werde weiterhin Verkehrsvorschriften in so schwerwiegender Weise verletzen, dass zur Sicherung der Allgemeinheit die Abnahme des Führerscheins erforderlich ist. Mithin bedeutet Gefahr im Verzug weiter, der Beschuldigte werde bis zur Einholung der richterlichen Anordnung weitere Trunkenheitsfahrten begehen, sonstige Verkehrsvorschriften in schwerwiegender Weise verletzen[446] oder erneut Straftaten der von § 69 Abs. 1 StGB erfassten Art begehen.[447] Gefahr im Verzug kann mithin mit präventiv-polizeilichen Erwägungen begründet werden, wenn nämlich die Teilnahme des zur Führung von Kraftfahrzeugen vermutlich ungeeigneten Beschuldigten am Straßenverkehr droht und dieser zum Nachweis seiner Berechtigung hierzu den Führerschein vorzeigen könnte. Da dies meist naheliegt, besteht Gefahr im Verzug.

2. Verfahrensvorschriften/Allgemeine Anforderungen

Als formelle Voraussetzungen für das Verlangen der Polizei auf Herausgabe des Führerscheins gelten grundsätzlich die gleichen Regeln wie bei der Sicherstellung oder Beschlagnahme von Beweismitteln. Dazu gehören Hinweise, dass

– der Betroffene im Fall der Beschlagnahme über seine Rechte zu belehren ist, § 98 Abs. 2 Satz 5 StPO,

– der Betroffene jeder Zeit die richterliche Entscheidung beantragen kann (§ 98 Abs. 2 Satz 2 StPO) und

---

445 Instruktiv *Heinrich* Kriminalistik 2005, 390 ff.
446 *Meyer-Goßner/Schmitt* StPO, § 111a Rn. 15.
447 *Kramer* StrafVerfR, Rn. 196; *Huppertz* FahrerlaubnisR, S. 526.

- das Amtsgericht, in dessen Bezirk die Beschlagnahme stattgefunden hat, zuständig ist,
- er auf Verlangen ein Verzeichnis über die in Beschlag genommenen Sachen erhält (§ 107 Satz 2 StPO).

Hat die Polizei eine Beschlagnahme angeordnet, soll entsprechend § 98 Abs. 2 Satz 1 StPO binnen drei Tagen die richterliche Bestätigung beantragt werden, wenn bei der Beschlagnahme weder der davon Betroffene noch ein erwachsener Angehöriger anwesend war oder der Betroffene und im Falle seiner Abwesenheit ein erwachsener Angehöriger des Betroffenen gegen die Beschlagnahme ausdrücklich Widerspruch erhoben hat.

Die Maßnahme entspricht insbesondere dem Übermaßverbot.

> Wird der Führerschein vom Beschuldigten nicht mitgeführt und kann deshalb nicht beschlagnahmt werden, kann der Beschuldigte weiterhin ohne Verstoß gegen § 21 StVG ein führerscheinpflichtiges Kfz führen. Dies kann nur unterbunden werden, indem die Polizei den Führerschein beim Beschuldigten auffindet, ggf. sind Durchsuchungsmaßnahmen angezeigt.[448] Bleiben diese erfolglos, ist beim zuständigen Richter eine vorläufige Entziehung der Fahrerlaubnis gemäß § 111a Abs. 1 StPO zu beantragen, die zugleich als Anordnung der Beschlagnahme wirkt. Der richterliche Beschluss ist dem Beschuldigten persönlich auszuhändigen. Führt der Beschuldigte danach ein Kfz, so macht er sich gemäß § 21 StVG strafbar.[449]

Lösung zu Aufgabe 2

Blutprobenentnahmen und andere körperliche Eingriffe dürfen nach § 81a Abs. 1 Satz 2 StPO nur von einem – approbierten – Arzt (also nicht Zahn- oder Tierarzt) oder einem zur vorübergehenden Ausübung des Arztberufes berechtigten (§ 2 Abs. 2, 3, 10 BÄO).[450]
Arzt vorgenommen werden. Ein Eingriff durch einen Medizinstudenten, einen Pfleger oder eine Krankenschwester ist somit rechtswidrig. Etwas anderes gilt dann, wenn diese Personen nach Belehrung mit Einverständnis des Beschuldigten oder unter Aufsicht des verantwortlichen Arztes handeln. Einen grundgesetzlich geschützten Anspruch darauf, dass z. B. Blutprobenentnahmen nur von einem Arzt vorgenommen werden, hat der Beschuldigte nicht.[451] Die Blutprobe wurde durch einen Medizinstudenten

---
448 Zur Wohnungsdurchsuchung zwecks Führerscheinbeschlagnahme *Gramse* NZV 2002, 345 ff.; *Rebler* SVR 2014, 41 ff.
449 *Huppertz* FahrerlaubnisR, S. 526.
450 BGBl. I 1987 S. 1218.
451 Zu medizintechnischen Vornahmefehlern oder -mängeln auch *Eisenberg* BeweisR, Rn. 1656a.

entnommen. Der Beschuldigte kann darin einwilligen, dass eine Untersuchung vorgenommen wird, die nach § 81a Abs. 1 StPO nicht zulässig wäre, es sei denn, die Untersuchung würde – z. B. wegen der besonderen Gefährlichkeit des Eingriffs – gegen die guten Sitten verstoßen. Der Beschuldigte kann auch darin einwilligen, dass ein körperlicher Eingriff nicht von einem Arzt, sondern von einer anderen Person vorgenommen wird. Neben der Einwilligung in den körperlichen Eingriff kann sich die Einwilligung also auch auf die Person des Eingreifenden beziehen; so kann sich der Beschuldigte mit der Entnahme von Blutproben durch eine Krankenschwester oder einen Sanitäter einverstanden erklären.[452] Ein Einverständnis des Beschuldigten N lag (offensichtlich) aber nicht vor. Fraglich ist, ob die Blutprobenentnahme für das Strafverfahren verwertbar ist. Da § 81a StPO diesbezüglich keine Regelung enthält, ist auf den Sinn und Zweck des Arztvorbehaltes abzustellen. Der Arztvorbehalt in § 81a Abs. 1 Satz 2 StPO dient lediglich der Wahrung der Gesundheit des Betroffenen. Dieser Zweck hat sich schon erledigt, wenn die Blutprobe zwar von einem Nichtarzt, aber nach den Regeln der ärztlichen Kunst vorgenommen wird. Außerdem bleibt die Beweisqualität der Blutprobe grundsätzlich davon unberührt, wer sie abnimmt.[453] Ein Beweisverwertungsverbot wird unter Bezugnahme auf den Rechtsgedanken des § 136a StPO nur dann angenommen, wenn der anordnende Beamte den Beschuldigten bewusst über die Arzteigenschaft täuscht.[454] Der Zweck des § 81a Abs. 1 Satz 2 StPO besteht nicht darin, eine höhere Qualität des Untersuchungsergebnisses zu gewährleisten, sondern den Beschuldigten vor gesundheitlichen Gefahren zu schützen.[455] So wurde ein Verwertungsverbot bei Vornahme des Eingriffs durch einen Nicht-Arzt verneint.[456] Die durch einen Nicht-Arzt gewonnene Blutprobe ist daher grundsätzlich verwertbar.[457] Unverwertbarkeit kommt aber dann in Betracht, wenn der anordnende Beamte den Beschuldigten bewusst über die Arzteigenschaft täuscht. Die Beweisergebnisse einer körperlichen Untersuchung sind aber dann unverwertbar, wenn z. B. der Polizeibeamte über die Arzteigenschaft des die Blutprobe Entnehmenden täuscht.[458] Irrt der Polizeibeamte jedoch über die Arzteigenschaft, so steht auch die Anwendung körperlichen Zwangs der Verwertbarkeit nicht entgegen.[459]

---

452 OLG Oldenburg NJW **1955,** 683.
453 BGHSt. 24, 125 (128).
454 *Saliger* ZJS 4/2008, 395 (397): Übungsfall: Alkoholgenuss mit Folgen.
455 *Engländer* StrafprozR, Rn. 240.
456 *Brauer*, in: HK-StPO, § 81a Rn. 32; *Meyer-Goßner/Schmitt* StPO, § 81a Rn. 32b.
457 OLG Zweibrücken NJW 1994, 810
458 OLG Hamm NJW 1970, 528; OLG Hamm NJW 1965, 1089; *Eisenberg* BeweisR, Rn. 1654.
459 BGH NJW 1971, 1097.

Lösung zu Aufgabe 3:

Mit der Maßnahme wird in das Recht auf informationelle Selbstbestimmung eingegriffen (Art. 2 Abs. 1 i.V.m. Art. 1 Abs. 1 GG). Eine formell-gesetzliche Ermächtigung ist erforderlich. Zur Reduzierung des Einsatzrisikos hat der Gesetzgeber mit § 15b PolG eine spezielle Bestimmung zur Eigensicherung geschaffen.[460] § 15b PolG NRW gestattet die Datenerhebung und dient der Eigensicherung von Polizeibeamten bei der Vornahme von Personen- und Fahrzeugkontrollen.[461] Es handelt sich um eine Spezialbefugnis der Datenerhebung.

Die Polizei kann

– zur Abwehr einer Gefahr im Sinne des § 1 Abs. 1 PolG NRW

– zum Zwecke der Eigensicherung (LF 371)

– bei Personen- oder Fahrzeugkontrollen

Bildaufnahmen und -aufzeichnungen durch den Einsatz optisch-technischer Mittel in Fahrzeugen der Polizei herstellen. Die Vorschrift dient mithin der Abschreckung potenzieller Gewalttäter. Die Vorschrift setzt keine konkrete Gefahr voraus, diese wäre bei einem Kontrollvorgang an Fahrzeugen ohnehin eher selten.[462] Die zu Grunde liegende Aufgabe der Polizei muss auch nicht zwingend eine gefahrenabwehrende Aufgabe sein. § 15b PolG NRW kommt auch in Betracht im Rahmen der Strafverfolgung, wenn bei einer Fahrzeugkontrolle die Möglichkeit einer Gefährdung der Einsatzkräfte besteht. Zu beachtende Verfahrensvorschriften ergeben sich aus § 15b Sätze 2 bis 5 PolG NRW. Insbesondere ist der Einsatz optisch-technischer Mittel, falls ohnehin nicht offenkundig, durch geeignete Maßnahmen erkennbar zu machen oder der betroffenen Person mitzuteilen. Der Präventionseffekt kann nur dann erreicht werden, wenn der Betroffene auch um die Dokumentation des Geschehens weiß.[463] Bildaufzeichnungen sind am Tage nach dem Anfertigen zu löschen, es sei denn, Daten werden zur Strafverfolgung oder Verfolgung von Ordnungswidrigkeiten benötigt (§ 15b Satz 3, 4 PolG NRW). Das gilt auch dann, wenn ein Anfangsverdacht dafür besteht, dass die an der Kontrolle beteiligten Polizeibeamten eine Straftat oder Ordnungswidrigkeit begangen haben.[464]

---

460 Bei der Einführung der Vorschrift hat sich der nordrhein-westfälische Gesetzgeber von den Erfahrungen eines Pilotprojekts in Rheinland-Pfalz leiten lassen, das im Jahr 2001 durchgeführt und von der Ständigen Konferenz der Innenminister und -senatoren der Länder begleitet wurde (LT-Drs. 13/2854).
461 *Tegtmeyer/Vahle* PolG NRW, § 15b Rn. 1; ausführlich: *Ziems* Die Polizei 2007, 132 ff.
462 Vgl. auch Begründung zum Gesetzentwurf, LT-Drucks. 13/2854 – Begründung zu Artikel 1, S. 55.
463 *Tetsch* ER Bd. 1, S. 268.
464 *Tegtmeyer/Vahle* PolG NRW, § 15b Rn. 3; *Ogorek*, in: BeckOK POR NRW, § 15b PolG NRW Rn. 9.

Fall 10: Der arbeitslose Einbrecher

Schwerpunkte: Festnahme, Vorführung, erkennungsdienstliche Maßnahmen

Sachverhalt:

In A-Stadt haben in den letzten Wochen die Wohnungseinbruchdiebstähle enorm zugenommen. Die Polizei setzt nun Zivilstreifen ein, die auf „verdächtige Personen" und Fahrzeuge achten sollen. Anonym wird der Polizei mitgeteilt, dass der 25-jährige X wieder ins „Einbruchsgeschäft" einsteigen will. X ist in den letzten vier Jahren bereits mehrfach wegen verschiedener Eigentumsdelikte in Erscheinung getreten, u. a. wurde er auch bereits wegen Einbruchsdiebstählen verurteilt. Er ist arbeitslos und bewohnt – seit er von seiner Frau geschieden ist – derzeit in A-Stadt übergangsweise nach Zuweisung durch das Sozialamt von A-Stadt ein möbliertes Zimmer in einem Hotel. Seinen Beruf als Bäcker hat er aufgegeben, weil er immer so früh aufstehen musste. Verschiedene Umschulungsmaßnahmen hat er abgebrochen. Insgesamt führt er ein unstetes Leben. Beamte des Einsatztrupps entschließen sich, sich um den „Fall zu kümmern". An einem Samstag, gegen 03.00, Uhr bemerken PK A und PK B den X, der sich aus Sicht der Beamten merkwürdig verhält. Die Beamten beobachten den X über einen Zeitraum von etwa 15 Minuten gezielt, verlieren ihn dann aber aus den Augen. Gegen 04.00 Uhr erhalten die Beamten von der Leitstelle den Auftrag, zum Holtenweg zu fahren. Dort sei eingebrochen worden. Der Unternehmer (U) habe eine männliche Person überrascht. Es handelt sich um X, der von U auf frischer Tat angetroffen wurde. X wird den Beamten übergeben. Er wird vorläufig festgenommen und dem Polizeigewahrsam zugeführt. Ein Haftbefehl gegen X wird später nicht erlassen.

In der der darauffolgenden Wochen entschließt sich der zuständige Sachbearbeiter der Kriminalpolizei (KHK D), den X erkennungsdienstlich zu behandeln. KHK D hat die Sorge, dass X auch zukünftig Einbrüche begehen werde und seine Fingerabdrücke sodann zu seiner Überführung beitragen können. D überlegt, ob er den X zum Zweck der ED-Behandlung zur Dienststelle verbringen darf oder ob es dafür eines richterlichen Beschlusses bedarf.

2. Teil: Fälle mit Lösungen

Aufgaben:

1. Beurteilen Sie rechtsgutachtlich die Festnahme des X
2. Darf X zwecks erkennungsdienstlicher Behandlung vorgeführt werden?

Hinweis: Die örtliche Zuständigkeit ist nicht zu prüfen.

Lösung zu Aufgabe 1: Festnahme des X

I. Ermächtigungsgrundlage

In der Festnahme des X liegt ein Grundrechtseingriff nach Art. 2 Abs. 2 Satz 2, 104 GG (Freiheit der Person). Vorläufige Festnahmen (§ 127 Abs. 2 StPO) sind stets Freiheitsentziehungen; der polizeiliche Maßnahmezweck (Sicherung des Strafverfahrens) wird hier unmittelbar durch die Verkürzung der Wegbewegungsfreiheit realisiert.[465] Zielrichtung ist Strafverfolgung; der Anfangsverdacht einer Straftat gegen X liegt fraglos vor (§ 152 Abs. 2 StPO).[466]

II. Formelle Rechtmäßigkeit

Die sachliche Zuständigkeit ergibt sich aus § 11 Abs. 1 Nr. 2 POG NRW i.V.m. § 163 Abs. 1 Satz 1 StPO (Legalitätsprinzip).

III. Materielle Rechtmäßigkeit

1. Tatbestandsvoraussetzungen der Ermächtigungsgrundlage

Als Ermächtigungsgrundlage kommen §§ 127 Abs. 2, 112 StPO in Betracht. Gem. § 127 Abs. 2 StPO sind die Beamten des Polizeidienstes zur vorläufigen Festnahme befugt, wenn Gefahr im Verzuge besteht und Voraussetzungen eines Haft- oder Unterbringungsbefehls vorliegen. Die geforderte Eigenschaft der Beamten des Polizeidienstes ist bei PK A und PK B zu unterstellen.

a) Gefahr im Verzuge

Gefahr im Verzuge liegt vor, wenn die Festnahme wegen des Zeitverlustes, der mit der vorherigen Erwirkung des richterlichen Haft- oder Unterbringungsbefehls verbunden ist, gefährdet wäre. Es ist davon auszugehen, dass X die durch die Einholung eines richterlichen Haftbefehls entstehende Zeit dazu nutzen wird, sich dem drohenden Strafverfahren zu entziehen.

---

465 *Braun* StaatsR, S. 88.
466 Studienliteratur zur Festnahme durch Polizeibeamte: *Keller* PSP 3/2012, 17 ff.

b) Voraussetzungen für einen Haftbefehl

Vorliegend kommen die Voraussetzungen für einen Haftbefehl nach § 112 Abs. 1 StPO in Betracht. Diese sind gegeben, wenn ein Beschuldigter einer Straftat dringend verdächtig ist, ein Haftgrund besteht und die Verhaftung verhältnismäßig ist.

aa) Dringender Tatverdacht des Beschuldigten

Zu prüfen ist zunächst, ob X als Beschuldigter der Tatbegehung dringend verdächtig ist. Beschuldigter ist derjenige Tatverdächtige, gegen den das Strafverfahren betrieben wird. Dringender Tatverdacht ist dann gegeben, wenn die Wahrscheinlichkeit groß ist, dass jemand eine rechtswidrige Straftat begangen hat. Angesichts des Sachverhaltes bestehen hieran keine Zweifel. X wurde auf frischer Tat von U überrascht. Er ist des Wohnungseinbruchs dringend verdächtig. Gegen ihn wird das Strafverfahren betrieben.[467]

bb) Haftgrund

Als Haftgrund kommt Fluchtgefahr gem. § 112 Abs. 1 Nr. 2 StPO in Betracht.[468] Fluchtgefahr liegt dann vor, wenn auf Grund bestimmter Tatsachen bei Würdigung der Umstände des Einzelfalles die Gefahr besteht, dass sich der Beschuldigte dem Strafverfahren entziehen wird. X ist mehrfach kriminalpolizeilich – auch wegen Einbruchsdelikten – in Erscheinung getreten und wurde bereits verurteilt. Er hat zwar einen festen Wohnsitz in A-Stadt, wohnt aber nur in einem möblierten Zimmer, welches durch das Sozialamt zugewiesen wurde. Er lebt nicht in sicheren sozialen Verhältnissen. Er ist von seiner Frau geschieden. Seinen Beruf als Bäcker hat er aufgegeben, weil er so früh aufstehen musste. Umschulungsmaßnahmen hat er abgebrochen. Offensichtlich bestreitet er seinen Lebensunterhalt hauptsächlich durch die Begehung von Eigentumsdelikten. Überdies ist er bereits wegen Einbruchdiebstählen verurteilt worden. Er hat nach mit einer erheblichen Freiheitsstrafe zu rechnen. Der Wohnungseinbruchsdiebstahl ist ein Verbrechen.[469] Verdunkelungsgefahr liegt im Ergebnis nicht vor. Der Sachverhalt enthält keine „Tatsachen".

---

467 Andererseits liegen die Voraussetzungen einer vorläufigen Festnahme (hier: nach erfolgter Durchsuchung) nicht vor, wenn der Durchsuchungsbeschluss auf einem Anfangsverdacht (hier: gem. §§ 129a, 129b StGB) beruht, die Durchsuchung aber keine Beweismittel hervorbringt, die diesen zu einem dringenden Tatverdacht hätten erstarken lassen, BGH StV 2020, 145.

468 Grundlegend: *Lind* StV 2019, 118 ff. Der Haftgrund der Fluchtgefahr in der Praxis: Zur rechtstatsächlichen Überprüfung von Fluchtprognosen.

469 Durch das 55. Gesetz zur Änderung des Strafgesetzbuches und der Strafprozessordnung – Wohnungseinbruchdiebstahl ist am 22.7.2017 u. a. § 244 Abs. 4 StGB in Kraft getreten, wonach es sich bei dem Einbruchdiebstahl in eine dauerhaft genutzte Privatwohnung um ein Verbrechen handelt, BT-Drs. 18/12729.

§ 112a StPO sieht als Haftgrund Wiederholungsgefahr vor. Die §§ 243, 244 StGB sind zwar Katalogtaten nach § 112a Abs. Nr. 2 StPO. Jedoch gilt § 112a StPO (nur) nachrangig (subsidiärer Haftgrund). Die Vorschrift ist nur heranzuziehen, wenn die Verhaftung nicht schon wegen der Haftgründe aus § 112 Abs. 2 oder Abs. 3 StPO zulässig ist (§ 112a Abs. 2 StPO).[470]

cc) Verhältnismäßigkeit

Zu prüfen ist, ob die vorläufige Festnahme des X entsprechend § 112 Abs. 1 StPO verhältnismäßig ist. Damit ist nach h. M. die Verhältnismäßigkeit im engeren Sinne, also die Angemessenheit der Maßnahme gemeint. Abzuwägen ist in diesem Zusammenhang die Schwere des Eingriffs in die Lebenssphäre des Beschuldigten gegen die Bedeutung der Strafsache und die Rechtsfolgeerwartung. X steht im dringenden Tatverdacht einen Wohnungseinbruch verübt zu haben. Er ist wegen Einbruchsdiebstählen in der Vergangenheit bereits verurteilt worden. Für die nunmehr begangene Tat ist mit einer empfindlichen Bestrafung zu rechnen. Auf Grund der beschriebenen Umstände steht der mit der Maßnahme verbundene Eingriff in das Recht auf Freiheit der Person des X nach Art. 2 Abs. 2 Satz 2 GG nicht außer Verhältnis zur Bedeutung der Strafsache und der Rechtsfolgeerwartung. Insgesamt ist die vorläufige Festnahme des X damit als verhältnismäßig im engeren Sinne anzusehen. Abschließend bleibt in diesem Zusammenhang festzuhalten, dass die Voraussetzungen für einen Haftbefehl nach § 112 Abs. 2 Nr. 2 StPO hier vorliegen.

2. Verfahrensvorschriften

Die Beachtung einschlägiger Verfahrensvorschriften wird unterstellt werden, insbesondere die Beachtung des Richtervorbehaltes aus § 128 Abs. 1 StPO sowie die Eröffnung des Tatvorwurfes entsprechend § 163a Abs. 4 StPO. Überdies sind gem. § 127 Abs. 4 StPO die §§ 114a bis 114c StPO zu beachten. Dem Beschuldigten ist unverzüglich (ohne schuldhaftes Verzögern) mitzuteilen, dass er vorläufig festgenommen wurde, aus welchen Grund er vorläufig festgenommen wurde und welche Beschuldigungen gegen ihn erhoben werden (§ 114a Satz 2 StPO entsprechend).[471]

---

470 Grundlegend *Wieneck* NStZ 2019, 702 ff.; zur Wiederholungsgefahr bei Betrugsserienstraftaten etwa OLG Celle, Beschl. 14.2.2020–2 Ws 49/20.
471 Nach § 114a Satz 1 StPO wäre grundsätzlich der Haftbefehl in einer dem Beschuldigten verständlichen Sprache auszuhändigen. Ein Haftbefehl liegt in den Fällen des § 127 StPO jedoch nicht vor. Dementsprechend kommt die Regelung des § 114a Satz 2 StPO zum Tragen: Ist die Aushändigung einer Abschrift und einer etwaigen Übersetzung nicht möglich, ist ihm unverzüglich in einer für ihn verständlichen Sprache mitzuteilen, welches die Gründe für die Verhaftung sind und welche Beschuldigungen gegen ihn erhoben werden.

II. Schwerpunkt: Strafprozessrecht

Gem. § 128 Abs. 1 StPO ist X, sofern er nicht wieder in Freiheit gesetzt wird, unverzüglich, spätestens am Tage nach der Festnahme, dem Richter bei dem Amtsgericht, in dessen Bezirk er festgenommen worden ist, vorzuführen.[472] Am Tage nach der Festnahme um 24 Uhr läuft die Vorführungsfrist endgültig ab. Unverzüglich bedeutet im Freiheitsentziehungsrecht ohne jede Verzögerung, die sich nicht mit sachlichen Gründen rechtfertigen lässt.[473] Nicht vermeidbar sind z. B. die Verzögerungen, die durch die Länge des Weges, Schwierigkeiten beim Transport, die notwendige Registrierung und Protokollierung, ein renitentes Verhalten des Festgenommenen oder vergleichbare Umstände bedingt sind.[474] Das Unverzüglichkeitsgebot gilt mithin für jede Art der vorläufigen Festnahme, auch für außerstrafprozessuale Festnahmen. Am Tag nach der Festnahme um 24.00 Uhr läuft die Vorführungsfrist endgültig ab. Der Polizei wird gem. § 128 Abs. 1 StPO eine Frist eingeräumt, um entsprechende Ermittlungen anzustellen.[475] Zwar verlangen § 128 Abs. 1 Satz 1 StPO, Art. 104 Abs. 2 Satz 1, Abs. 3 Satz 1 GG, dass der Beschuldigte „unverzüglich" dem Richter vorgeführt wird. Doch darf die Vorführung nach vorläufiger Festnahme durch die Ermittlungsbehörden hinausgeschoben werden, soweit dies sachdienlich erscheint. Denn anders als bei der Festnahme auf der Grundlage eines bereits vorliegenden Haftbefehls, bei dem die Ermittlungsbeamten – mitunter ohne nähere Sachverhaltskenntnis und Entscheidungsbefugnis – den richterlichen Beschluss lediglich vollziehen und deshalb den Festgenommenen „unverzüglich" dem Richter vorzuführen haben, war der Richter bei der vorläufigen Festnahme nach § 127 Abs. 2 StPO mit der Sache noch nicht befasst. In diesen Fällen verbleibt den Ermittlungsbehörden ein gewisser zeitlicher Spielraum, in dem sie vor einer möglichen Vorführung des Beschuldigten vor den Richter weitere Ermittlungsbefugnisse und -pflichten haben.[476] Die festnehmenden Beamten am Einsatzort können nicht erkennen, welche Umstände (möglicherweise) noch vorliegen, die letztlich relevant sind für die Frage nach den Haftgründen. Bestätigt sich z. B. der dringende Verdacht im Zuge der Ermittlungen nicht oder stellt sich heraus, dass (zahlreiche) Umstände vorliegen, die gegen die Annahme einer Fluchtgefahr sprechen, ist die Entlassung des Betroffenen obligatorisch.

---

472 Die Berechnung außerstrafprozessualer Gewahrsamsformen sind mit einzurechnen, BGH NJW 1987, 2524.
473 BVerfG NJW 1997, 2165.
474 *Schultheis*, in: KK-StPO, § 128 Rn. 5, m. w. N.
475 BGH NStZ 1990, 195.
476 BGH NStZ 2018, 734, Anm. *Soyka* RÜ 2018, 791.

3. Adressat

Adressat der Maßnahme ist der Beschuldigte (X).

4. Rechtsfolge

§ 127 Abs. 2 StPO ermächtigt zur vorläufigen Festnahme. Damit ist der Freiheitsentzug maximal bis zum Ende des nächsten Tages gemeint.

5. Übermaßverbot

Es bleibt in diesem Zusammenhang zu prüfen, ob die vorläufige Festnahme des X geeignet und erforderlich ist. Die Prüfung der Angemessenheit erfolgte bereits bei der Zulässigkeit der Maßnahme. Die Geeignetheit und die Erforderlichkeit sind unstrittig. Die vorläufige Festnahme des X ist gem. § 127 Abs. 2 StPO i. V. m. § 112 Abs. 2 Nr. 2 StPO rechtmäßig.

Lösung zu Aufgabe 2: Darf X zwecks erkennungsdienstlicher Behandlung vorgeführt werden?

Im Hinblick auf die Frage, ob X zwecks erkennungsdienstlicher Behandlung vorgeführt werden darf, ist zunächst die Zuordnung der Maßnahmen zu klären. Während die Ein- und Zuordnung erkennungsdienstlicher Maßnahmen auf polizeirechtlicher Grundlage und auf Grundlage von § 81b 1. Alt. StPO[477] weitgehend unstrittig ist, ist der Normcharakter von § 81b 2. Alt. StPO umstritten. Erkennungsdienstlichen Zwecken i. S. des § 81b 2. Alt. StPO dienen Maßnahmen, die es erleichtern sollen, künftig tatverdächtige Personen zu identifizieren. Nach wie vor wird die Frage unterschiedlich beurteilt, ob es sich hierbei um einen polizeirechtlichen Regelungsbereich[478] oder um Strafprozessrecht[479] handelt. Die Frage ist von entscheidender Bedeutung für Rechtsschutzfragen sowie für die Anordnungszuständigkeit.[480] Weil der Erkennungsdienst der Aufklärung noch unbekannter und unter Umständen noch gar nicht begangener Straftaten dient, betrachtet ihn insbesondere die verwaltungsgerichtliche Rechtsprechung als eine präventiv-polizeiliche Aufgabe, die nur wegen des Sachzusammenhangs mit in der Strafprozessordnung geregelt ist.[481] Dem ist jedoch entgegenzuhalten, dass Maßnahmen nicht schon deshalb Instrumente des Polizeirechts sind, weil sie nicht der

---

477 Der Zweck liegt in der Durchführung eines Strafverfahrens, AG Bremen StV 2020, 166; instruktiv *Keller* Kriminalistik 2014, 263 ff.
478 Z. B. *Brauer*, in: HK-StPO, § 81b Rn. 3.
479 Z. B. *Rogall*, in: SK-StPO, § 81b Rn. 10.
480 Ausführlich: *Keller* Kriminalistik 2014, 103 ff.
481 BVerwG NVwZ-RR 2011, 710, Anm. *Hebeler*, JA 2011, 959 ff.; BVerwG NVwZ-RR 2014, 848. Entsprechend auch *Goers*, in: BeckOK StPO, § 81b Rn. 2 f.

Verfolgung begangener Straftaten dienen. Der Erkennungsdienst ist – wie das BVerwG selbst ausführt[482] – ein Instrument der Strafverfolgungsvorsorge. Es sollen künftige Straftaten nicht unmittelbar verhindert, sondern ihre Aufklärung ermöglicht werden. Präventive Wirkung entfalten die Maßnahmen nur insofern, als sie das Strafverfolgungsrisiko und damit die abschreckende Wirkung der Strafdrohungen für die erkennungsdienstlich erfassten Personen erhöhen (**Straftatenverhütung**). Die Vorsorge für die Verfolgung künftiger Straftaten gehört aber – dem BVerfG folgend – zum gerichtlichen Verfahren.[483] Auch hat das BVerfG DNA-Analysen zur Aufklärung künftiger Straftaten dem Strafprozessrecht zugeordnet.[484] Den Regelungen zur DNA-Identitätsfeststellung kommt weder nach Wortlaut noch Zweck die Funktion zu, künftige Straftaten präventiv abzuwehren. Der Kernsatz der Entscheidung lautet insoweit: *„Dienen die Vorschriften ausschließlich der Beweisbeschaffung zur Verwendung in Strafverfahren, so sind sie dem Strafverfahrensrecht zuzuordnen"*.[485] Damit ist die Gesetzgebungszuständigkeit des Bundes für diese Materie nach Art. 74 Abs. 1 Nr. 1 GG gegeben.[486] Für § 81b Alt. 2 StPO kann aufgrund der identischen Zielsetzung konsequenterweise nichts anderes gelten,[487] sodass die Regelung entgegen der noch herrschenden Meinung strafprozessualer Natur ist.[488] Die erkennungsdienstliche Behandlung dient der **Strafverfolgungsvorsorge**. KHK D hat die Sorge, dass X auch zukünftig Einbrüche begehen werde und seine Fingerabdrücke sodann zu seiner Überführung beitragen können.

> § 81b 2. Alt. StPO bietet der Polizei selbst die Ermächtigungsgrundlage für eine zwangsweise Vorführung des Beschuldigten. Für die zwangsweise Verbringung des Betroffenen zur Polizeidienststelle zwecks Vornahme der erkennungsdienstlichen Behandlung bedarf es im Anwendungsbereich des § 81b StPO keiner richterlichen Anordnung nach § 10 Abs. 3 Satz 2 PolG NRW. Die Befugnis zum Einsatz unmittelbaren Zwanges ergibt sich bereits aus dem Wortlaut des § 81b 2. Alt. StPO („gegen den Willen"). Mit der zwangsweisen Vorführung ist auch keine Freiheitsentziehung i. S. des Art. 104 Abs. 2 GG verbunden.[489]

---

482 BVerwG NVwZ-RR 2011, 710.
483 BVerfG NJW 2005, 2603: Vorbeugende/vorsorgende TKÜ gegen Straftaten.
484 BVerfG NJW 2001, 879: DNA-Identitätsfeststellung, Anm. *Senge* NStZ 2001, 331; *Wollweber* NJW 2011, 2304.
485 BVerfG NJW 2001, 879.
486 *Senge* NStZ 2001, 328 (331).
487 So bereits *Keller* Kriminalistik 2004, 190 ff.
488 *Frister*, in: Lisken/Denninger HdbPolR, Kap. F Rn. 287.
489 OLG Hamm, Beschl. v. 12.9.2018–15 W 229/18. Zur Abgrenzung zwischen Freiheitsbeschränkung und -entziehung insbesondere *Braun* StaatsR, S. 89.

Für die zwangsweise Verbringung des Betroffenen zur Polizeidienststelle zwecks Vornahme der erkennungsdienstlichen Behandlung bedarf es im Anwendungsbereich des § 81b 2. Alt. StPO keiner richterlichen Anordnung nach Polizeirecht.[490] § 81b 2. Alt StPO selbst bildet die Ermächtigungsgrundlage auch für eine zwangsweise Vorführung des Beschuldigten, ohne dass es hierzu einer gerichtlichen Anordnung bedarf. Dies folgt überdies bereits aus dem Gesetzeswortlaut („auch gegen seinen Willen"). In Ansehung der strafprozessrechtlichen Natur von § 81b 2. Alt. StPO überzeugt es nicht, ein förmliches – und mithin überflüssiges – Verwaltungsverfahren durchzuführen. Vielmehr handelt es sich um eine strafprozessuale Eingriffsmaßnahme, die zugleich den Rechtsgrund für eine zwangsweise Durchsetzung enthält. Aus dem Sinn und Zweck des § 81b 2. Alt. StPO ergibt sich, dass der Betroffene zur erkennungsdienstlichen Behandlung vorgeführt werden darf. Die Vorführung ist eine Freiheitsbeschränkung. § 81b 2. Alt. StPO ist das förmliche Gesetz im Sinne des Art. 104 Abs. 1 GG, das diese Freiheitsbeschränkung zulässt. Die Bestimmungen der Polizeigesetze sind nicht anzuwenden, weil § 81b StPO als materielles Bundesrecht diesen Bestimmungen vorgeht. Für die zwangsweise Verbringung des Betroffenen zur Polizeidienststelle zwecks Vornahme der erkennungsdienstlichen Behandlung bedarf es im Anwendungsbereich des § 81b 2. Alt. StPO mithin keiner richterlichen Anordnung.[491]

---

490 OLG Naumburg NStZ-RR 2006, 179.
491 *Keller* KR, S. 86 ff., m. w. N.

Fall 11: Maßnahmen nach Banküberfall

> **Schwerpunkte:** Zeugenbefragung, informatorische Befragung, tatverdächtiger Zeuge, Festnahme, Durchsuchung bei Unverdächtigen

Sachverhalt:

In den vergangenen Monaten wurden vermehrt Überfalle auf Geldinstitute im Großraum A-Stadt registriert. Heute, gegen 15.30 Uhr, kommt es erneut zu einem Überfall auf eine Stadtsparkassenfiliale. In der Bank befinden sich mehrere Kunden, als eine maskierte männliche Person den Schalterraum betritt und mit einer Pistole in die Luft schießt. Sodann wird die Sparkassenangestellte V mit der Pistole bedroht. Auf Aufforderungen des Täters legt sie ca. 30 000 € in eine Plastiktüte. Dem Täter gelingt die Flucht mit einem Pkw. Sofort wird die Polizei verständigt. V, die eine vage Täterbeschreibung abgeben kann, gibt noch telefonisch gegenüber der Polizei an, dass es sich bei dem Fluchtwagen um einen blauen VW Golf handeln soll. Im Rahmen der unverzüglich eingeleiteten Fahndungsmaßnahmen werden mehrere Kontrollstellen eingerichtet.

Die unmittelbar nach der Tat durchgeführten Zeugenbefragungen in der Bank ergeben, dass ein Kunde sicher ist, als Täter den in A-Stadt wohnhaften Z erkannt zu haben. Weiteren Angaben zufolge soll Z sich häufig bei seiner Freundin F in der 2 km entfernten B-Stadt aufhalten. Z kann weder zu Hause noch bei seiner Freundin angetroffen werden. Gegen 19.15 Uhr begeben sich KHK C und KOK D erneut zur Wohnung des Z, treffen diesen aber dort wiederum nicht an. Anschließend begeben sich die Beamten nochmals zur Wohnung der F (19.30 Uhr). Tatsächlich befindet sich nun direkt vor der Wohnung der F ein blauer VW Golf. Eine Halterfeststellung ergibt, dass das Fahrzeug auf Z zugelassen ist. Die an der Wohnungstür angetroffene F zeigt sich überrascht und bittet die Beamten in die Wohnung. Z erkennt die Situation und ergreift die Flucht, kann aber gestellt und festgenommen werden. Er wird durchsucht und dem Polizeipräsidium zugeführt. Anschließend wird die Wohnung der F nach der Beute und der Pistole ergebnislos durchsucht.

Bei dem Täter handelt es sich um den 35jährigen Postbeamten Z, der auf Grund seiner Spielsucht in finanzielle Not geraten ist. Im Rahmen seiner Vernehmung gesteht Z die weiteren Banküberfälle im Großraum A-Stadt.

2. Teil: Fälle mit Lösungen

Aufgabe:

Beurteilen Sie rechtsgutachtlich folgende polizeilichen Maßnahmen:
- Zeugenbefragungen in der Bank
- Festnahme des Z
- Durchsuchung der Wohnung der F

Hinweis: Vom Eingriffscharakter der Maßnahmen ist auszugehen. Auf die unterschiedlichen Grundrechtseingriffe ist insofern nicht einzugehen. Unterstellt wird die örtliche Zuständigkeit der Beamten. Die Lösung folgt nicht einem typischen (Klausur-)Schema, sondern vielmehr problemorientiert. Es wurde auf eine ausführlich formulierte Lösung Wert gelegt.

Lösung:

A. Zeugenbefragungen in der Bank

Die „Befragungen" dienen (ersichtlich) der Strafverfolgung (§ 163 Abs. 1 Satz 1 StPO). Es handelt sich bei derartigen Befragungen um sog. „informatorische Befragungen", im Rahmen derer die Strafverfolgungsorgane aktiv werden.[492] Die mit der Befragung von Personen verbundene Datenerhebung vermittelt stets einen Eingriff in das Grundrecht auf informationelle Selbstbestimmung.[493] Die Beamten orientieren sich über das Geschehen, zumeist unmittelbar nach Ankunft am Tatort.[494]

> 📖 Der Bundesgerichtshof (BGH) definiert eine Vernehmung folgendermaßen: „Zum Begriff der Vernehmung im Sinne der Strafprozessordnung gehört, dass der Vernehmende der Auskunftsperson (also dem Beschuldigten, dem Zeugen oder dem Sachverständigen) in amtlicher Funktion gegenübertritt und in dieser Eigenschaft von ihr Auskunft (eine Aussage) verlangt".[495] Der BGH geht also von einer Vernehmung aus, wenn folgende Voraussetzungen kumulativ erfüllt sind (**formeller Vernehmungsbegriff**):[496]

---

492 Näher dazu *Zöller*, in: HK-StPO, § 163a Rn. 3.
493 *Braun* StaatsR, S. 161 f.
494 *Beulke/Swoboda* StrafProzR, Rn. 113.
495 BGH NStZ 1996, 502.
496 Zum Teil wird von einem materiellen bzw. funktionalen Vernehmungsbegriff ausgegangen. Danach ist jedes Verhalten einer dem Staat zurechenbaren Person (Organ), mit dem Äußerungen eines Bürgers hervorgerufen werden, als Vernehmung i.S. der StPO anzusehen, *Bernsmann* StV 1997, 116 (117). Unter den Befürwortern eines materiellen Vernehmungsbegriffes wird dabei zum Teil der verdeckte Ermittler als eng begrenzte gesetzliche Ausnahme eingestuft, *Lagodny* StV 1996, 167 (172); zur Abgrenzung *Wohlers/Albrecht*, in: SK-StPO, § 163a Rn. 36 ff.

– amtliche Eigenschaft des Vernehmenden,
– Erkennbarkeit der amtlichen Eigenschaft für die Aussageperson,
– Auskunftsverlangen des Vernehmenden.

Fehlt es an einer dieser Voraussetzungen, liegt keine Vernehmung vor. Der Begriff der Vernehmung ist weit auszulegen und umfasst alle Bekundungen auf Grund einer amtlichen Befragung, also auch Angaben bei einer informatorischen Befragung durch die Polizei.[497] Entscheidend ist, dass die Auskunftsperson von einem Staatsorgan in amtlicher Eigenschaft zu dem den Gegenstand des Strafverfahrens bildenden Sachverhalt gehört worden ist.[498]

Es ist in Literatur und Rechtsprechung anerkannt, dass derartige erste „**informatorische Befragungen**" am Tatort anwesender Personen zulässig sind.[499] Dient die Befragung hingegen nur dazu, sich einen ersten Überblick über das Geschehen zu verschaffen oder zu klären, wer zu einem eingeleiteten Verfahren Angaben machen kann, ist sie lediglich informatorischer Art und bringt noch keinerlei Belehrungspflichten mit sich.[500] Bei informatorischen Befragungen bestehen zwar grundsätzlich die Verweigerungsrechte nach §§ 52 ff. StPO, selbst wenn eine Belehrung nach diesen Vorschriften in diesem Stadium noch nicht angezeigt ist. Spontanäußerungen dürfen von den Ermittlern auch nicht ausgenutzt werden, um Belehrungspflichten zu umgehen.[501] Der Vernehmungszeitpunkt, welcher die Verpflichtung zur Belehrung auslöst, ist erst erreicht, wenn sich der Verdacht einer bestimmten Straftat auf eine bestimmte Person lenkt oder verdichtet und der ermittelnde Beamte von ihr eine Äußerung zu ihrer Tatbeteiligung erreichen will.[502]

☐ Unter einer informatorischen Befragung versteht man die formlose Befragung von Personen, in der Regel durch Polizeibeamte an einem Ereignisort, um beurteilen zu können, ob überhaupt eine Straftat vorliegt oder ob präventive Maßnahmen erforderlich sind („informatorisches Herumhören"). In diesem Stadium ist noch ungeklärt, welches polizeiliche Handlungsfeld (Gefahrenabwehr oder Strafverfolgung) eröffnet ist.[503] Der Polizeibeamte, der am Tatort oder in seiner Umgebung Personen fragt, ob sie ein bestimmtes Geschehen beobachtet haben, vernimmt

---

497 OLG Jena StV 2006, 517; OLG Hamburg StV 1990, 535.
498 OLG Saarbrücken NStZ 2008, 585: Zeugnisverweigerung nach Spontanäußerung, Anm. *Vahle* Kriminalistik 2008, 431.
499 BGH NStZ 1983, 86.
500 *Frister*, in: Lisken/Denninger HdbPolR, Kap. F Rn. 29.
501 *Soine* Ermittlungsverfahren, S. 40.
502 *Kaefer* Kriminalistik 1999, 210 (214).
503 *Soine* Ermittlungsverfahren, S. 40.

keine Beschuldigten, mag er auch hoffen, bei seiner Tätigkeit neben geeigneten Zeugen den Täter zu finden. Er braucht nicht den Hinweis nach § 136 Abs. 1 Satz 2 StPO zu geben.[504]

Der Polizeibeamte, der am Tatort oder in seiner Umgebung Personen fragt, ob sie ein bestimmtes Geschehen beobachtet haben, vernimmt keine Beschuldigten, mag er auch hoffen, bei seiner Tätigkeit neben geeigneten Zeugen den Täter zu finden.[505] Bei der sog. informatorischen Befragung werden die Strafverfolgungsorgane zwar aktiv, sie verdächtigen aber noch keine konkrete Person, sondern orientieren sich erst über das Geschehen, zumeist unmittelbar nach Ankunft am Tatort („**Orientierungsfragen**"; „**Sondierungsvernehmung**"). Mangels eines hinreichend konkreten Anfangsverdachts handelt es sich dabei noch nicht um eine Beschuldigtenvernehmung.[506] Eine sog. informatorische Befragung ist – ohne besondere Belehrung – grundsätzlich zulässig, solange es sich bei der Auskunftsperson (noch) nicht um den Beschuldigten handelt.[507] Neben dem Gesichtspunkt, dass der Befragte noch nicht Beschuldigter im strafprozessualen Sinne ist, wird auch auf die praktische Notwendigkeit der informatorischen Anhörung hingewiesen. Wären die im ersten Zugriff tätig werdenden Ermittlungsbeamten gehalten, jede am Tatort anwesende Person, an die sie zu ihrer eigenen ersten Information eine Frage richten, darüber zu belehren, dass sie zur Aussage nicht verpflichtet sei, so wäre die Aufklärung des Geschehens wesentlich erschwert. An der Tat Unbeteiligte und Unverdächtige könnten den Eindruck gewinnen, sie würden zu Unrecht in den Kreis der Verdächtigen einbezogen.[508] Zu diesem Zeitpunkt gegenüber der Polizei ungefragt abgegebene spontane Äußerungen, beispielsweise ein ohne Zutun eines Polizeibeamten abgelegtes spontanes Geständnis, sind uneingeschränkt verwertbar. Auch eine gegenüber einem Polizeibeamten ungefragt abgegebene Sachverhaltsschilderung und die in Anwesenheit eines Polizeibeamten gegenüber dem Beschuldigten erfolgte Bezichtigung durch einen zur Zeugnisverweigerung berechtigten Angehörigen bleiben als so genannte Spontanäußerungen auch nach Gebrauch-Machen des Angehörigen von seinem Zeugnisverweigerungsrecht verwertbar.[509]

---

504 BGHSt 38, 214, NJW 1992, 1463.
505 BGH NJW 1992, 1463, Anm. *Vahle* Kriminalistik 1992, 423.
506 *Beulke/Swoboda* StrafProzR, Rn. 113.
507 *Burhoff* Hdb Ermittlungsverfahren, Rn. 4390.
508 *Kaefer* Kriminalistik 1999, 210 (214).
509 OLG Saarbrücken NStZ 2008, 585.

🗎 Die **informatorische Anhörung** ist nach herrschender Meinung eine Zeugenvernehmung.[510] Zeuge ist eine Person, die in einer nicht gegen sie selbst gerichteten Strafsache persönliche Wahrnehmungen von Tatsachen durch eine Aussage bekunden soll.[511] Nach der StPO gibt es keine Auskunftsperson, die nicht entweder Beschuldigter oder Zeuge ist.[512] Bei der Zeugenvernehmung ist eine Belehrung nach § 55 StPO indes nur dann erforderlich, wenn Anhaltspunkte dafür vorliegen, dass der Zeuge sich oder einen der in § 52 Abs. 1 StPO bezeichneten Angehörigen durch eine Auskunft der Gefahr einer Verfolgung wegen einer Straftat oder Ordnungswidrigkeit aussetzen würde, d. h. es muss zumindest ein Anfangsverdacht i. S. v. § 152 Abs. 2 StPO vorliegen.[513]

§ 55 StPO ist Ausfluss der durch die Garantie der Menschenwürde und das Rechtsstaatsgebot verfassungsrechtlich verbürgten Selbstbelastungsfreiheit. Die Vorschrift soll den Zeugen durch die Gewährung eines Auskunftsverweigerungsrechts davor schützen, Angaben machen zu müssen, die geeignet sind, ihn zu belasten.[514] Die nur theoretische Möglichkeit, dass der Zeuge sich oder einen Angehörigen belastet, begründet noch keine Belehrungspflicht.[515] Bei der sog. „informatorischen Anhörung" gibt es in den weitaus meisten Fällen noch keine konkreten Hinweise dafür, dass die befragte Person durch die Beantwortung der an sie gerichteten Fragen in die Gefahr der Strafverfolgung geraten könnte.[516] Aus diesem Grund ist eine Belehrung nach § 55 StPO regelmäßig nicht erforderlich.[517] Die Ansicht, dass bei einer informatorischen Anhörung eine Belehrung nach § 55 StPO nicht erforderlich ist, wird in der Literatur auch mit dem Hinweis begründet, bei dieser Maßnahme handele es sich nicht um eine „Vernehmung im engeren Sinne".[518] Dieses Argument erscheint allerdings nicht ganz tragfähig, weil es keine verschiedenen Vernehmungsarten gibt.

Die informatorische Befragung bezeichnet eine Vernehmung ohne Belehrung. § 163 Abs. 1 Satz 2 StPO lässt Maßnahmen zu, die leichte Eingriffe in das Recht auf informationelle Selbstbestimmung darstellen und nicht speziell in der StPO geregelt sind.[519] Es ist zulässig, potenzielle Zeugen formlos

---

510 *Kaefer* Kriminalistik 1999, 210 (214).
511 *Hartmann/Schmidt* StrafProzR, Rn. 245, m. w. N.
512 *Kaefer* Kriminalistik 1999, 210 (214).
513 *Bosch* JURA 2020, 36 (37).
514 BGH NStZ 2019, 539.
515 *Meyer-Goßner/Schmitt* StPO, § 55, Rn. 14; so wohl auch *Trüg*, in: DDKR, § 55 StPO Rn. 8.
516 Die Regelung des § 55 Abs. 1 StPO findet auch Anwendung, wenn ein Zeuge bei der Beantwortung von Fragen in die Gefahr gerät, wegen einer vor der Vernehmung begangenen Tat im Ausland strafrechtlich verfolgt zu werden, BGH StV 2020, 435; Anm. *Lenk/Glöckle* StV 2020, 484 ff.
517 *Beulke* StV 1990, 180 (181).
518 *Meyer-Goßner/Schmitt* StPO, Einleitung, Rn. 79.
519 *Nimtz/Thiel* ER, Rn. 242.

zu befragen, ob sie überhaupt etwas vom Sachverhalt wissen.[520] Ein Herumfragen von Polizeibeamten zur Aufklärung, wer überhaupt als Beschuldigter bzw. als Zeuge in Betracht kommt, ist (noch) keine belehrungspflichtige Vernehmung.[521]

> 📖 Allgemein ist ein Zeuge eine Person, die etwas bekunden soll, was sie selbst wahrgenommen hat. Beim Zeugen handelt es sich in allen Verfahrensarten um ein persönliches Beweismittel. Wird aber gegen eine tatverdächtige Person bereits ein Strafverfahren betrieben oder stehen zumindest konkrete Ermittlungshandlungen unmittelbar bevor, so spricht man vom Beschuldigten. Will die Polizei (oder StA) eine nur tatverdächtige Person gezielt zur Sache befragen, so kann sie den Betreffenden – soweit es sich nicht lediglich (eindeutig) um eine der Vernehmung vorgelagerte informatorische Befragung handelt – entweder als **(tatverdächtigen) Zeugen** oder aber als Beschuldigten vernehmen.[522] Die Bezeichnung „Beschuldigter" ist ein Oberbegriff, der im gesamten Erkenntnisverfahren verwendet wird: Beschuldigter (Ermittlungsverfahren) – Angeschuldigter (Zwischenverfahren) – Angeklagter (Hauptverfahren).[523] Denkbar ist es, die Beschuldigtenstellung einer Person allein vom objektiv gegen sie bestehenden Tatverdacht abhängig zu machen. Da jedoch auch das Gesetz in den §§ 55, 60 Nr. 2 StPO davon ausgeht, dass es tatverdächtige Zeugen gibt, d. h. der bloße Tatverdacht gegen eine Person diese nicht automatisch zum Beschuldigten macht, muss nach allgemeiner Auffassung zum Tatverdacht ein Willensakt der Strafverfolgungsbehörde hinzutreten, in dem zum Ausdruck kommt, dass sie das Strafverfahren gegen den Verdächtigen als Beschuldigten betreiben will (subjektiv-objektive Beschuldigtentheorie).[524] Beginnt eine Vernehmung als bloße Zeugenvernehmung, so muss nach bei einem sich verdichtenden Tatverdacht diese abgebrochen und als Beschuldigtenvernehmung fortgesetzt werden.

B. **Festnahme des Z**

I. **Formelle Rechtmäßigkeit**

Insoweit bestehen keine Bedenken; die Beamten sind erkennbar mit dem Ziel der Strafverfolgung eingeschritten. Die sachliche Zuständigkeit ergibt sich aus § 1 Abs. 4 PolG NRW i. V. m. § 11 Abs. 1 Nr. 2 POG NRW i. V. m. § 163 Abs. 1 Satz 1 StPO.

---

520 *Huber*, in: BeckOK StPO, § 57 Rn. 5; *Artkämper/Schilling* Vernehmungen, Rn. 155; im Ergebnis auch *Gercke*, in: HK-StPO, § 152 Rn. 6.
521 *Roxin/Schünemann* StrafverfR, § 25 Rn. 11.
522 *Kastner*, in: WB-Polizei: „Tatverdächtiger".
523 Zur Terminologie *Kindhäuser/Schumann* StrafProzR, § 6 Rn. 1 ff.
524 *Beulke/Swoboda* StrafProzR, Rn. 111.

II. Materielle Rechtmäßigkeit

Die vorläufige Festnahme des Z könnte unter verschiedenen Aspekten gerechtfertigt sein. § 127 StPO erlaubt der Staatsanwaltschaft, Polizeibeamten sowie – unter eingeschränkten Voraussetzungen – auch Privatpersonen eine vorläufige Festnahme ohne vorherige richterliche Anordnung zur Sicherung (allein) strafverfahrensrechtlicher Zwecke, im Hinblick auf Art. 104 Abs. 2, 3 GG als rein vorläufige Maßnahme. Zu unterscheiden ist zwischen der auf Verhaftung abzielenden behördlichen Festnahmebefugnis (§ 127 Abs. 2 StPO), der behördlichen Festnahme zur Identitätsfeststellung (§ 127 Abs. 1 Satz 2 StPO) und der anwesenheits- oder identifizierungssichernden privaten (Flagranzfestnahme-)Befugnis (§ 127 Abs. 1 StPO). Während § 127 Abs. 1 Satz 1 StPO das Recht der anwesenheits- oder identifizierungssichernden (auch privaten) Befugnis zur Festnahme enthält, befugt § 127 Abs. 2 StPO zu einer, auf Verhaftung abzielenden, behördlichen Festnahme.

1. Vorläufige Festnahme gem. § 127 Abs. 1 StPO

Zu prüfen ist, ob die Festnahme des Z nach § 127 Abs. 1 StPO zulässig ist. Hiernach hat eine Privatperson das Recht, den auf frischer Tat betroffenen oder verfolgten Täter zur Verhinderung der Flucht oder zur Identitätsfeststellung vorläufig festzunehmen. Auch Polizeibeamte können das Festnahmerecht nach § 127 Abs. 1 StPO wahrnehmen.[525] Sie haben dann im weiteren Verfahren zu prüfen, ob die Voraussetzungen des § 127 Abs. 2 StPO vorliegen.[526]

> Strittig ist mitunter, ob § 127 Abs. 1 StPO nur für Privatleute (m. M.) oder auch für die Staatsanwaltschaft und Polizeibeamten gilt (h. M.; arg: § 127 Abs. 2 StPO: „… sind *auch* dann …").[527] Allerdings ist str., ob dies angesichts von §§ 163b, 163c StPO auch für die angestrebte Identitätsfeststellung gilt (verneinend h. M.).[528] Das Festnahmerecht nach § 127 Abs. 1 Satz 1 StPO haben auch die Beamten der StA und der Polizei[529], jedoch nicht zum Zwecke der Identitätsfeststellung. § 127 Abs. 1 Satz 2 StPO stellt klar, dass sich die behördliche Festnahme der Identität ausschließlich nach der Regelung des § 163b Abs. 1 StPO richtet. Damit kann § 127 Abs. 1 StPO als polizeiliche Eingriffsermächtigung nur bei bekannten Personen relevant sein, bei denen das Vorliegen von Haftgründen – noch – fraglich ist.[530]

---

525 H.M.: *Meyer-Goßner/Schmitt* StPO, § 127 Rn. 7; *Kramer* StrafverfR, Rn. 56.
526 Grundlegend zu Jedermann-Festnahmerecht *Satzger* JURA 2009, 107 ff.
527 *Kramer* StrafVerfR, Rn. 56.
528 Instruktiv *Pewestorf* JA 2009, 43: Die Berufung des Amtsträgers auf die Jedermannsrechte.
529 *BHK* StrafR, S. 45 (48): § 127 Abs. 1 StPO gilt für „jedermann" und damit auch für Polizeibeamte.
530 *Nimtz/Thiel* ER, Rn. 1084.

§ 127 Abs. 1 StPO ist als Ermächtigung insbesondere dann von Bedeutung, wenn die Beamten außerhalb ihrer örtlichen Zuständigkeit handeln oder wenn die Voraussetzungen für einen Haftbefehl nicht vorliegen.[531] Zwischen § 127 Abs. 1 und Abs. 2 StPO besteht keine Exklusivität; vielmehr können sich die beiden Vorschriften im Einzelfall überschneiden und nebeneinander zur Anwendung kommen.[532] § 127 Abs.2 StPO ist aber vorrangig auf Polizeibeamte zugeschnitten.[533]

Vorliegend könnte eine vorläufige Festnahme (§ 127 Abs. 1 StPO) des Z zur Verhinderung der Flucht in Betracht kommen, wobei der Begriff „Fluchtverdacht" (§ 127 Abs. 1 Satz 1 StPO) nicht mit dem Begriff „Fluchtgefahr" (§ 112 Abs. 2 Nr. 2 StPO) verwechselt werden darf. „**Fluchtverdacht**" ist im Gegensatz zur „**Fluchtgefahr**" anzunehmen, wenn nach den erkennbaren Umständen des Falles unter Berücksichtigung allgemeiner Erfahrungen vernünftigerweise die Annahme gerechtfertigt ist, der Täter werde sich der Verantwortung durch Flucht entziehen, wenn er nicht alsbald festgenommen wird. Die (strengen) Voraussetzungen des § 112 Abs. 2 Nr. 2 StPO brauchen nicht vorzuliegen, um einen Fluchtverdacht i. S. v. § 127 Abs. 1 Satz 1 StPO begründen zu können. KHK C und KOK D sind zur vorläufigen Festnahme befugt, wenn Z auf frischer Tat betroffen oder verfolgt worden ist. Auf frischer Tat betroffen ist, wer bei Begehung einer rechtswidrigen Tat oder unmittelbar danach am Tatort oder in dessen unmittelbarer Nähe gestellt wird.[534] Z wurde nicht bei Begehung des Banküberfalls gestellt. Auch erfolgte die Festnahme nicht am Tatort oder in dessen (unmittelbarer) Nähe. Z wurde also nicht auf frischer Tat betroffen.

Zu prüfen ist, ob er auf frischer Tat verfolgt wurde.[535] Auf frischer Tat verfolgt ist, wer entweder nach Betreffen am Tatort geflohen ist und sofort verfolgt wird oder wer bei einer der Tat unmittelbar nachfolgenden Tatentdeckung aufgrund vorhandener Spuren verfolgt wird, so dass zwischen der Tat und der Festnahme noch ein unmittelbarer zeitlicher Zusammenhang besteht. Das ist dann der Fall, wenn sich der Täter bereits vom Tatort ent-

---

531 OLG Koblenz Kriminalistik 2009, 356: § 127 Abs. 1 Satz 1 StPO gilt auch für jeden Beamten des Polizeidienstes außerhalb seiner Zuständigkeit mit der Ausnahme, dass sich die Feststellung der Identität nicht nach dieser Bestimmung, sondern nach § 163b StPO richtet (§ 127 Abs. 1 Satz 2 StPO).
532 *Borsdorff/Kastner* Einsatzrecht, S. 219: „Unrichtig ist übrigens die in diesem Zusammenhang gelegentlich anzutreffende Auffassung, § 127 Abs. 2 gegenüber § 127Abs. 1 Satz 1 StPO generell als lex specialis anzusehen, mit der Folge, dass dieser jedenfalls immer dann verdrängt werde, wenn schon § 127 Abs. 2 StPO durchgreife. Diese Betrachtungsweise ist nur richtig, soweit es um den Kreis der ermächtigten Adressaten geht.
533 *Borsdorff/Kastner* Einsatzrecht, S. 321.
534 *Meyer-Goßner/Schmitt* StPO, § 127, Rn. 5.
535 Zu Inhalt und Begründung der Festnahmebefugnis nach § 127 Abs. 1 StPO vertiefend *Kargl* NStZ 2000, 8 (10).

fernt hat, sichere Anhaltspunkte aber auf ihn als Täter hinweisen und seine Verfolgung zum Zweck seiner Ergreifung aufgenommen wird. Eine Rast ist dabei unschädlich, ebenso wenig ist eine Verfolgung auf Sicht oder Gehör zwingend erforderlich. Die Verfolgung umfasst alle Maßnahmen, die darauf abzielen, den Täter zu ergreifen, und die das nach ihrer Natur ermöglichen, erleichtern oder sichern. Die Verfolgung braucht sich auch nicht unmittelbar der Entdeckung der Tat anzuschließen, d.h. der Verfolgende kann sich beispielsweise vorbereiten, indem er Kräfte und Hilfsmittel herbeischafft. Die Verfolgung braucht sich nicht unmittelbar an die Tatentdeckung anzuschließen. Gleichwohl müssen (unmittelbar) nach Entdeckung der kurz zuvor verübten Tat Maßnahmen der Nacheile, die auf die Ergreifung des Täters gerichtet sind, einsetzen. Zwischen Verfolger und Verfolgtem muss eine gewisse Verbindung bestehen. Diese Verbindung kann sich z.B. aus einer zuverlässigen Spur (oder aus einem Sicht- oder Hörkontakt) ergeben. Jedenfalls darf die Verbindung zum Verfolgten nicht abgerissen sein.[536] Laut Sachverhalt wurde Z weder zu Hause noch bei seiner Freundin (F) angetroffen. Es bestand keine Verbindung zwischen Verfolger und Verfolgtem. Es bestand lediglich die Möglichkeit, dass Z (irgendwann) zu Hause oder bei F angetroffen wird. Er wurde ca. 4 Stunden nach Tatbegehung festgenommen. Wenn auch die Verfolgungsdauer zeitlich nicht begrenzt ist, so dürfte es vertretbar sein, vorliegend nicht (mehr) von einem Verfolgen auf frischer Tat zu sprechen. Dieser Ansicht folgend, kommt eine vorläufige Festnahme des Z nach § 127 Abs. 1 StPO nicht in Betracht. Ein Verfolgen auf frischer Tat liegt grundsätzlich dann nicht mehr vor, wenn der Verfolgungszusammenhang unterbrochen wird, weil es an Erkenntnissen über den Verbleib des Täters fehlt.

2.   Vorläufige Festnahme gem. § 127 Abs. 2 i.V.m. §§ 112, 112a StPO

Das Festnahmerecht nach § 127 Abs. 2 StPO steht der Staatsanwaltschaft und den Beamten des Polizeidienstes zu, die jedoch nicht Ermittlungspersonen der Staatsanwaltschaft (§ 152 GVG) zu sein brauchen. KHK C und KOK D sind zur vorläufigen Festnahme des Z befugt, wenn die **Voraussetzungen eines Haftbefehls** vorliegen und **Gefahr im Verzug** besteht (s. § 127 Abs. 2 StPO). Gefahr im Verzug besteht, wenn die Festnahme infolge der Verzögerung gefährdet wäre, die durch das Erwirken eines richterlichen Haft- oder Unterbringungsbefehls eintreten würde. Bei Gefahr im Verzuge handelt es sich nach der Rechtsprechung des BVerfG um einen unbestimmten Rechtsbegriff, der gerichtlich voll überprüfbar ist und den Rechtsan-

---

536 *Kaefer* Kriminalistik 1991, 646 (647).

wendern keinen Beurteilungsspielraum eröffnet.[537] So besteht z. B. bei einer beabsichtigten und im Voraus geplanten Festnahme niemals Gefahr im Verzuge.[538] Die Entscheidung, ob Gefahr im Verzuge vorliegt, trifft der Beamte nach pflichtgemäßem Ermessen. Dass sich Z der Festnahme durch Flucht entziehen würde, wenn die Beamten zunächst einen Haftbefehl beantragen würden, liegt auf der Hand. Es besteht Gefahr im Verzug, da nicht auf den Erlass eines Haftbefehls gewartet werden kann, ohne dass die Gefahr des Sich-Absetzens des Z mit hoher Wahrscheinlichkeit zu erwarten ist.

Schließlich verlangt § 127 Abs. 2 StPO, dass die Voraussetzungen eines Haftbefehls vorliegen. Diese können sich aus §§ 112, 112a StPO ergeben, wobei die Voraussetzungen für den Haftbefehl zum Zeitpunkt der Festnahme nicht gewiss sein müssen, d. h. es genügt vielmehr eine gewisse Wahrscheinlichkeit. Gefordert wird eine Beurteilung aufgrund pflichtgemäßer Prüfung der erkennbaren Umstände. Zunächst muss **dringender Tatverdacht** gegen den Beschuldigten vorliegen. **Beschuldigter** ist derjenige, gegen den sich erkennbar die Ermittlungstätigkeit richtet. Beschuldigter ist mithin der Verdächtige, gegen den die Strafverfolgungsbehörde das Verfahren als Verantwortlichen der Straftat betreibt. Jemand wird demnach nicht „automatisch" zum Beschuldigten wegen der Stärke des Tatverdachts, sondern durch einen Willensakt der Strafverfolgungsbehörde. **Dringender Tatverdacht** liegt schließlich vor, „wenn auf Grund konkreter Tatsachen eine große Wahrscheinlichkeit dafür besteht, dass der Beschuldigte als Täter oder Teilnehmer eine Straftat begangen hat".[539] Überdies verlangt der dringende Tatverdacht nicht nur eine hinreichende Täterwahrscheinlichkeit, sondern auch eine hinreichende Verurteilungswahrscheinlichkeit. Dagegen beseitigt die einfache Wahrscheinlichkeit, dass Rechtfertigungs-, Schuld- oder Strafausschließungsgründe vorliegen, den dringenden Tatverdacht, der Voraussetzung des Haftbefehls ist.[540]

Es ist zu prüfen, ob aufgrund von Tatsachen die große Wahrscheinlichkeit besteht, dass Z Täter oder Teilnehmer einer verfolgbaren Straftat ist. Nach dem Überfall flüchtete der Täter mit einem blauen VW Golf. Z ist Halter eines derartigen Fahrzeugs. Weiterhin haben Zeugenbefragungen ergeben, dass ein Kunde sicher ist (!), als Täter den Z erkannt zu haben. Es gibt also Zeugen, so dass gerichtsverwertbare Tatsachen vorhanden sind. Als Polizeibeamte die Freundin des Z aufsuchen, ergreift dieser sofort die Flucht.

---

537 BVerfG NJW 2001, 1121.
538 *Meyer-Mews* JA 2006, 206 (208).
539 *Huber* JuS 2008, 21.
540 OLG Hamburg NJW-Spezial 2019, 378.

Diese Umstände, insbesondere das Ergebnis der Zeugenbefragung(en) am Tatort, rechtfertigen die Annahme eines dringenden Tatverdachtes. Z ist dringend tatverdächtig, eine schwere räuberische Erpressung gem. §§ 253, 255, 250 StGB begangen zu haben. Wegen dieser Straftat wird er verfolgt. Z ist also (auch) Beschuldigter. Diese (Beschuldigten-)Eigenschaft einer Person wird entscheidend dadurch begründet, dass ein Strafverfolgungsorgan (Polizei) eine Maßnahme getroffen hat, die erkennbar darauf abzielt, gegen diese Person wegen einer möglichen Straftat vorzugehen. Die Festnahme zielt darauf ab, gegen Z wegen einer (möglichen) Straftat (schwere räuberische Erpressung) vorzugehen.

Weiterhin muss ein **Haftgrund** vorliegen. Haftgründe werden in § 112 Abs. 2, § 112 Abs. 3 und § 112a StPO genannt.[541]

a) Haftgrund der Flucht/des Sich-Verborgen-Haltens (§ 112 Abs. 2 Nr. 1 StPO)

Der Haftgrund der Flucht setzt voraus, dass der Beschuldigte geflohen ist oder sich verborgen hält, um sich für dauernd oder für längere Zeit dem Strafverfahren zu entziehen. Flüchtig ist dabei derjenige, der sich von seinem bisherigen Lebensmittelpunkt abgesetzt hat, um für die Ermittlungsbehörden unerreichbar zu sein und um sich ihrem Zugriff zu entziehen. Verborgen i. S. v. § 112 Abs. 2 Nr. 1 StPO hält sich derjenige, der seinen Aufenthalt vor den Behörden verschleiert, so dass er für die Ermittlungsbehörden nicht greifbar ist. Die Annahme, dass die Umstände so liegen, sind durch Tatsachen zu belegen. Das Verweilen des Z in den Räumlichkeiten seiner Freundin F ist nicht als außergewöhnliches Verhalten zu interpretieren, aus welchem bereits geschlossen werden kann, dass Z seinen Lebensmittelpunkt aufgegeben hat oder einen neuen bei F in B-Stadt zur Verschleierung desselben begründet hat. Des Weiteren spricht die Stellung des Z als Postbeamter eher für eine ortsgebundene Unbeweglichkeit. Allein die Tatsache, dass Z nach der Tat nicht zu Hause angetroffen wurde, reicht für die Annahme des Haftgrundes der Flucht nicht aus. Die Formulierung „auf Grund bestimmter Tatsachen" in § 112 Abs. 2 Nr. 1 StPO stellt auf eine Objektivierung des Haftgrundes ab, d. h. (allein) subjektive Vermutungen oder Befürchtungen scheiden aus. Z versucht zwar bei Erscheinen der Polizei zu fliehen. Dieses geschah wenige Stunden nach der Tat, wobei Z noch unter erheblicher psychologischer Anspannung gestanden haben dürfte. Es war für ihn erkennbar, dass er aus einem ihm freundlich gesonnenen und vertrauten Umfeld entfernt werden würde. Sein Verhalten kann daher als Ausdruck der Unwilligkeit in der konkreten Situation gewertet werden.

---

541 Übersichtlich zu den Haftgründen *Melzer* JA 2009, 213 ff.

b) Haftgrund der Fluchtgefahr (§ 112 Abs. 2 Nr. 2 StPO)

Auf den Sachverhalt bezogen kommt als Haftgrund Fluchtgefahr in Betracht. Fluchtgefahr ist gegeben, wenn aufgrund bestimmter Tatsachen bei Würdigung der Umstände des Einzelfalls eine hohe Wahrscheinlichkeit für die Annahme spricht, der Beschuldigte werde sich dem Strafverfahren entziehen, als sich ihm zur Verfügung zu halten. Die Wahrscheinlichkeit, dass der Beschuldigte sich dem Verfahren entziehen wird, muss dabei höher sein als die Wahrscheinlichkeit, dass dies nicht der Fall sein wird.[542]

OLG Celle, Beschl. v. 8.4.2019–3 Ws 102/19

Die Fluchtgefahr darf nur aus „bestimmten Tatsachen" hergeleitet werden. Bloße Mutmaßungen und Befürchtungen reichen nicht. Die Tatsachen brauchen aber nicht zur vollen Überzeugung des Gerichts festzustehen. Es genügt derselbe Wahrscheinlichkeitsgrad wie beim dringenden Tatverdacht. Das Gesetz verlangt auch nicht, nur auf äußerlich zutage liegende Tatsachen abzustellen. Es kommen auch innere Tatsachen in Betracht, auf die nach der Lebenserfahrung oder aufgrund äußerer Umstände geschlossen werden kann. Als innere Tatsache kommt der Erfahrungssatz in Betracht, dass ein Beschuldigter mit hoher Wahrscheinlichkeit umso eher versuchen wird, sich dem Strafverfahren zu entziehen, je höher die zu erwartende Strafe ist. Dementsprechend kommt bei der Beurteilung der Fluchtgefahr der Straferwartung grundsätzlich maßgebende Bedeutung zu; denn sie bestimmt das Ausmaß des Fluchtanreizes. Auch Einkommens- und Vermögensverhältnisse des Beschuldigten müssen berücksichtigt werden. Maßgeblich für Art und Höhe der Sicherheit sind jedoch die Intensität des Haftgrundes und die Bedeutung der Sache.

Tatsachen, die für eine Fluchtgefahr sprechen könnten, sind etwa mangelnde Bindungen familiärer Art, Arbeitslosigkeit, o. f. W., ohne bzw. gekündigte Wohnung, Verdacht der falschen Namensangabe, Nichtbesitz eines Ausweises, gefälschte oder falsche Ausweispapiere, die Flucht in einem früherem Verfahren, Ausländereigenschaft[543] oder leicht lösbare Wohnverhältnisse. Fluchtfördernd ist weiter zu werten, dass der Beschuldigte über die im hie-

---

542 Grundlegend: *Lind* StV 2019, 118 ff. Der Haftgrund der Fluchtgefahr in der Praxis: Zur rechtstatsächlichen Überprüfung von Fluchtprognosen.

543 In einer supranationalen EU, in der nicht nur wirtschaftliche Zusammenarbeit, sondern auch die strafrechtliche Kooperation zunehmend vertieft wird, drängt sich die Frage auf, inwiefern im Rahmen des deutschen Untersuchungshaftrechts die Fluchtgefahr weiterhin als rein nationale Angelegenheit begriffen werden kann, kritisch zur Fluchtgefahr bei (EU-)Ausländern insoweit *Wolf* StV 2019, 573 ff.

sigen Verfahren zu erwartende Strafe hinaus mit dem Widerruf einer Strafaussetzung zur Bewährung zu rechnen hat.[544]

Tatsachen, die gegen eine Fluchtgefahr sprechen, sind dagegen z. B. Grundbesitz, geordnete Familienverhältnisse, geregeltes oder hohes Einkommen, hohes Alter, glaubhaftes Geständnis, berufliche Bindungen oder die Erwartung einer geringen Strafe. Laut Sachverhalt ist Z Postbeamter, der zudem über eine soziale Bindung im Inland – nämlich die zu seiner Freundin (F) – verfügt. Des Weiteren dürfte Z über einen Wohnsitz verfügen. Das sind Tatsachen, die im Abwägungsprozess zu Gunsten des Z sprechen. Besonders die intensive berufliche Bindung des Z (Postbeamter) spricht wohl dafür, dass nicht zwingend davon auszugehen ist, dass sich Z durch einen unbewilligten längeren Urlaub seinen dienstlichen Verpflichtungen mit der Folge von Besoldungskürzungen gem. § 9 BBesG entziehen oder er es zu disziplinarrechtlichen Maßnahmen kommen lassen will. Für die Frage der Fluchtgefahr spielt jedoch auch die Höhe der zu erwartenden Strafe eine erhebliche Rolle. Zwar kann im Allgemeinen allein die Straferwartung eine Fluchtgefahr grundsätzlich nicht begründen;[545] sie ist aber Ausgangspunkt für die Erwägung, ob der in ihr liegende Anreiz zur Flucht unter Berücksichtigung sonstiger Umstände so erheblich ist, dass die Annahme gerechtfertigt ist, der Beschuldigte werde wahrscheinlich flüchtig werden. Es ist dabei berücksichtigen, dass Fluchtgefahr umso höher einzustufen ist, je höher die in Aussicht stehende Strafe ist.[546] Eine besonders hohe Straferwartung indiziert die Fluchtgefahr, welche nur dann aufgrund besonderer Umstände als nicht wahrscheinlich anzusehen ist.[547] Die von Z begangene schwere räuberische Erpressung ist im Mindestmaß mit einer Freiheitsstrafe von 5 Jahren bedroht (§§ 255, 250 Abs. 2 Nr. 1 StGB). Diese besondere Höhe der zu erwartenden Strafe begründet Fluchtgefahr. Die Fluchtgefahr dürfte auch nicht deshalb ausgeräumt oder verringert sein, weil Z eine feste Wohnung und berufliche sowie gewisse soziale Bindungen hat. Die (voraussichtliche) Strafe wird für Z zum Verlust des Arbeitsplatzes führen und seine vorhandenen sozialen Bindungen erheblich beeinträchtigen. Die für Z wegen seiner Straftat jetzt noch hoffnungsloser erscheinende Situation – Z ist zudem durch Spielsucht in finanzielle Not geraten – wird für ihn ein Anreiz zur Flucht sein.

---

544 *Dietsch* JuS 2020, 254 (264): Assessorexamensklausur – Strafrecht.
545 KG StV 1998, 207; LG Frankfurt StV 1998, 271; OLG Köln StraFo 1997, 279.
546 OLG Celle StV 1989, 253.
547 OLG Karlsruhe NJW 1978, 333; OLG Karlsruhe NJW 1993, 1148. Fluchtgefahr ist z. B. verneint worden bei einer Freiheitsstrafe von 3 Jahren und 8 Monaten (OLG Köln, StV 2003, 510). Auch eine Freiheitsstrafe von 3 Jahren und 6 Monaten hat zur Annahme von Fluchtgefahr nicht ausgereicht (OLG Hamm StV 2003, 170).

📖 Der Haftgrund der Fluchtgefahr kommt in praxi wohl am häufigsten vor. Insbesondere bei Verbrechenstatbeständen (§ 12 Abs. 1 StGB) mit gesetzlichen Strafandrohungen von mehr als einem Jahr verfährt die Praxis mitunter recht schematisch; jedoch muss – wie bereits oben angeführt – berücksichtigt werden, dass eine hohe Straferwartung für sich allein nicht ausreicht, um Fluchtgefahr zu begründen. Nach inzwischen wohl übereinstimmender Meinung aller Obergerichte kann allein mit einer (hohen) Straferwartung die Fluchtgefahr nicht begründet werden.[548] Beträgt die Straferwartung allerdings schon auf Grund des Gesetzes mehrere Jahre (s. § 250 Abs. 2 StGB, 5 Jahre), so liegt aber regelmäßig Fluchtgefahr vor. Ansonsten scheinen sich – rein tatbestandlich betrachtet – bei der Prüfung des § 112 Abs. 2 Nr. 2 StPO keinerlei Probleme zu ergeben. In concreto stößt die Anwendung des Gesetzes zuweilen allerdings auf Unbehagen, weil es – soweit ersichtlich – nicht gelungen ist, eine klare Antwort auf die Frage zu finden, welche Faktoren letztlich Flucht auslösen, und bei welchen man eher vermuten darf, dass sie sich fluchthemmend verhalten. So wird den Gerichten vorgeworfen, „sie würden bei Erlass eines Haftbefehls entgegen allem funktionalen Verständnis oberflächlich" agieren,[549] sich von subjektiven Eindrücken leiten lassen sowie in Ermangelung zulässiger Haftgründe stillschweigend neue („apokryphe") Haftgründe erfinden, die nur das Ziel haben, eine als inakzeptabel empfundene Freilassung des Beschuldigten zu verhindern. Wenn auch diese Kritik im Grundsatz berechtigt sein mag, so muss nichtsdestotrotz festgestellt werden, dass die Aufdeckung von Missständen im Haftrecht bei genauerer Betrachtung per se nicht sonderlich schwierig ist.[550]

Nichtsdestotrotz muss es – schon aus Gründen der Handlungssicherheit – für die polizeiliche Praxis bei der Prüfung der „Umstände des Einzelfalls" bleiben (fester Wohnsitz, familiäre/soziale Bindungen, Straferwartung usw.). Danach aber liegt im Sachverhalt Fluchtgefahr vor, und zwar (insbesondere) auf Grund der Straferwartung.

c)   Haftgrund der Verdunkelungsgefahr (§ 112 Abs. 2 Nr. 3 StPO)

Verdunkelungsgefahr liegt vor, wenn auf Grund bestimmter Tatsachen das Verhalten des Beschuldigten den dringenden Verdacht begründet, er werde eine oder mehrere der in § 112 Abs. 2 Nr. 3 StPO bezeichneten Verdunkelungshandlungen begehen, und wenn außerdem die Gefahr droht, dass die Ermittlung der Wahrheit erschwert wird. Der Haftgrund muss durch konkrete Tatsachen belegt werden.[551] Die bloße Möglichkeit verdunkelnder Handlungen genügen nicht.[552] Im vorliegenden Sachverhalt ergeben sich

---

548 *Burhoff* StraFo 2006, 51 (53).
549 *Schwenn* StV 1984, 132.
550 Ausführlich *Lind* StV 2019, 118 ff.; *Fröhlich* NStZ 1999, 331 ff.
551 OLG Oldenburg StV 2005, 394.
552 OLG Hamm StV 2002, 205.

für den Haftgrund der **Verdunkelungsgefahr** nach § 112 Abs. 2 Nr. 3 StPO keine überprüfungsrelevanten Hinweise, zumal Tatbeute und Tatwaffe nicht gefunden wurden. Es sei hervorgehoben, dass die Annahme der Verdunkelungsgefahr nicht mit kriminalistischen Wahrscheinlichkeitserwägungen begründet werden kann. Das Gesetz fordert bestimmte Tatsachen, die den entsprechenden Verdacht begründen. Sind z.B. nach der Festnahme eines Täters noch weitere (Mit-)Täter flüchtig, so begründet allein diese Tatsache keine Verdunkelungsgefahr. Auch die Weigerung des Täters, die Mittäter zu benennen, begründet (noch) keine Verdunkelungsgefahr.[553]

d) Haftgrund der Schwere der Tat (§ 112 Abs. 3 StPO)

Nach § 112 Abs. 3 StPO darf die Untersuchungshaft wegen der in dieser Vorschrift bezeichneten Straftaten auch dann angeordnet werden, wenn ein Haftgrund nach § 112 Abs. 2 StPO nicht besteht. Die schwere räuberische Erpressung gem. §§ 52, 255, 250 StGB ist dort jedoch nicht genannt. Dieser Haftgrund kommt daher nicht in Betracht.

e) Haftgrund der Wiederholungsgefahr (§ 112a StPO)

Diesbezüglich ist zu beachten, dass gem. § 112a Abs. 2 StPO der Haftgrund der Wiederholungsgefahr nur subsidiär anzuwenden ist. Grundsätzlich muss zuerst geprüft werden, ob ein Haftgrund nach § 112 Abs. 2 StPO vorliegt. Ist das der Fall und kann der Vollzug des Haftbefehls nicht nach § 116 Abs. 1 oder Abs. 2 StPO ausgesetzt werden, so ist der Haftbefehl ausschließlich auf § 112 StPO zu stützen. In diesen Fällen darf der Haftbefehl nicht – auch nicht gleichzeitig oder hilfsweise – mit dem Haftbefehl der Wiederholungsgefahr nach § 112a StPO begründet werden.[554] Vorliegend liegt der Haftgrund der Fluchtgefahr gem. § 112 Abs. 2 Nr. 2 StPO vor. Ein Haftbefehl wäre ausschließlich auf § 112 StPO zu stützen. Im Übrigen schließt § 112a Abs. 2 StPO auch aus, den auf § 112 StPO gestützten Haftbefehl hilfsweise auf den Haftgrundgrund der Wiederholungsgefahr zu stützen, da es sich auch dann um eine Anwendung des Haftgrundes der Wiederholungsgefahr handelt.[555]

f) Vorläufige Festnahme zur Sicherung der Hauptverhandlungshaft gem. §§ 127b i.V.m. 417 ff. StPO

Die vorläufige Festnahme des Z kann nicht auf §§ 127b i.V.m. 417 ff. StPO gestützt werden. Dies folgt bereits aus der Tatsache, dass in der Verfahrensart des beschleunigten Verfahrens keine höhere Freiheitsstrafe als 1 Jahr

---

553 LG Verden StV 1982, 374.
554 OLG Köln StV 2003, 517.
555 Zur Vertiefung: *Wieneck* NStZ 2019, 702 ff.; *Humberg* JURA 2005, 376 ff.

verhängt werden darf (§ 419 Abs. 1 Satz 2 StPO). Voraussetzung für die Festnahme nach § 127b StPO wäre, dass eine Entscheidung im beschleunigten Verfahren wahrscheinlich ist (§ 127 b Abs. 1 Nr. 1 StPO). Diese Verfahren werden ausschließlich vor dem Strafrichter und dem Schöffengericht gem. § 417 StPO durchgeführt. Hier sind die Amtsgerichte zuständig (§§ 24, 25, 28 GVG). Im vorliegenden Fall ist jedoch eine Strafkammer zuständig (§ 74 GVG).[556] Gem. § 74 Abs. 1 GVG sind die Strafkammern als erkennende Gerichte des ersten Rechtszuges zuständig für alle Verbrechen, die nicht zur Zuständigkeit des Amtsgerichts oder des Oberlandesgerichts gehören. Sie sind auch zuständig für alle Straftaten, bei denen eine höhere Strafe als vier Jahre Freiheitsstrafe oder die Unterbringung in einem psychiatrischen Krankenhaus, allein oder neben einer Strafe, oder in der Sicherungsverwahrung zu erwarten ist oder bei denen die Staatsanwaltschaft in den Fällen des § 24 Abs. 1 Nr. 3 Anklage beim Landgericht erhebt.

3. Verfahrensvorschriften

Die Beachtung einschlägiger Verfahrensvorschriften wird unterstellt werden, insbesondere die Beachtung des Richtervorbehaltes aus § 128 Abs. 1 StPO sowie die Eröffnung des Tatvorwurfes entsprechend § 163a Abs. 4 StPO. Überdies sind gem. § 127 Abs. 4 StPO die §§ 114a bis 114c StPO zu beachten. Dem Beschuldigten ist unverzüglich (ohne schuldhaftes Verzögern) mitzuteilen, dass er vorläufige festgenommen wurde, aus welchen Grund er vorläufig festgenommen wurde und welche Beschuldigungen gegen ihn erhoben werden (§ 114a Satz 2 StPO entsprechend).[557]

4. Verhältnismäßigkeit

Es wird die Auffassung vertreten, dass die Verhältnismäßigkeit keine Haftvoraussetzung ist, sondern nur die Unverhältnismäßigkeit ein Haftausschließungsgrund ist.[558] Dies ist deshalb von Bedeutung, da bloße Zweifel an der Verhältnismäßigkeit die Untersuchungshaft nicht ausschließen.[559] Abzuwägen ist mithin die Schwere des Eingriffs gegen die Bedeutung der Strafsache

---

556 Zur Vertiefung: *Hellmann* NJW 1997, 2145 ff.; *Ranft* NStZ 2004, 424 ff.; *Stintzing/Hecker* NStZ 1997, 569 ff.; *Loos/Radtke* NStZ 1995, 569 ff. und NStZ 1996, 7 ff.; *Sprenger* NStZ 1997, 574 ff.; *Keller* Kriminalistik 1998, 677 ff.
557 Nach § 114a Satz 1 StPO wäre grundsätzlich der Haftbefehl in einer dem Beschuldigten verständlichen Sprache auszuhändigen. Ein Haftbefehl liegt in den Fällen des § 127 StPO jedoch nicht vor. Dementsprechend kommt die Regelung des § 114a Satz 2 StPO zum Tragen: Ist die Aushändigung einer Abschrift und einer etwaigen Übersetzung nicht möglich, ist ihm unverzüglich in einer für ihn verständlichen Sprache mitzuteilen, welches die Gründe für die Verhaftung sind und welche Beschuldigungen gegen ihn erhoben werden.
558 *Melzer* JA 2009, 213 (214); m. w. N.
559 *Melzer* JA 2009, 213 (214).

und die Rechtsfolgeerwartung. Steht die Freiheitsentziehung außer Verhältnis zu der zu erwartenden Sanktion, so kann die Untersuchungshaft unzulässig sein, selbst wenn deren Anordnung wegen der Bedeutung der Sache an sich in Betracht kommt. Z hat ein Verbrechen begangen und eine empfindliche Freiheitsstrafe zu erwarten. Die Untersuchungshaft steht in einem angemessenen Verhältnis zu der Bedeutung der Sache und der zu erwartenden Strafe. Die vollständige Aufklärung der Tat und die (zügige) Durchführung des Strafverfahrens sind auf andere Weise als durch den Vollzug der Untersuchungshaft nicht gewährleistet. Nach alledem liegen nach § 112 Abs. 1 und Abs. 2 Nr. 2 StPO die Voraussetzungen für einen Haftbefehl vor.

C. Durchsuchung der Wohnung der F
I. Formelle Rechtmäßigkeit

Die Maßnahme dient der Strafverfolgung (Beweismittelsuche). Die sachliche Zuständigkeit ergibt sich aus § 1 Abs. 4 PolG NRW i. V. m. § 11 Abs. 1 Nr. 2 POG NRW i. V. m. § 163 Abs. 1 Satz 1 StPO.

II. Materielle Rechtmäßigkeit

Das deutsche Recht unterscheidet zwischen der Durchsuchung des oder beim Verdächtigen (§ 102 StPO) und der Durchsuchung bei anderen Personen (§ 103 StPO). Für die Letzteren gelten strengere Voraussetzungen, da zwar auch für den Verdächtigen die Vermutung der Unschuld gilt, er aber durch die Erregung des Verdachts strengere Maßnahmen ertragen muss. Insgesamt sind die gesetzlichen Voraussetzungen aber sehr weit.[560] Dem Sachverhalt ist nicht zu entnehmen, dass F (irgendwie) an der Tat des Z beteiligt war. Es liegen keine Hinweise dafür vor, dass F Mittäterin (§ 25 Abs. 2 StGB), Anstifterin (§ 26 StGB) oder Gehilfin (§ 27 StGB) bei dem von Z begangenen Banküberfall war. Es liegen auch keine Anhaltspunkte dafür vor, dass F dem Z Hilfe geleistet hat, um ihm die Vorteile der Tat zu sichern, so dass F auch nicht einer Begünstigung nach § 257 StGB verdächtig ist.[561] Da sie (offensichtlich) auch keine Strafvereitelung (§ 258 StGB) oder Hehlerei (§ 259 StGB) begangen hat, ist sie *nicht* Verdächtige i. S. von § 102 StPO. Insbesondere kann aus dem Umstand, dass Z in den Räumen der F festgenommen wurde, ohne weitere Anhaltspunkte nicht auf den Anfangsverdacht des objektiven und subjektiven Tatbestands des § 258 StGB geschlossen werden.[562]

---

560 *Schroeder* JuS 2004, 858 (860).
561 Hätte die F dem Z etwa bereits vor der Tat zugesagt, die Beute in ihrer Wohnung zu verstecken, so wäre dies wohl als Begünstigungshandlung zu qualifizieren, ergänzend *Horn*, JA 1995, 218 ff. Vollendet ist die Tat übrigens bereits mit dem Hilfeleisten in Begünstigungsabsicht, d. h. auf den Eintritt des (angestrebten) Erfolgs kommt es nicht an.
562 *BHK* Strafprozess, S. 96 (97).

1. Tatbestandsvoraussetzungen der Ermächtigungsgrundlage

Bei nicht tatverdächtigen Personen ist die Durchsuchung an die Voraussetzungen des § 103 Abs. 1 StPO gebunden. Im Gegensatz zu § 102 StPO (Durchsuchung beim Verdächtigen) rechtfertigt allein die allgemeine Aussicht, irgendwelche relevanten Beweismittel zu finden, die (erheblich in Rechte des unbeteiligten Dritten eingreifende) Maßnahme jedoch nicht.[563] Bei Personen ist nach § 103 Abs. 1 StPO eine Durchsuchungsanordnung mithin auch nur dann zulässig, wenn Tatsachen vorliegen, aus denen zu schließen ist, dass sich das gesuchte Beweismittel in den zu durchsuchenden Räumlichkeiten befindet. Es wird also eine durch bestimmte Tatsachen begründete Erfolgsaussicht der Durchsuchung gefordert.[564] Gleichwohl kommt die für den Normalfall geltende Regelung des § 103 Abs. 1 Satz 1 StPO nicht in Betracht, da Z in der Wohnung der (unverdächtigen) F festgenommen wurde. In diesen Fällen richtet sich die Durchsuchung nach § 103 Abs. 2 StPO. Hiernach gelten die Beschränkungen des § 103 Abs. 1 Satz 1 nicht für Räume, in denen der Beschuldigte ergriffen worden ist oder die er während der Verfolgung betreten hat, d.h. jedoch nicht, dass die Wohnungsdurchsuchung ohne weiteres zulässig ist. Vielmehr müssen in diesen Fällen die Voraussetzungen des § 102 StPO vorliegen. Liegt ein Fall des § 103 Abs. 2 StPO vor, reicht also (wieder) eine Vermutung bez. des (Durchsuchungs-)Erfolgs aus. Entscheidend ist, dass keine Tatsachen (s. § 103 Abs. 1 Satz 1 StPO) vorliegen müssen, dass der Zweck der Durchsuchung erreicht wird. Es reicht also aus, wenn zu vermuten ist, dass der Durchsuchungszweck erreicht wird. Diese (Erfolgs-)Vermutung braucht nur allgemeiner Art zu sein. Wenn auch eine hohe Erfolgsaussicht nicht erforderlich ist, so muss die Vermutung dennoch auf tatsächlichen Anhaltspunkten und/oder kriminalistischer Erfahrung beruhen. Die Tatsache, dass Z in der Wohnung seiner Freundin (F) angetroffen und festgenommen wird, rechtfertigt aufgrund kriminalistischer Erfahrungen die Annahme, dass er in der Wohnung Geld aus dem Überfall versteckt haben könnte. Da Straftäter angesichts der herannahenden Polizei gegen sie sprechende Beweismittel verstecken oder beiseiteschaffen, konnte auch im vorliegenden Fall von einem solchen Tun ausgegangen werden. Auf diese polizeilichen Erfahrungswerte kann zurückgegriffen werden. Besondere Umstände, die diese Erfolgsvermutung ausräumen, sind nicht erkennbar. Es ist zwar durchaus möglich, dass Z die Beute woanders versteckt hat, dennoch wird durch

---

563 BGH StV 2002, 62, Anm. *Vahle* Kriminalistik 2002, 534.
564 LG Frankfurt a.M. StV 2002, 70.

diese denkbare Möglichkeit die Erfolgsvermutung nicht beseitigt, dass Z auch in der Wohnung der F Teile der Beute versteckt hat.

📖 Liegt ein Haftbefehl oder ein Vorführungsbefehl vor, so liegt schon darin die richterliche Anordnung, zum Zwecke der Ergreifung auch die Wohnung des Betroffenen zu durchsuchen. Der Haft- oder Vorführungsbefehl umfasst allerdings nicht auch die Anordnung der Durchsuchung *fremder Wohnungen;* insoweit müssen also die besonderen Voraussetzungen des § 103 und des § 105 StPO (also Gefahr im Verzug bei nichtrichterlichen Anordnungen) vorliegen.[565]

2. Verfahrensvorschriften/Sonstige Anforderungen[566]

KHK C und KOK D durften die Maßnahme als Ermittlungspersonen der Staatsanwaltschaft (§ 152 GVG) anordnen, da Gefahr im Verzuge bestand. Gefahr im Verzuge liegt dann vor, wenn der Durchsuchungserfolg durch die Verzögerung, welche die Erwirkung der richterlichen Anordnung mit sich brächte, gefährdet wäre. Zweifel am Vorliegen dieser sog. „Eilzuständigkeit" sind vorliegend nicht angebracht.

BVerfG, Urt. v. 20.2.2001–2 BvR 1444/00, NJW 2001, 1121 (Ls. 1)

(1)Der Begriff „Gefahr im Verzuge" in Art. 13 Abs. 2 GG ist eng auszulegen; die richterliche Anordnung ist die Regel, die nichtrichterliche die Ausnahme.

(2)„Gefahr im Verzug" muss mit Tatsachen begründet werden, die auf den Einzelfall bezogen sind. Reine Spekulationen, hypothetische Erwägungen oder lediglich auf kriminalistische Alltagserfahrung gestützte, fallunabhängige Vermutungen reichen nicht aus.

Gefahr im Verzuge muss mit Tatsachen begründet werden, die auf den Einzelfall bezogen sind. Reine Spekulationen, hypothetische Erwägungen oder lediglich auf kriminalistische Alltagserfahrungen gestützte, fallunabhängige Vermutungen reichen nicht aus. Regelmäßig müssen die handelnden Behörden die Grundlage ihrer Entscheidung (Durchsuchung ohne richterliche Anordnung) hinreichend dokumentieren; insbesondere muss zeitnah dargelegt werden, aufgrund welcher Umstände die Polizei die Gefahr eines Beweismittelverlustes angenommen hat und ob sie versucht hat, einen Ermittlungsrichter zu erreichen.

---

[565] OLG Brandenburg, Beschl. v. 21.1.2019–2 VAs 7/18; vgl. auch *Bruns*, in: KK-StPO, § 105 Rn. 6.
[566] Ausführlich zu den Verfahrensvorschriften *Keller* PSP 2/2013, 3 ff.

Die Frage, ob Gefahr im Verzuge vorliegt, unterliegt der unbeschränkten richterlichen Kontrolle; ein Ermessens- oder Beurteilungsspielraum der (Strafverfolgungs-)Behörden besteht insoweit nicht.

> 📖 **Checkliste: Rechtmäßigkeitsprüfung (Gefahr im Verzuge):**[567]
> (1) Konnte die richterliche Anordnung nicht eingeholt werden, ohne dass die damit verbundene zeitliche Verzögerung den Erfolg der Maßnahme gefährdet hätte?
> (2) Ist die Annahme, dass der Erfolg der Maßnahmen gefährdet wäre, auf Tatsachen begründet?
> (3) Ist vor Anordnung der Maßnahme der Versuch unternommen worden, einen richterlichen Durchsuchungsbeschluss zu erwirken?
> (4) Ist der Beamte seinen Dokumentationspflichten nachgekommen?

Erfolgt die Durchsuchung ohne Beisein des Richters oder des Staatsanwalts, also allein durch die Polizei, so sind, wenn möglich, ein Gemeindebeamter oder zwei Mitglieder der Gemeinde zuzuziehen (§ 105 Abs. 2 StPO). Trotz der Formulierung „wenn möglich" handelt es sich nicht um eine bloße Ordnungsvorschrift, sondern um eine wesentliche Förmlichkeit, von der die Rechtmäßigkeit der Durchsuchung abhängt.[568] Der Sachverhalt macht diesbezüglich keine genauen Angaben. Jedoch ist auf Grund der Umstände davon auszugehen, dass eine Hinzuziehung von Zeugen nach § 105 Abs. 2 StPO schwerlich möglich war.

> 📖 Als (zwingend) zu beachtende Formvorschrift ist die Hinzuziehung von Durchsuchungszeugen gem. § 105 Abs. 2 StPO zu beachten, wobei der Verzicht des Betroffenen auf eine solche Hinzuziehung zulässig ist. Da diese Vorschrift aber nicht nur den Betroffenen schützt (etwa vor polizeilichen „Übergriffen"), sondern auch dem Schutz der Beamten (z.B. vor unberechtigten Vorwürfen des Betroffenen wegen der Art und Weise der Durchsuchung) dient, liegt die Entscheidung in derartigen Fällen in der Hand der Polizei, d.h. die Polizei entscheidet nach pflichtgemäßem Ermessen. So kann etwa unter dem Aspekt der Zeugengefährdung ein Außerachtlassen des § 105 Abs. 2 StPO gerechtfertigt sein. Die Hinzuziehung von Durchsuchungszeugen muss aber auch möglich sein. Die Möglichkeit besteht z.B. nicht, wenn der damit verbundene Zweck zu einer Gefährdung des Durchsuchungszwecks führen würde, d.h. würde durch die Hinzuziehung der Zeugen der Zeitverlust den Erfolg der Durchsuchung vereiteln, so kann hierauf verzichtet werden. Entscheidend sind die Gesamtumstände.

Von einem Verstoß gegen § 105 Abs. 2 StPO wird vorliegend nicht ausgegangen. Das Anwesenheitsrecht der betroffenen F wurde beachtet (§ 106

---

567 *Park* Durchsuchung, Rn. 99.
568 BGH StV 2002, 62.

Abs. 1 Satz 1 StPO). Auch ist davon auszugehen, dass F der Zweck der Durchsuchung mitgeteilt wurde. § 106 StPO ist keine bloße Ordnungsvorschrift, sondern zwingend zu beachtendes Recht.[569] Nach a. A. handelt es sich nicht um eine zwingende Formvorschrift, sondern um eine (bloße) Ordnungsvorschrift, d. h., aus der Nichtbeachtung dieser Vorschrift können keine Rechtsfolgen hergeleitet werden.[570]

Nach § 107 Satz 1 StPO ist dem Inhaber der Räume (F) auf Verlangen eine Durchsuchungsbescheinigung auszuhändigen. Darüber hinaus ist dem Betroffenen ein Verzeichnis der in Verwahrung oder in Beschlag genommenen Gegenstände auszuhändigen oder, sofern keine Gegenstände sichergestellt werden, eine Negativbescheinigung auszuhändigen (§ 107 Satz 2 StPO). Auch diesbezüglich macht der Sachverhalt keine Angaben. Jedoch hat die Nichtbeachtung dieser Formvorschrift nicht die Rechtswidrigkeit der gesamten Durchsuchungsmaßnahme zur Folge. Es handelt sich bei § 107 StPO mithin nicht um eine zwingende Formvorschrift, sondern um eine sog. Ordnungsvorschrift, deren Nichtbeachtung nicht zur Rechtswidrigkeit der Maßnahme führt.[571] In der Kommentarliteratur wird zum Teil indes die Auffassung vertreten, dass § 107 StPO keine bloße Ordnungsvorschrift ist, da sie eine wesentliche Form der Durchsuchung gesetzlich regelt.[572] Weiterhin sind in Verwahrung genommene Gegenstände genau zu bezeichnen und kenntlich zu machen (§ 109 StPO). § 109 StPO ist nach h. M. eine sog. Ordnungsvorschrift, d. h., die Verletzung macht die Beschlagnahme nicht rechtswidrig.[573] Andere hier in Betracht kommende Verfahrensvorschriften sind dem Sachverhalt nicht zu entnehmen.[574]

Die Durchsuchung muss darüber hinaus mit dem Verhältnismäßigkeitsgrundsatz vereinbar sein, d. h. die Maßnahme muss in einem angemessenen Verhältnis zur Schwere der Straftat des Z und zur Stärke des Tatverdachts stehen, der hinsichtlich des Ergebnisses der Zeugenbefragungen als dringend anzusehen ist. Weiterhin dürfen keine Maßnahmen zur Verfügung stehen, welche ebenso erfolgversprechend wie eine Durchsuchung sind und den Betroffenen weniger beeinträchtigen.

---

569 *Gercke*, in: HK-StPO, § 106 Rn. 12.
570 Grundlegend dazu *Krekeler* NStZ 1993, 263 (268).
571 OLG Stuttgart Kriminalistik 1993, 501.
572 *Gercke*, in: HK-StPO, § 107 Rn. 8.
573 *Gercke*, in: HK-StPO, § 109 Rn. 2; *Meyer-Goßner/Schmitt* StPO, § 109 Rn. 2.
574 Grundlegend zu den Verfahrensvorschriften *Keller* PSP 2/2013, 3 ff. Zu den Folgen der Nichtbeachtung bestimmter Verfahrensregeln bei strafprozessualen Durchsuchungen vgl. insbesondere *Krekeler* NStZ 1993, 263 ff.: Beweisverwertungsverbote bei fehlerhaften Durchsuchungen.

VerfGH Sachsen, Beschl. v. 1.8.2019 – Vf. 39-IV-19
Es ist zu berücksichtigen, dass es grundsätzlich Sache der ermittelnden Behörden ist, über die Zweckmäßigkeit und die Reihenfolge vorzunehmender Ermittlungshandlungen zu befinden. Ein Grundrechtseingriff ist aber dann unverhältnismäßig, wenn naheliegende grundrechtsschonende Ermittlungsmaßnahmen ohne greifbare Gründe unterbleiben oder zurückgestellt werden und die vorgenommene Maßnahme außer Verhältnis zur Stärke des in diesem Verfahrensabschnitt vorliegenden Tatverdachts steht. Im Einzelfall können die Geringfügigkeit der zu ermittelnden Straftat, eine geringe Beweisbedeutung der zu beschlagnahmenden Gegenstände sowie die Vagheit des Auffindeverdachts der Durchsuchung entgegenstehen.

Andere erfolgversprechende Maßnahmen sind vorliegend nicht ersichtlich. Die Maßnahme ist somit rechtmäßig.

Fall 12: Einbruch mit Folgen

> **Schwerpunkte:** Identitätsfeststellung bei Zeugen und Verdächtigen, Durchsuchung, Beweismittel, Einziehung, Gegenüberstellung, DNA-Analyse

Sachverhalt:

Der 25jährige drogenabhängige X erfährt von einem Freund, dass der Unternehmer U ständig größere Mengen Bargeld sowie eine wertvolle Briefmarkensammlung im Haus hat. Daraufhin beschließt er, in das Haus einzubrechen. Um eine günstige Gelegenheit für den Diebstahl auszukundschaften, beobachtet er das Haus des alleinwohnenden U. Hierbei stellt er fest, dass U das Haus täglich gegen 08.00 Uhr verlässt und erst gegen 17.00 Uhr zurückkehrt. Heute, gegen 10.00 Uhr, begibt sich X zum Haus des U und bricht – da er sich unbeobachtet fühlt – mit einem sog. Kuhfuß die Terrassentür des Hauses auf. Im Haus bricht X eine Schreibtischschublade auf und entwendet eine Briefmarkensammlung sowie drei Einhunderteuroscheine. Das Aufbrechen der Terrassentür konnte jedoch durch die Nachbarin (N) des U beobachtet werden, die sofort die Polizei alarmierte. Der den Anruf entgegennehmende Beamte auf der Leitstelle der Polizei (A-Stadt) hält die Personalien der N fest.

POK A und PK B, die sich zufällig auf Streife in der Nähe des Hauses des U befanden, treffen wenige Minuten nach Eingang der Meldung am Tatort ein. Die Beamten sehen noch, wie X mit einem Pkw flüchtet, können ihn aber schnell einholen, anhalten und stellen. Die Beamten fordern X auf, sich auszuweisen. Der Pkw wird durchsucht. Im Handschuhfach des Pkw werden die entwendeten Briefmarken sowie 3 Einhunderteuroscheine vorgefunden. Im Kofferraum des Pkw wird ein Kuhfuß aufgefunden. Ohne Vorhalt gesteht X die Tat und erklärt, dass es sich bei den Geldscheinen um das Geld handelt, das er in der Wohnung des U entwendet hat. Alle Gegenstände werden sichergestellt. Anschließend wird die N zwecks Gegenüberstellung aufgesucht. X wird von N als Täter identifiziert und dem Polizeipräsidium zugeführt.

2. Teil: Fälle mit Lösungen

Aufgabe:

1. Beurteilen Sie rechtsgutachtlich die getroffenen Maßnahmen.
   – Festhalten der Personalien der Hinweisgeberin (N)
   – Identitätsfeststellung (X)
   – Durchsuchung des Pkw
   – Sicherstellung der im Pkw aufgefundenen Gegenstände
   – Gegenüberstellung
2. Darf zur Identitätsfeststellung in künftigen Strafverfahren angeordnet werden, dass X Körperzellen entnommen werden, um diese molekulargenetisch untersuchen zu lassen? Darf X zu diesem Zweck eine Blutprobe entnommen werden, wenn er eine Speichelabgabe verweigert? Darf das gewonnene DNA-Identifizierungsmuster in der DNA-Identifizierungsdatei beim Bundeskriminalamt gespeichert und verwendet werden?

Hinweis: Die örtliche Zuständigkeit ist nicht zu prüfen. Vom Eingriffscharakter der Maßnahmen ist auszugehen.[575] Auf die unterschiedlichen Grundrechtseingriffe ist insofern nicht einzugehen. Die Lösung folgt nicht einem typischen (Klausur-)Schema, sondern vielmehr problemorientiert.

Lösung:

Aufgabe 1

A. Festhalten der Personalien der Hinweisgeberin (N)

I. Formelle Rechtmäßigkeit

Insoweit bestehen keine Bedenken; es ist von einer strafverfolgenden Zielsetzung auszugehen. Aufgrund der Beobachtungen der N besteht der Anfangsverdacht einer Straftat nach §§ 242, 244 Abs. 1 Nr. 3 StGB. Ein solcher Anfangsverdacht ist gegeben, wenn tatsächliche Anhaltspunkte vorliegen, die nach den kriminalistischen Erfahrungen die Beteiligung des Betroffenen an einer verfolgbaren strafbaren Handlung als möglich erscheinen lassen („zureichende tatsächliche Anhaltspunkte"), während bloße Vermutungen nicht ausreichen. Der Anfangsverdacht ist – gestützt auf die Beobachtungen der N – begründet. Das Festhalten der Personalien der N als Zeugin dient der Aufklärung der Straftat(en). Die sachliche Zuständigkeit ergibt sich aus § 1 Abs. 4 PolG NRW i.V.m. § 11 Abs. 1 Nr. 2 POG NRW i.V.m. § 163 Abs. 1 Satz 1 StPO.

---

575 Zu den typischen durch die Polizei vorgenommenen Grundrechtseingriffen insbesondere *Braun* StaatsR, passim.

II. Materielle Rechtmäßigkeit
1. Tatbestandsvoraussetzungen der Ermächtigungsgrundlage

Als Ermächtigungsgrundlage kommt § 163b Abs. 2 StPO in Betracht, da N einer Straftat nicht verdächtig ist. Sie ist als Zeugin vielmehr unverdächtige Person i. S. von § 163b Abs. 2 StPO. Gem. § 163b Abs. 2 StPO kann die Identität von solchen – unverdächtigen – Personen festgestellt werden, wenn und soweit dies zur Aufklärung einer Straftat geboten ist. Die Maßnahme setzt also voraus, dass zum Zeitpunkt der (beabsichtigten) Identitätsfeststellung noch ein Aufklärungsinteresse für Strafverfolgungszwecke besteht. Genau das ist eindeutig der Fall. N ist Zeugin für die Straftat des X. Sie kann durch ihre Beobachtungen zur Wahrheitsfindung und Sachverhaltsfeststellung beitragen. Zur Aufklärung der Straftat (Verifizierung der Verdachtslage durch detaillierte Zeugenaussage, subjektiver Tatbefund) ist es daher geboten, die Personalien der Zeugin (N) festzuhalten.

2. Verfahrensvorschriften/Sonstige Anforderungen

Hinsichtlich sonstiger (allgemeiner) Anforderungen sind keine Probleme ersichtlich, insbesondere ist davon auszugehen, dass § 69 Abs. 1 Satz 2 StPO entsprechend beachtet wurde. Adressat der Maßnahme ist N (Unverdächtige). Da die Maßnahme insbesondere auch dem Grundsatz der Verhältnismäßigkeit entspricht, ist das Festhalten der Personalien der N ist somit rechtmäßig.

B. Identitätsfeststellung (X)

Die Identitätsfeststellung dient (unstreitig) der Strafverfolgung. Die Voraussetzungen des § 163b Abs. 1 StPO liegen vor. Die Beamten durften X insbesondere auffordern, sich auszuweisen. Zudem ist davon auszugehen, dass die Formvorschrift des § 163a Abs. 4 Satz 1 StPO (Mitteilungspflicht), die gem. § 163b Abs. 1 StPO entsprechend anzuwenden ist, beachtet wurde. Eine Verletzung dieser (Belehrungs-)Pflicht führt zur Rechtswidrigkeit der Maßnahme, da es sich nicht lediglich um eine Ordnungsvorschrift handelt. Verstößt die Polizei gegen diese zwingend zu beachtende Formvorschrift, handelt sie rechtswidrig.[576] Die Belehrung kann allerdings unterbleiben, wenn der Grund der Maßnahme dem Betroffenen bekannt ist.[577] Die Identitätsfeststellung steht zu dem Zweck der Sicherung des Ermittlungsverfahrens (Strafverfahrens) nicht außer Verhältnis und ist mithin rechtmäßig.

---

576 Statt vieler: AG Hamburg, Beschl. v. 28.5.2019–1171 Gs 436/18 jug.
577 *Zöller*, in: HK-StPO, § 163b Rn. 3; *Pflieger*, in: DDKR, § 163b StPO Rn. 3.

C. Durchsuchung des Pkw
I. Formelle Rechtmäßigkeit
Die sachliche Zuständigkeit ergibt sich wie zuvor aus § 1 Abs. 4 PolG NRW i. V. m. § 11 Abs. 1 Nr. 2 POG NRW i. V. m. § 163 Abs. 1 Satz 1 StPO.

II. Materielle Rechtmäßigkeit
1. Tatbestandsvoraussetzungen der Ermächtigungsgrundlage
Die Befugnis zur Durchsuchung des Pkw könnte sich aus § 102 StPO ergeben, da X Verdächtiger i. S. der Vorschrift ist. Nach dieser Vorschrift dürfen auch die dem Verdächtigen gehörenden Sachen durchsucht werden, wenn zu vermuten ist, dass die Durchsuchung zur Auffindung von Beweismitteln und Tatspuren führen wird (Ermittlungsdurchsuchung). Zwar ist die Durchsuchung zur Verfolgung von Spuren einer Straftat nur bei § 103 StPO, der Durchsuchung bei anderen Personen als dem Verdächtigen, genannt, doch kann man aus dem Wort „nur" in Verbindung mit der Tatsache, dass die Durchsuchung bei Nichtverdächtigen strengeren Voraussetzungen unterliegt, schließen, dass die Durchsuchung zur Verfolgung von Spuren einer Straftat auch bei Verdächtigen zulässig ist. Die Durchsuchung ist zudem zulässig zur Auffindung und vorläufigen Beschlagnahme von Gegenständen, bei denen eine Einziehung zu erwarten ist (§ 111b Abs. 2 StPO).[578] Der Pkw gehörte dem X, zumindest ist dem Sachverhalt nichts Gegenteiliges zu entnehmen. Vorliegend war mit einiger Wahrscheinlichkeit damit zu rechnen, dass bei einer Durchsuchung des Pkw entsprechende Gegenstände vorgefunden werden, insbesondere hatte X offensichtlich keine Gelegenheit, sich der Gegenstände nach der Tat zu entledigen. Laut Sachverhalt wurde die Verfolgung unmittelbar nach Tatbegehung aufgenommen. Besondere Umstände, welche eine Erfolgsvermutung ausräumen, sind nicht erkennbar. Die Durchsuchung erfolgte zur Aufklärung der vorher begangenen Straftat.

2. Anordnungskompetenz
Da auch Gefahr im Verzug vorlag, POK A und PK B Ermittlungspersonen der Staatsanwaltschaft (§ 152 GVG) sind, durfte die Anordnung gem. § 105 Abs. 1 StPO getroffen werden. Hinsichtlich der Prämisse „Gefahr im Verzuge" sind vorliegend keine Probleme ersichtlich, so dass die Polizeibeamten den Pkw durchsuchen durften.

---

[578] Vertiefend: *Schroeder* JuS 2004, 858 ff. Die Durchsuchung im Strafprozess.

II. Schwerpunkt: Strafprozessrecht

3. Verfahrensvorschriften/Allgemeine Anforderungen

Als zu beachtende Formvorschrift kommt § 107 StPO in Betracht. Danach ist dem von der Durchsuchung Betroffenen auf Verlangen eine Durchsuchungsbescheinigung, die den Grund der Durchsuchung sowie im Falle des § 102 StPO die Straftat bezeichnen muss, auszuhändigen. Darüber hinaus ist dem Betroffenen ein Verzeichnis der in Verwahrung oder in Beschlag genommenen Gegenstände auszuhändigen (§ 107 Satz 2 StPO). Dem Sachverhalt ist nicht zu entnehmen, ob diese Vorschrift beachtet wurde. Wurde die Vorschrift nicht beachtet, so führt dies dennoch nicht zur Rechtswidrigkeit der Maßnahme, da es sich nicht um eine zwingende Formvorschrift, sondern um eine sog. Ordnungsvorschrift handelt, deren Nichtbeachtung eben nicht zur Rechtswidrigkeit der Maßnahme führt.[579] In der Kommentarliteratur wird zum Teil indes die Auffassung vertreten, dass § 107 StPO keine bloße Ordnungsvorschrift ist, da sie eine wesentliche Form der Durchsuchung gesetzlich regelt.[580] Im Übrigen besteht hinsichtlich der in Verwahrung genommenen Gegenstände eine Kennzeichnungspflicht (§ 109 StPO). Ein Verstoß gegen andere Verfahrensvorschriften ist nicht ersichtlich.[581]

Adressat der Maßnahme ist X als Verdächtiger i. S. von § 102 StPO. Letztendlich steht die Durchsuchung des Pkw auch in einem angemessenen Verhältnis zur Schwere der Straftat und zur Stärke des Tatverdachts. Andere Maßnahmen, welche ebenso erfolgversprechend wie eine Durchsuchung sind und den X weniger beeinträchtigen, stehen nicht zur Verfügung, d. h. die Gegenstände konnten nicht auf andere, den X weniger beeinträchtigende Weise sichergestellt werden. Eine Aufforderung zur Herausgabe der Gegenstände ist nicht geeignet und ebenso wenig erfolgversprechend. Die Durchsuchung des Pkw des X war somit rechtmäßig.

D. Sicherstellung der im Pkw aufgefundenen Gegenstände

I. Vorbemerkungen

Im Rahmen der Strafverfolgung kann die Polizei Sachen auf Grund der Befugnisse aus §§ 94 ff. (Verfahrenssicherung) und § 111b ff. StPO (Vollstreckungssicherung) sicherstellen bzw. beschlagnahmen.

1. Verfahrenssichernde Sicherstellung/Beschlagnahme

Der Sicherstellung nach § 94 Abs. 1 StPO unterliegen Gegenstände, die als **Beweismittel** für die Untersuchung von Bedeutung sein können. Hierbei

---

579 OLG Stuttgart Kriminalistik 1993, 501.
580 *Gercke*, in: HK-StPO, § 107 Rn. 8.
581 Vertiefend: *Krekeler* NStZ 1993, 263 ff. Beweisverwertungsverbote bei fehlerhaften Durchsuchungen.

handelt es sich um Gegenstände oder Spuren, die zur Aufklärung oder zum Nachweis der Straftat(en) Beweise erbringen können.

Beweismittel sind zusammenfassend bewegliche oder unbewegliche Gegenstände,

- mit denen dem Täter die begangene Tat nachgewiesen werden kann oder
- mit denen die Unschuld des Täters bewiesen werden kann oder
- mit denen sonst Tatzusammenhänge geklärt werden können.

Beweismittel sind mithin alle Gegenstände, die für irgendeinen im Strafverfahren zulässigen Beweis im anhängigen Verfahren von Bedeutung sein können.[582] Maßgeblich für eine Maßnahme nach § 94 StPO ist die **potenzielle Beweisbedeutung** des Gegenstandes. Es handelt sich um eine verfahrenssichernde Maßnahme. Kommt ein Gegenstand als Beweismittel in Betracht, so besteht die Verpflichtung, Maßnahmen nach § 94 StPO zu ergreifen. Die Sicherstellung von Beweismitteln kann entweder durch Beschlagnahme (§ 94 Abs. 2 StPO) oder durch anderweitige Begründung einer staatlichen Verfügungsgewalt (§ 94 Abs. 1 StPO) erfolgen. Der in § 94 Abs. 1 StPO verwendete Begriff der „Sicherstellung" ist Oberbegriff zu verschiedenen Arten der formlosen oder förmlichen Begründung einer staatlichen Verfügungsgewalt über Gegenstände. Eine Sicherstellung kommt in Betracht, wenn die Gegenstände gewahrsamslos sind oder von dem Gewahrsamsinhaber freiwillig herausgegeben werden. Ansonsten bedarf es der Beschlagnahme nach § 94 Abs. 2 StPO. Während zur Sicherstellung nach § 94 Abs. 1 StPO jeder Strafverfolgungsbeamte befugt ist, darf eine Beschlagnahme nach § 94 Abs. 2 StPO nur durch einen Richter sowie bei Gefahr im Verzuge durch die Staatsanwaltschaft und ihre Ermittlungspersonen angeordnet werden (§ 98 Abs. 1 StPO). In diesem Fall sind darüber hinaus die Formvorschriften aus § 98 Abs. 2 StPO zu beachten. Mit der Beschlagnahme stehen die Gegenstände unter dem Schutz des § 136 StGB (Verstrickungsbruch; Siegelbruch).[583] Nach § 94 Abs. 1 StPO sichergestellte Gegenstände unterliegen dagegen (nur) dem Strafschutz des § 133 StGB (Verwahrungsbruch).[584]

2. Vollstreckungssichernde Beschlagnahme

Neben dieser Möglichkeit der Sicherstellung/Beschlagnahme von Gegenständen als Beweismittel ist auch die (vollstreckungssichernde) Beschlag-

---

582 *Park* Durchsuchung, Rn. 460.
583 OLG Zweibrücken NStZ 1989, 268: Voraussetzungen einer wirksamen dienstlichen Beschlagnahme; polizeiliche Sicherstellung eines Fahrzeugs.
584 BGH NStZ 1988, 552: Nichtweitergabe von Asservaten durch Sachbearbeiter der Kriminalpolizei.

nahme von Gegenständen und anderen Vermögensvorteilen zulässig, welche der **Einziehung** unterliegen. In diesen Fällen kommt jedoch keine formlose Sicherstellung, sondern nur eine Beschlagnahme in Betracht. Das Erkennen und die Beschlagnahme von Beweismitteln bereiten in der polizeilichen Praxis keine Probleme. Dagegen bereiten die Vorschriften über die Einziehung im Einzelfall Schwierigkeiten. Es ist zu unterscheiden zwischen den materiell-rechtlichen Regelungen der §§ 73 ff. StGB und dem „flankierenden Prozessrecht" der §§ 111b ff. StPO.[585] Ermächtigungsgrundlage in der StPO ist § 111b Abs. 1 StPO, die Norm regelt die Beschlagnahme zur Sicherung der Einziehung oder Unbrauchbarmachung: Ist die Annahme begründet, dass die Voraussetzungen der Einziehung oder Unbrauchbarmachung eines Gegenstandes vorliegen, so kann er zur Sicherung der Vollstreckung beschlagnahmt werden. Liegen dringende Gründe für diese Annahme vor, so soll die Beschlagnahme angeordnet werden. § 94 Absatz 3 bleibt unberührt. Gem. § 111j Abs. 1 StPO wird die Beschlagnahme durch das Gericht angeordnet. Bei Gefahr im Verzug kann die Anordnung auch durch die Staatsanwaltschaft erfolgen. Unter der Voraussetzung des Satzes 3 sind zur Beschlagnahme einer beweglichen Sache auch die Ermittlungspersonen der Staatsanwaltschaft (§ 152 GVG) befugt. Die Beschlagnahme einer beweglichen Sache wird dadurch vollzogen, dass die Sache in Gewahrsam genommen wird (§ 111c Abs. 1 Satz 1 StPO). Gem. § 111d Abs. 1 Satz 1 StPO hat die Vollziehung der Beschlagnahme eines Gegenstandes die Wirkung eines Veräußerungsverbotes i. S. des § 136 BGB. Verfügungen, die den Rechtsübergang des Beschlagnahmegegenstandes gegenüber dem Staat vereiteln würden, sind unwirksam. Sollte dennoch ein Rechtsgeschäft vorgenommen werden, so ist mithin der Tatbestand des § 136 StGB (Verstrickungsbruch) erfüllt. Für die Polizei ergibt sich daraus, dass bei strafprozessualen (verfahrenssichernden) Sicherstellungen/Beschlagnahmen stets zu prüfen ist, ob der in Frage kommende Gegenstand auch im Rahmen der vollstreckungssichernden Beschlagnahme in Verwahrung zu nehmen ist.[586] Die bloße polizeiliche Sicherstellung stellt dagegen keine Beschlagnahme In diesem Sinne dar, so dass der Betroffene wirksam über den sichergestellten Gegenstand verfügen darf.[587] Ermittlungsbehördliche Beschlagnahmen sind also in ihrer Zielrichtung mit Begründung unverzüglich genau zu dokumentieren.[588]

---

585 Zum Regelungsgefüge instruktiv *Kempf/Schilling* StraFo 2006, 180 (182).
586 *Tetsch* ER Bd. 2, S. 157; S. auch OLG Düsseldorf NJW 1995, 2239.
587 LG Flensburg StV 2004, 644: Abtretung sichergestellten Geldes an den Verteidiger.
588 *Jung* StV 2004, 644 (647).

II. Formelle Rechtmäßigkeit

Die Maßnahme dient in erster Linie der Strafverfolgung (§ 163 Abs. 1 Satz 1 StPO). Es geht um die repressiv ausgerichtete Entziehung des Vorteils beim Täter. Dabei ist es zweitrangig, ob der wirtschaftliche Vorteil letztlich dem Staat oder dem Geschädigten (Rückgewinnungshilfe)[589] dient.

III. Materielle Rechtmäßigkeit

Vorliegend ist zu prüfen, aufgrund welcher Ermächtigungen die 3 Einhunderteuroscheine, die Briefmarkensammlung und der Kuhfuß sichergestellt bzw. beschlagnahmt werden können. Es ist davon auszugehen, dass alle Gegenstände gegen den Willen X in Verwahrung genommen wurden.

1. Beschlagnahme des Geldes

a) Beschlagnahme als Beweismittel gem. §§ 94, 98 StPO

Die Geldscheine kommen als Beweismittel nicht in Betracht, sie können keine Beweisbedeutung erlangen. Sie waren nicht registriert oder sonst irgendwie kenntlich gemacht, d.h. das Geld hat für die Beweisfrage, sei es zur Be- oder Entlastung des X oder sonst für die Untersuchung, keine Bedeutung. Die Tatsache, dass X im Besitz von 3 Einhunderteuroscheinen ist, ist nichts Unübliches, d.h. aufgrund dieses Umstandes kann nicht auf eine Täterschaft des X geschlossen werden.

b) Beschlagnahme als Einziehungsgegenstand gem. §§ 111 b ff. StPO

Das Geld könnte der Einziehung unterliegen, so dass eine Beschlagnahme der 3 Einhunderteuroscheine gem. §§ 111b ff. StPO in Betracht kommt. § 73 StGB regelt die Einziehung von Taterträgen bei Tätern und Teilnehmern, Abs. 1 normiert dabei die Grundregel: Hat der Täter oder Teilnehmer durch eine rechtswidrige Tat oder für sie etwas erlangt, so ordnet das Gericht dessen Einziehung an.[590] Laut Sachverhalt gab X gegenüber den eingesetzten Beamten an, dass es sich bei den Geldscheinen um das Geld handelt, das er in der Wohnung des U entwendet hat. Er hat das Geld demnach als Deliktbeute durch eine rechtwidrige Tat erlangt. Das Geld unterliegt der Einziehung. Nach § 111c Abs. 1 StPO wird die Beschlagnahme einer beweglichen Sache dadurch vollzogen, dass die Sache in Gewahrsam genommen wird. Die 3 Einhunderteuroscheine können gem. § 111b Abs. 1 i.V.m. § 73 Abs. 1 StGB beschlagnahmt werden.

---

589 *Kramer* StrafVerfR, Rn. 194.
590 Grundlegend zur Einziehung von Taterträgen *Theile* JA 2020, 1 ff.

2. Beschlagnahme der Briefmarkensammlung
a) Beschlagnahme als Beweismittel gem. §§ 94, 98 StPO

Die Briefmarkensammlung ist – im Gegensatz zum Geld – Beweisgegenstand. Sie unterliegt der Beschlagnahme gem. §§ 94, 98 StPO, da von einem Einverständnis des X nicht auszugehen ist. Die Tatsache, dass X im Besitz der Briefmarkensammlung des U ist, lässt Rückschlüsse auf ihn als Täter wegen der Straftat(en) gem. §§ 242, 244 StGB z. N. des U zu.

b) Beschlagnahme als Einziehungsgegenstand gem. §§ 111b ff. StPO

Die Briefmarken unterliegen außerdem der Beschlagnahme zum Zweck der Einziehung gem. § 111b Abs. 1 StPO i. V. m. § 73 Abs. 1 StGB.

3. Beschlagnahme des Tatwerkzeuges (sog. Kuhfuß)
a) Beschlagnahme als Beweismittel gem. §§ 94, 98 StPO

Der Kuhfuß ist ein Beweisgegenstand und nach § 94 Abs. 2 StPO (§ 98 Abs. 1 StPO) zu beschlagnahmen, da von einer freiwilligen Herausgabe nicht auszugehen ist.

b) Beschlagnahme als Einziehungsgegenstand gem. §§ 111 b ff. StPO

§ 74 StGB regelt die Einziehung von Tatprodukten, Tatmitteln und Tatobjekten bei Tätern und Teilnehmern. Der Kuhfuß unterliegt der Einziehung. Es handelt sich um ein Tatwerkzeug bzw. Tatmittel, welches zur Begehung einer vorsätzlichen Tat gebraucht wurde.[591] Anders als die Einziehung von Taterträgen (also die Vermögensabschöpfung) besitzt die „klassische" Einziehung strafähnlichen Charakter. Voraussetzung ist deshalb grundsätzlich eine vorsätzlich (= schuldhaft) begangene Straftat, § 74 Abs. 1 StGB. Eine Ausnahme gilt insofern lediglich für die (Sicherungs-)Einziehung gefährlicher Gegenstände, § 74b Abs. 1 Nr. 1 StGB. Anders als die Regelungen über die Abschöpfung von Taterträgen ist die „klassische" Einziehung nicht zwingend, sondern fakultativ.[592] Die Einziehung ist nur zulässig, wenn die Gegenstände zur Zeit der Entscheidung dem Täter oder Teilnehmer gehören oder zustehen (§ 74 Abs. 3 Satz 1 StGB). Davon soll vorliegend ausgegangen werden. Im Ergebnis ist festzuhalten, dass die im Pkw aufgefundenen Gegenstände unter verschiedenen rechtlichen Gesichtspunkten sichergestellt bzw. beschlagnahmt werden dürfen.

---

591 Zum Begriff des Tatwerkzeugs OLG Düsseldorf CR 1993, 377, Anm. *Vahle* Kriminalistik 1993, 808.
592 BGH, Beschl. v. 8.5.2018–5 StR 65/18; instruktiv zur (klassischen) Einziehung *BKST* Vermögensabschöpfung, S. 85 ff.

E. Gegenüberstellung
I. Formelle Rechtmäßigkeit

Insoweit bestehen keine Bedenken; es ist von einer strafverfolgenden Zuständigkeit auszugehen (§ 163 StPO).

II. Materielle Rechtmäßigkeit

Vorliegend handelt es sich um eine Gegenüberstellung zum Zwecke des Wiedererkennens eines Beschuldigten. Zu prüfen ist, welche Rechtsgrundlage für die (Einzel-)Gegenüberstellung in Betracht kommt. Gem. § 58 Abs. 2 StPO ist eine Gegenüberstellung mit anderen Zeugen oder mit dem Beschuldigten im Vorverfahren zulässig, wenn es für das weitere Verfahren geboten scheint. § 58 Abs. 2 StPO regelt die sog. Vernehmungsgegenüberstellung und die Identifizierungsgegenüberstellung. Bei der Vernehmungsgegenüberstellung sollen Widersprüche zwischen einer Zeugenaussage und den Angaben des Beschuldigten oder eines anderen Zeugen durch Rede und Gegenrede, Fragen und Vorhalte geklärt werden.[593] Bei der Identifizierungsgegenüberstellung wird die zu identifizierende Person in Augenschein genommen und nur der andere Teil als Zeuge vernommen.[594] Vorliegend handelt es sich um eine Identifizierungsgegenüberstellung. Der Zeuge kann nach § 58 Abs. 2 StPO zur Gegenüberstellung verpflichtet werden, wenn es für das Verfahren geboten erscheint.[595] Nicht einheitlich beantwortet wird die Frage, auf welcher Rechtsgrundlage die Duldungspflicht des Beschuldigten gründet. Z.T. wird die Gegenüberstellung mangels ausdrücklicher Ermächtigung für unzulässig erklärt.[596]

1. Ermächtigungsgrundlage (§ 58 Abs. 2 StPO)?

Teilweise wird § 58 Abs. 2 StPO als Rechtsgrundlage angenommen.[597] Indes ist zu berücksichtigen, dass § 58 Abs. 2 StPO gegenüber dem Beschuldigten keine Eingriffsermächtigung erhält und nach ihrer Entstehungsgeschichte allein die Vernehmungsgegenüberstellung regelt. Nach der Systematik des Gesetzes regelt § 58 Abs. 2 StPO eine Ausnahme von § 58 Abs. 1 StPO und

---

593 KG NJW 1979, 1668, JR 1979, 347.
594 KG NJW 1979, 1668, JR 1979, 347.
595 *Tetsch* ER Bd. 2, S. 201.
596 Zu Problemen der Gegenüberstellung zum Zwecke der Wiedererkennung *Grünwald* JZ 1981, 423 ff. *Grünwald* legt dar, dass sich eine Rechtsgrundlage für eine Gegenüberstellung weder in § 58 Abs. 2 StPO, der nur die „Konfrontation" bei Vernehmungen regele, noch in §§ 81a und 81b StPO finde. Aus dem Fehlen einer Eingriffsermächtigung (Vorbehalt des Gesetzes) folgert *Grünwald* dann, dass die zwangsweise Gegenüberstellung unzulässig sei; kritisch dazu dazu *Dencker* NStZ 1982, 152 (154).
597 KG NJW 1979, 1668, JR 1979, 347.

damit nur den Vorgang der Konfrontation. Die Vorschrift betrifft nicht die Gegenüberstellung zum Zwecke des Wiedererkennens (Rekognition), sondern ihrem Sinn und Zusammenhang nach lediglich die Konfrontation von Personen innerhalb einer richterlichen Vernehmung.[598]

2. Ermächtigungsgrundlage (§ 81a StPO)?

Teilweise wird § 81a StPO als Ermächtigung herangezogen.[599] Wenn das Gesetz selbst Eingriffe zulässt, so ist nicht einzusehen, warum die vergleichsweise weniger belastende bloße Beschauung des Beschuldigten unzulässig sein soll.[600] Die Zulässigkeit einer zwangsweisen Gegenüberstellung ergibt sich infolgedessen aus § 81a StPO (sog. Erst-Recht-Schluss). Insofern beruht die Gegenüberstellung auf einer erweiternden Auslegung des § 81a StPO (Sonderfall der einfachen körperlichen Untersuchung).[601] Der Beschuldigte muss die Gegenüberstellung – entsprechend § 81a StPO – dulden.[602] Zu beachten ist dann die Anordnungskompetenz nach § 81a Abs. 2 StPO. Nach hier vertretener Auffassung kommt § 81a StPO dann in Betracht, wenn es erforderlich ist, z.B. die Haar- oder Barttracht gegen den Willen des Beschuldigten zu verändern.[603]

3. Ermächtigungsgrundlage (§ 81b StPO)?

Andererseits wird für die Identifizierungsgegenüberstellung auch § 81b StPO herangezogen. Dieser Auffassung wird hier Folge geleistet.[604] § 81b StPO kann zwar nicht direkt, wohl aber analog angewendet werden. Hierfür spricht, dass die Vorschrift erlaubt, Lichtbilder gegen den Willen des Beschuldigten zu fertigen und diese dann – auch gegen den Willen des Beschuldigten – einem Zeugen vorzulegen.[605] Dann muss es aber auch zulässig sein, den Beschuldigten direkt von einem Zeugen betrachten zu lassen.[606] Auch unterliegt es keinen verfassungsrechtlichen Bedenken, dass die Gegenüberstellung Zeugen auf der Grundlage der verfassungsrechtlich unbedenklichen Vorschrift des § 81b StPO mit einem Videogerät aufgenom-

---

598 *Kramer* StrafVerfR, Rn. 186.
599 *Meyer-Goßner/Schmitt* StPO, § 58, Rn. 9.
600 *Odenthal* NStZ 1985, 433 (434).
601 *Kramer* StrafVerfR, Rn. 186a.
602 *Senge*, in: KK-StPO, § 58 Rn. 8.
603 *Hartmann/Schmidt* StrafProzR, Rn. 345.
604 *Trüg*, in: DDKR, § 58 StPO Rn. 7.
605 Dagegen gestattet § 81b StPO eine zum Zwecke des Stimmvergleichs heimlich aufgenommene Stimmprobe (als „ähnliche Maßnahme") nicht, da § 81b StPO nur zur Duldung von Zwangsmaßnahmen verpflichtet, nicht aber zu aktiven selbstüberführenden Handlungen, *Roxin/Schünemann* StrafVerfR, § 33 Rn. 18.
606 *Lang* Kriminalistik 1999, 767 (768).

men worden ist.[607] Die Anfertigung eines Videofilms von dem Beschuldigten, um diesen – mit Aufnahmen anderer Personen – zum Zwecke der Identifizierung Zeugen vorzuspielen, ist eine „ähnliche Maßnahme" i. S. von § 81b StPO und daher zulässig.[608] Ungeachtet der o. g. Auffassungen wird jedenfalls die Beschuldigteneigenschaft des Betroffenen vorausgesetzt. Diese Eigenschaft erlangt eine Person durch die förmliche Einleitung eines gegen sie gerichteten Ermittlungsverfahrens. X ist Beschuldigter. Gegen ihn wird (kraft Willensakts der Strafverfolgungsbehörde) das Verfahren – als Beschuldigter – betrieben. Der Beschuldigte muss trotz des Fehlens einer ausdrücklichen prozessualen Ermächtigungsgrundlage und des Umstandes, dass er grundsätzlich nicht verpflichtet ist, sich selbst zu belasten (nemo-tenetur-Grundsatz), Einzel- und Wahlgegenüberstellungen dulden, obwohl sie eine passive Selbstbelastung darstellen.[609]

📖 **Kriminaltaktisches Vorgehen:**[610] Fraglich ist aber, ob diese (Einzel-)Gegenüberstellung geboten war. Zu berücksichtigen ist, dass das Wiedererkennen nur eine Möglichkeit der Beweisführung ist. Dieser Maßnahme muss gegenüber anderen Beweismitteln nicht grundsätzlich der Vorzug gegeben werden. Vorliegend wurden im Pkw des X die Deliktbeute sowie das Einbruchswerkzeug gefunden. Zudem gab er gegenüber den eingesetzten Beamten an, dass es sich bei den 3 Einhunderteuroscheinen um das Geld handelt, das er in der Wohnung des U entwendet hat. X ist praktisch geständig. Diese Gegenüberstellung war also zumindest nicht erforderlich, um eine Entscheidung über weitere Ermittlungsmaßnahmen treffen zu können (z. B. die vorläufige Festnahme). Auch ohne die Gegenüberstellung lagen zahlreiche („erdrückende") Indizien für die Täterschaft des X vor. Grundsätzlich ist zu beachten, dass der Beweiswert einer Einzelgegenüberstellung äußerst dürftig ist, da die (Erkennungs-)Zeugen bewusst oder unbewusst der Beeinflussung unterliegen, dass es sich bei dem Vorgestellten nur um den Täter handeln kann.[611] Weiterhin ist ein späteres (also zweites) Wiedererkennungsverfahren mit Wahlmöglichkeit unter Beteiligung des gleichen Zeugen und des gleichen Beschuldigten praktisch wertlos.[612] Auf eine Einzelgegenüberstellung sollte daher nur in Ausnah-

---

607 BVerfG NStZ 1983, 84.
608 LG Berlin NStZ 1989, 488; vgl. auch *Geerds* JURA 1986, 9; *Geppert* JURA 1989, 274.
609 *Artkämper* Die Kriminalpolizei 2/2009, 21.
610 Grundlegend *Keller* KR, S. 365 ff.
611 Eine Einzelgegenüberstellung wird mithin nur durchgeführt, wenn eine dem Zeugen bereits bekannte Person identifiziert werden soll, z. B. ein Arbeitskollege. Hier wäre das Auswählen aus einer Mehrzahl von Personen unsinnig, da der Zeuge genau weiß, wen er anerkennen soll; ergänzend *Schmelz* Kriminalistik, 2009, 440 ff.
612 *Glaser* Kriminalistik 1995, 653 ff.: Wiedererkennen im Rahmen der Sofortfahndung.

mefällen zurückgegriffen werden,[613] d.h. die Einzelgegenüberstellung ist i.d.R. ungeeignet. Keinesfalls sollte die Maßnahme im Vorfeld einer Wahlgegenüberstellung durchgeführt werden.[614] Sie würde eine spätere Wahlgegenüberstellung erheblich im Beweiswert mindern.[615]

Aufgabe 2

I. Entnahme von Körperzellen

Die Frage, unter welchen Voraussetzungen einem Beschuldigten zum Zwecke der Identitätsfeststellung in künftigen Strafverfahren Körperzellen entnommen und molekulargenetisch untersucht werden dürfen, ist in § 81g Abs. 1 StPO geregelt.[616] Vereinfacht dargestellt dürfen bei Straftaten von erheblicher Bedeutung zum Zwecke der Identitätsfeststellung in künftigen Strafverfahren vom Beschuldigten Körperzellen entnommen und molekulargenetisch untersucht werden, wenn bez. des Beschuldigten eine gewisse „Rückfallwahrscheinlichkeit" prognostiziert werden kann.[617] Eine bloß abstrakte Wahrscheinlichkeit eines künftigen Strafverfahrens genügt für die Anordnung der Maßnahme nach § 81g StPO nicht.[618]

📖 Die DNA-Analyse hat sich seit ihrer Zulassung als strafprozessuales Beweismittel im Jahre 1988[619] zu einem effektiven und erfolgreichen Instrument der Verbrechensaufklärung entwickelt.[620] Aus kriminalistischer Sicht ist insbesondere hervorzuheben, dass

– die Art der auswertbaren körperzellhaltigen Spuren nahezu keiner Einschränkung unterliegt, d.h., es ist für die Untersuchung unerheblich, ob es sich um Zellen des Blutes, Epithelzellen oder Speichel handelt

– auch geringstes Spurenmaterial einer Auswertung zugeführt werden kann, da die PCR-Reaktion nur einige Ausgangs-DNA-Moleküle als Vorlage benötigt

---

613 Eine Einzelgegenüberstellung kann etwa dann in Betracht kommen, wenn ein Tatverdächtiger unmittelbar nach einem Zeugenhinweis aufgrund der Beschreibung festgenommen wird. Der Tatverdacht muss sich ausschließlich auf die Personenbeschreibung stützen. Sind weitere unaufschiebbare Maßnahmen gegen den Verdächtigen von der Identifizierung durch den Zeugen abhängig, kann eine Einzelgegenüberstellung erforderlich sein.
614 Zu den praktischen (und rechtlichen) Problemen *Artkämper* Kriminalistik 1995, 645 ff. Zu den Folgen einer unterlassenen *Wahl*gegenüberstellung LG Köln Kriminalistik 1995, 651.
615 BGH NStZ 1997, 355.
616 Zur Verfassungsmäßigkeit BVerfG NJW 2001, 879; BVerfG NJW 2001, 882.
617 Zusammenfassend *Rath/Brinkmann* NJW 1999, 2697 ff.
618 LG Braunschweig StV 2020, 461.
619 LG Berlin NJW 1989, 787; LG Darmstadt NJW 1989, 2338.
620 Zu den biologischen Grundlagen *Hasselbach* DNA, S. 7 ff.; zu den kriminalistischen Möglichkeiten bereits *Keller* DNA, passim.

– bei sachgerechter Asservierung selbst noch Jahre später aus dem Spurenmaterial ein ausreichendes DNA-Profil gewonnen werden kann

Die DNA-Analyse trägt dazu bei, Fehlurteile zu vermeiden; sie erhöht das Risiko der Tataufdeckung und steigert damit die Abschreckungswirkung des Strafrechts.[621]

§ 81g StPO ist die formell-gesetzliche Grundlage für die Erhebung und Speicherung molekulargenetischer Identifizierungsmuster für zukünftige Strafverfahren.[622] Es handelt sich Prinzip um eine erkennungsdienstliche Behandlung. Vor diesem Hintergrund stellt die Ermächtigung einen „Fremdkörper" in der StPO dar. Das BVerfG sieht in der Vorschrift wohl genuines Strafprozessrecht,[623] weil es auf Zwecke der (künftigen) Strafverfolgung, nicht auf Zwecke der Gefahrenabwehr ausgerichtet ist.[624] Der BGH sieht die Maßnahme als Strafverfolgungsmaßnahme im weiteren Sinne.[625] X ist Beschuldigter. § 81g Abs. 1 StPO fordert, dass der Beschuldigte verdächtig ist, eine **„Straftat von erheblicher Bedeutung"** begangen zu haben. Einigkeit besteht darin, dass es sich um eine Straftat mindestens aus dem Bereich der mittleren Kriminalität handeln muss.[626] Das ist vorliegend der Fall. Die DNA-Analyse nach § 81g StPO ist auch zulässig, wenn der Beschuldigte wiederholt Straftaten begangen hat, die für sich genommen die Schwelle zur erheblichen Straftat nicht erreichen, aber in ihrer Gesamtheit einer Straftat von erheblicher Bedeutung gleichstehen.[627] Gem. § 81g Abs. 1 Satz 2 StPO kann die wiederholte Begehung sonstiger Straftaten im Unrechtsgehalt einer Straftat von erheblicher Bedeutung gleichstehen.[628] § 81g StPO fordert weiterhin, dass wegen der Art oder der Ausführung der Tat, der Persönlichkeit des Beschuldigten oder sonstiger Erkenntnisse Grund zu der Annahme besteht, dass gegen ihn künftig erneut Strafverfahren wegen der *vorgenannten Straftaten* zu führen sind. Es muss Grund zu der Annahme bestehen, dass der Beschuldigte rückfällig werden wird. Diese Annahme muss (begründet) prognostiziert werden können. Zwar ist in der Kriminologie die Kriminalprognose – d.h. die Beurteilung der Entwicklung von Eigenschaften, Verhaltensweisen und Reaktionsmechanismen bestimmter

---

621 *Pfeiffer/Höynck/Görgen* ZRP 2005, 113.
622 Vertiefend: *Bergemann/Hornung* StV 2007, 164 ff.; *Müller* Die Polizei 2006, 40 ff.; *Schewe* JR 2006, 181 ff.
623 Für eine Zuordnung zum Strafrecht BVerfG NStZ 2001, 328.
624 Instruktiv *Pommer* JA 2007, 621 (624).
625 BGH StV 1999, 302; vgl. auch *Eisenberg/Singelstein* GA 2006, 168 ff.
626 LG Mannheim StV 2001, 266.
627 *Senge* NJW 2005, 3028 (3030).
628 Im Fall einer Anordnung nach § 81g Abs. 1 Satz 2 StPO ist einzelfallbezogen darzulegen, warum die wiederholte Begehung sonstiger Straftaten im Unrechtsgehalt einer **Straftat von erheblicher Bedeutung** gleichsteht, BVerfG jurisPR-ITR 14/2009, Anm. 5, *Popp*.

II. Schwerpunkt: Strafprozessrecht

Individuen, die wegen bestimmter strafbarer Handlungen aufgefallen sind und möglicherweise diese oder andere in Zukunft wieder zeigen werden – erforscht; gleichwohl kann es nur um die Festlegung einer Wahrscheinlichkeit, keinesfalls um die Bestimmung zukünftigen (strafrechtlich relevanten) Verhaltens gehen.

▢ Die zu treffende Rückfallprognose ist dabei nicht gleichzusetzen mit der Wiederholungsgefahr aus § 112a StPO.[629] Mit dem Haftgrund der Wiederholungsgefahr – als „Sicherungshaft zum Schutz der Allgemeinheit vor weiteren erheblichen Taten besonders gefährlicher Täter" – ist zudem ein stärkerer Rechtseingriff verbunden als andererseits bei der Entnahme von Körperzellen. Infolgedessen müssen die Anforderungen an die Wiederholungsgefahr i.S. von § 112a StPO höher eingestuft werden als im Rahmen von § 81g StPO. Auch ein Vergleich mit der Prognose zur Gewährung einer Bewährungsstrafe (§ 56 Abs. 1 StGB) verbietet sich, da die von § 81g StPO geforderte Prognose völlig anderen Zwecken dient und daher (auch) unterschiedliche (Rechtmäßigkeits-)Maßstäbe angelegt werden müssen.[630] Eine für den Beschuldigten günstige Prognose mag ausreichen, um eine Freiheitsstrafe gem. § 56 Abs. 1 StGB zur Bewährung auszusetzen, d.h. jedoch nicht zwangsläufig auch, dass damit die Rückfallprognose i.S. des § 81g StPO entfällt.[631] Die durch den Strafrichter getroffene günstige Prognose für den Beschuldigten heißt ja nicht, dass Gewähr für künftiges straffreies Verhalten des Beschuldigten besteht. Im Falle des § 81g StPO müssen nach den Gesamtumständen des Sachverhaltes (begründete) Anhaltspunkte für künftiges strafrechtlich relevantes Verhalten des Beschuldigten vorliegen, wobei diese Prognose auch unter Inkaufnahme des „Risikos" der Strafaussetzung zur Bewährung (§ 56 StGB) gestellt werden kann. Auch wird die Auffassung vertreten, dass die Prognose entsprechend der gem. §§ 63, 64, 66 StGB zu stellenden Prognose zu erfolgen habe.[632] Nach a. A. ist von der positiven Sozialprognose i.S. von § 57 StGB die negative Kriminalitätsprognose (§§ 63, 64, 66 StGB) zu unterscheiden, wobei sich positive und negative Prognose ausschließen.[633] Nach hier vertretener Auffassung ist der Zweck des § 81g StPO zu berücksichtigen, nämlich die Bereitstellung von Unterlagen für die Aufklärung von Straftaten durch die Polizei. Dieser Ansatz entspricht der erkennungsdienstlichen Behandlung gem. § 81b 2. Alt. StPO (Schaffung von Unterlagen für künftige Strafverfolgung).[634] Der Unterschied zwischen den Normen (§ 81b

---

629 A.A. *Schneider* StV 2001, 6, der die Auffassung vertritt, die Prognose sei entsprechend § 112a StPO zu stellen.
630 *Neuhaus*, in: DDKR, § 81g StPO Rn. 6.
631 LG Ingolstadt NJW 2000, 749; LG Göttingen NJW 2000, 751.
632 LG Zweibrücken StV 1999, 303; LG Gera StV 1999, 589.
633 Ausführlich zur (Negativ-)Prognose *Hasselbach* DNA, S. 108 ff.
634 *Benfer* StV 1999, 402.

und § 81g StPO) liegt lediglich in der Qualität der zu prognostizierenden Straftaten.[635] Im Übrigen kann die Unterlassung der Entnahme von Körperzellen beim Beschuldigten zwecks molekulargenetischer Untersuchung – unter Zugrundelegung der Annahme, es kommt zu einer entsprechenden Straftat – nicht mehr korrigiert werden, da der Polizei dann ggf. die Erkenntnisse fehlen, die zur Aufklärung der Straftat erforderlich sind. Dagegen ist im Falle der Strafaussetzung zur Bewährung eine „Korrektur" durchaus möglich (§ 56f StGB, Widerruf der Strafaussetzung). Eine Strafaussetzung zur Bewährung steht der Anordnung einer Maßnahme nach § 81g StPO daher nicht entgegen. Es bestehen aber erhöhte Begründungsanforderungen, wenn ein anderes Gericht bereits im Rahmen der Entscheidung über eine Strafaussetzung zur Bewährung eine günstige Sozialprognose getroffen hat.[636]

Das BVerfG hat jedenfalls klargestellt, dass die Prognoseentscheidung i. S. von § 81g StPO von Verfassungs wegen voraussetzt, dass ihr eine zureichende Sachaufklärung vorausgegangen ist.[637] Vorliegend geben die Schwere des Diebstahls, das Vorgehen bei Tatausführung und die Persönlichkeit des X Anhaltspunkte dafür, dass er erneut eine entsprechende Straftat begehen wird. Die Maßnahmen sind auch erforderlich. Bei Wohnungseinbrüchen handelt es sich um Straftaten, bei denen die molekulargenetische Untersuchung von Spurenmaterial eine wichtige Aufklärungsmaßnahme sein kann.[638]

II. Entnahme einer Speichelprobe

Die Entnahme einer Speichelprobe darf nicht zwangsweise durchgesetzt werden. Gibt der Beschuldigte freiwillig eine Speichelprobe ab, so beeinträchtigt dies weniger als eine Blutprobenentnahme. Ist der Betroffene indes nicht zur Abgabe der Speichelprobe bereit, müsste ihm der Mund gewaltsam geöffnet werden. Aufgrund der damit verbundenen Gefahr einer Kieferverletzung würde die zwangsweise Entnahme der Speichelprobe den Beschuldigten stärker beeinträchtigen als eine Blutprobenentnahme. Dagegen darf bei der Entnahme der Blutprobe unmittelbarer Zwang angewendet werden. Bei der Anordnungskompetenz ist zwischen der Entnahme der Körperzellen zu den in § 81g Abs. 1 StPO genannten Zwecken einerseits

---

635 *Fluck* Kriminalistik 2000, 479.
636 BVerfG DVBl. 2009, 986, dazu Anm. *Popp*, jurisPR-ITR 14/2009, Anm. 5.
637 BVerfG NJW 2001, 2320. Dem Beschluss lagen vier Verfahren zugrunde, wobei das BVerfG in allen Fällen die Beschlüsse der Amtsgerichte und die sie bestätigenden Beschlüsse der Landgerichte aufgehoben hat. Die Begründungen der Fachgerichte ließen sämtlich nicht erkennen, dass die erforderliche umfangreiche Prüfung und gründliche Prüfung des Einzelfalls durchgeführt worden war; dazu *Rackow*, Kriminalistik 2001, 700 ff.
638 Bei der Schaffung des Eingriffstatbestandes (§ 81g StPO) hat der Gesetzgeber bereits den Grundsatz der Verhältnismäßigkeit berücksichtigt. Liegen die tatbestandlichen Voraussetzungen des § 81g StPO vor, ist für die Beachtung dieses Grundsatzes nur in Ausnahmefällen Raum, OLG Jena NStZ 1999, 634.

und der Durchführung der molekulargenetischen Untersuchung andererseits zu unterscheiden (§ 81g Abs. 3 StPO). Die Entnahme der Körperzellen darf ohne schriftliche Einwilligung des Beschuldigten nur durch das Gericht, bei Gefahr im Verzug auch durch die Staatsanwaltschaft und ihre Ermittlungspersonen (§ 152 GVG) angeordnet werden (§ 81g Abs. 3 Satz 1 StPO).[639] Die molekulargenetische Untersuchung der Körperzellen darf ohne schriftliche Einwilligung des Beschuldigten nur durch das Gericht angeordnet werden (§ 81g Abs. 3 Satz 2 StPO).

Der Sachverhalt macht hierzu keine Angaben. Die Frage kann abschließend nicht beantwortet werden. Feststeht jedenfalls, dass das bloße Sich-auf-der-Dienststelle-befinden per se kein Eilfall ist[640] und dass ein Fall von Gefahr im Verzug in aller Regel nicht vorliegen wird. Die molekulargenetische Untersuchung der Körperzellen darf ohne schriftliche Einwilligung des Beschuldigten nur durch das Gericht angeordnet werden. Die einwilligende Person ist darüber zu belehren, für welchen Zweck die zu erhebenden Daten verwendet werden (§ 81g Abs. 3 Satz 2, 3 StPO).

III. Speicherung des DNA-Identifizierungsmusters beim BKA

Das gewonnene DNA-Identifizierungsmuster des X darf in der DNA-Identifizierungsdatei beim Bundeskriminalamt gespeichert und verwendet werden (§ 81g Abs. 5 StPO), ein Richtervorbehalt besteht hier nicht.[641] § 81g Abs. 5 Satz 1 StPO erlaubt als Spezialregelung im Vergleich zu § 484 StPO diese Einrichtung, die das BKA gemeinsam mit den LKÄ als Verbunddatei führt.[642] Die DNA-Analysedatei (DAD) wird als Hilfsmittel der Ermittlung genutzt. Der Abgleich der gespeicherten DNA-Muster soll dazu beitragen, Tatzusammenhänge zu erkennen, wenn an verschiedenen Tatorten gesicherte Spuren identische DNA-Muster aufweisen und somit wahrscheinlich der gleichen Person zuzuordnen sind, und Spurenleger zu ermitteln, wenn ein Muster einer in einem Tatzusammenhang gesicherten Spur mit demjenigen einer bereits erfassten Person übereinstimmt.[643]

---

639 Zur Einwilligung in die Entnahme und Untersuchung von Körperzellen *Finger* Kriminalistik 2006, 696.
640 *Dörschuck* Kriminalistik 1996, 732 (737), bezogen auf präventiv-polizeiliche erkennungsdienstliche Behandlungen.
641 LG Offenburg NStZ 2006, 514.
642 Die Verwendung der gespeicherten Daten richtet sich nach dem BKAG.
643 Im Überblick *Meindl/Andrä*, in: HdbStA, 1. Teil, Rn. 181 ff.

📖 Im Gegensatz zu § 81g StPO ermöglichen die §§ 81e und f StPO die molekulargenetische Untersuchung von Vergleichsmaterial und Tatortspurenmaterial in einem anhängigen Ermittlungsverfahren. Eine Speicherung des DNA-Profils erfolgt hier nicht. § 81e Abs. 1 Satz 1 StPO legt fest, dass die molekulargenetische Untersuchung die Erstellung eines DNA-Identifizierungsmusters sowie die Bestimmung der Abstammung *und* des Geschlechts umfasst. Zweck der Untersuchung ist die ergänzende Formulierung, dass der Abgleich mit Vergleichsmaterial nur zulässig ist, soweit dies zur Erforschung des Sachverhalts erforderlich ist. Untersuchungen dürfen auch an aufgefundenem, sichergestelltem oder beschlagnahmtem Material durchgeführt werden (§ 81e Abs. 2 StPO). § 81h StPO ist überdies Rechtsgrundlage der sog. Reihenuntersuchung, durch die festgestellt werden soll, ob aufgefundenes Spurenmaterial von einer der zur Teilnahme am Gentest aufgeforderten und freiwillig mitwirkenden Personen stammt. Mit dem **„Gesetz zur effektiveren und praxistauglicheren Ausgestaltung des Strafverfahrens" v. 17.8.2017** wurden die §§ 81e und h der StPO geändert. Ziel der Reform war die von der kriminalpolizeilichen, staatsanwaltschaftlichen und gerichtlichen Praxis geforderte Erweiterung des Abgleichs der DNA-Identifizierungsmuster zur Erlangung von Erkenntnissen zur Erforschung des Sachverhaltes, die auf ein nahes Verwandtschaftsverhältnis zwischen dem Spurenverursacher und dem Probengeber hindeuten („**Beinahetreffer**"). Dieser Ermittlungsmaßnahme liegt die Konstellation zugrunde, dass ein Verdacht gegen eine konkrete Person nicht besteht, der Täter aber wahrscheinlich aus einem bestimmbaren Personenkreis stammt. Dieser kann um die freiwillige Abgabe von Körperzellen zum Zwecke der DNA-Analyse und des Abgleichs mit der Tatortspur gebeten werden.[644]

Nachdem jahrelang in Deutschland – häufig unter dem Anglizismus „DNA-Phenotyping" – über eine Ausweitung der strafprozessualen DNA-Analyse diskutiert wurde, erfolgte Ende 2019 durch das **„Gesetz zur Modernisierung des Strafverfahrens"** erneut eine Ausweitung der strafprozessualen Möglichkeiten.[645] Neben dem weiterhin auf Basis von § 81e Abs. 1 StPO zu erhebenden Geschlecht können seit der Gesetzesnovellierung in Fällen, wo unbekannt ist, von welcher Person das Spurenmaterial stammt, auch die in § 81e Abs. 1 Satz 2 StPO benannten zusätzlichen Feststellungen getroffen werden. Ist unbekannt, von welcher Person das Spurenmaterial stammt, dürfen zusätzlich Feststellungen über die **Augen-, Haar- und Hautfarbe sowie das Alter der Person** getroffen werden. Anwendungsvoraussetzung des § 81e Abs. 2 Satz 2 StPO ist, dass unbekannt ist, von wem das Spurenmaterial stammt. Demnach können die zusätzlichen in Abs. 2 Satz 2 genannten Feststellungen nicht getroffen werden, wenn das Untersuchungsmaterial vom Beschuldigten oder anderen bekannten Personen entnommen wurde oder auch dann

---

644 Der BGH hatte die strafprozessuale Verwertung von sog. „Beinahetreffern" aus DNA-Reihenuntersuchungen nach § 81h StPO für grundsätzlich unzulässig erklärt, BGH, Urt. v. 20.12.2012–3 StR 117/12, NJW 2013, 1827; hierzu *Claus* jurisPR-StrafR 18/2017 Anm. 1; *Krause* Kriminalistik 2017, 532 (534).
645 BT-Drs. 19/14747, 28; hierzu *Hath* GSZ 2018, 67 ff.

nicht, wenn ein Abgleich des DNA-Identifizierungsmusters mit der beim Bundeskriminalamt geführten Analysedatei auf Grundlage von § 81g Abs. 5 Nr. 2 StPO erfolgreich war.[646] Durch die (Neu-)Regelung des § 81e Abs. 2 Satz 2 StPO soll die Priorisierung bestimmter Maßnahmen im Ermittlungsverfahren im Hinblick auf einen möglichen Täterkreis ermöglicht werden.[647] Hierbei soll jedenfalls durch die Bestimmung des Alters des Täters und die weiteren benannten Merkmale der Verdächtigenkreis im kriminalistischen Sinne Eingrenzungen erfahren. Als nächster denkbarer Ermittlungsschritt soll damit etwa eine DNA-Reihenuntersuchung nach § 81h StPO zunächst auf freiwillige Teilnehmer mit den entsprechenden Merkmalen beschränkt werden können.[648] Insofern kommt die Regelung der kriminalistischen Praxis entgegen und kann für die Strafverfolgung nützlich sein.[649]

Auf die Ermächtigung zur Ermittlung der **biogeographischen Herkunft** in § 81e Abs. 2 Satz 2 StPO hat der Gesetzgeber verzichtet. Anders als die Feststellung der phänotypischen Merkmale und des Alters verspricht die Feststellung der biogeographischen Herkunft keine Ermittlungsfortschritte und begegnet daher Bedenken in Bezug auf die Verhältnismäßigkeit.[650]

---

646 BT-Drs. 19/14747, 26.
647 Goers, in: BeckOK StPO, § 81e Rn. 11d.
648 BT-Drs. 19/14747, 26 f.
649 *Jansen* ZIS 2020, 233 (240); kritisch dazu *Ellebrecht/Weber* Kriminalistik 2020, 44 ff. („von geringem ermittlungstechnischem Nutzen").
650 *Jansen* ZIS 2020, 233 (240).

Fall 13: Gras in der Wohnung

> **Schwerpunkte:** Durchsuchung einer Wohnung bei Verdächtigen, Richterliche Anordnung, Eilkompetenz, Nachtzeitschranke, Vernehmung, Aufzeichnung einer Vernehmung, strafprozessuale Ordnungsvorschriften, Beweismittelverwertungsverbote

Sachverhalt:[651]

Die Polizeibeamten POK A und PK B befinden sich zur Mittagszeit in einem Mehrfamilienhaus anlässlich einer Ruhestörung. In der 7. Etage feiern junge Leute den Pokalsieg des FC Schalke 04. Die Fans werden zur Ruhe ermahnt und sind einsichtig. Weitere Maßnahmen sind durch die Beamten nicht zu treffen, so dass die Beamten die Wohnung verlassen. Im Treppenhaus fällt ihnen starker Marihuanageruch auf, der aus der Wohnung des Ingo S in der 3. Etage zu kommen scheint. Der im Keller befindliche Stromzähler für die Wohnung des S dreht sich zudem auffällig schneller als die anderen. Die Beamten schöpfen den Verdacht, dass in der Wohnung des A Marihuana angebaut werde. POK A beschließt, sich um den aufgekommenen Verdacht eines Betäubungsmitteldelikts zu kümmern. PK B versucht innerhalb von 15 Minuten mindestens dreimal erfolglos den Eildienst der Staatsanwaltschaft und richterlichen Eildienst telefonisch zu erreichen, um diesen zu veranlassen, einen richterlichen Durchsuchungsbeschluss zu erwirken. Als dies nicht gelingt, beschließen die Beamten, an der Haustür des S zu klopfen, um durch freiwillige Angaben der Herkunft des Geruchs auf den Grund zu gehen. Als POK A an der Wohnungstür klopft, gibt er sich als Polizeibeamter zu erkennen. Das Klopfen sowie die Aufforderung, die Tür zu öffnen, wiederholt er, als Geräusche hinter dieser wahrzunehmen sind. Die Tür wird jedoch nicht geöffnet, sondern hörbar von innen verschlossen. Da die Beamten davon ausgehen, dass S nun Beweismittel vernichtet, gehen sie davon aus, dass Gefahr im Verzug vorliegt. POK A ordnet die sofortige Durchsuchung der Wohnung an. PK B versucht, die verschlossene Wohnungstür einzutreten, schafft dies aber zunächst nicht. S, der durch die Tritte gegen die Tür „beeindruckt" ist, öffnet die Tür und lässt die Polizeibeamten widerwillig ein. POK A und PK B durchsuchen sodann die Wohnung des S. Sie ent-

---

[651] OLG Düsseldorf NStZ 2017, 177. Mit einer entsprechenden Fallbearbeitung *Westpfahl/ Braun* PSP 3/2017, 24 ff.; dazu auch *Albrecht* jurisPR-StrafR 25/2016, Anm. 5; *Jahn* JuS 2016, 1138 ff.; *Radtke* NStZ 2017, 177 ff.

decken eine Marihuana-Plantage mit zahlreichen Pflanzen. Die Beamten stellen insgesamt mehr als ein Kilogramm Marihuana sicher.

Nach Personalienfeststellung wird S zum Sachverhalt an Ort und Stelle durch POK A befragt. S, der als Beschuldigter ordnungsgemäß belehrt wird, gibt an, dass er an ADHS leide und deshalb „ohne Ende kiffe", weil er nur durch den Konsum von mehreren Gramm „Gras" am Tag „klarkomme". Handeltreiben würde er nicht, wohl aber „Kollegen" bei Gelegenheit mal mitrauchen lassen. S wird festgenommen und am nächsten Tag auf dem Kriminalkommissariat ausführlich vernommen.

Aufgabe:

1. Beurteilen Sie rechtsgutachtlich folgende polizeiliche Maßnahmen:
   - Durchsuchung der Wohnung des S
   - Befragung des S (Vernehmung)
2. Erläutern Sie, ob im Hinblick auf die in der Wohnung gefundenen Beweismittel und die von Ingo S getätigten Angaben ein Beweismittelverwertungsverbot vorliegt und welche Auswirkungen ggf. dies auf einen möglichen Prozess hätte.
3. Ist die Vernehmung des S auf dem Kriminalkommissariat audio-visuell aufzuzeichnen?

Hinweis: Die örtliche Zuständigkeit ist nicht zu prüfen.

Lösung zu Aufgabe 1

A.   Durchsuchung der Wohnung des S

I.   Ermächtigungsgrundlage

Nach dem Grundsatz des Vorbehalts des Gesetzes bedarf staatliches Handeln, das dem Betroffenen ein Verhalten, das in den Schutzbereich eines Grundrechts fällt, wesentlich erschwert oder ganz oder teilweise unmöglich macht, einer gesetzlichen Ermächtigungsgrundlage. Durch die Durchsuchung der Wohnung des S wird in dessen Grundrecht auf Unverletzlichkeit der Wohnung (Art. 13 Abs. 1 GG) eingegriffen.[652] Das Grundrecht schützt die räumliche Privatsphäre. Zur Wohnung gehören alle Räume, die der allgemeinen Zugänglichkeit durch eine räumliche Abschottung entzogen sind und zur Stätte privaten Lebens und Wirkens gemacht wurden.[653]

---

652 Grundlegend *Braun* StaatsR, S. 166 ff.
653 BVerfGE 109, 279, Rn. 120.

Indem die Beamten die Privatwohnung des S betreten und durchsuchen, erlangen sie Einblicke in dessen räumliche Privatsphäre und häuslichen Lebensumstände. S wird somit in seinem Grundrecht auf Unverletzlichkeit der Wohnung beeinträchtigt. Zielrichtung ist erkennbar die Strafverfolgung. Die Beamten wollten Beweismittel für eine Straftat nach dem BtMG auffinden. Der Anfangsverdacht einer Straftat lag vor (§ 152 Abs. 2 StPO). POK A und PK B nahmen olfaktorisch im Treppenhaus des Mehrfamilienhauses Marihuanageruch wahr, der offenbar aus der Wohnung des S kam. Der Stromzähler der betreffenden Wohnung drehte sich auffällig schneller als derjenige der anderen Wohnungen. Ein exorbitant hoher Stromverbrauch kann nach kriminalistischer Erfahrung Folge der Unterhaltung einer Marihuana-Plantage sein. Die Summe dieser Umstände rechtfertigt den Verdacht, dass in der Wohnung des S Marihuana in nicht geringen Mengen angebaut wird und somit der Straftatbestand des § 29a Abs. 1 Nr. 2 BtMG erfüllt sein könnte. Als Ermächtigungsgrundlage kommt § 102 StPO in Betracht.[654]

II. Formelle Rechtmäßigkeit

Aufgrund der repressiven Zielrichtung ergibt sich die sachliche Zuständigkeit der Beamten aus § 1 Abs. 4 PolG NRW i.V.m. § 11 Abs. 1 Nr. 2 POG NRW i.V.m. § 163 Abs. 1 Satz 1 StPO. Gem. § 163 Abs. 1 Satz 1 StPO haben die Behörden und Beamten des Polizeidienstes Straftaten zu erforschen und alle keinen Aufschub gestattenden Anordnungen zu treffen, um die Verdunkelung der Sache zu verhüten. Dieses Legalitätsprinzip statuiert einen Verfolgungszwang und löst eine Ermittlungspflicht der Polizei aus.

III. Materielle Rechtmäßigkeit

1. Tatbestandliche Voraussetzungen der Ermächtigungsgrundlage

a) Verdacht einer Straftat/Verdächtiger

Für eine Durchsuchung beim Verdächtigen genügt der über bloße Vermutungen hinausreichende, auf bestimmte tatsächliche Anhaltspunkte gestützte konkrete Verdacht, dass eine Straftat begangen worden ist und der Verdächtige als Täter oder Teilnehmer an dieser Tat in Betracht kommt. Eines hinreichenden oder gar dringenden Tatverdachts bedarf es – unbeschadet der Frage der Verhältnismäßigkeit – nicht.[655] Die Anordnung der Durchsuchung einer Wohnung bedarf zumindest eines Anfangsverdachts.[656] Wenn auch unter Berücksichtigung des mit einer Wohnungsdurchsuchung

---

654 Instruktiv *Huber* JuS 2013, 408 ff.; *Schroeder* JuS 2004, 858 ff.
655 BGH NStZ-RR 2019, 282, Anm. *Nestler* JURA 2019, 1310.
656 LG Bremen StV 2020, 163.

verbundenen Eingriffs in Art. 13 GG kein erhöhter Verdachtsgrad erforderlich ist, so ist gleichwohl der Bedeutung des tangierten Grundrechts durch eine besonders sorgfältige Verhältnismäßigkeitsprüfung Rechnung zu tragen. So ist eine Durchsuchung jedenfalls dann unverhältnismäßig, wenn naheliegende, weniger grundrechtsbeschränkende Ermittlungsmaßnahmen unterlassen wurden oder die beabsichtigte Durchsuchung außer Verhältnis zur Stärke des Tatverdachts steht.[657]

> Mit Änderung vom 25.7.2015 wurde die Überschrift des § 102 StPO geändert. Die Überschrift des § 102 StPO suggeriert, dass es sich bei der Person, gegen die sich die Durchsuchung richtet, um einen Beschuldigten handeln muss. Zum Teil wird mit Blick auf die amtliche Überschrift nunmehr die Beschuldigteneigenschaft gefordert.[658] Dem wird nicht gefolgt, denn die Befugnis richtet sich, ausweislich des Gesetzestextes, gegen eine Person, die als Täter oder Teilnehmer einer Straftat oder der Datenhehlerei, Begünstigung, Strafvereitelung oder Hehlerei verdächtig ist.[659] Die Person muss nicht in einem Ermittlungsverfahren förmlich beschuldigt sein.
>
> Ein Beschuldigter ist zwar immer zugleich Verdächtiger, aber letzterer braucht umgekehrt nicht schon Beschuldigter zu sein. Der Tatverdacht muss sich nämlich nicht schon soweit konkretisiert haben, dass die Beschuldigteneigenschaft (durch Willensakt der zuständigen Strafverfolgungsbehörde, sog. formeller Beschuldigtenbegriff) begründet werden darf bzw. muss; folglich kann jemand vorher Verdächtiger und damit Betroffener einer Durchsuchung sein. Zum Beschuldigten wird er durch diese Maßnahme freilich dann, wenn die Gewinnung von Beweismitteln seine Überführung bezweckt. Verdächtiger i. S. des § 102 StPO kann andererseits selbstverständlich auch ein Angeschuldigter oder sogar noch der Angeklagte sein, weshalb (auch) in den entsprechenden Verfahrensstadien Durchsuchungen zulässig sind.[660]

Der Anfangsverdacht einer Straftat liegt auf der Sachverhaltsschilderung (Wahrnehmungen der Beamten) vor (§ 152 Abs. 2 StPO). S ist Verdächtiger einer Straftat nach dem BtMG.

---

657 LG Mainz, Beschl. v. 17.7.2019–3 Qs 31/19, Be. Die Entscheidung belegt einmal mehr, dass es sich beim Strafverfahrensrecht um konkretisiertes Verfassungsrecht handelt. Der Begriff des Anfangsverdachts wird bei einer Wohnungsdurchsuchung verfassungskonform eng ausgelegt, AG Saalfeld NJW 2001, 3642; vgl. zur (verneinten) Verhältnismäßigkeit einer Durchsuchungsmaßnahmen in einem BtM-Verfahren mit dem Vorwurf eines BtM-Delikts betreffend eine geringe Menge LG Dresden, Beschl. v. 6.11.2019–3 Qs 69/19.
658 *Nitschmann* PSP 4/2017, 27 (31).
659 *König/Roggenkamp* ER, S. 210; *Gabor* StPO, S. 30: *Hadamizky*, in: SSW-StPO, § 102 Rn. 1; *Kindhäuser* StrafProzR, § 8 Rn. 142.
660 *Huber* JuS 2013, 408.

b) Durchsuchungsobjekt

Durchsucht werden können die Wohnung und andere Räume, die Person und die ihr gehörenden Sachen.

BVerfG, Beschl. v. 9.8.2019–2 BvR 1684/18, NJW 2019, 3633

Wohnungen und Räume im Sinne des § 102 StPO sind Räumlichkeiten, die der Verdächtige tatsächlich innehat, gleichgültig, ob er sie befugt oder unbefugt nutzt, ob er Allein- oder Mitinhaber ist und ob ihm das Hausrecht zusteht. Bei Mitbenutzung oder Mitgewahrsam mehrerer Personen, von denen nur ein Teil verdächtig ist, gilt daher § 102 StPO.

Durchsuchungsobjekt ist hier die Wohnung des S.

c) Durchsuchungszweck

Als legitime Zwecke sieht § 102 StPO eine Ergreifungs- und eine Ermittlungsdurchsuchung vor. Im vorliegenden Sachverhalt geht es den Polizeivollzugsbeamten vorrangig um die Auffindung und die anschließende Sicherung/Beschlagnahme von Beweismitteln gem. §§ 94 Abs. 2, 98 StPO, da sie die Befürchtung haben, dass S diese vernichten könnte. Es handelt sich somit um eine statthafte Ermittlungsdurchsuchung.

d) Erfolgsvermutung

Für die Durchsuchung beim Verdächtigen genügen der (einfache) Verdacht der Begehung einer Straftat und die Vermutung, dass der Verdächtige oder die Beweismittel oder Tatspuren gefunden werden. Gefordert wird eine zumindest auf kriminalistischem Erfahrungswissen fundierte Vermutung, dass im Rahmen der beabsichtigten Durchsuchung Beweismittel aufgefunden werden können. Aufgrund der hier sich aufdrängenden Indizien (intensiver Marihuanageruch, extremer Stromverbrauch) ist nach kriminalistischem Erfahrungswissen der Schluss angezeigt, dass durch eine Durchsuchung der Wohnung des S mit hoher Wahrscheinlichkeit Beweismittel (Marihuanapflanzen) aufgefunden werden.

2. Verfahrensvorschriften

Gem. § 105 Abs. 1 Satz 1 StPO dürfen Durchsuchungen nur durch den Richter, bei Gefahr im Verzug auch durch die Staatsanwaltschaft und ihre Ermittlungspersonen angeordnet werden. Gefahr im Verzug liegt vor, wenn die richterliche Anordnung nicht eingeholt werden kann, ohne dass der Zweck der Durchsuchung gefährdet wird.[661] Den Ermittlungsbehörden soll

---

661 BVerfG NJW 2001, 1123; *Hadamitzky*, in: SSW-StPO, § 105 Rn. 17.

so ein schnelles und situationsgerechtes Handeln ermöglicht werden, wenn der Verlust von Beweismitteln droht.[662] Wortlaut und Systematik des Art. 13 GG zeigen deutlich, dass die richterliche Durchsuchungsanordnung die Regel und die nichtrichterliche die Ausnahme sein soll.[663] Der Begriff der Gefahr im Verzug ist daher eng auszulegen. Reine Spekulationen, hypothetische Erwägungen oder lediglich auf kriminalistische Alltagserfahrungen gestützte Vermutungen als Grundlage einer Annahme von Gefahr im Verzug sind daher nicht ausreichend.[664] Demnach muss zunächst versucht werden, den zuständigen Richter zu kontaktieren. Hierfür reicht es aus, einen fernmündlichen Kontakt herzustellen. Laut Sachverhalt versuchte PK B über einen Zeitraum von 15 Minuten mehrfach den staatsanwaltlichen Eildienst und richterlichen Eildienst telefonisch zu erreichen. Somit müsste Gefahr im Verzug vorliegen. Dies ist der Fall, wenn der Maßnahmeerfolg, hier die Auffindung von Beweismitteln, bei vorheriger Einholung eines richterlichen Durchsuchungsbefehls gefährdet wäre.[665] Die Strafverfolgungsbehörden dürfen die tatsächlichen Voraussetzungen der Gefahr im Verzug deshalb auch nicht selbst herbeiführen und den Richtervorbehalt so unterlaufen.[666] Im vorliegenden Fall könnte der Richtervorbehalt in diesem Sinne durch **planmäßige Herbeiführung der Gefahr im Verzug** bewusst umgangen worden sein. Vorliegend befanden sich die einschreitenden Beamten zur Zeit der erfolglosen Kontaktaufnahme mit dem Richter im Keller des Mehrfamilienhauses. Den Eindruck, dass jemand in der Wohnung des S sie bemerkt haben könnte, hatten sie explizit nicht. Die Polizeibeamten standen also nicht „unter Zeitdruck". Von einer alsbaldigen Beeinträchtigung eines beweissicheren Strafverfahrens konnte nicht ausgegangen werden. Es bestanden zunächst keine Anhaltspunkte und es war zum betreffenden Zeitpunkt nach allgemeiner Lebenserfahrung unwahrscheinlich, dass S eine etwaige, sich in seiner Wohnung befindende Marihuanaplantage beseitigen könnte. Die Beamten hätten die Möglichkeit gehabt, erneut den Kontakt zu einem zuständigen Richter herzustellen, ohne eine Beeinträchtigung der Beweislage befürchten zu müssen. In Anbetracht der Tatsache, dass der Richter zur „Mittagszeit" zu erreichen versucht wurde, war auch davon auszugehen, dass die Kontaktaufnahme innerhalb der nächsten Zeit erfolgreich gewesen wäre. Allgemein hätte nichts dagegengesprochen, die Wohnung des S zu einem späteren Zeitpunkt – mit einem zuvor eingehol-

---

[662] BVerfG NJW 2015, 2787, Rn. 68.
[663] BVerfG NJW 2001, 1122.
[664] BVerfG NJW 2001, 1123; *Beulke/Swoboda*, Rn. 258; *Hadamitzky*, in: SSW-StPO, § 105 Rn. 17.
[665] OLG Düsseldorf StV 2017, 12.
[666] BVerfG NJW 2001, 1123; BGH NStZ 2016, 552.

ten richterlichen Durchsuchungsbeschluss – erneut aufzusuchen. Es gab mithin keinen Anlass, sich für eine Durchsuchung ohne richterlichen Beschluss zu entscheiden. Die seitens der handelnden Polizeibeamten angeführte Situation von „Gefahr im Verzug" war durch diese selbst herbeigeführt worden, weil sie an der betroffenen Wohnung klopften und sich zu erkennen gaben. In der Gesamtschau war das polizeiliche Verhalten ein willkürliches und zielgerichtetes Umgehen des Richtervorbehalts, das in concreto zu einem **Beweisverwertungsverbot** führte.[667]

> 📖 Die Strafverfolgungsbehörden müssen regelmäßig versuchen, eine Anordnung des zuständigen Richters zu erlangen, bevor sie mit der Durchsuchung einer Wohnung beginnen. Mit Blick auf die gebotene enge Auslegung des Art. 13 Abs. 2 GG kann der Ausnahmetatbestand der Gefahr im Verzug nicht auf die mangelnde Erreichbarkeit eines zuständigen Richters gestützt werden. Aus dem grundgesetzlichen Schutz der Wohnung und der Privatsphäre ergibt sich die Verpflichtung der Gerichte, die Erreichbarkeit eines Ermittlungsrichters durch die Einrichtung eines Bereitschaftsdienstes zu sichern.[668]

Der grundgesetzliche Schutz der Unverletzlichkeit der Wohnung gebietet es, die Erreichbarkeit eines Ermittlungsrichters durch die Einrichtung eines Bereitschaftsdienstes zu ermöglichen. Das gilt uneingeschränkt für die Zeit zwischen 6.00 Uhr und 21.00 Uhr. Während der Nachtzeit ist ein Bereitschaftsdienst bei einem über den Ausnahmefall hinausgehenden Bedarf einzurichten. Die ausnahmsweise Entbehrlichkeit der richterlichen Mitwirkung im Fall der „Gefahr im Verzug" ist tatbestandlich eng auszulegen und kann keinesfalls mit der Nichterreichbarkeit eines Ermittlungsrichters begründet werden.

Zu beachten sind überdies §§ 105 Abs. 2, 106 ff. StPO (**s. hierzu Fall 11**).

IV. Ergebnis

Der Richtervorbehalt nach § 105 Abs. 1 Satz 1 StPO wurde unterlaufen. Die Durchsuchung der Wohnung des S war rechtswidrig. Im Rahmen einer Wohnungsdurchsuchung erlangte Beweismittel unterliegen einem Beweisverwertungsverbot, wenn der Richtervorbehalt gezielt oder leichtfertig umgangen wird. Dem Aspekt eines möglichen hypothetisch rechtmäßigen Ermittlungsverlaufs kommt hierbei keine Bedeutung zu. Auf einen Widerspruch des Angeschuldigten gegen die Beweisverwertung kommt es nicht an.[669]

---

667 OLG Düsseldorf StV 2017, 12 vgl. BGH, Beschl. v. 04.06.2020 – 4 StR 15/20: Die Annahme eines Beweisverwertungsverbots kommt in Betracht, wenn der für Wohnungsdurchsuchungen bestehende Richtervorbehalt bewusst missachtet oder seine Voraussetzungen in gleichwertig grober Weise verkannt werden.
668 BVerfG, Beschl. v. 12.3.2019–2 BvR 675/14, Anm. *Muckel* JA 2019, 471 ff.
669 BGH NStZ 2019, 539; LG Köln StV 2020, 365

II. Schwerpunkt: Strafprozessrecht

BVerfG, Beschl. v. 12.3.2019–2 BvR 675/14, NJW 2019, 1428[670]
Zu beachten ist der Fall der Durchsuchung zur Nachtzeit nach § 104 StPO. Die Norm betrifft die Durchführung einer nach den §§ 102, 103 angeordneten Durchsuchung: Zur Nachtzeit dürfen die Wohnung, die Geschäftsräume und das befriedete Besitztum nur bei Verfolgung auf frischer Tat oder bei Gefahr im Verzug oder dann durchsucht werden, wenn es sich um die Wiederergreifung eines entwichenen Gefangenen handelt (§ 104 Abs. 1 StPO). Für Personen und Sachen gilt diese Eingrenzung nicht, wenn und solange nicht auch Räumlichkeiten durchsucht werden sollen. Ausgenommen von den Durchsuchungsbeschränkungen sind die in Abs. 2 genannten Räumlichkeiten. Der Begriff Nachtzeit ist in § 104 Abs. 3 StPO abschließend definiert, der indes aus der Zeit gefallen ist und für eine bäuerlich geprägte Lebenswelt konzipiert war, in der der Arbeitstag im Sommer morgens um 4 Uhr begann. Weil aber nach den heutigen Lebensgewohnheiten zumindest die Zeit zwischen 21 Uhr und 6 Uhr ganzjährig als Nachtzeit anzusehen ist, erstreckt sich nach der Entscheidung des BVerfG v. 12.3.2019 der Schutz vor nächtlichen Wohnungsdurchsuchungen auch in den Monaten April bis September auf die Zeit von 4 Uhr bis 6 Uhr morgens. Dies folge unmittelbar aus Art. 13 Abs. 1 GG. Dabei könne das Regelungskonzept aus § 104 Abs. 1 und Abs. 2 StPO übertragen werden, so dass Wohnungsdurchsuchungen zur Verfolgung auf frischer Tat, bei Gefahr im Verzug oder zur Wiederergreifung eines entwichenen Gefangenen zulässig bleiben und sich die Durchsuchungsbeschränkungen nicht auf die in § 104 Abs. 2 StPO genannten Räume erstrecken. Der Beschluss des Zweiten Senats vom 12.3.2019 betrifft überdies und das einmal mehr die Frage des Bereitschaftsdienstes der Ermittlungsrichter:[671]

– *aus Art. 13 GG ergibt sich die Verpflichtung der staatlichen Organe, dafür Sorge zu tragen, dass die effektive Durchsetzung des grundrechtssichernden Richtervorbehalts gewährleistet ist. Damit korrespondiert die verfassungsrechtliche Verpflichtung der Gerichte, die Erreichbarkeit eines Ermittlungsrichters, auch durch die Einrichtung eines Bereitschaftsdienstes, zu sichern.*[672]

---

670 Entscheidungsanmerkungen: *Kühlewein* NStZ 2019, 501 ff.; *Jahn* JuS 2019, 822 ff.; *Sachs* JuS 2019, 1039 ff.; *Muckel* JA 2019, 471 ff.; *Klein* Kriminalistik 2019, 526 ff.; *Vahle* Kriminalistik, 383 ff.
671 Zu der (bisherigen) Situation der richterlichen Bereitschaftsdienste *Kühlewein* NStZ 2019, 501 ff.
672 *Hadamitzky*, in: SSW-StPO, § 104 Rn. 2.

– *zu den Anforderungen an einen dem Gebot der praktischen Wirksamkeit des Richtervorbehalts entsprechenden richterlichen Bereitschaftsdienst gehört die uneingeschränkte Erreichbarkeit eines Ermittlungsrichters bei Tage, auch außerhalb der üblichen Dienststunden. Die Tageszeit umfasst dabei ganzjährig die Zeit zwischen 6 Uhr und 21 Uhr. Während der Nachtzeit ist ein ermittlungsrichterlicher Bereitschaftsdienst jedenfalls bei einem Bedarf einzurichten, der über den Ausnahmefall hinausgeht.*

– *ob und inwieweit ein über den Ausnahmefall hinausgehender Bedarf an nächtlichen Durchsuchungsanordnungen die Einrichtung eines ermittlungsrichterlichen Bereitschaftsdienstes zur Nachtzeit erfordert, haben die Gerichtspräsidien nach pflichtgemäßem Ermessen in eigener Verantwortung zu entscheiden. Für die Art und Weise der Bedarfsermittlung steht ihnen ein Beurteilungs- und Prognosespielraum zu.*

Der Beschluss stellt eine konsequente Fortsetzung bisheriger Rechtsprechung zum Richtervorbehalt dar und sichert dessen rechtstaatlich bedeutsame Wirksamkeit.[673]

Die Bewertung des § 104 Abs. 3 StPO durch das BVerfG ist deutlich: Die Regelung ist nicht mit der Verfassung zu vereinbaren und stattdessen eine ganzjährig einheitliche Bestimmung der Nachtzeit von 21.00 bis 6.00 Uhr geboten (Rn. 11). Eine Übergangsfrist zur Änderung des § 104 Abs. 3 StPO, in der die Regelung des § 104 Abs. 3 StPO weiterhin anzuwenden wäre, bestimmt das BVerfG hingegen nicht, so dass die vom BVerfG bestimmte Nachtzeit unmittelbare Geltung beanspruchen kann. Die Entscheidung über die Nachtzeitregelung ist nach § 31 Abs. 1 BVerfGG bindend.[674]

Allerdings ergeben sich Folgeprobleme aus dem Gebot hinreichender Bestimmtheit der Gesetze, das aus dem Rechtsstaatsprinzip folgt. Die Anforderungen an den Grad der Klarheit und Bestimmtheit sind umso strenger, je intensiver der Grundrechtseingriff ist, den eine Norm rechtfertigen soll. Dies steht einer Auslegung der Normen nicht entgegen; die Grenze der Auslegung dürfte jedoch im objektiven Wortlaut zu finden sein: Ein Normver-

---

673 Instruktiv *Klein* Kriminalistik 2019, 526 ff.
674 § 31 BVerfGG ist die zentrale Vorschrift zu den Wirkungen bundesverfassungsgerichtlicher Entscheidungen und damit auch zur Rolle des Bundesverfassungsgerichts im Verhältnis zu den übrigen Staatsgewalten und zur Fachgerichtsbarkeit. Dass die Entscheidungen des Bundesverfassungsgerichts Bindungswirkung (Abs. 1) und bei entsprechendem Normbezug auch Gesetzeskraft (Abs. 2) genießen, stellt eine Besonderheit dar. Diese Rechtsinstitute dienen dem Zweck, den Vorrang des Grundgesetzes durch eine wirkungsvolle Verfassungsgerichtsbarkeit sicherzustellen.

ständnis durch Auslegung einer Norm, das dem Wortlaut widerspricht, erscheint zumindest überraschend und dürfte letztlich selbst nicht mehr hinreichend bestimmt sein. Die gesetzliche Regelung des § 104 Abs. 3 StPO wurde das BVerfG aufgehoben, wurden neue Grenzen gesetzt, die mit dem objektiven Wortlaut nicht mehr zu vereinbaren sind. Ohne dezidierte Kenntnis dieser Rechtsprechung des BVerfG dürfte nicht zu erkennen sein, ob eine Wohnungsdurchsuchung bei Nacht oder Tag erfolgt.[675]

Klausurhinweis: *Für Ausbildung und Prüfung ist die vom BVerfG jedenfalls für den Fall der Wohnungsdurchsuchung angenommene Verschiebung des Endes der Nachtzeit von 4 Uhr auf „zumindest" 6 Uhr zu beachten.*[676]

Zu beachten sind überdies weitere Verfahrensvorschriften der StPO, die vor allem die Durchführung der Durchsuchung betreffen:[677]

– § 105 Abs. 2 StPO: Hinzuziehung von Durchsuchungszeugen
– § 106 StPO: Hinzuziehung des Inhabers eines Durchsuchungsobjekts
– § 107 StPO: Durchsuchungsbescheinigung; Beschlagnahmeverzeichnis
– § 109 StPO: Kenntlichmachung beschlagnahmter Gegenstände.

Von einer Beachtung der Vorschriften soll ausgegangen werden (**s. hierzu auch Fall 11**).[678]

B. Befragung des S (Vernehmung)

I. Ermächtigungsgrundlage

In der Befragung des S liegt ein Eingriff in das Allgemeine Persönlichkeitsrecht aus Art. 2 Abs. 1 i. V. m. Art. 1 Abs. 1 GG.[679] Das Recht auf Informationelle Selbstbestimmung (als besondere Ausprägung des Allgemeinen Persönlichkeitsrechts) schützt vor der Erhebung, Speicherung, Übermittlung und sonstiger Verwendung personenbezogener Daten. Durch die Fragen nach den Pflanzen sollen derartige Informationen über S eingeholt werden.

---

675 *Klein* Kriminalistik 2019, 526 (527).
676 *Sachs* JuS 2019, 1039 (1040).
677 Grundlegend zu den Verfahrensvorschriften *Keller* PSP 2/2013, 3 ff.
678 Zu den Folgen der Nichtbeachtung bestimmter Verfahrensregeln bei strafprozessualen Durchsuchungen vgl. insbesondere *Krekeler* NStZ 1993, 263 ff.: Beweisverwertungsverbote bei fehlerhaften Durchsuchungen.
679 *Braun* StaatsR, S. 161 f.

Zudem werden diese Daten im Rahmen der Ermittlungen gespeichert und sollen zu Zwecken der Straftatenerforschung verwendet werden. Ein Eingriff in das Recht auf informationelle Selbstbestimmung liegt damit vor. Die mit der Vernehmung verbundene Verpflichtung des S, für die Dauer der Befragung in seiner Wohnung zu verweilen, stellt indes mangels Erheblichkeit der Beschränkung[680] keinen eigenständigen Grundrechtseingriff in die Freiheit der Person (Art. 2 Abs. 2 Satz 2 GG) oder in das Recht auf Freizügigkeit (Art. 11 Abs. 1 GG) dar. Die Zielrichtung der Befragung liegt in der Strafverfolgung. Nachdem ausreichende Verdachtsmomente bzgl. einer Straftat nach dem BtMG bereits vor dem Betreten der Wohnung vorlagen, wurden bei der Durchsuchung mehrere Marihuanapflanzen gefunden. Der Fund stützt die Annahme, dass mit hoher Wahrscheinlichkeit eine Straftat nach § 29a Abs. 1 Nr. 2 BtMG begangen wurde. Am Vorliegen eines Anfangsverdachts (§ 152 Abs. 2 StPO) besteht kein Zweifel. Die Befragung stellt sich somit als **Vernehmung** dar; Rechtsgrundlage hierfür ist § 163a Abs. 4 StPO.[681]

II. Formelle Rechtmäßigkeit

Aufgrund der repressiven Zielrichtung ergibt sich die sachliche Zuständigkeit der Beamten aus § 1 Abs. 4 PolG NRW i. V. m. § 11 Abs. 1 Nr. 2 POG NRW i. V. m. § 163 Abs. 1 Satz 1 StPO.

III. Materielle Rechtmäßigkeit
1. Tatbestandliche Voraussetzungen der Ermächtigungsgrundlage

Bei der ersten Vernehmung des Beschuldigten durch Beamte des Polizeidienstes ist dem Beschuldigten zu eröffnen, welche Tat ihm zur Last gelegt wird (§ 163a Abs. 4 StPO). Wenn auch § 163a Abs. 4 StPO lediglich bestimmt, was die Polizei bei der Beschuldigtenvernehmung zu berücksichtigen hat, folgt im Umkehrschluss daraus, dass sie zur Durchführung von Vernehmungen befugt ist. Die Tatbestandsvoraussetzungen der Ermächtigung sind aus den Begriffen Beschuldigter und Tat herzuleiten. Voraussetzungen der **Vernehmung** sind demzufolge, dass

– der Verdacht einer Straftat vorliegt,

– der Auskunftsperson eine Tat zur Last gelegt wird und

---

[680] Nach dem weiten Eingriffsbegriff liegt ein Eingriff vor, wenn eine polizeiliche Maßnahme ein Verhalten, das in den Schutzbereich eines Grundrechts fällt, wesentlich erschwert, ganz oder teilweise unmöglich macht, *Westphal/Braun* PSP 3/2017, 24 (27).

[681] Die Aussage des Beschuldigten dürfte vermutlich immer noch die Königin der Beweismittel („confessio est regina probationum") im Strafprozess sein, auch wenn der Beschuldigte an sich kein Beweismittel im Sinn des numerus clausus der Beweismittel ist.

– die Auskunftsperson Beschuldigter ist.

Der Anfangsverdacht einer Straftat liegt vor (§ 152 Abs. 2 StPO). S wird eine Straftat nach dem BtMG zur Last gelegt. Er ist auch Beschuldigter.

Beschuldigter ist der Tatverdächtige, gegen den das Verfahren betrieben wird.[682] Das ist der Fall, wenn ein Strafverfolgungsorgan eine Maßnahme getroffen hat, die erkennbar darauf abzielt, wegen einer möglichen Straftat gegen diese Person vorzugehen.[683] Die Beschuldigteneigenschaft ist demnach verfahrensrechtlich zu sehen (**formaler Beschuldigtenbegriff**)[684] und entsteht nicht von selbst, etwa wenn sich gegen eine konkrete Person zureichende tatsächliche Anhaltspunkte zu einem Verdacht verdichten und zur Kenntnis eines Strafverfolgungsorgans gelangen. Sie wird vielmehr erst durch einen Willensakt der Strafverfolgungsbehörde als „Produkt eines Zuschreibungsprozesses" begründet.[685] Ein solcher Willensakt ist hier eindeutig in der Belehrung des verdächtigen S als Beschuldigten erkennbar. Er ist damit tauglicher Maßnahmeadressat.

2. Besondere Verfahrensvorschriften

§ 163a Abs. 4 StPO verweist auf § 136 Abs. 1 Sätze 2 bis 6, auf die Absätze 2 und 3, § 136a und auf § 168c StPO.[686]

a) Bekanntgabe der zur Last gelegten Tat

Nach § 163a Abs. 4 Satz 1 StPO ist dem Beschuldigten vor der ersten Vernehmung zu eröffnen, welche Tat ihm zur Last gelegt wird. Der Sachverhalt muss dem Beschuldigten soweit bekannt gegeben werden, dass er sich verteidigen kann. Erst wenn er weiß, um was es geht, kann er die Bedeutung des gegen ihn gerichteten Vorwurfs beurteilen. Nicht nötig ist die Mitteilung der verletzten Vorschriften. Es genügt die Bekanntgabe der Handlung. Dass dem S eine Straftat im Zusammenhang mit dem Besitz von unerlaubten Betäubungsmitteln vorgeworfen wird, ist situativ eindeutig. Die Vorschrift wurde beachtet. Überdies gelten folgende Belehrungspflichten:

---

682 *Hartmann-Wergen* StrafProzR, S. 15.
683 *Roxin/Schünemann*, StrafVerfR, § 25 Rn. 11
684 *Kramer* StrafVerfR, Rn. 19.
685 *Eisenberg* BeweisR, Rn. 505.
686 Zu den Belehrungspflichten gem. § 136 StPO und den Folgen von Verfahrensfehlern ausführlich *Albrecht* ZStW 2019, 97 ff. BGH NStZ 2019, 539; *Füllkrug* Kriminalistik 2020, 255 ff.

b) Hinweis auf Freiwilligkeit der Aussage

Nach §§ 163a Abs. 4 Satz 1, 136 Abs. 1 Satz 2 StPO ist er darauf hinzuweisen, dass es ihm freisteht, sich zu der Beschuldigung zu äußern oder nicht zur Sache auszusagen (Aussagefreiheit).[687] Das rechtsstaatliche Gebot „Nemo tenetur se ipsum accusare" schützt den Beschuldigten davor, gegenüber den Ermittlungsbehörden selbstbelastende Aussagen treffen zu müssen.[688] Er muss somit keinerlei Angaben zu dem ihm zur Last gelegten Sachverhalt machen. Ist der Vernehmung des Beschuldigten durch einen Beamten des Polizeidienstes nicht der Hinweis vorausgegangen, dass es dem Beschuldigten freistehe, sich zu der Beschuldigung zu äußern oder nicht zur Sache auszusagen, so dürfen Äußerungen, die der Beschuldigte in dieser Vernehmung gemacht hat, nicht verwertet werden. Dies gilt nicht, wenn feststeht, dass der Beschuldigte sein Recht zu schweigen ohne Belehrung gekannt hat, oder wenn der verteidigte Angeklagte in der Hauptverhandlung ausdrücklich der Verwertung zugestimmt oder ihr nicht bis zu dem in § 257 StPO genannten Zeitpunkt widersprochen hat.[689]

> 📖 Hat der Beschuldigte zunächst bei einer informatorischen Befragung oder Zeugenvernehmung ohne ordnungsgemäße Belehrung ausgesagt oder ein Geständnis abgelegt und sagt er nach Belehrung erneut aus, so darf diese spätere Aussage verwertet werden, sofern die frühere Aussage bestätigt und nicht nur ergänzt wird und der zweiten Aussage eine **qualifizierte Belehrung** dahingehend vorhergegangen ist, dass er zusätzlich zur Belehrung nach § 136 Abs. 1 Satz 2 StPO darauf hingewiesen wurde, dass wegen der bisher unterbliebenen Belehrung die frühere Aussage unverwertbar ist.[690] Wird der Beschuldigte bei der zweiten Vernehmung zwar nach § 136 Abs. 1 Satz 2 StPO, nicht aber qualifiziert belehrt, ist über die Frage der Verwertbarkeit der neuen Aussage durch Abwägung im Einzelfall zu entscheiden, wobei es auf die Intensität des Verstoßes (z. B. Willkür oder Versehen) einerseits und das durch das Gewicht der Tat bestimmte Aufklärungsinteresse andererseits ankommt.[691]

Wird der Vernommene unter objektiver Überschreitung des Willkürmaßstabs nicht als Beschuldigter belehrt, liegt ein Verstoß gegen die Belehrungspflicht nach § 136 Abs. 1 Satz 2 StPO vor.

---

687 Grundlegend *Albrecht* ZStW 2019, 97 ff.: Ausgleichs- und Rügemöglichkeiten bei belehrungsfehlerbedingtem Unterlassen einer günstigen Beschuldigteneinlassung
688 Grundlegend *Epik* ZStW 2019, 131 ff.
689 BGH NJW 1992, 1463.
690 BGH NJW 2007, 2706.
691 *Diemer*, in: KK StPO, § 136 Rn. 27a.

c) Belehrung über das Recht zur Konsultation eines Verteidigers

Der Beschuldigte hat nach § 136 Abs. 1 Satz 2 Hs. 2 StPO jederzeit, auch schon vor der ersten Vernehmung, das Recht, einen Verteidiger zu konsultieren und sich mit diesem zu beraten (Recht auf Verteidigerbefragung). Der Hinweis auf das Recht zur Verteidigerbefragung ist zugleich mit der Belehrung über die Aussagefreiheit zu erteilen. Denn gerade die Frage, ob der Beschuldigte aussagen oder schweigen will, kann die Beratung mit einem Verteidiger erfordern.[692] Überdies ist die Polizei verpflichtet, ernstliche Hilfe bei der Verteidigerkonsultation zu leisten.[693] Möchte der Beschuldigte vor seiner Vernehmung einen Verteidiger befragen, sind ihm Informationen zur Verfügung zu stellen, die es ihm erleichtern, einen Verteidiger zu kontaktieren. Auf bestehende anwaltliche Notdienste ist dabei hinzuweisen (§ 136 Abs. 1 Satz 3, 4 StPO). Erklärt der Beschuldigte, dass er erst mit einem Verteidiger sprechen wolle, muss die beabsichtigte Vernehmung aufgeschoben und die weitere Entscheidung des Beschuldigten, ob er sich zur Sache einlassen will, abgewartet werden.[694] Äußert der Beschuldigte nicht den Wunsch, einen Verteidiger zuziehen zu dürfen, so muss ihm weder ein Anwalt aufgedrängt werden noch muss er auf die Möglichkeit des anwaltlichen Notdienstes hingewiesen werden. Im Fall notwendiger Verteidigung sollte ein mittelloser Beschuldigter aber auf die Möglichkeit der Pflichtverteidigerbestellung hingewiesen werden.[695] Ein Verwertungsverbot besteht auch, wenn der Beschuldigte über das Recht der jederzeitigen Verteidigerkonsultation nicht oder nur unzureichend belehrt worden ist.[696] Gleiches gilt, wenn ihm nach korrekter Belehrung trotz seiner entsprechenden Bitte die Kontaktaufnahme mit dem Verteidiger verweigert und er stattdessen sofort vernommen wurde. Eine solche Bitte wird regelmäßig als Antrag auf Bestellung eines Pflichtverteidigers auszulegen sein.[697]

d) Hinweis auf Beweisantragsrecht

Der Beschuldigte ist gem. § 136 Abs. 1 Satz 5 StPO darüber zu belehren, dass er die Erhebung von Beweisen, die ihn entlasten können, beantragen kann (Beweisantragsrecht). Mit dem Beweisantragsrecht soll ihm deutlich gemacht werden, dass er auf den Gang des Verfahrens bestimmend Einfluss

---

[692] Ergänzend *Eisenberg* JA 2012 452 ff.
[693] *Nimtz/Thiel* ER, Rn. 313.
[694] *Meyer-Goßner/Schmitt* StPO, § 136 Rn. 10.
[695] *Monka*, in: BeckOK StPO, § 136 Rn. 13.
[696] BGH NStZ 2008, 55.
[697] *Monka*, in: BeckOK StPO, § 136 Rn. 25; zur Pflichtverteidigerbestellung ausführlich *Keller* Kriminalistik 2020, 178 ff. Grundlegend zur Vernehmung *Müel* PSP 4/2020.

nehmen darf. Auf Antrag des Beschuldigten hat der ermittelnde Polizeibeamte die für das Verfahren bedeutsamen Beweise zu erheben.

Bei der Vernehmung ist dem Beschuldigten Gelegenheit zu geben, die gegen ihn vorliegenden Verdachtsgründe zu beseitigen (§ 136 Abs. 2 StPO) und die zu seinen Gunsten sprechenden Tatsachen geltend zu machen. Damit kann er einen wesentlichen Beitrag zur Wahrheitsfindung leisten. Nach den Angaben im Sachverhalt wird S als Beschuldigter belehrt. Es ist mangels weiterer Informationen davon auszugehen, dass die besonderen Verfahrensvorschriften eingehalten wurden. Eine nach § 136 Abs. 1 Satz 5 Hs. 2 StPO unterbliebene Belehrung des Angeklagten begründet kein absolutes Verwertungsverbot.[698]

3. Adressatenregelung

Adressat der Befugnis ist entsprechend § 163a Abs. 4 StPO der Beschuldigte, die Richtung der Befugnis wird durch die Ermächtigung selbst festgelegt.

4. Rechtsfolge

Rechtsfolge ist die Vernehmung des Beschuldigten. Eine Vernehmung ist die zielgerichtete Befragung einer Person zwecks Erkenntnisgewinnung in einem Strafverfahren. S wird polizeilicherseits befragt zu den Marihuanapflanzen in seiner Wohnung, explizit zu deren Anbau und deren beabsichtigter Nutzung. Diese Fragen verfolgen allein den Zweck, weitere Erkenntnisse für das laufende Strafverfahren zu gewinnen. Die Rechtsfolge wurde eingehalten.

5. Übermaßverbot

Die Vernehmung des S muss einen legitimen Zweck verfolgen und zur Zweckerreichung geeignet, erforderlich und angemessen sein. Legitimer Zweck der Vernehmung ist die Erkenntnisgewinnung und somit die Sicherung des Strafverfahrens wegen der Herstellung, des Besitzes und des daraus resultierenden Verdachts des Handels mit dem Wirkstoff THC in nicht geringen Mengen. Hierfür ist die Vernehmung geeignet, sprich zweckförderlich, da nähere Erkenntnisse über den Anbau und ggf. den Vertrieb des Marihuanas gewonnen werden können. Erforderlich ist die Vernehmung ebenfalls, da kein milderes, gleichwirksames Mittel zur Zweckerreichung ersichtlich ist. Im Rahmen der Prüfung der Angemessenheit der Maßnahme darf kein Missverhältnis zwischen dem mit der Vernehmung verbundenen Eingriff in das Allgemeine Persönlichkeitsrecht und dem legitimen Zweck

---

698 BGH StV 2019, 661.

der Vernehmung, der Sicherung des Strafverfahrens, bestehen. Eine Disproportionalität dieser Rechtsgüter ist indes nicht auszumachen. Gegen S besteht der dringende Verdacht, dass er eine Straftat nach § 29a Abs. 1 Nr. 2 BtMG begangen hat. Hierbei handelt es sich um ein Verbrechen (vgl. § 12 StGB). Der Gesetzgeber hat dadurch deutlich zum Ausdruck gebracht, dass ein dringendes staatliches Interesse an der Verhinderung, Unterbindung und Aufklärung des Delikts besteht. Demgegenüber sind die mit der Befragung verbundenen Grundrechtseingriffe (auch im Hinblick auf das bestehende Schweigerecht des Beschuldigten und dessen ordnungsgemäße Belehrung) allenfalls von untergeordneter Bedeutung.

Beispiel:[699] Der Richtervorbehalt stand auch in einer Entscheidung des BGH im Mittelpunkt. Polizeibeamte hatten sich wegen einer defekten Alarmanlage und einer damit verbundenen Ruhestörung Zutritt zur Wohnung des Angeklagten verschafft und dabei in einem geschlossenen Schrank Waffen und Betäubungsmittel gefunden. Bereits beim Betreten der Wohnung war den Beamten ein deutlicher Marihuanageruch aufgefallen. Während sie die Zimmer der Wohnung abschritten, stellten sie fest, dass sich der Geruch im Wohnzimmer intensivierte. Dort befand sich ein aus mehreren Elementen zusammengesetzter Schrank; dessen linkes Element bestand aus einer Vitrine mit geschlossener Glastür, das rechte Element aus einem Schrankteil mit geschlossenen Schranktüren. Bei näherem Herantreten an das Glasvitrinenelement fiel den Beamten auf, dass sich darin verschiedene Gegenstände befanden. So fanden sie zwei Schlagringe und zwei CO_2-Pistolen vor, wobei allerdings nicht festgestellt werden konnte, ob sie diese Gegenstände schon bei geschlossener Tür oder erst nach anschließender Öffnung der Glastür als solche erkannten. Die Beamten öffneten sowohl die Glastür des linken als auch die Schranktüren des rechten Schrankelements. Im linken Schrankelement fanden sie neben den beiden CO_2-Pistolen und Schlagringen zwei PTB-Pistolen, einen Schalldämpfer, ein Butterflymesser, fünf Stück Munition und zwei Dosen Pfefferspray, im rechten Schrankelement entdeckten sie diverse Frischhaltedosen, in denen Cannabis und Amphetamin aufbewahrt wurde, sowie einen verschlossenen Tresor. Einen richterlichen Durchsuchungsbeschluss gemäß § 105 Abs. 1 StPO versuchten die Beamten nicht einzuholen; die Gründe dafür ließen sich nicht aufklären. Nach seiner Rückkehr wurde der Angeklagte belehrt, jedoch nicht auf die mögliche Unverwertbarkeit der aufgefundenen Beweismittel hingewiesen, weil ein Verstoß gegen den Richtervorbehalt des § 105 Abs. 1 StPO vorlag. Er belastete sich daraufhin selbst. Bei zwei weiteren Vernehmungen wurde der Angeklagte ebenfalls nicht auf eine mögliche Unverwertbarkeit, auch seiner ersten Aussage, hingewiesen und wiederholte seine Angaben. Das LG begründete den Freispruch vom Vorwurf des bewaffneten Handelstreibens mit

---

699 BGH NStZ 2019, 227: Unterbliebene qualifizierte Belehrung, mit Anm. *Arnoldi*.

> Betäubungsmitteln mit dem Beweisverwertungsverbot, welches hinsichtlich der Gegenstände und der Angaben in sämtlichen Vernehmungen gelte. Der BGH hält die letzten beiden Vernehmungen für verwertbar und hat den Freispruch aufgehoben. Ob aus dem Verstoß gegen Beweiserhebungsvorschriften ein strafprozessuales Verwertungsverbot folgt, ist jenseits von § 136a Abs. 3 Satz 2 StPO nach den Umständen des Einzelfalls zu entscheiden. Grundsätzlich werden Aussagen, die der Beschuldigte unter dem Eindruck des Vorhalts von unzulässig erlangten Erkenntnissen gemacht hat, als nicht verwertbar angesehen. Das Verwertungsverbot gilt zunächst jedoch nur für diejenige Aussage, die durch den Verfahrensfehler herbeigeführt worden ist. Ob die für einen Verstoß gegen § 136 Abs. 1 Satz 2 StPO entwickelte Pflicht zur qualifizierten Belehrung auch auf Fälle des Vorhalts unzulässig erlangter Erkenntnisse zu übertragen ist, kann hier laut BGH offenbleiben. Der BGH hat bislang lediglich in einem Einzelfall in Betracht gezogen, dass ein durch den Vorhalt unzulässig erlangter Beweismittel begründetes Beweisverbot auch die Angaben des Beschuldigten bei späteren Vernehmungen umfassen kann.[700] Denn aus dem Verstoß gegen eine Pflicht zur qualifizierten Belehrung folgt nicht ohne Weiteres die Unverwertbarkeit der neuerlichen Aussagen. Vorliegend hatte der Verfahrensverstoß verhältnismäßig geringes Gewicht und erfolgte nicht willkürlich, so dass die Angaben der zweiten und dritten Vernehmung verwertbar sind. Letztlich vermeidet der BGH es, Stellung dazu zu beziehen, ob in Fällen unzulässig erlangter Beweismittel eine qualifizierte Belehrung für spätere Vernehmungen anzunehmen ist. Richtigerweise muss dies erfolgen, um Missbrauch vorzubeugen. Die Frage bleibt weiterhin höchstrichterlich nicht entschieden.

Die Frage, ob in Fällen unzulässig erlangter Beweismittel eine qualifizierte Belehrung für spätere Vernehmungen anzunehmen ist, bleibt weiterhin höchstrichterlich nicht entschieden.

Lösung zu Aufgabe 2

Zu erörtern sind das Vorliegen von Beweismittelverwertungsverboten sowie mögliche Auswirkungen auf einen Strafprozess. Im Strafprozess erfolgt die Aufklärung des angeklagten Sachverhaltes von Amts wegen (§ 244 Abs. 2 StPO: Untersuchungsgrundsatz), alle **Beweismittel** müssen ausgeschöpft werden. Allerdings gibt es keine Wahrheitsfindung um jeden Preis. Das Strafprozessrecht hat daher neben der Funktion der Ordnung des Strafverfahrens vor allem auch die Funktion der Begrenzung der Strafverfolgung im

---

700 BGH NJW 1978, 1390.

Interesse der Rechtsstaatlichkeit und des Grundrechtsschutzes.[701] Der zum Gegenstand der Erforschung Gemachte hat ebenfalls Rechte (Art. 2 Abs. 1, 20 Abs. 3 GG). In diesem Spannungsfeld zwischen dem allgemeinen Interesse an der Aufklärung und individuellem Interesse an Schutz rankt sich die Thematik „Verwertungsverbote". Dabei besteht kein Rechtssatz, dass im Falle einer rechtsfehlerhaften Beweiserhebung die Verwertung der gewonnenen Beweise stets unzulässig wäre. Die Strafgerichte gehen davon aus, dass dem Strafverfahrensrecht ein allgemein geltender Grundsatz, dass jeder Verstoß gegen Beweiserhebungsvorschriften ein strafprozessuales Verwertungsverbot nach sich zieht, fremd ist, und dass die Frage jeweils nach den Umständen des Einzelfalls, insbesondere nach der Art des Verbots und dem Gewicht des Verstoßes unter Abwägung der widerstreitenden Interessen zu entscheiden ist.[702] Ein **Beweisverwertungsverbot** kann bei entsprechender ausdrücklicher gesetzlicher Anordnung bestehen (was hier nicht der Fall ist) oder im Falle besonders schwerer Verstöße bei der **Beweismittelgewinnung**. Letzteres ist insbesondere bei bewussten bzw. willkürlichen Verfahrensverstößen der Fall, bei denen die grundrechtlichen Sicherungen zugunsten des Verdächtigen planmäßig oder systematisch außer Acht gelassen worden sind. Denn derartige Verstöße widersprechen dem rechtsstaatlichen Gebot, dass Straftäter stets im Rahmen der geltenden Gesetze verfolgt, abgeurteilt und einer gerechten Bestrafung zugeführt werden müssen.[703]

I. Durchsuchung

Die Frage der Verwertbarkeit von bei fehlerhaften Durchsuchungen erlangten Beweisgegenständen ist in der StPO – ebenso wie allgemein die Frage, unter welchen Voraussetzungen Beweismittel, die unter Verstoß gegen verfahrensrechtliche Vorschriften gewonnen worden sind – nicht ausdrücklich geregelt.[704] Vorliegend ist von einem schwerwiegenden Verstoß auszugehen. Die handelnden Polizeivollzugsbeamten haben Gefahr im Verzug planvoll herbeigeführt und somit den Richtervorbehalt nach § 105 Abs. 1 Satz 1 StPO, der zugleich Ausprägung des verfassungsrechtlichen Verhältnismäßigkeitsgrundsatzes und der Rechtsschutzgarantie des Art. 19 Abs. 4 GG darstellt, gezielt unterlaufen. In diesem Zusammenhang stellt sich die Frage, ob ein Verfahrensverstoß dadurch geheilt werden kann, dass die Strafverfolgungsbehörden auf legalem Wege ohnehin das gleiche Beweisergebnis er-

---

701 So bereits *Grünwald* JZ 1966, 489; grundlegend auch *Müller-Heidelberg/Kunz/Niehaus/Roggan* kripoz 2018, 259 ff.
702 BVerfG NJW 2009, 3225: Verwertung eines bei rechtswidriger Durchsuchung gemachten Zufallsfunds.
703 OLG Düsseldorf StV 2017, 12, Rn. 20, m.w.N.
704 Zu den unterschiedlichen Ansichten *Burhoff* Hdb Ermittlungsverfahren, Rn. 1686 ff.

zielt hätten (hypothetisch rechtmäßiger Ersatzeingriff).[705] Der BGH berücksichtigt diesen Aspekt im Rahmen der Abwägung.[706] So hat er für den Fall, dass eine bei einer Durchsuchung sichergestellte Geldkassette später ohne richterlichen Beschluss aufgebrochen wird, entschieden, dass das Interesse an der Verwertung der gefundenen Sachbeweise das Interesse des Angeklagten überwiegt, da ein Ermittlungsrichter der Öffnung der Geldkassette höchstwahrscheinlich ohnehin zugestimmt hätte.[707] Nach der h. M. ist eine heilende Wirkung bei einer bewussten Missachtung des grundgesetzlich vorgeschriebenen Richtervorbehalts für die Durchsuchung einer Wohnung jedoch in jedem Fall ausgeschlossen.[708] Dürften Beweise unter bewusstem Rechtsbruch erlangt werden, werde das wesentliche Erfordernis eines rechtsstaatlichen Ermittlungsverfahrens aufgegeben.[709] Auch die Tatsache, dass ein richterlicher Durchsuchungsbeschluss in Anbetracht der eindeutigen Beweislage hätte eingeholt werden können (nach der Theorie vom **„hypothetischen Ersatzeingriff"**[710]), heilt die vorliegende „grobe Missachtung" des Richtervorbehalts vorliegend demnach nicht.[711] Insofern unterliegen sämtliche durch die rechtswidrige Durchsuchung gewonnenen Beweismittel (Marihuanapflanzen) einem unmittelbaren **Beweisverwertungsverbot vor Gericht**[712] (dieses Beweisverwertungsverbot würde sich ebenso über ein Gutachten, welches Aufschluss über den THC-Wirkstoffgehalt der aufgefundenen Marihuanapflanzen gibt, erstrecken).[713]

> 📖 Die planvolle polizeiliche Herbeiführung einer Situation, in der ein Beweismittelverlust droht, begründet keine Gefahr im Verzug nach § 105 Abs. 1 StPO. Eine gleichwohl ohne richterliche Anordnung durchgeführte Durchsuchung ist ein schwerwiegender Verstoß gegen den Richtervorbehalt, der zu einem Beweisverwertungsverbot hinsichtlich der aufgefundenen Beweismittel und der in Ansehung dieser Sachlage vom Beschuldigten vor Ort dazu gemachten Angaben führt.

---

705 *Beulke/Swoboda* StrafProzR, Rn. 483; *Eisenberg* BeweisR, Rn. 409.
706 BGH NStZ 2016, 551: Kein Beweisverwertungsverbot bei hypothetisch rechtmäßiger Beweiserlangung.
707 BGH NStZ 2016, 551 (552).
708 BGH StV 2016, 539, *Amelung* NStZ 2001, 337; *Jahn* JuS 2016, 1138; *Schroeder* JuS 2004, 858 (862).
709 BGH NJW 2007, 2269: Beweisverwertungsverbot aus Richtervorbehalt.
710 *Jahn* JuS 2016, 1140 m. w. N.
711 OLG Düsseldorf StV 2017, 12, Rn. 24; vgl. aber OLG Zweibrücken NStZ 2019, 301: Mit einer rechtsfehlerhaften Bewertung, Polizeibeamte hätten sich bewusst bei der Anordnung einer Wohnungsdurchsuchung über den Richtervorbehalt hinweggesetzt, entzieht sich der Tatrichter einer Berücksichtigung der Rechtsfigur des hypothetischen Ersatzzugriffs mit der Folge, dass das Urteil regelmäßig auf diesem Rechtsfehler beruht.
712 OLG Düsseldorf StV 2017, 12, Rn. 25.
713 *Soyka*, RÜ 2016, 647 (648).

Umstritten ist, ob Ermittlungsergebnisse, die durch ein unverwertbares Beweismittel erzielt wurden, ebenfalls einem Beweisverwertungsverbot unterliegen. Terminologisch ist hier zwischen Fort- und Fernwirkung zu unterscheiden. Die **Fortwirkung** bezieht sich auf die Fälle, in denen ein Beschuldigter eine Aussage macht, die wegen einer fehlerhaften Belehrung unverwertbar ist, ihm aber im weiteren Verlauf des Prozesses wieder vorgehalten wird.[714] Bei der **Fernwirkung** geht es um die Frage, ob ein Verwertungsverbot auch zur Unzulässigkeit der Verwertung von mittelbar über dieses erste Beweismittel erlangten neuen Beweisen führt. Der BGH hatte dem Verwertungsverbot im Falle eines Verstoßes gegen Art. 10 GG eine Fernwirkung zugebilligt, diese ansonsten aber verneint. Ein Verfahrensfehler dürfe nicht dazu führen, dass das gesamte Strafverfahren lahmgelegt wird.[715]

II. Vernehmung

Im vorliegenden Sachverhalt sind die Angaben des S grundsätzlich verwertbar, da er vor der Befragung bzw. Vernehmung ordnungsgemäß als Beschuldigter belehrt wurde. Allerdings kommt hier aufgrund des besonders schwerwiegenden Verstoßes gegen den Richtervorbehalt im Rahmen der vorgängigen Durchsuchungsmaßnahme eine **Fernwirkung** des festgestellten Beweisverwertungsverbotes in Betracht. Es darf bezweifelt werden, dass S die getätigten Angaben auch gemacht hätte, wenn er gewusst hätte, dass die in seiner Wohnung aufgefunden Beweismaterialien grob rechtswidrig erlangt wurden und somit vor Gericht nicht verwertbar sind. Vielmehr liegt es nahe, dass S bei Kenntnis der Rechtswidrigkeit des polizeilichen Handelns von seinem Schweigerecht nach § 136 Abs. 1 Satz 2 StPO Gebrauch gemacht hätte. Nachdem also die Aussagen des S nur aufgrund der vermeintlich erdrückenden Beweislast zustande gekommen sind, erkennt das OLG Düsseldorf wegen des vorgängigen schweren Verstoßes gegen den Richtervorbehalt ausnahmsweise eine Fernwirkung des Beweisverwertungsverbotes.[716] Die durch die Vernehmung gewonnenen Aussagen des S, die diesen selbst belasten, sind nicht verwertbar.[717]

---

714 *Heinrich/Reinbacher* StrafProzR, Rn. 7.
715 BGH NJW 1980, 1700: Umfang des Beweisverwertungsverbots.
716 OLG Düsseldorf StV 2017, 12, Rn. 26.
717 *Albrecht*, jurisPR-StrafR 25/2016, Anm. 5. Grundlegend zur Verwertbarkeit von im Zusammenhang mit einer rechtswidrigen Durchsuchung erlangten Aussagen *Vahle* Kriminalistik 2019, 239 ff.

📖 Grundsätzlich ist das Urteil des OLG Düsseldorf begrüßenswert. Nichtsdestotrotz liegt ein klassischer Fall der **Fernwirkung** im konkreten Fall nicht vor. Es wird kein neuer Beweis erhoben, sondern lediglich die Aussage des S (Angeklagter) aufgenommen, der unter dem Eindruck stand, dass er bereits überführt worden sei. Trotzdem spricht das OLG von Fernwirkung, ohne die Möglichkeit einer Fortwirkung in Betracht zu ziehen und eventuell auszuschließen. Erstaunlicherweise beruft sich das OLG Düsseldorf auf ein Urteil des BGH, laut dem ein Beweisverwertungsverbot für Bekundungen von Beschuldigten besteht, die unter dem Eindruck des Vorhalts von unzulässig gewonnenen Erkenntnissen aus einer Telefonüberwachung gemacht worden sind.[718] In diesem Fall hatte der BGH eine Fernwirkung nach Abwägung jedoch zugunsten der Effektivität der Strafverfolgung abgelehnt, so dass sich die Parallelität der beiden Fälle zumindest nicht aufdrängt. Das OLG Düsseldorf zieht den Umfang des angenommenen Beweisverwertungsverbots (ohne ausreichend tragfähige Begründung) deutlich weiter als die bisherige Rechtsprechung.[719]

Lösung zu Aufgabe 3

Zum 1.1.2020 trat Abs. 4 zu § 136 StPO in Kraft.[720] Gem. § 136 Abs. 4 Satz 1 StPO *kann* die Vernehmung des Beschuldigten in Bild und Ton aufgezeichnet werden. § 136 Abs. 4 Satz 2 StPO sieht indes für Fälle des Vorwurfs eines Tötungsverbrechens und Fälle, in denen die Beschuldigtenrechte eines minderbegabten oder seelisch kranken Beschuldigten dadurch besser gewahrt werden können, die obligatorische Aufzeichnung von Beschuldigtenvernehmungen vor. Damit wird die Dokumentation des Ermittlungsverfahrens verbessert. In anderen Fällen ist die Aufzeichnung möglich, aber nicht zwingend.[721] Das Ermessen ist entsprechend Abs. 4 Nr. 2 eingeschränkt, wenn die schutzwürdigen Interessen von Beschuldigten, die erkennbar unter eingeschränkten geistigen Fähigkeiten oder einer schwerwiegenden seelischen Störung leiden, durch die Aufzeichnung besser gewahrt

---

718 BGH NStZ 1984, 275: Fernwirkung von Beweisverwertungsverboten.
719 Kritisch *Westphal* PSP 3/2017, 24 (29); *Radtke* NStZ 2017, 177 (180).
720 Durch das „Gesetz zur effektiveren und praxistauglicheren Ausgestaltung des Strafverfahrens" vom 17.8.2017 (BGBl I, S. 3202) ist bereits im August 2017 der § 136 Abs. 4 StPO in das Gesetz eingefügt worden; hierzu *Burhoff* ZAP 2020 F. 22, 997 ff. Er ist aber nicht sofort in Kraft getreten. Vielmehr hat der Gesetzgeber den Ermittlungsbehörden eine Frist gegeben, sich auf die neue Vorschrift vorzubereiten, und hat deshalb das Inkrafttreten auf den 1.1.2020 hinausgeschoben; grundlegend *Floren* Audiovisuelle Vernehmung, passim.; *Burhoff* StRR 2020, 5 ff.; *Weigend* StV 2019, 852 ff.; *Serbest* StraFo 2018, 94 ff.; *Roth* GSZ 2018, 62 ff.; *Floren* Kriminalistik 2020, 37 ff.; Bockemühl, Kripoz 2019, 375 ff.
721 *Eschelbach*, in: SSW-StPO, § 136 Rn. 141.

II. Schwerpunkt: Strafprozessrecht

werden können.[722] In solchen Fällen soll insbesondere nachträglich besser geprüft werden können, ob der Beschuldigte wegen seiner Defizite seine Rechte ausreichend wahrnehmen konnte; ferner sollen schwierige Vernehmungen besser dokumentiert werden.[723] Ob im Falle der Vernehmung des S, der an „ADHS leide" und deshalb „ohne Ende kiffe", die Voraussetzungen des § 136 Abs. 4 Satz 2 Nr. 2 StPO gegeben sind, kann mangels weiterer Hinweise im Sachverhalt abschließend nicht beurteilt werden.

Verstöße gegen die Pflicht zur audiovisuellen Dokumentation einer Beschuldigtenvernehmung (§ 136 Abs. 4 Satz 2 StPO) dürften *kein* Verwertungsverbot nach sich ziehen. Die Gesetzesbegründung degradiert die Vorschrift zu einer (bloßen) Ordnungsvorschrift,[724] deren Nichteinhaltung *„grundsätzlich nicht zur Unverwertbarkeit der Aussage im weiteren Verfahren"* führen soll.[725] Entsprechend fehlerhaft entstandene schriftliche Vernehmungsprotokolle sind damit grundsätzlich im Verfahren verwertbar, werden aber regelmäßig einer kritischen und vorsichtigen Würdigung zu unterziehen sein.[726] Nach a. A. ist aber zumindest bei bewusstem, willkürlichem oder auf genereller Weisung beruhendem Unterlassen der Aufzeichnung von einem Verwertungsverbot auszugehen.[727]

📖 Der der Gesetzesbegründung zugrunde liegenden Annahme, wonach die schlichte Kennzeichnung als „Ordnungsvorschrift" zu einer prinzipiellen Verwertbarkeit auch bei einem Verstoß gegen die fragliche Verfahrensnorm führe, wurde v. BGH bereits 1974 eine Absage erteilt.[728] Auch in der Literatur ist es anerkannt, dass sich solche bloß begriffliche Einordnungen bestimmter Vorschriften nicht auf die Bewertung der Folgen ihrer Verletzung auswirken.[729] Die Bedeutung der Nichteinhaltung solcher Bestimmungen kann allerdings nicht einheitlich beurteilt werden.[730] So ist z. B. § 107 StPO (Durchsuchungsbescheinigung; Beschlagnahmeverzeichnis) einerseits zwingendes Recht, die Nichteinhaltung der Vorschrift soll aber andererseits *nicht* zu einem Verwertungsverbot führen, da es sich nur um eine bloße Ordnungsvorschrift handelt.[731] Nach a.A. handelt es sich nicht um eine

---

722 Ausführlich zur Einordnung der Begrifflichkeiten *Floren* Videovernehmung, S. 30 ff.
723 *Eschelbach*, in: SSW-StPO, § 136 Rn. 144.
724 Kritisch zu diesem Begriff *Knauer/Kudlich*, in: MüKo StPO, § 337 Rn. 29; ferner *Paul* NStZ 2013, 489 (492).
725 BT-Drs. 18/11277, S. 27.
726 *Monka*, in: BeckOK StPO, § 136 Rn. 26a.
727 *Singelnstein/Derin* NJW 2017, 2646 (2649).
728 BGH NJW 1974, 1570 (1571).
729 *Gericke*, in: KK-StPO, § 337, Rn. 13.: Auch Verstöße gegen – verfahrensrechtliche – Sollvorschriften (Ordnungsvorschriften) stellen im Grunde Gesetzesverletzungen dar.
730 Grundlegend *Bohnert* NStZ 1982, 5 ff.
731 *Hegmann*, in: BeckOK StPO, § 107 Rn. 1; OLG Stuttgart StV 1993, 235.

bloße Ordnungsvorschrift,[732] anders etwa als § 109 StPO (reine Ordnungsvorschrift).[733] Die Hinzuziehung von Zeugen gem. § 105 Abs. 2 StPO ist z.B. nach allgemeiner Auffassung eine wesentliche Förmlichkeit, von deren Einhaltung die Rechtmäßigkeit der Durchsuchung abhängt.[734] Ein Verstoß gegen diese Vorschrift berechtigt den Betroffenen deshalb dazu, Notwehr gemäß § 32 StGB zu üben und Widerstand i.S.d. § 113 StGB zu leisten.[735] Die Zuziehung der Zeugen als wesentliche Förmlichkeit ist zwingendes Recht und steht nicht zur beliebigen Disposition der Ermittlungsorgane.[736]

Die Zuziehung von Zeugen ist zwar eine wesentliche Förmlichkeit der Durchsuchung, die indes nur *„wenn möglich"* zu berücksichtigen ist. Die Zeugenzuziehung ist nicht möglich, wenn die Suche nach geeigneten Personen den Erfolg der Maßnahme vereiteln würde. Dies ist etwa der Fall, wenn die Durchsuchung mit Einwilligung des Gewahrsamsinhabers begonnen hat, die Einwilligung aber während der Maßnahme widerrufen wird.[737] Die Prämisse *„wenn möglich"* wird dahingehend ausgelegt, dass von einer Hinzuziehung (nur) dann abgesehen werden darf, wenn auf Grund von Tatsachen davon auszugehen ist, dass dadurch der Erfolg der Maßnahme gefährdet oder vereitelt wird. Liegen solche Gründe vor, haben die mit dem Vollzug befassten Personen sie zu dokumentieren.[738]

Das Anliegen der Vorschrift, die Einhaltung der Vernehmungsförmlichkeiten durch audiovisuelle Dokumentation abzusichern, ist zu begrüßen Allerdings ist es nicht nachvollziehbar, warum dies nur für Tötungsdelikte und den in Nr. 2 der Vorschrift bezeichneten Personenkreis gelten soll, da die StPO auch ansonsten die Einhaltung von Vernehmungsförmlichkeiten nicht von dem in Rede stehenden Delikt abhängig macht. Vor diesem Hintergrund wird bereits gefordert, *„dass die Vorschrift auf Beschuldigtenvernehmungen in allen Ermittlungsverfahren ausgedehnt wird"*[739].

---

732 *Gercke*, in: HK-StPO, § 107 Rn. 8.
733 *Gercke*, in: HK-StPO, § 109 Rn. 2.
734 *Bruns*, in: KK-StPO, § 105 Rn. 14; *Hegmann*, in: BeckOK StPO, § 105 Rn. 20; a.A. OLG München NJW 1972, 2275 (2276).
735 *Park* Durchsuchung, § 2 Rn. 176, m.w.N.
736 Zu engen Ausnahmen BGH NJW 2007, 930.
737 *Hegmann*, in: BeckOK StPO, § 105 Rn. 20.
738 *Eisenberg* BeweisR, Rn. 2440a; LG München StraFo 2009, 146.
739 *Wickel* ZIS 2020, 311 (318).

Fall 14: Dirty Harry

Schwerpunkte: Befragung, Körperliche Untersuchung, Festnahme

Sachverhalt:[740]

In A-Stadt wird im Februar 2020 eine junge Frau von einem Unbekannten mit einem Gewehr erschossen. Zwei Tage später geht bei der Stadtverwaltung ein Brief ein. Ein gewisser „Zodiac" bekennt sich zu dem Mord. Der Unbekannte fordert von der Stadt die umgehende Zahlung von 1 000 000 EURO, andernfalls werde er weitere Menschen töten. Die Oberbürgermeisterin Henriette Hartlieb (H) wird aufgefordert, in einer Chiffreanzeige im örtlichen Anzeigeblatt (Anzeiger A-Stadt) unter dem Stichwort „Scorpio" die Bereitschaft zur Zahlung zu signalisieren. Aus grundsätzlichen Erwägungen lehnt H das Ansinnen ab.

Mitte März wird ein Spaziergänger bei von einem Unbekannten erschossen. Kriminaltechnische Untersuchungen ergeben, dass das Geschoss aus demselben Gewehr stammt, mit dem die junge Frau getötet wurde. Wiederum geht bei der Stadtverwaltung ein Schreiben von „Zodiac" ein, dessen Forderung auf nunmehr 2 000 000 EURO erhöht worden ist.

Nach Beratung von Stadtverwaltung und Polizei entschließt man sich, zum Schein auf das Angebot einzugehen. Im Zuge dessen wird mit „Zodiac" ein Übergabetermin vereinbart. Als Überbringer des „Geldes" (der Koffer enthält in Wirklichkeit nur Papier) soll KHK Braun fungieren. Zu der Übergabe des Koffers und der geplanten Festnahme des Erpressers kommt es jedoch nicht.

Anfang Juni 2020 wird in den frühen Abendstunden die 13jährige Wilma Allusch (W) von einem unbekannten Mann entführt. Am selben Abend meldet sich „Zodiac" bei der Polizei von A-Stadt und erklärt, er habe W in seiner Gewalt und sie in einem „Behälter" versteckt, dessen Sauerstoffgehalt nur drei Tage reiche. Bis zu diesem Zeitpunkt solle die Stadt eine 2 000 000 EURO an ihn zahlen, andernfalls werde W sterben. Wiederum wird ein Übergabe-

---

[740] Der Sachverhalt dürfte Cineasten vertraut vorkommen. Es handelt sich um die Geschichte des Films „Dirty Harry" von Don Siegel (USA 1971), der auf realen Geschehnissen beruht. Die Handlung basiert auf den Morden des „Zodiac"-Killers, der seinerzeit Kalifornien unsicher machte: Der zynische Inspektor Harry Callahan (Clint Eastwood) soll den Serienmörder „Scorpio" fangen, der um San Francisco sein Unwesen treibt. Als er ihn schnappt, erfährt er mit Foltermethoden den Aufenthalt seines jüngsten Opfer. Die Thematik wurde zugrunde gelegt in der Staatsprüfungsklausur Eingriffsrecht in Nordrhein-Westfalen (1996); vgl. *Vahle* Kriminalistik 1997, 77 ff., mit Besprechung *Tegtmeyer*, Kriminalistik 1997, 144 ff.

termin vereinbart. „Zodiac" verlangt die Aushändigung des Geldes durch einen „Boten", den er per Handy kontaktieren und zum Übergabeort lotsen will. In der Nähe eines Denkmals am Stadtrand trifft der erneut als Geldbote eingesetzte KHK Braun auf den maskierten Erpresser. Dieser ergreift jedoch – anscheinend misstrauisch geworden – die Flucht. Als der Flüchtende trotz eines Warnschusses nicht stehenbleibt, gibt KHK Braun einen gezielten Schuss auf dessen Beine ab, worauf dieser einen Schmerzensschrei ausstößt. Dennoch gelingt es dem Erpresser, auf Schleichwegen zu entkommen. Eine später eingeleitete Umfrageaktion in den städtischen Krankenhäusern ergibt, dass in der Notaufnahme des Elisabeth-Krankenhauses ein Mann wegen einer Schussverletzung behandelt worden ist. Die Beamten erhoffen sich Hinweise, um die 13-jährige Wilma Allusch zu finden.

Das Krankenhaus wird durch KK A und KOK'in B aufgesucht. Der Notfallarzt Dr. Arne Möhler (M) weigert sich jedoch, auf die Fragen der Polizei nach dem Patienten zu antworten und beruft sich auf seine ärztliche Schweigepflicht. M schweigt auch dann noch, als ihn die KK A und KOK'in B darauf hinweisen, dass er durch sein Schweigen einen Schwerverbrecher decke, der ein unschuldiges Mädchen mit dem Leben bedrohe. Erst als die Beamten den Chefarzt Prof. Paalsen (P) einschalten und P den M um Auskunft „ersucht", lenkt dieser ein. Er beschreibt den Patienten als „ca. 30 Jahre alt, blond und gedrungen". Genaueres könne er nicht sagen, weil er völlig überlastet gewesen sei und den Patienten kaum angesehen habe. Dieser weise aber eine leichte Schusswunde am rechten Oberschenkel auf. KK A erklärt daraufhin, ein ihm flüchtig bekannter Sportwart eines Tennisclubs, der in der Nähe des Denkmals wohne, an dem die Geldübergabe stattfinden sollte, sehe „so ähnlich aus", das sei doch ein auffälliges Zusammentreffen. Die Beamten halten es angesichts der zeitlichen Dringlichkeit für wenig sinnvoll, ein Lichtbild des Sportwarts zu beschaffen, um es M vorzulegen. Sie fahren deshalb in Begleitung von weiteren Beamten unverzüglich zur Wohnung des fraglichen Sportwarts, Ludwig Lustig (L). Auf Klingelzeichen öffnet L und bittet die Beamten freundlich in seine Wohnung, nachdem sich diese als Polizisten ausgewiesen haben. L ist dem äußeren Anschein nach etwa 35 Jahre alt, dunkelblond, ca. 180 cm groß und von athletischer Statur. KOK'in B erklärt dem L, gegen ihn bestehe Mordverdacht. worauf L völlig überrascht und bestürzt reagiert. L wird sodann aufgefordert, sein rechtes Bein zu entblößen. Als L erwidert, er denke gar nicht daran, seine Hose auszuziehen – schon gar nicht in Anwesenheit einer Frau –, wenden zwei Beamte körperlichen Zwang an: sie halten L fest und streifen seine Jogginghose hoch. Die Beamten stellen fest, dass L einen Notverband um den rechten Oberschenkel trägt. L wird festgenommen. Der von ihm zugezogene Rechtsanwalt Dr. Florian Kwiauka (K) wirft der Polizei vor, seinen Mandanten zu Unrecht festgenommen zu haben. Die Beamten hätten sich nur auf die angebliche Schusswunde und damit auf eine Information gestützt, die sie unter Verletzung der Intimsphäre seines Mandanten erlangt hätten.

Wenige Stunden nach der Festnahme des L entdeckt durch einen glücklichen Zufall ein Hobbybotaniker bei einem Spaziergang das „Versteck" der 13-jährigen W. Es handelt sich um ein sargähnliches Behältnis, das der Entführer auf einem abgelegenen, stark mit Büschen und hohen Wildpflanzen bewachsenen Grundstück knapp unter der Oberfläche im Erdreich versenkt hat. W wird buchstäblich in letzter Sekunde gerettet.

Aufgabe:

Nehmen Sie problemorientiert Stellung zu folgenden polizeilichen Maßnahmen:
- Befragung und Auskunftsverlangen gegenüber M
- Aufforderung an L, das Bein zu entblößen
- Festnahme des L

Lösung:

I. Befragung und Auskunftsverlangen gegenüber M
1. Zielrichtung Strafverfolgung: Zeugenvernehmung

Zu erwägen wäre die Annahme einer strafprozessualen Zeugenvernehmung. Gem. § 163 Abs. 3 Satz 1 StPO sind Zeugen verpflichtet, auf Ladung vor Ermittlungspersonen der Staatsanwaltschaft zu erscheinen und zur Sache auszusagen, wenn der Ladung ein Auftrag der Staatsanwaltschaft zugrunde liegt. Mit dieser Regelung wurde in Ergänzung zu der bestehenden Erscheinens- und Aussagepflicht von Zeugen vor dem Gericht und vor der StA eine Erscheinens- und Aussagepflicht von Zeugen vor Ermittlungspersonen der Staatsanwaltschaft eingeführt.[741] Zeugen steht es bei einer polizeilichen Vernehmung nicht frei, ob sie erscheinen und zur Sache aussagen.[742] Die Erscheinens- und Aussagepflicht von Zeugen vor der Polizei

---
741 Mit dem „Gesetz zur effektiveren und praxistauglicheren Ausgestaltung des Strafverfahrens" vom 17.8.2017 (BGBl I, 3202) wurde u. a. die Pflicht von Zeugen normiert, auf Ladung vor Ermittlungspersonen der StA zu erscheinen und zur Sache auszusagen, wenn der Ladung ein Auftrag der StA zugrunde liegt, hierzu im Überblick *Conen* AnwBl 2017, 640 ff.
742 *Griesbaum*, in: KK-StPO, § 163 Rn. 35.

nach § 163 Abs. 3 Satz 1 StPO setzt aber voraus, dass der Ladung ein Auftrag der StA zugrunde liegt. Ohne staatsanwaltschaftlichen Auftrag besteht keine Pflicht, bei der Polizei zu erscheinen und auszusagen.[743] § 163 Abs. 4 Nr. 4 StPO bestimmt, dass der StA bei unberechtigtem Ausbleiben oder unberechtigter Weigerung eines Zeugen die Befugnis zu den in den §§ 51, 70 StPO vorgesehenen Maßnahmen zusteht. Vorliegend wollten aber KK A und KOK'in den M erkennbar zu Auskünften zwingen, wie sich etwa aus der – zum Zwecke der Druckausübung vorgenommenen – Einschaltung des Chefarztes ergibt.

2. Zielrichtung Gefahrenabwehr: Befragung

Vielmehr ist vorliegend davon auszugehen, dass die Befragung mit dem Ziel erfolgte, Informationen zu erlangen, die der Rettung der 13-jährigen Wilma Wallusch dienlich sein könnten. Als Rechtsgrundlage kommt dann § 9 PolG NRW in Betracht. Die tatbestandlichen Voraussetzungen der generalklauselartigen hier in Betracht kommenden Befugnis des § 9 Abs. 2 PolG NRW liegen vor. Es unterliegt keinen Bedenken, dass die Polizei M nach seinem Wissen über den unbekannten Patienten befragt. Der relativ weitreichenden Befugnis der Polizei, Personen zu befragen, steht eine sehr eingeschränkte Auskunftspflicht der befragten Personen gegenüber. Eine Person, deren Befragung zulässig ist, ist zwar verpflichtet, auf Frage Namen, Vornamen, Tag und Ort der Geburt, Wohnanschrift und Staatsangehörigkeit anzugeben. Gem. § 9 Abs. 3 Satz 2 PolG NRW ist die (Auskunfts-)Person zu weiteren Auskünften aber nur verpflichtet, soweit gesetzliche Handlungspflichten bestehen. Zu nennen sind in erster Linie § 138 StGB (Nichtanzeige geplanter Straftaten) und § 323c StGB (Unterlassene Hilfeleistung).[744]

a) Nichtanzeige geplanter Straftaten, § 138 StGB

Die Nichtanzeige geplanter Straftaten ist durch § 138 (nur) in Bezug auf bestimmte dort aufgeführte Straftaten strafbar. Die dem Unbekannten zur Last gelegten Delikte (§§ 211, 239a StGB) gehören zu den Katalogdelikten des § 138 Abs. 1 Nr. 6 StGB). Die Anzeigepflicht besteht auch dann, wenn die Straftat bereits begonnen worden ist, insbesondere bei Dauerdelikten (z. B. wie hier: Entführung), solange die durch die Tat hervorgerufene Gefahr andauert.[745] Fraglich ist allerdings, ob M von einer solchen Straftat „glaubhafte Kenntnis" erhalten hat, d. h. Kenntnis vom Bevorstehen der Tat oder der Person des Täters. Denn erst durch die Angaben der Polizei konnte M

---

[743] *Soine* NStZ 2018, 141 ff.
[744] *Tegtmeyer/Vahle* PolG NRW, § 9 Rn. 22.
[745] *Sternberg-Lieben*, in: Schönke/Schröder, StGB, § 138 Rn. 6.

davon ausgehen, einen mutmaßlichen Entführer behandelt zu haben. Die Anzeigepflicht beruht nun darauf, dass der Anzeigepflichtige mit der Ausführung der Tat rechnete. Kenntnis von der Person des Täters ist nicht erforderlich.[746] Der bloße Vorhalt einer Strafverfolgungsbehörde selbst kann eine solche eigene Kenntnis schwerlich vermitteln: wäre dem so, so hinge die Tatbestandserfüllung von der Glaubwürdigkeit der Polizei ab. Schließlich würde das Schweigen nach einer polizeilichen Mitteilung normzweckwidrig strafrechtlich relevant, weil eine Handlungspflicht ersichtlich nur bei bereits vorhandenem – nicht „aufgedrängtem" – Wissen begründet werden soll.

b) Unterlassene Hilfeleistung; Behinderung von hilfeleistenden Personen, § 323c StGB

In bestimmten Notsituationen (Unglücksfall usw.) ist jedermann verpflichtet, im Rahmen des Erforderlichen und Zumutbaren Hilfe zu leisten. Für Ärzte ergibt sich aus § 323c StGB keine erweiterte Berufspflicht. Ihnen obliegt die allg. Beistandspflicht, wenn die konkreten Umstände ein Handeln gerade für sie als notwendig und zumutbar erscheinen lassen, wobei allerdings ihre erhöhte Leistungsfähigkeit das Ausmaß der ihnen möglichen Hilfeleistung bestimmt.[747] Das pflichtwidrige Versäumen der Gelegenheit, drohenden Schaden abzuwenden oder zu begrenzen, begründet die Strafbarkeit, selbst wenn sich in der Rückschau alle Hilfebemühungen als vergeblich bzw. die befürchteten Folgen der Notlage als unabwendbar erweisen („Ingefahrlassungsdelikt").[748]

Als ein die Hilfspflicht auslösender Unglücksfall ist auch die Straftat eines Dritten einzustufen, wenn ein erheblicher Schaden droht.[749] Insofern bestehen vorliegend keine durchgreifenden Bedenken gegen das Vorliegen eines Unglücksfalles, weil unerheblich ist, ob das Unglück auf einem Zufall beruht oder in verbrecherischer Absicht verursacht wurde.

Bestraft wird, wer bei einer der genannten Notlagen nicht Hilfe leistet, obwohl dies erforderlich und zumutbar ist. Der Begriff *Hilfe* bezeichnet eine Tätigkeit, die auf Abwehr drohender Schäden gerichtet ist.[750]

Zu einer Hilfeleistung kann auch die „Informationshilfe" zählen, z.B. die Benachrichtigung einer zur Hilfe geeigneten Person.

---

746 *Sternberg-Lieben*, in: Schönke/Schröder StGB, § 138 Rn. 8.
747 BGH NStZ 1985, 409: Unterlassene Hilfeleistung eines Arztes.
748 *Hecker*, in: Schönke/Schröder StGB, § 323c Rn. 1.
749 BGH NStZ 1997, 127: Unterlassene Hilfeleistung durch Tatbeteiligten.
750 *Hecker*, in: Schönke/Schröder StGB, § 323c Rn. 12.

Bei einem – hier vorliegenden – Dauerdelikt ist allerdings erforderlich, dass die Gefahr weiterer Schäden besteht, deren Verhinderung oder mindestens Verminderung durch die Hilfeleistung jedenfalls generell möglich erscheint. Da der Tod oder zumindest eine schwere körperliche Schädigung der entführten W drohte, lässt sich diese Voraussetzung bejahen; die Angaben des M über das Aussehen des (mutmaßlichen) Täters konnten zu dessen Ermittlung und damit zur Beendigung der Entführung beitragen. Auch im Hinblick auf die grundsätzliche Verpflichtung zur Wahrung des Arztgeheimnisses bestehen keine Bedenken gegen die Zumutbarkeit der Aussage. Mindestens durch § 34 StGB war die Durchbrechung der Schweigepflicht zum Schutz des hochwertigen Rechtsgutes Leben gerechtfertigt. Nach § 34 StGB handelt nicht rechtswidrig, wer in einer gegenwärtigen, nicht anders abwendbaren Gefahr für Leben, Leib, Freiheit, Ehre, Eigentum oder ein anderes Rechtsgut eine Tat begeht, um die Gefahr von sich oder einem anderen abzuwenden, sofern bei Abwägung der widerstreitenden Interessen, namentlich der betroffenen Rechtsgüter und des Grades der ihnen drohenden Gefahren, das geschützte Interesse das beeinträchtigte wesentlich überwiegt. § 34 StGB gestattet ein Handeln zum Schutz sämtlicher Individualinteressen.[751]

Fraglich ist indes, ob § 323c StGB nicht einschränkend dahingehend ausgelegt werden muss, dass der Unterlassende in einer räumlich nachbarlichen Beziehung zum Unglück oder zum Betroffenen stehen muss. Eine solche enge Beziehung bestand zwischen W und M ersichtlich nicht. Allerdings dürfte kein tragfähiger Grund bestehen, den Täterkreis auf diese Weise einzuengen. zumal der Wortlaut für eine solche Restriktion keinen „Anlass" bietet. Insofern ergibt sich aus § 9 PolG NRW eine Informationspflicht, die durch Auskunftsgebot konkretisiert werden durfte.

II.   Aufforderung an L, das Bein zu entblößen
1.   Zielrichtung Strafverfolgung

Als Befugnisnorm für die Aufforderung und die zwangsweise Durchsetzung kommt § 81 StPO in Betracht. Dann müsste es sich um eine Untersuchung – im Gegensatz zur bloßen Durchsuchung i. S. des § 102 StPO – handeln. Herkömmlich wird nach dem Zweck und der Intensität der Maßnahme differenziert. Der wesentliche Unterschied zwischen Durchsuchung und Untersuchung im strafprozessualen Bereich besteht darin, dass die einfache körperliche Untersuchung dem Zweck dient, die vom Willen des Beschuldigten unabhängige Beschaffenheit seines Körpers, auch das Vorhandensein

---

751 Im Überblick *Nestler* JURA 2019, 153 (156); grundlegend *Brand/Lenk* JuS 2013, 883 ff.

von Fremdkörpern in den natürlichen Körperöffnungen, durch sinnliche Wahrnehmungen ohne körperliche Eingriffe festzustellen. Geht es um die Ermittlung der körperlichen Beschaffenheit, so wird von einer Untersuchung ausgegangen, während die Suche nach Gegenständen in oder unter der Kleidung als Durchsuchung qualifiziert wird.[752] Legt man diese Differenzierung zugrunde, so dürfte es sich hier bereits um eine Untersuchung des L handeln, indem gezielt nach einer etwaigen Schussverletzung Ausschau gehalten wurde. Die körperliche Untersuchung darf sich nur gegen einen Beschuldigten richten. Denkbar ist es, die Beschuldigtenstellung einer Person allein vom objektiv gegen sie bestehenden Tatverdacht abhängig zu machen. Da jedoch auch das Gesetz in den §§ 55, 60 Nr. 2 StPO davon ausgeht, dass es tatverdächtige Zeugen gibt, d.h. der bloße Tatverdacht gegen eine Person diese nicht automatisch zum Beschuldigten macht, muss nach h.M. zum Tatverdacht ein Willensakt der Strafverfolgungsbehörde hinzutreten, in dem zum Ausdruck kommt, dass sie das Strafverfahren gegen den Verdächtigen als Beschuldigten betreiben will (subjektivobjektive Beschuldigtentheorie). Unzweifelhaft liegt dieser Willensakt dann vor, wenn ein förmliches Strafverfahren gegen eine Person als Beschuldigten eingeleitet oder sie ausdrücklich als Beschuldigter vernommen wird. Die Verfolgungsbehörde ist verpflichtet, einen Verdächtigen formell zum Beschuldigten zu erklären, wenn die gegen ihn vorliegenden Verdachtsmomente sich zu einem hinreichend konkreten Anfangsverdacht verdichtet haben (§ 152 Abs. 2 StPO), d.h. wenn konkrete tatsächliche Anhaltspunkte vorliegen, die nach den kriminalistischen Erfahrungen die Beteiligung des Betroffenen an einer verfolgbaren Straftat als möglich erscheinen lassen.[753] Es müssen mithin Tatsachen vorliegen, die auf eine naheliegende Täterschaft oder Teilnahme schließen lassen. Beschuldigter ist also nicht schon derjenige, der in einen (vagen) Tatverdacht gerät, vielmehr müssen zureichende tatsächliche Anhaltspunkte (§ 152 Abs. 2 StPO) vorliegen, die nach pflichtgemäßer Beurteilung der Strafverfolgungsbehörde Anlass zum Verdacht geben.[754] Maßgeblich für die Prognose ist der Zeitpunkt des polizeilichen Einschreitens, so dass auf die spätere Entwicklung nicht abgestellt werden darf.

Vorliegend war Auslöser für die Maßnahme die Erklärung des KK A, der Sportwart „sehe so ähnlich aus".

Derartige „Ähnlichkeiten" dürfte es aber zuhauf geben, so dass diese vage Behauptung den Eingriff für sich genommen schwerlich legitimieren kann.

---

752 VGH München NVwZ-RR 1999, 310, m. Anm. *Vahle*, Kriminalistik 1999, 545.
753 Statt vieler: *Beulke/Swoboda* StrafProzR, Rn. 111.
754 *Hadamitzky*, in: KK-StPO, § 81b Rn. 2.

Gegen L spricht allerdings weiter die örtliche Lage der Wohnung in der Nähe des Übergabeortes. Es könnte sein, dass er aufgrund seiner Ortskenntnis bewusst diesen Bereich gewählt hat. Das hat indes alles mehr oder minder rein spekulativen Charakter. Schließlich könnte noch seine Weigerung, das Bein zu entblößen, gegen ihn ins Feld geführt werden. Andererseits kann die schlichte Weigerung, freiwillig an der Maßnahme mitzuwirken, schon deshalb nicht als Verdachtsgrund herangezogen werden, weil niemand sich als Augenscheinsobjekt zur Verfügung stellen muss, wenn keine ausreichenden gesetzlichen Gründe bestehen. Es müssen daher, um die Anordnung zu rechtfertigen, weitere Tatverdachtsgründe hinzutreten.

Fraglich ist überdies, ob das Aussehen des L – in Ansehung der vagen Beschreibung – den Tatverdacht erhärtet. Die wenigen Merkmale (ca. Angabe des Alters, Haarfarbe) dürften jedoch schwerlich ausreichen, zumal die Statur durch M nicht zutreffend beschrieben wurde („gedrungen" ist nicht mit athletisch gleichzusetzen, bedeutet vielmehr „nicht sehr groß und ziemlich breit gebaut"). Auch die Tatsache, dass L in der Nähe des vereinbarten Übergabeortes wohnt, dürfte nur eine schwache Indizwirkung haben.

Insgesamt sind die Anhaltspunkte recht dürftig, so dass die Anordnung nebst zwangsweiser Durchsetzung rechtlichen Bedenken begegnet.

Bejaht man andererseits die tatbestandlichen Voraussetzungen des § 81a StPO, stellt sich die Frage, ob die Vorschrift des § 81d StPO verletzt wurde. Ob eine Verletzung des Schamgefühls droht, entscheidet sich nach allgemeinen Anstands- und Schicklichkeitsregeln. Dies ist nicht nach der eigenen Bewertung des Betroffenen, sondern nach objektiven Maßstäben zu beurteilen. Das völlige Entkleiden vor einer Person des anderen Geschlechts, die nicht Arzt oder Ärztin ist, oder das Untersuchen der Geschlechtsorgane verletzt sicherlich das Schamgefühl.[755] Die Entblößung des Beins vor einer Frau zwecks Feststellung einer (Schuss-)Wunde dürfte diese Grenze schwerlich überschreiten.

Kompetenzielle Probleme (Richtervorbehalt des § 81a Abs. 2 StPO) könnten im Hinblick auf die Eilbedürftigkeit unproblematisch sein (Notfallzuständigkeit der Ermittlungspersonen der StA).

2. Zielrichtung Gefahrenabwehr

Die Untersuchung des L könnte schließlich auch dem Zweck der Gefahrenabwehr – Rettung der W – gedient haben (Doppelfunktionalität der Maßnahme). Insoweit kommt als Eingriffsgrundlage nur die polizeiliche Generalklausel in Frage, weil das PolG NRW ausdrücklich nur eine Regelung

---

[755] *Goers*, in: BeckOK StPO, § 81d Rn. 6.

II. Schwerpunkt: Strafprozessrecht

über die Durchsuchung von Personen (§ 39 PolG NRW) enthält. Eine körperliche Untersuchung – gestützt auf die Generalklausel – ist damit grundsätzlich als systemfremd abzulehnen. In Ansehung der Spezialnorm über die Durchsuchung von Personen (§ 39 PolG NRW) ist indessen umstritten, ob körperliche Untersuchungen als eingriffsintensivere Maßnahmen auf die Generalklausel gestützt werden dürfen. Untersuchungen zur Gefahrenabwehr können nur unter strikter Beachtung des Grundsatzes der Verhältnismäßigkeit – also insbesondere bei Lebensgefahr – angeordnet werden. Die Untersuchung selbst ist in der Regel – schon im Hinblick auf die erforderliche Sachkunde – durch Ärzte oder ihnen insoweit gleichgestellte Personen (z. B. Rettungssanitäter, vgl. auch § 70 VwVG NRW) vorzunehmen.[756] Zumindest für einen vergleichsweise oberflächlichen, der Durchsuchung angenäherten Eingriff wie das bloße Betrachten der Körperoberfläche dürften hiernach auch Polizeivollzugsbeamte zur Vornahme des Eingriffs berechtigt sein.

Gleichwohl erscheint die Heranziehung der polizeilichen Generalklausel systemwidrig, weil der Gesetzgeber nur den minderschweren Eingriff der Durchsuchung spezialgesetzlich normiert hat.[757] Zur Vermeidung von Wertungswidersprüchen ist daher zumindest eine restriktive Interpretation geboten; so darf der Eingriff wohl nur dann auf § 8 Abs. 1 PolG NRW gestützt werden, wenn er unmittelbar zur Abwehr schwerer Gefahren dient, insbesondere zur Rettung des Betroffenen selbst. Eine Untersuchung zur Beschaffung von Informationen, um gegen den Betroffenen dann vorzugehen – auch in strafrechtlicher Hinsicht – erscheint demgegenüber normzweckwidrig. Der Eingriff würde dann dazu dienen, die fehlende Aussage- und Mitwirkungsbereitschaft zu „kompensieren". Insbesondere könnte ein mutmaßlicher Straftäter über den Umweg des Gefahrenabwehrrechts gezwungen werden, Eingriffe zu dulden, die nach Strafprozessrecht nicht erlaubt sind. Damit würde aber die Heranziehung der Generalklausel dazu dienen. die Vorschrift des § 81a StPO auszuhebeln. Im Ergebnis bestehen gegen die Untersuchung des L unter dem Gesichtspunkt der Gefahrenabwehr auf Grundlage des § 8 Abs. 1 PolG NRW erhebliche Bedenken. Überdies wäre ein „Umsteigen" auf das Polizeirecht ein fragwürdiges Umgehungsmanöver.[758]

---

756 *Tegtmeyer/Vahle* PolG NRW, § 8 Rn. 25.
757 *Rachor/Graulich*, in: Lisken/Denninger HdbPolR, Kap. E Rn. 146.
758 *Vahle* Kriminalistik 1997, 143.

III. Festnahme des L

Die Voraussetzungen der Befugnisnorm des § 127 Abs. 2 StPO sind gegeben. Es liegt ein sog. absoluter Haftgrund vor (§ 112 Abs. 3 StPO). In bestimmten Fällen der schweren Kriminalität ermöglicht § 112 Abs. 3 StPO den Erlass eines Haftbefehls, ohne dass ein Haftgrund im technischen Sinne (§ 112 Abs. 2 StPO) vorliegt.[759] Der dringende Tatverdacht gegen L leitet sich aus der (Schuss-)Verletzung ab.

Kommt man bei der Prüfung der körperlichen Untersuchung (§ 81a StPO oder § 8 Abs. 1 PolG NRW) zu dem Ergebnis, dass die Untersuchung rechtswidrig ist, so beruhte die Kenntnis der Polizei von der Verletzung auf einem rechtswidrigen Eingriff. Hieraus könnte sich – dem Rechtsanwalt des L (Dr. Florian Kwiauka) folgend – ein sog. Verwendungsverbot hinsichtlich dieser Tatsache ergeben. Das deutsche Strafverfahrensrecht kennt – im Gegensatz zur US-amerikanischen „fruit of the poisonous tree-doctrine" – kein umfassendes Verwertungsverbot bei rechtswidrigen strafprozessualen Eingriffen; insbesondere das spezielle Verwertungsverbot des § 136a Abs. 3 Satz 2 StPO für verbotene Vernehmungsmethoden erscheint nicht verallgemeinerungsfähig.

Eine allgemeine „Sperre" rechtswidrig erlangter Informationen würde vor allem auch Bedenken unter dem Gesichtspunkt der effektiven Strafrechtspflege und damit der Gefährdung eines hochwertigen verfassungsmäßig fundierten Gemeinschaftsgutes begründen. Rechtsschutzinteressen des Betroffenen werden hierdurch nicht in unzumutbarer Weise beeinträchtigt. Im Rahmen der jeweiligen Rechtsschutzregelungen kann er den rechtswidrigen Eingriff anfechten und sich zumindest nachträglich hiergegen zur Wehr setzen.

Allenfalls unter verfassungsrechtlichen Aspekten lassen sich hiernach Beweisverwertungsverbote – und hier: Verwendungsverbote – rechtfertigen. Allerdings dürften insoweit nur besonders schwerwiegende Grundrechtsverletzungen ein Verwertungs- und vorgelagertes Verwendungsverbot legitimieren. Angesichts des vergleichsweise geringfügigen Eingriffs in die Rechtssphäre des L erscheint schon deshalb ein solches Verbot kaum vertretbar. Hinzu kommt, dass die Rechtswidrigkeit der Maßnahme nicht offenkundig war und die Behörde sich somit nicht willkürlich über Grundrechte des Betroffenen hinweggesetzt hat.

Damit dürfte auch unter dem Blickwinkel des Rechtsstaatsprinzips (Art. 20 Abs. 3 GG) ein Verwendungsverbot ausscheiden.

---

759 *Graf*, in: KK-StPO, § 112 Rn. 41.

Fall 15: Kindlicher Ladendieb

Schwerpunkte: Identitätsfeststellung, Gewahrsam, Durchsuchung, ED-Behandlung, Anhörung

Sachverhalt:[760]

Der 13jährige Ingo (I), den man aufgrund seiner Größe meistens für 15 Jahre alt hält, ist beim Ladendiebstahl ertappt worden. Er hatte sich dort drei hochwertige elektronische Geräte unter die Jacke gesteckt. Beim Verlassen des Geschäftes löste ein elektronischer Alarm aus. I wurde von einem nacheilenden Angestellten festgehalten, in das Geschäft zurückgebracht und kurze Zeit später der Polizei übergeben.

Eine Identifizierung ist nicht möglich, da I weder zu seiner Person noch zur Tat Angaben macht. Er schweigt. Daraufhin wird er von den Beamten durchsucht. Hinweise auf seine Identität werden nicht gefunden. Daraufhin ordnet POK P das Festhalten des I an. Unter dem Eindruck des Festhaltens besinnt sich der bislang widerstrebende I eines anderen und teilt Name, Alter und Adresse mit. Ein sofortiger Anruf bei seinen Eltern und eine Überprüfung ergeben, dass I erst zwei Wochen zuvor seinen 13. Geburtstag feierte. I wird in die Obhut seiner Eltern übergeben. Im Zuge weiterer Ermittlungen ergibt sich, dass I bereits mehrfach wegen Ladendiebstahls und anderer Delikte in Erscheinung getreten ist. Eine Woche später erscheint I in Begleitung seiner Eltern zwecks Anhörung auf der zuständigen Dienststelle der Kriminalpolizei. Die Jugendsachbearbeiterin, KOK'in B, möchte I in Abwesenheit seiner Eltern anhören und fordert die Eltern auf, während der Anhörung das Büro zu verlassen. Während seine Eltern vor dem Büro warten, wird I sodann durch KOK'in B zum Sachverhalt befragt. Die Aussagen des I werden protokolliert.

Als Ingo (I) zwei Wochen später erneut bei einem Ladendiebstahl angetroffen wird, erwägen die ermittelnden Polizeibeamten, I erkennungsdienstlich zu behandeln. Außerdem soll sein Kinderzimmer nach weiterem Diebesgut durchsucht werden. Zusammen mit I fahren die Beamten zu dessen Elternhaus, teilen der Mutter (M) den Sachverhalt mit und verlangen von ihr, die Durchsuchung des Zimmers ihres Sohnes zu dulden. M weigert sich. Erst nachdem der eine Polizeibeamte mit der Anwendung unmittelbaren Zwanges droht, willigt die M ein und lässt die Beamten durchsuchen.

---
[760] *Hapkemeyer* Kriminalistik 2001, 367 ff.

Aufgabe:

1. Nehmen Sie problemorientiert (kurz) Stellung zu folgenden polizeilichen Maßnahmen:
   - Identitätsfeststellung
   - Festhalten und Durchsuchung des I
   - Verbringen des I zu seinen Eltern
2. Haben die Eltern des I ein Recht auf Anwesenheit im Rahmen seiner Anhörung?
3. Ist Ingo (I) vor seiner Anhörung zu belehren?
4. Auf welche Rechtsgrundlage würde sich eine erkennungsdienstliche Behandlung des I stützen.
5. Auf welche Rechtsgrundlage würde sich die Durchsuchung des Kinderzimmers stützen?

Hinweis: Die örtliche Zuständigkeit ist nicht zu prüfen.

Lösung zu Aufgabe 1

A. Identitätsfeststellung

§ 163b Abs. 1 StPO ermächtigt zur Identitätsfeststellung bei Personen, die einer Straftat verdächtig sind. Kinder können weder einer Straftat verdächtig noch Beschuldigte sein. Der 13-jährige I ist Kind und damit strafunmündig (§ 19 StGB). Kinder sind auch nicht Adressaten des Jugendstrafrechts, was sich aus § 1 JGG ergibt. Ein Kind, dem man sofort ansieht, dass es noch im Kindesalter steht, zählt nicht zu den Verdächtigen. Eine Identitätsfeststellung gem. § 163b Abs. 1 StPO scheidet aus.[761] Probleme können entstehen, wenn der Täter oder Teilnehmer nicht erkennbar ein Kind ist oder aber gar der Täter/Teilnehmer erkennbar strafmündig ist und sich als Kind ausgibt. Ist der Täter oder Teilnehmer nicht unzweifelhaft ein Kind oder aber ist der Täter/Teilnehmer erkennbar strafmündig, gibt sich aber als Kind aus, so stellt sich die Frage, ob Zwangsmaßnahmen nach § 163b Abs. 1 StPO möglich sind. Ist das Alter nicht klar zu erkennen, da der „Täter" dem ersten Anschein nach älter als 14 Jahre sein könnte, sind Identitätsfeststellungsmaßnahmen und weitergehende Maßnahmen nach § 163b Abs. 1 Satz 3 StPO (Durchsuchung der Person des Verdächtigen und der von ihm mitgeführten Sachen sowie die

---

[761] Weitergehend Verrel NStZ 2001, 284 ff.

Durchführung erkennungsdienstlicher Maßnahmen) zulässig, da der begründete Verdacht besteht, er habe sich strafbar gemacht.[762]

B. Festhalten des I

Gem. § 163b Abs. 1 Satz 2 StPO darf der Verdächtige festgehalten werden, wenn die Identität sonst nicht oder nur unter erheblichen Schwierigkeiten festgestellt werden kann. I weigert sich, Angaben zu seiner Person zu machen. Da seine Identität nicht feststellbar war und I nunmehr schweigt, durfte er festgehalten werden. Auch dürfen dann weitere identifizierungsfähige Maßnahmen vorgenommen werden, etwa eine Durchsuchung. Vorrangiges Ziel eines solchen Eingriffes muss im Hinblick auf Kinder und Jugendliche, die aufgrund ihres Erscheinungsbildes und Verhaltens eventuell noch den Kinderstatus besitzen könnten, die Klärung der Altersfrage sein.[763]

C. Verbringen des I zu seinen Eltern

Entsprechend der einschlägigen PDV 382 (Ziff. 3.2.3) sind Kinder nach Beendigung polizeilicher Maßnahmen von Erziehungsberechtigten oder deren Beauftragten abholen zu lassen oder, sofern dies nicht möglich ist, ihnen zu überstellen. Allerdings ist zu beachten, dass es sich bei der Zuführung von Kindern (und auch Jugendlichen) zum Elternhaus um eine Ingewahrsamnahme, also eine freiheitsentziehende Maßnahme gem. Art. 2 Abs. 2 Satz 2 i.V.m. Art. 104 GG handelt. Eine PDV kann nicht Rechtsgrundlage für belastende Eingriffe in die grundrechtlich geschützte Rechtssphäre des Bürgers sein.[764] Das Prinzip des Vorbehalts des Gesetzes als Komponente des im Rechtsstaatsgrundsatz wurzelnden Gesetzmäßigkeitsprinzips verlangt eine formell-gesetzliche Grundlage. Verwaltungsvorschriften sind keine Rechtsnormen und sind nicht wie Rechtsnormen aus sich selbst heraus auszulegen, und sie erlangen nicht wie Rechtsnormen direkte Außenwirkung im Verhältnis zu außerhalb der Verwaltung stehenden Personen. Sie können nur mittelbar Außenwirkung erlangen über die an ihnen ausgerichtete tatsächliche Verwaltungspraxis.[765]

Als Ermächtigung kommt § 35 Abs. 2 PolG NRW in Betracht. Hiernach können Minderjährige, die sich der Obhut der Sorgeberechtigten entzogen haben, in Gewahrsam genommen werden, um sie den Sorgeberechtigten oder dem Jugendamt zuzuführen (sog. **Obhutsgewahrsam**). Eine Gefahr kann, muss aber von den Minderjährigen nicht ausgehen (35.2 VVPolG NRW). Die

---

762 *Graf* Kriminalistik 2006, 283.
763 *Hapkemeyer* Kriminalistik 2001, 367 (369).
764 Kritisch zum Regelwerk der Polizeidienstvorschriften *Weihmann* Kriminalistik 2005, 764 ff.
765 *Basten* Privatrecht, S. 122.

Minderjährigen sind vielmehr einer Gefahr ausgesetzt. Gefährdet ist zudem das Rechtsgut des elterlichen (bzw. staatlichen) Erziehungsrechts, Art. 6 Abs. 1 GG.[766] Sorgeberechtigt sind i.d.R. die Eltern, deren Rechte und Pflichten in den §§ 1626 ff. BGB („Elterliche Sorge") geregelt sind.[767] Problematisch ist, wenn sich Minderjährige, also alle Personen unter 18 Jahren, durch eine Tathandlung bereits der Obhut der Sorgeberechtigten entzogen haben. Die Merkmale der Personensorge sind gem. §§ 1631 Abs. 1, § 1632 Abs. 2 BGB die Pflicht und das Recht der Eltern, ihr Kind (gemeint ist hier jeweils der Minderjährige) zu pflegen, zu erziehen, zu beaufsichtigen, den Aufenthalt und den Umgang zu bestimmen. Das Aufenthaltsbestimmungsrecht ist insgesamt von einer Ortsbezogenheit („Ausreißer-Fälle") geprägt und für verhaltensorientierte Vorgänge nicht einschlägig.[768]

> **Beispiel:** Die 11-jährige M ist von zu Hause weggelaufen, weil sie immer wieder Ärger mit ihren Eltern hat. M wird am Hauptbahnhof aufgegriffen und von der Polizei nach Hause gebracht.

Bei einer Verhaltensorientierung ist das Merkmal „Beaufsichtigung" näher zu betrachten. Dabei hängt der Umfang elterlicher Kontrollpflichten insbesondere vom Alter, aber auch von Eigenart und Charakter des Kindes ab.[769] § 1626 Abs. 2 BGB bindet die Ausübung der Sorge an die wachsenden Fähigkeiten und die Mitsprache des Kindes.[770] Hiernach berücksichtigen die Eltern bei der Pflege und Erziehung die wachsende Fähigkeit und das wachsende Bedürfnis des Kindes zu selbständigem verantwortungsbewusstem Handeln (§ 1626 Abs. 2 BGB). Mit zunehmendem Alter der Kinder wird die Notwendigkeit der Eltern, unmittelbar eingreifen zu können, demzufolge immer kleiner („gelockerte Aufsicht"). Z.B. reicht die bloße Feststellung einer „Milieuschädigung" des Minderjährigen nicht aus, um den Aufsichtspflichtigen zu einer Überwachung auf Schritt und Tritt zu verpflichten.[771] Normal entwickelten Kindern im Alter von siebeneinhalb Jahren ist im Allgemeinen das Spielen im Freien auch ohne Aufsicht gestattet, wenn die Eltern sich über das Tun und Treiben in großen Zügen einen Überblick ver-

---

766 *Gusy* PolR, Rn. 298.
767 Zum Inhalt der elterlichen Sorge *Budzikiewicz*, in: Jauernig BGB, § 1626 Rn. 2 ff.
768 Im Überblick *Keller* PSP 2/2019, 6 (10).
769 Zum Umfang der elterlichen Aufsichtspflicht gegenüber 12-jährigem Kind BGH NJW 1993, 1003.
770 *Budzikiewicz*, in: Jauernig BGB, § 1626 Rn. 1.
771 BGH NJW 1997, 2047: Umfang der Pflicht zur Beaufsichtigung verhaltensgestörter Jugendlicher.

schaffen.[772] Bestehen bei einem Minderjährigen jedoch Verhaltensauffälligkeiten (z.B. regelmäßige Eigentumsdelikte), werden an die Aufsicht der Eltern höhere Anforderungen gestellt.[773] Fraglich ist, wann sich der Minderjährige der Obhut der Sorgeberechtigten entzogen hat (§ 35 Abs. 2 PolG NRW). Die elterliche Aufsicht besteht – wenn auch in gelockerter Form – ab einem Alter von acht oder neun Jahren fort, wenn die Sorgeberechtigten ihrer Orientierungspflicht nachkommen, also in groben Zügen „über das Tun und Treiben" ihres minderjährigen Kindes Bescheid wissen.[774] Beschädigt ein Minderjähriger beim Spielen mit seinen Freunden daher absichtlich einen Pkw oder entwendet er auf dem Rückweg von der Schule eine Armbanduhr im Kaufhaus, wird das Erziehungsrecht der Eltern hierdurch noch nicht unwirksam. Ein Entziehen, und damit ein notwendiges Tatbestandsmerkmal des Obhutsgewahrsams, liegt demnach nicht vor. Abzugrenzen sind hier die Fälle von minderjährigen Intensivtätern, für die andere Anforderungen an die Aufsicht bestehen.[775]

> 📖 Handelt ein Minderjähriger rechtswidrig, ist hierdurch nicht zwingend eine Entziehungshandlung aus der Obhut der Sorgeberechtigten abzuleiten.

Eine generelle Zuführung zu den Sorgeberechtigten in Form des Obhutsgewahrsams scheidet demnach aus.[776] Davon unberührt bleibt das gemeinsame Aufsuchen der Wohnanschrift des Minderjährigen als eine Rechtsfolge der Identitätsfeststellung.

> **Parallelnormen zu §§ 35 ff. PolG NRW (Gewahrsam, Verfahren):** § 39 BPolG, § 57 BKAG, § 28 BWPolG; Art. 17 ff. BayPAG; §§ 30 ff. ASOG Bln; §§ 17 ff. BbgPolG; §§ 15 ff. BremPolG; §§ 13 ff. HambSOG; §§ 32 ff. HSOG; §§ 55 f. MVSOG; §§ 18 ff. NdsSOG; §§ 14 ff. RhPfPOG; §§ 13 ff. SPolG; § 22 SächsPolG; §§ 37 ff. LSASOG; §§ 204 f. SchlHVwG

Unberührt bleibt die Befugnis der Polizei, nach § 8 JuSchG Kinder und Jugendliche, die an jugendgefährdenden Orten angetroffen werden, dem Erziehungsberechtigten oder dem Jugendamt zuzuführen.[777] Gem. § 1 der Ju-

---

772 BGH NJW 2009, 1954.
773 *Bernau* Aufsichtshaftung, S. 180 ff.
774 BGH NJW 1984, 2574.
775 *Kahl* PSP 2/2013, 16 (17).
776 *Kahl* PSP 2/2013, 16 (17).
777 Näher dazu *Jäckel/Mundinger* JugendsachutzR, S. 33 ff.; mit einem Übungsfall zum JuSchG *Beck/Hötzel* PolG BW, S. 209 ff.

gendwohlfahrtszuständigkeitsverordnung (ZuVOJuWo) v. 10.11.2009[778] sind zuständige Behörden i. S. d. §§ 7 (Jugendgefährdende Veranstaltungen und Betriebe) und 8 (Jugendgefährdende Orte) JuSchG die örtlichen Ordnungsbehörden und die Kreispolizeibehörden.[779]

Lösung zu Aufgabe 2

Bei der Vernehmung Minderjähriger haben Erziehungsberechtigte und gesetzliche Vertreter ein **Anwesenheitsrecht**.[780] Die Anwesenheit eines Elternteils bei kindlichen Anhörungen ist rechtlich nicht zu verhindern. Zur Vermeidung jeglicher Beeinflussung kann es aber geboten sein, in Absprache mit den Erziehungsberechtigten und gesetzlichen Vertretern, Minderjährige auch allein zu vernehmen. Es bietet sich an, die Erziehungsberechtigten in Vor- und Nachgesprächen darüber zu informieren, Inhalte bekanntzugeben und das gemeinsame Ziel zu formulieren. Eine Anwesenheit anderer Personen kann zur Aufklärung des Sachverhaltes aber auch geboten erscheinen, insbesondere bei der Vernehmung von Kindern im Vorschulalter.[781] Ansonsten lässt der BGH offen, ob sich aus § 67 JGG ein „Elternkonsultationsrecht" herleiten lässt. Jedenfalls erfordert eine Verfahrensrüge hinsichtlich der unterlassenen Belehrung über ein solches etwa bestehendes Recht nach § 344 Abs. 2 Satz 2 StPO Angaben über den Ermittlungsstand und etwaige ergriffene Ermittlungsmaßnahmen.[782] Der Verstoß gegen das Elternkonsultationsrecht aus § 67 JGG hat nach BGH kein absolutes Beweisverwertungsverbot zur Folge. Er bewirkt lediglich ein relatives Beweisverwertungsverbot, bei dem es einer Abwägung der widerstreitenden Interessen nach den Umständen des Einzelfalls bedarf.[783]

Lösung zu Aufgabe 3

Das StGB knüpft in § 19 StGB die strafrechtliche Verantwortlichkeit an die Vollendung des 14. Lebensjahres. Von daher ist eindeutig, dass Kinder unter 14 Jahren strafunmündig sind; sie können daher nicht Beschuldigte im Sinne des § 136 StPO sein und dürfen daher auch nicht als solche vernommen werden. Der Umstand, dass sie strafunmündig sind, entlastet sie ohne Einschränkungen. Trotzdem werden sie in einem Quasi-Verfahren

---

778 GV.NRW. S. 586.
779 *Keller* PSP 1/2012, 9 (15).
780 *Artkämper/Schilling* Vernehmungen, Rn. 1183.
781 Bei Jugendlichen gilt insoweit § 67 JGG, vgl. nur LG Köln NZV 2016, 529.
782 BGH, Urt. v. 18.6.2019–5 StR 2/19, HRRS 2019 Nr. 801.
783 BGH, Beschl. v. 13.8.2019–5 StR 257/19, NStZ 2019, 680.

„vernommen", allerdings mit einer grundsätzlich anderen Zielrichtung, nämlich dem Erziehungsgedanken. Hierbei ist zwischen tatverdächtigen Kindern und kindlichen Zeugen zu unterscheiden.[784] Ein Kind kann nur Zeuge sein und nicht Beschuldigter.

> 📖 Relevant ist allein das Alter zur Zeit der Tat und nicht etwa das Alter zur Zeit der Vernehmung.

Die Erlangung beweiserheblicher Bekundungen bei tatverdächtigen Kindern wird regelmäßig als Anhörung deklariert. Dieser Terminus, der der StPO unbekannt ist, mag der Klarstellung dienen, dass schuldunfähige Kinder nicht Beschuldigte sein können und deswegen auch nicht als solche vernommen werden dürfen. Gleichwohl ist und bleibt das Kind im prozessualen Sinne ein Zeuge mit allen daraus resultierenden Rechten und Pflichten.[785] Es ist strittig, ob ein „tatverdächtiges" Kind vor seiner Befragung gem. § 55 StPO (analog oder direkt) zu belehren ist. Hier wird der Auffassung gefolgt, die eine Belehrungspflicht gegenüber Kindern ablehnt, weil dem Kind keine Gefahr der Strafverfolgung droht.[786] Wird ein Kind als Zeuge vernommen, besteht keine Belehrungspflicht nach § 55 StPO, soweit es um die (nicht bestehende) Gefahr eigener Strafverfolgung geht; anderes gilt im Hinblick auf diese Gefahr bezüglich der Verwandten des kindlichen Zeugen; hier kann und muss eine Belehrung nach den §§ 52 ff. StPO erfolgen.[787]

Die Art und Weise der Belehrung ist dem geistigen Entwicklungsstand der minderjährigen Zeugen anzupassen.

Lösung zu Aufgabe 4

Die Anfertigung von ED-Unterlagen, die nicht für Ermittlungen zur Aufklärung einer konkreten Straftat benötigt werden, dienen der Verhütung von Straftaten bzw. der Strafverfolgungsvorsorge. In Betracht kommt § 14 Abs. 1 Nr. 2 PolG NRW oder § 81b 2. Alt. StPO. Auf § 14 Abs. 1 Nr. 2 PolG NRW können erkennungsdienstliche Maßnahmen zur vorbeugenden Bekämpfung von Straftaten nur gestützt werden, soweit nicht die konkurrierende Vorschrift des § 81b 2. Alt. StPO anlässlich eines Strafverfahrens gegen einen „Beschuldigten" zur Gewinnung erkennungsdienstlicher Maßnahmen für präventivpolizeiliche Zwecke ermächtigt. Die erkennungsdienstliche Behandlung auf Grundlage von § 81b StPO setzt die Beschuldigten-

---

784 *Artkämper/Schilling* Vernehmungen, Rn. 1170.
785 *Artkämper/Schilling* Vernehmungen, Rn. 1681.
786 *Kintzi* DRiZ 1997, 32 (35).
787 *Artkämper/Schilling* Vernehmungen, Rn. 1683.

eigenschaft voraus. Strafprozessuale Maßnahmen gegen Kinder, die an die Qualifikation des Beschuldigtenstatus anknüpfen, sind unzulässig. Es bleibt somit der Rückgriff auf § 14 PolG NRW.

Die nach § 14 Abs. 1 Nr. 2 PolG NRW erforderliche Abwägung zwischen den öffentlichen und privaten Interessen hat bei Strafunmündigen auch das jugendliche Alter und die möglichen negativen Wirkungen für die weitere Entwicklung des Jugendlichen oder Kindes zu berücksichtigen.[788]

> **Parallelnormen zu § 14 PolG NRW (ED-Behandlung):** § 24 Abs. 1 BPolG; § 63 Abs. 4 BKAG; § 36 BWPolG; Art. 13 BayPAG; § 23 ASOG Bln; § 13 BbgPolG; § 31 BremPolG; § 7 HambPolEDVG; § 19 HSOG; § 31 MVSOG; § 13 NdsSOG; § 11 RhPfPOG; § 10 SPolG; § 20 SächsPolG; § 21 LSASOG; § 183 SchlHLVwG; § 16 ThürPAG

Lösung zu Aufgabe 5

Das Zimmer des Ingo (I) dient seiner privaten Persönlichkeitsentfaltung in räumlicher Hinsicht und ist integriert in den Gesamtwohnbereich. Es ist Wohnung im Sinne des Art. 13 Abs. 1 GG. Wegen der beschränkten Rechtsgeschäftsfähigkeit des I ist dessen Mutter als rechtlich wie auch faktisch nachweisbare Wohnungsinhaberin richtige Adressatin einer grundrechtsbeschränkenden Durchsuchungsanordnung.[789] Zielrichtung der Maßnahme ist die Aufklärung der Umstände einer von I begangenen rechtswidrigen Tat (Strafverfolgung). In Betracht kommt eine Durchsuchung beim Verdächtigen gem. §§ 102, 105 StPO oder beim Unverdächtigen gem. §§ 103, 105 StPO. Wegen der Doppelspurigkeit des Sicherstellungsverfahrens in der StPO können die zu suchenden Gegenstände als Beweismittel (§ 94) oder als Einziehungsgegenstände (§§ 111b ff. StPO) in Betracht kommen. Sinn und Zweck des § 94 StPO besteht in der Sicherstellung von Gegenständen zu Beweiszwecken. Bei einem strafunmündigen Kind können Gegenstände als Beweise in einem Strafverfahren nicht in Betracht kommen, da ein solches Verfahren gar nicht durchgeführt werden kann. In einem Strafverfahren, das nicht durchgeführt werden kann, können auch keine Beweise gesammelt werden. In Betracht kommt die Beschlagnahme von Einziehungsgegenständen. Eine Einziehung ist gem. § 73 Abs. 1 StGB möglich, wenn der Täter oder Teilnehmer durch eine *rechtswidrige* Tat oder für sie etwas erlangt hat.

---

788 OVG Münster NJW 1999, 2689.
789 *Hapkemeyer* Kriminalistik 2001, 367 (369).

In so einem Fall gelten die §§ 102 bis 110 StPO entsprechend (§ 111b Abs. 2 StPO). Der 13-jährige Ingo (I) kann als strafunmündige Person eine Straftat weder als Täter noch als Teilnehmer begehen. Eine Durchsuchung gem. § 102 StPO kommt daher nicht in Betracht (entsprechend auch PDV 382, Ziff. 8.1.1). § 103 StPO legitimiert Durchsuchungen bei anderen Personen, also Personen, die nicht in Verdacht stehen, Täter oder Teilnehmer einer Straftat zu sein. Allgemein wird angenommen, dass bei einem Diebstahl „verdächtiger" strafunmündiger Kinder eine auf § 103 StPO gestützte Durchsuchung des Kinderzimmers in der elterlichen Wohnung zulässig ist.[790] Durchsuchungen bei Kindern sind aber nur dann unter den Voraussetzungen des § 103 StPO zulässig, wenn wegen der Tat gegen eine andere Person ein Verfahren durchgeführt werden kann. § 103 StPO setzt jedoch voraus, dass überhaupt gegen eine Person ein Tatverdacht besteht. Denn die Durchsuchung muss entweder der Ergreifung des Beschuldigten, der Verfolgung von Spuren einer Straftat oder zur Beschlagnahme bestimmter Gegenstände dienen. Insofern ist § 103 StPO unmittelbar nicht anwendbar, wenn sich ein Verdacht nur gegen einen Strafunmündigen richtet. Zwar kann der strafunmündige 13-jährige Ingo (I) auch „andere Person" i.S.d. § 103 StPO sein. Voraussetzung ist jedoch, dass überhaupt ein Strafverfahren gegen eine Person durchgeführt wird. Das ist hier ersichtlich nicht der Fall. Anhaltspunkte für eine Strafbarkeit der Mutter (§ 171 StGB?) liegen zumindest nicht vor.

> § 103 StPO ist nicht anwendbar, wenn die verdächtigte und die durchsuchte Person identisch sind.

Die Durchsuchung kann dem Zweck der Beschlagnahme von Einziehungsgegenständen dienen. Der Einziehung unterliegen Gegenstände, die aus einer rechtswidrigen Tat stammen, ohne dass es dabei auf die Schuld des Täters ankommt. Soweit ein Strafunmündiger der Tat verdächtigt wird, stellt § 111b Abs. 1, Abs. 2 StPO klar, dass die Durchsuchung zum Zweck der Sicherstellung auch dann zulässig ist, wenn der Täter nur einer *rechtswidrigen* Tat verdächtigt wird. Der Anwendungsbereich des § 102 StPO wird durch § 111b Abs. 1, Abs. 2 StPO demnach erweitert. Die Rechtmäßigkeit der Durchsuchung kann sich vorliegend somit aus §§ 102 i.V.m. 111b Abs. 1, Abs. 2 StPO ergeben.[791] Ist an der Tat des Kindes eine strafmündige Person beteiligt, so dient die Durchsuchung dazu, Beweismaterial gegen andere (verfolgbare) Tatverdächtige zu finden. Die Durchsuchung beim Kind kann in diesen Fällen gem. § 103 StPO erfolgen.[792]

---
790 OLG Bamberg NStZ 1989, 40.
791 *BHK* Strafprozess, S. 105.
792 *Keller* PSP 1/2012, 9 (13); *Ogrodowski* Kriminalistik 2007, 795 (796).

Stichwortverzeichnis

A
Abschreckungseffekt 87
Alcotest 206
Anfangsverdacht 78, 128, 131, 214, 222, 254, 274, 282, 283
Anfangsverdachts 105
Anhalten 84
Anhörung 28, 38, 67, 79, 85, 121, 137, 141, 145, 151, 164, 211, 311
Ansammlung 102
Ansammlungen 102
Anscheinsgefahr 122
Anscheinsstörereigenschaft 124
Anwendungsvorrang 68
Aufklärungseingriffe 122
Ausführungsermächtigung 145, 194
Auskunftsverpflichtung 118
Auswahlermessen 31, 73

B
Befragung 281
Begleitverfügung 82, 136, 139
Bei informatorischen Befragungen 233
Belehrung 287, 311
Beratungseinrichtung 170
Beschlagnahme 217, 259, 260, 261, 276, 313
Beschuldigten 225
Beschuldigter 30, 127, 218, 228, 241, 262, 263, 266, 275, 282, 283, 285, 286, 287, 311, 313
Beseitigungsgewahrsam 146
Bestimmtheitsgrundsatz 31
Betretungsverbot 142
Beugefunktion 35
Bewährung 267
Beweisantragsrecht 285
Beweisbedeutung 258
Beweisgegenstand 261
Beweismittel 276, 288
Beweismittelgewinnung 289
Beweismitteln 219
Beweismittelverlust 290
Beweisverbote 272
Beweisverwertungsverbot 278, 289, 290, 292
Bildaufzeichnungen 103
Blutalkoholkonzentration 207
Blutprobe 47, 134, 207, 215, 221
Blutprobenentnahme 206

C
conditio sine qua non-Formel 107

D
Datei
 – Gewalttäter Sport 104
Datenerhebung 85, 104, 115, 123
Datenübermittlung 177, 178
Dauergefahr 166
DNA-Analyse 265
DNA-Identifizierungsmuster 269
Dokumentationspflichten 250
doppelfunktionale Maßnahme 25
Durchführungshandlung 78
Durchsetzungsgewahrsam 145
Durchsuchen 133
Durchsuchung 77, 79, 80, 82, 134, 136, 138, 157, 210, 211, 247, 256, 289, 306, 312, 313
Durchsuchungsbeschluss 250
Durchsuchungszeugen 250
Durchsuchungszweck 248

E
ED-Behandlung 127, 224, 228, 307, 311
Eigensicherung 137, 210, 222
Eilzuständigkeit 66
Eingriffsbegriff
 – klassischer 23
 – moderner 24
Einwilligung 158, 269

Einzelgegenüberstellung 264, 265
Einziehung 218, 259, 260, 261
Einziehungsgegenstände 313
Entfernungsanordnung 142
Entschließungsermessen 31, 72, 175
Erfolgsvermutung 248, 249, 276
Ermessensfehler 42
Ermittlungsdurchsuchung 276
Ersatzvornahme 37, 41, 49
Erziehungsrecht 308
Explosivmitteln 79

F
Fahrerlaubnis 218, 220
Fernglas 119
Fernwirkung 291, 292
Festnahme 224, 236, 237, 239, 245
– Störung polizeilicher Amtshandlungen 141
Fluchtgefahr 225, 238, 242, 243, 244
Fluchtverdacht 238
Freiheitsbeschränkung 84, 86, 121, 124, 130, 137, 216
Freiheitsentziehung 130, 133, 137, 145, 211, 215
Freiheitsstrafe 267
Freizügigkeit 141
Fristen
– Rückkehrverbot, Wohnungsverweisung 170
Führerschein 217, 218, 219

G
Gefahr
– gegenwärtige 42, 90, 105, 146, 159, 165, 214
– im Polizeirecht 179
– im Verzug 151, 219, 224, 239, 240, 249, 250, 256, 258, 276, 278
– konkrete 69, 79, 85, 90, 118, 122, 141, 151, 222
– Prognose 166, 168

Gefahrenprognose 175
Gefahrenverdacht 122
Gegenüberstellung 262, 263
Generalklausel 151
gestrecktes Verfahren 37
Gesundheitsgefahr 63
Gewahrsam 109, 112, 307
Gewahrsamnahme 144, 148
Gewalt 165
Gewaltkreislauf 166
Grundmaßnahme 46
Grundrechtsschutz 289
Grundrechtsverzicht 24
Grundverfügung 39
Grundverwaltungsakt 38

H
Haftausschließungsgrund 246
Haftbefehl 224, 225, 238, 240
Haftgrund 225
– Flucht 241
– Fluchtgefahr 242
– Schwere der Tat 241, 245
– Sich-Verborgen-halten 241
– Verdunkelungsgefahr 244
– Wiederholungsgefahr 245
Haftvoraussetzung 246
Hauptverhandlungshaft 245
Häusliche Gewalt 165, 166
Hemmschwellentheorie 87, 125
hypothetischer Ersatzeingriff 290
hypothetischer Verwaltungsakt 45

I
Identifizierungsgegenüberstellung 262, 263
Identitätsfeststellung 121, 124, 125, 130, 133, 134, 135, 203, 255, 265, 306
informatorische Befragung 234, 235
informatorische Befragungen 232, 233

Stichwortverzeichnis

J
Je-desto-Formel 90, 106
Jugendamt 177, 178
Jugendstrafrecht 306

K
Klausurtechnik 51
Konnexitätsgrundsatz 40
kriminalistische Erfahrung 248

L
Lebensgefahr 63
– konkrete 212
Legalitätsprinzip 32, 131, 134, 274

M
Menschenwürde 81, 138

N
nemo tenetur se ipsum accusare 206, 284

O
Obhutsgewahrsam 307
Observation 117, 119
Opfergrenze 71
Ordnungsvorschrift 251
Ordnungswidrigkeit 202, 205, 222
Orientierungsfragen 234

P
Pflichtwidrigkeitszusammenhang 107
Platzverweis 87, 113, 140, 142
Polizeidienstvorschrift 307
Private Rechte 154
Prognose 268

R
Realakt 78, 81, 136
Rechtsschutz 174
Regelungswirkung 38
Rekognition 263
Rückfallprognose 267
Rückgewinnungshilfe 260
Rückkehrverbot 161, 162, 166, 171, 172, 174, 175, 176

S
schlicht-hoheitliches Handeln 21
Schusswaffengebrauch 42
Selbsthilferecht 141
Sicherheitsgewahrsam 146
Sicherstellung 67, 88, 89, 91, 105, 108, 109, 154, 214, 219, 257, 258, 259
Siegelbruch 258
sofortiger Vollzug 36
Sofortvollzug 44, 45, 47
Sondierungsvernehmung 234
Sorgeberechtigte 309
Speichelprobe 268
Sperrwirkung 151
Störerauswahlermessen 172
Strafantrag 130
Straffunktion 36
Straftaten
– Verhütung 102, 117, 311
– vorbeugende Bekämpfung 117, 121
Straftatenverhütung 229
Straftat von erheblicher Bedeutung 266
Strafunmündige 313
Strafverfolgungsvorsorge 127, 229
Subsidiaritätsgrundsatz 164

T
Taterträge 261
Tatverdacht 132
technisches Gerät 119
Tonaufzeichnungen 103
Transformationsklausel 204
Transmissionsklausel 204

U
unmittelbarer Zwang 37, 41, 43, 49
Unmittelbarkeitstheorie 91
Unterbindungsgewahrsam 110, 146
Untersuchung 82, 138
Unverdächtige 248, 255

V
Variabilitätsformel 90
Veranstaltungen 102
Verantwortlichkeit
 – strafrechtliche 310
Verbunddatei 269
Verdacht
 – dringender 225, 240
 – einfacher 276
Verdächtiger 30, 132, 133, 247, 274, 306, 312
Verdunkelungsgefahr 225, 244
Verfahrenssicherung 257
Verhältnismäßigkeitsgrundsatz 32
Verhinderungsgewahrsam 146
Verkehrskontrolle 203
Verkehrsordnungswidrigkeiten 203
Verkehrsteilnehmer 203
Verkehrstüchtigkeit 203
Vernehmung 232, 233, 235, 282, 283, 285, 286, 291, 310
Vernehmungsgegenüberstellung 262
Verstrickungsbruch 258
Verteidigerkonsultation 285
Videoüberwachung 101

Vollstreckungsgesetze 48
Vorbehalt des Gesetzes 29, 36
Vorbeugegewahrsam 146
Vorführung 229

W
Wahlgegenüberstellungen 264, 265
Wahrheitsfindung 255
Warnschuss 42
Widerstandshandlungen 80
Wiederholungsgefahr 226, 245, 267
Willkürverbot 134
Wohnrecht 158
Wohnungsinhaber 160
Wohnungsverweisung 161, 162, 172, 174, 175, 176

Z
Zeuge 30
Zeugengefährdung 250
Zeugenvernehmung 235
Zumutbarkeitsgrenze 71
Zuständigkeit 25, 29
 – funktionelle 26
 – instanzielle 26
 – örtliche 26
 – sachliche 26
Zwangsgeld 37, 42, 43, 49
Zwangsmaßnahmen 37
Zwangsmittel 36, 37, 41, 48
Zweckveranlasserhaftung 107

Von Fall zu Fall.

Fälle und Lösungen zur StPO
für die Ausbildung in der Polizei

von Hans Beck, Erster Polizeihauptkommissar a.D., und Siegfried Müller, Polizeihauptkommissar a.D.

2020, 6. Auflage, 130 Seiten, € 18,90
ISBN 978-3-415-06713-4

Leseprobe unter
www.boorberg.de/9783415067134

Die Autoren zeigen anhand von 21 prägnanten, lebensnahen Sachverhalten, worauf es in Kurztests, Klassenarbeiten und Prüfungsklausuren im Rahmen der polizeilichen Ausbildung ankommt. Sie vermitteln das nötige Grundwissen und schulen gleichzeitig den sicheren Umgang mit unterschiedlichen Fragen aus dem Strafverfahrensrecht.

Die behandelten Themen sind:
- Identitätsfeststellung
- Durchsuchung
- Beschlagnahme
- Körperliche Untersuchung/DNA
- Festnahme, Haftbefehl und ED-Behandlung
- Vorläufige Festnahme
- Sicherheitsleistung

Die Prüfung der materiellen Rechtmäßigkeit ist Schwerpunkt jeder Klausur: Tatbestandsvoraussetzungen – Adressat – Rechtsfolge.

BOORBERG
RICHARD BOORBERG VERLAG   FAX 0711/7385-100 · 089/4361564
TEL 0711/7385-343 · 089/436000-20   BESTELLUNG@BOORBERG.DE

Kommentarpaket für NRW.

WWW.BOORBERG.DE

Tegtmeyer · Vahle
Polizeigesetz Nordrhein-Westfalen (PolG NRW)
Kommentar
2018, 12. Auflage, 512 Seiten, € 74,–;
ab 15 Expl. € 71,–; ab 30 Expl. € 68,–
Mengenpreise nur bei Abnahme durch eine Endabnehmerin oder einen Endabnehmer zum Eigenbedarf.
Polizeirecht kommentiert
ISBN 978-3-415-06206-1

In bewährter Weise zeigt das Autorenteam Gemeinsamkeiten und Unterschiede zwischen dem Recht der Gefahrenabwehr sowie dem Strafverfahrensrecht und dem Ordnungswidrigkeitenrecht auf. Die Tiefe der Kommentierung orientiert sich an der praktischen Bedeutung der jeweiligen Vorschrift.

Blum · Mokros · Vahle
Polizeigesetz Nordrhein-Westfalen
Textausgabe mit Erläuterungen der Gesetzesnovellen Dezember 2018
2019, 178 Seiten, € 24,80
Polizeirecht kommentiert
ISBN 978-3-415-06498-0

Die beiden umfangreichen Gesetzesnovellen vom Dezember 2018 wurden kurz nach Erscheinen der 12. Auflage des Kommentars von Tegtmeyer/Vahle zum Polizeigesetz Nordrhein-Westfalen (PolG NRW) verabschiedet. Die Gesetzesänderungen sind der Grund für die Herausgabe dieses gesonderten Bandes der Reihe »Polizeirecht kommentiert«. Als Ergänzung zum Kommentar erläutert das Autorenteam die zahlreichen Änderungen des nordrhein-westfälischen Polizeirechts.

Beide Werke zusammen € 92,–
ISBN 978-3-415-06600-7

BOORBERG
RICHARD BOORBERG VERLAG FAX 0711/7385-100 · 089/4361564
TEL 0711/7385-343 · 089/436000-20 BESTELLUNG@BOORBERG.DE